D1245840

LA FAMILLE ET SES SECRETS

JOHN BRADSHAW

LA FAMILLE ET SES SECRETS

Ce que vous ne savez pas
peut vous faire du mal

traduit de l'américain
par Marie-Andrée Lamontagne

Flammarion ltée

Données de catalogage avant publication (Canada)

Bradshaw, John, 1933-

La famille et ses secrets : ce que vous ne savez pas peut vous faire du mal

Traduction de : Family secrets

ISBN 2-89077-158-X

1. Famille – Aspect psychologique. 2. Secret – Aspect psychologique. 3. Réalisation de soi. 4. Santé mentale. I. Titre.
HQ518.B7314 1996   155.9'24   C96-941330-0

Titre original : FAMILY SECRETS, WHAT YOU DONT KNOW CAN HURT YOU
Éditeur original : Bantam Books, une division de Bantam Doubleday Dell Publishing Group, Inc.

Copyright © 1995 by John Bradshaw
© 1997, les éditions Flammarion ltée
pour la traduction française

Tous droits réservés

ISBN 2-89077-158-X
Dépôt légal : 1er trimestre 1997

Couverture : Création Melançon

SOMMAIRE

CONNAISSEZ-VOUS UN SECRET DE CE GENRE ?   VII

PROLOGUE   XI

PARABOLE : L'histoire secrète de Dorothée   XIX

Première partie
RETROUVER SON FOYER EN LE QUITTANT

1. Quand le silence est d'or   3

2. Quand les secrets sont de ténébreux secrets   37

3. Comment peut-on ignorer ce que l'on sait ?   75

Deuxième partie
À TRAVERS LA FORÊT HANTÉE

4. L'esprit du débutant : recréer votre famille en imagination   113

5. Pour dessiner votre carte familiale : le génogramme, comme pierre de Rosette   133

6. Les ténébreux secrets de vos ancêtres   159

7. Les ténébreux secrets de votre père   189

8. Les ténébreux secrets de votre mère   225

Troisième partie
DE RETOUR AU KANSAS

9. À la découverte de vos ténébreux secrets   263

10. Pour vous libérer du poids des ténébreux secrets de famille   305

11. Pour maintenir les liens avec votre famille   343

ÉPILOGUE   369

APPENDICE : Les paradoxes de la mémoire   371

BIBLIOGRAPHIE   391

REMERCIEMENTS   397

CONNAISSEZ-VOUS UN SECRET DE CE GENRE ?

Le petit Stanley, âgé de cinq ans, se précipite sur le petit Bobby, âgé de quatre ans, et lui crie ces mots : « Je connais un secret que tu ne connais pas. » Bobby se met à pleurer et part en courant.

Un secret confère à ceux qui le détiennent un pouvoir sur ceux qui l'ignorent. La possession d'un secret peut transformer une personne et lui donner de l'importance. Elle peut aussi la préserver de la souffrance. Les secrets sont partie intégrante de la vie humaine. Ne pas être dans le secret peut causer chagrin et souffrance. Mais, paradoxalement, être mis dans le secret peut apporter consternation et confusion. Prenez connaissance des secrets suivants et voyez s'ils vous concernent de quelque façon. Ces secrets, avec bien d'autres encore, forment le matériau des secrets de famille et sont la matière de ce livre.

Le comportement étrange de son père rend Billy perplexe. Le jour de son huitième anniversaire, sa mère lui annonce que son père est atteint d'une maladie du cerveau appelée schizophrénie paranoïaque. Elle ajoute qu'il ne doit en parler à personne. Billy a très peur. Il craint que l'état de son père ne s'aggrave. Après l'école, à cause du comportement de son père, il a peur de ramener un camarade à la maison. Surtout, il craint d'être atteint lui aussi un jour d'une maladie mentale.

Hogarth surveille Harriet et lui demande d'être moins dépensière. Il critique chaque sou qu'elle dépense, en pure perte lui semble-t-il. Harriet vit chichement et cherche à économiser par tous les moyens. Elle n'achète rien pour elle-même. Cependant, elle garde secrètement en réserve l'argent reçu pour son anniversaire ou pour Noël. Quelques travaux de couture lui procurent également un peu d'argent, de même que des coupons d'alimentation. Harriet vit dans la peur perpétuelle que Hogarth ne découvre un jour ses réserves secrètes.

Julianna ne sait que penser d'une femme que sa mère appelle tante Susie, qui est souvent à la maison quand elle rentre de l'école et qui repart le soir avant le retour de son père. Un jour, en rentrant, Julianna se rend compte que les deux femmes sont enfermées dans la chambre de sa mère. Julianna a très peur, car elle entend des bruits et elle pense que sa mère a mal. Elle frappe à la porte; on lui répond que tout va bien et d'aller jouer. Tante Susie est très gentille avec Julianna, elle lui apporte souvent des jouets et des bonbons. La mère de Julianna lui explique que tante Susie est leur secret à toutes les deux, et elle lui fait jurer de ne jamais en parler à son père.

À l'école, Butch aperçoit son frère Corbet en compagnie d'un garçon qui a la réputation de vendre de la drogue. Une semaine plus tard, il découvre, cachée dans le sous-sol, une panoplie complète pour se droguer, avec seringue et tout. Un certain samedi soir, Corbet rentre tôt, puis s'échappe de la maison pour ne rentrer qu'à six heures le lendemain matin. Butch est persuadé que son frère consomme de la drogue. Butch essaie d'avoir une conversation avec Corbet pour le mettre en garde contre la pente dangereuse sur laquelle il s'est engagé, mais Corbet lui répond sur un ton agressif de se mêler de ses affaires. Très accaparés par leur vie professionnelle, leurs parents ne semblent pas avoir conscience de ce qui se passe. Butch voudrait les prévenir au sujet de Corbet, mais il a l'impression qu'il le trahirait, s'il agissait ainsi.

Peggy a eu une enfance heureuse. Sa famille possédait tout ce que l'argent peut offrir. Elle voyait son père comme un personnage mystérieux et séduisant. Il voyageait beaucoup, mais, quand il était à la maison, il n'avait pas besoin d'aller travailler comme tous les pères de ses amies. Il était drôle et passait beaucoup de temps en sa compagnie. Un jour – Peggy avait treize ans –, des policiers sonnèrent à la porte, munis d'un mandat d'arrestation. Son père était un tueur à gages, accusé d'avoir exécuté plusieurs personnes. L'univers de Peggy s'écroula à ce moment précis.

Voilà longtemps que Markus avait envie d'accompagner son père et ses copains à la chasse. Quand Markus a quatorze ans, son père l'invite à se joindre au groupe. Markus constate que les hommes ont emmené des prostituées avec eux. Le premier soir, son père lui envoie une fille en ajoutant qu'il est temps pour lui de devenir un homme. Markus est si excité qu'il éjacule tout de suite. Pendant tout le week-end, il est l'objet des plaisanteries du groupe. À la honte et au remords s'ajoute, pour Markus, le sentiment d'avoir trahi sa mère.

La mère de Myrtle est demeurée alitée une bonne partie de sa vie. D'abord, Myrtle étant alors âgée de quatre ans, sa mère eut une « dépression nerveuse ». Elle fut ensuite presque toujours malade. La mère de Myrtle ne sortait jamais et souffrait de divers maux, dont une grave faiblesse cardiaque.

Myrtle marcha sur des œufs pendant toute son enfance et passa sa vie d'adulte à veiller sur sa mère pour lui éviter tout bouleversement.

À l'âge de quarante-cinq ans, Myrtle apprit que sa mère souffrait d'un cancer en phase terminale. Cependant, celle-ci vécut beaucoup plus longtemps que prévu, au grand étonnement du médecin, qui admirait la résistance de son cœur. Maintenant, Myrtle remet en question tous les aspects de la maladie de sa mère.

Gretchen revient d'une troisième séance chez son thérapeute. Après avoir fait quelques commentaires sur certains aspects de son comportement, le thérapeute lui demande si elle se souvient d'avoir subi une forme quelconque de violence sexuelle. Gretchen répond

par la négative, mais elle sort du bureau très perplexe et bouleversée. Elle a toujours eu le sentiment d'avoir subi quelque événement traumatisant dans son enfance; sa vie affective d'adulte n'a
été qu'une série de liaisons de nature sexuelle et peu satisfaisante.
Gretchen a peur de retourner chez le thérapeute et d'apprendre
que quelque chose de terrible s'est produit pendant son enfance.
Elle se demande s'il est bien nécessaire de savoir ce qui s'est passé
pour pouvoir continuer de vivre.

Chaque famille a ses secrets. Certains sont sans grande importance
et ont un rôle utile, car ils protègent la famille ou ses membres, en
les aidant à se développer et à acquérir leur autonomie.

D'autres sont néfastes et destructeurs, car ils rompent les liens
de confiance et d'intimité, entravent la liberté, l'épanouissement
individuel et l'expression de l'amour. Ce que vous ne savez pas
peut vraiment vous faire du mal!

PROLOGUE

Il est dans la nature de l'homme de chercher à savoir.
Aristote

Une vie sans examen ne vaut pas la peine d'être vécue.
Socrate

À onze ans, je connus mon premier ténébreux secret, du genre de ceux dont il est question dans ce livre. J'aimais bien fouiner dans la chambre de mes parents, ouvrir les placards, les boîtes et les commodes pour voir ce que j'y trouverais. Un jour que je fouillais parmi les chaussettes de mon père, je découvris une petite boîte fermant à clé. J'ouvris la boîte et découvris un véritable trésor composé de pièces de dix sous qui brillaient dans le noir. Mon père n'était pas souvent à la maison. La découverte de sa collection de pièces de dix sous créa une sorte de lien entre nous. Désormais, je savais où se trouvait son jardin secret. J'ouvrais périodiquement la boîte, et c'était une façon de m'entretenir avec lui et de constater l'évolution de sa collection.

Un jour, je pris deux pièces de dix sous. Je les gardai sur moi pendant plusieurs jours, sans jamais les quitter des yeux, de peur que ma sœur ou mon frère ne mettent la main dessus. Puis, un après-midi, alors que j'étais seul, j'allai à l'épicerie et achetai quatre friandises fruitées enrobées de sucre candi. Je dévorai le tout sur un terrain vague, non loin de la maison. Je me sentais terriblement coupable. Je savais que j'avais enfreint un des dix commandements de Dieu et que ce geste suffirait à me damner. Malgré tout, je ne pus m'empêcher de retourner à la petite boîte pour y voler des pièces de dix sous, chaque fois un peu plus. Un jour, je pris la valeur de plusieurs dollars. Je montai dans le bus qui conduisait au centre-ville, où je fis, dans un grand magasin à rayons, mes premières folles dépenses. Je dépensai ces pièces de dix sous avec l'insouciance du pirate ivre s'abandonnant aux joies du pillage.

Quelques jours plus tard, j'entendis mon père qui demandait à ma mère si par hasard elle n'avait pas emprunté quelques pièces de sa collection. Je savais que c'était fichu, mais je niai avec véhémence quand, mon tour venu, il me demanda si j'étais l'auteur du larcin. J'ai gardé en moi ce secret jusqu'à ce qu'il se confonde peu à peu au mélange de honte et de remords qui devait par la suite déterminer mon identité.

Je me souviens surtout de l'énorme anxiété que ce secret engendrait chez moi. Je ne pouvais même pas jouir en toute quiétude des jouets achetés. Pour jouer, j'étais obligé de me réfugier sur le terrain vague situé près de chez moi, et de demeurer sur mes gardes. Mon frère et ma sœur, qui n'avaient reçu aucun nouveau jouet, voudraient sûrement savoir où j'avais pris ceux-ci et, plus sûrement encore, raconteraient tout à ma mère.

Un certain samedi, en arrivant à ma cachette secrète, je découvris avec stupeur que mes jouets avaient disparu! Quelqu'un les avait trouvés. Je pleurai longtemps, sans pouvoir me confier à quiconque ni obtenir la moindre consolation. Les ténébreux secrets causent souvent ce genre de douleur.

Nos mystérieuses familles

Je ne dois pas avoir été le seul enfant qui ait éprouvé cette curiosité de l'univers parental. Notre désir de savoir est inné et impératif, notamment en ce qui concerne nos racines. La famille est notre clan d'origine, elle détermine en partie notre sort et modèle, de diverses manières, notre destinée.

Mon désir de mieux comprendre ma famille est demeuré intact.

Ces quinze dernières années, j'ai beaucoup appris sur la dynamique des familles et sur leur fonctionnement. J'ai procédé à une investigation psychoarchéologique de ma propre famille, ce qui m'a amené à faire quelques découvertes importantes au sujet des secrets de famille.

Le décryptage des secrets de famille permet d'accéder à l'essence du pouvoir mystérieux qu'exerce la famille sur la vie de l'individu. Ce voyage au cœur de l'univers des secrets de famille, je l'appelle la quête *de l'être profond*.

Par cette quête, chacun cherche à connaître plus profondément que jamais la réalité de sa famille. Une telle quête oblige l'individu à retrouver *l'essence* de sa famille – ce qui permet à sa famille d'être ce qu'elle est. Une telle quête oblige à *envisager* certaines réalités familiales que l'individu n'a jusque-là encore jamais envisagées. Elle l'oblige à entendre l'histoire de sa famille, sans a priori, en faisant abstraction de ses façons habituelles de penser. Une meilleure connaissance de sa famille lui permet de voir sous un autre jour les points forts et les points faibles de sa personnalité, qu'il a dû développer pour s'adapter aux ténébreux secrets de sa famille. Sa plus grande connaissance de la façon dont les ténébreux secrets de famille ont influencé sa vie lui permet d'envisager de nouvelles possibilités et de nouveaux choix dans son existence.

Quand j'étais enfant, on me répétait souvent : « Ce que tu ne sais pas ne peut pas te faire de mal. » Cette façon de voir peut se révéler préjudiciable. On vous a peut-être répété la même chose. Une telle façon de voir a tenu des générations d'enfants à l'écart des secrets de famille. Or, ce que nous ne savons pas peut ruiner notre vie.

Dans les pages qui vont suivre, vous lirez les témoignages de plusieurs personnes qui étaient persuadées de vivre leur existence propre, alors que leur comportement est en réalité dicté par certains ténébreux secrets de famille.

S'il existe un secret *connu* de tous, c'est bien celui de garder obligatoirement le secret ; la famille déploie beaucoup d'énergie à dissimuler la vérité. Mais ce faisant, elle refoule les relations les plus douloureuses, les événements les plus traumatisants ou les plus honteux. Ceux-ci deviennent inconscients. Comme certains proverbes dont on a perdu l'origine de vue, les épisodes douloureux et honteux de notre histoire familiale s'entassent comme autant de secrets enfouis dans les couches de notre inconscient. Plus ces secrets sont enfouis profondément, plus ils peuvent devenir dangereux. Nos ancêtres ayant appris à fuir la vérité, la fuite est devenue un mode de vie. Nous avons édicté des lois qui protègent cette fuite. Avec le temps, les membres d'une famille ont appris à fuir leurs fuites. Il en a résulté des couches de secrets inconscients qui se sont transformés par la suite en « amnésie collective » – forme d'obsession sur plusieurs générations. Tous les groupes qui s'inscrivent dans la durée en sont atteints à des degrés divers. Les familles ont développé leur propre variante. Si vous n'êtes pas prévenu, vous pouvez en souffrir vous aussi – parfois profondément.

Par ce livre, je veux montrer à quel point les familles sont paradoxales. Car les ténébreux secrets, aussi soigneusement gardés qu'ils soient, se manifestent à travers le comportement des enfants – si ce n'est de ceux de la génération présente, ce sera de ceux de la suivante ou de celle qui viendra après. La Bible dit :

> Car il n'est rien de caché qui ne doive être découvert, rien de secret qui ne doive être mis au jour. (Marc, 4, 22)

J'ignore si l'auteur de la Bible songeait alors à quelque secret de famille, mais je sais pertinemment que les secrets ont plusieurs façons de se manifester – qui vont des sentiments, des pensées et des comportements singuliers et en apparence bizarres à la réactualisation du secret dans sa propre vie, ce qui est une manière de le révéler au grand jour.

Plus que jamais je crois à l'importance de la famille sur notre vie, et certainement plus qu'en 1984, au moment où j'animais, sur les ondes du réseau PBS, une série télévisée intitulée *Bradshaw On : The Family*. Dans la réalité, la famille défie les théories et les idées que nous pouvons concevoir à son sujet, et il arrive souvent que le problème que nous voulons résoudre est celui-là même qui donne à la famille son visage humain. J'ai dû également revoir ma conception de la pudeur chez l'être humain, ainsi que le rôle déterminant joué dans notre vie par la pudeur naturelle et la modestie. La modestie nous aide à accepter les limites de la compréhension que nous pouvons avoir de notre famille.

Si vous voulez connaître en toute vérité les ténébreux secrets de votre famille, vous devrez faire preuve d'autodiscipline. La quête de l'être profond exige une certaine forme de courage moral et une détermination à découvrir les faits, quels qu'ils puissent être. Les bouddhistes appellent *esprit du débutant* cette forme de discipline. J'en parlerai plus longuement au chapitre 4.

Pour aller au tréfonds de votre famille, il vous faudra repérer les modèles familiaux dominants pendant plusieurs générations. Malgré le mystère qui entoure la famille, certains points de repère vous guideront à travers ce labyrinthe. En ce qui me concerne, les travaux du psychiatre Murray Bowen me furent très utiles pour donner une cohérence et une certaine signification à mon expérience de la famille. Les théories de Bowen me serviront donc de carte routière tout au long de ce périple.

Un voyage au pays d'Oz

Le voyage sera éprouvant, mais il sera également gratifiant. C'est pourquoi j'ai choisi de me laisser guider par l'histoire de Dorothée et du magicien d'Oz. J'ai toujours adoré cette histoire, qui a traversé avec succès l'épreuve du temps. Sans doute le film et la performance inoubliable de Judy Garland dans le rôle de Dorothée y sont-ils pour beaucoup. Mais sur un plan plus profond, je dirais que le succès de cette histoire vient de ce qu'elle formule de manière symbolique une réalité que nous partageons tous inconsciemment.

Dorothée vit dans le secret. L'identité véritable de ses parents demeure pour elle un ténébreux secret. Dorothée est orpheline. Avec tante Em et oncle Henry, elle mène une vie ennuyeuse. Dorothée fait un rêve qui raconte son voyage à la découverte d'elle-même, de ce qui constitue son véritable foyer. Quand elle part, Dorothée est une sorte d'exilée ; quand elle revient, elle est en paix avec elle-même. Elle apprend qu'il faut quitter son foyer pour pouvoir le retrouver. Elle apprend aussi que certains amis l'assisteront au cours de son voyage (l'Épouvantail, le Bûcheron-en-fer-blanc, le Lion poltron), et qu'elle pourra compter sur la grâce.

La grâce est pur don. Quand la gentille sorcière du Nord fait cadeau à Dorothée de pantoufles d'argent (ce n'est qu'au cinéma qu'elles sont vermeilles), elle ajoute que ces pantoufles détiennent un charme qui la protégera du mal.

Comme pour la plupart d'entre nous, Dorothée ne sait pas voir les bienfaits de la grâce dans sa vie. (C'est souvent en rétrospective seulement que nous en mesurons les effets.) Comme pour la plupart d'entre nous, Dorothée rencontre plusieurs obstacles sur son chemin, le plus éprouvant étant la traversée de la Forêt hantée, après quoi il lui faut tuer la méchante sorcière de l'Ouest. Dorothée réussit sa mission avec l'aide de ses amis et de l'intelligence, de l'amour et du courage dont ils font preuve dans la poursuite de leur quête.

Après avoir traversé la Forêt hantée, Dorothée est profondément déçue d'apprendre que le magicien d'Oz, celui qui incarne la source même du pouvoir qu'elle cherche à atteindre, est en réalité dépourvu de pouvoirs magiques.

Tout comme Dorothée, chacun doit quitter le monde magique de l'enfance et grandir. Nos parents ne sont pas des dieux capables de nous préserver de la souffrance et de la mort. Il se peut même qu'ils nous déçoivent, en somme, et que nous apprenions un jour l'existence de quelque ténébreux secret les concernant.

Bref, l'histoire du magicien d'Oz nous dit qu'il n'y a pas de réponse magique à ce problème qu'on appelle la vie. Nous ne saurons jamais le secret des origines de Dorothée. Nous savons seulement que tout est sombre et vide quand elle quitte la maison, et qu'elle est en paix quand elle y revient. La force dont nous avons besoin se trouve en nous-mêmes. Pendant tout ce temps, Dorothée a cherché ce qu'elle possédait déjà. À la fin de l'histoire, elle a perdu ses lunettes teintées en vert et ses pantoufles magiques, mais elle est heureuse de rentrer à la maison.

La première partie de ce livre s'intitule « Retrouver son foyer en le quittant ». J'y expliquerai la nature des différents secrets de famille et je distinguerai les bons secrets des mauvais. De plus, je montrerai l'emprise exercée par les ténébreux secrets sur notre vie et cela, à travers l'aspect le plus paradoxal des secrets de famille : de façon inconsciente, nous *savons* que ces secrets existent, et nous le manifestons à travers notre comportement. J'essaierai de montrer comment la chose est possible.

Dans la deuxième partie, intitulée « À travers la forêt hantée », je vous proposerai une sorte de pierre de Rosette – un portrait de famille que les spécialistes appellent *génogramme*. Ce dernier me servira de guide pour vous aider, étape par étape, à dessiner la carte de votre famille sur trois générations. Je vous donnerai également d'autres outils pour déchiffrer les ténébreux secrets de vos ancêtres et de vos parents.

La troisième partie s'intitule « De retour au Kansas ». Je vous proposerai alors quelques applications possibles de vos découvertes, par exemple sur la manière et le moment opportun de révéler les secrets de votre famille ou la façon d'en assumer les conséquences dans votre vie. Je vous inviterai à découvrir vos propres ténébreux secrets, à prendre conscience de la somme d'énergie que vous devez mobiliser pour les garder tels et des limites et des entraves qu'ils imposent à votre existence. Je vous suggérerai aussi des moyens de renouer les liens avec votre famille ou de les maintenir en toute quiétude.

Je vous proposerai enfin d'explorer votre moi secret, celui qui est encore à naître, ces virtualités et ces possibilités insoupçonnées, qui n'appartiennent qu'à vous, et que j'appelle les *secrets de l'être profond*.

Mon vœu le plus cher est que vous traversiez la sombre forêt et qu'ayant vu le côté caché de votre famille vous ayez vu aussi ce qui fait sa beauté et sa force.

STOÏCISME

PARABOLE

L'histoire secrète de Dorothée

Dans une petite ville du Kansas, au cours d'une nuit orageuse et balayée de grands vents, une jolie petite fille vint au monde. Sa mère, toute jeune adolescente, mourut en couches de façon tragique, tandis que l'identité de son père n'est pas précisée.

Le bébé fut adopté par tante Em et oncle Henry, de pauvres fermiers, adeptes d'une religion austère, prônant le stoïcisme. Ils prénommèrent l'enfant Dorothée.

En grandissant, Dorothée n'eut pas le droit de poser des questions au sujet de ses parents véritables. Son père et sa mère étaient au ciel, et il était sacrilège de s'interroger sur la volonté de Dieu.

La seule joie de Dorothée était un petit chien nommé Toto. Elle l'avait trouvé un jour, abandonné sur une route de campagne, et oncle Henry lui avait permis de le garder, à condition de lui obéir en tout point et d'accomplir soigneusement toutes les tâches ménagères dont il avait dressé la liste sous ses yeux.

Oncle Henry n'osait pas le dire, mais il détestait Dorothée. Elle était une bouche de plus à nourrir et il pensait que sa mère avait commis un grave péché. Henry observait tout ce que faisait Dorothée, et ne perdait jamais une occasion de la corriger et de la réprimander sévèrement. Il la menaçait souvent de se débarrasser de Toto.

Dorothée avait terriblement peur de son oncle. En sa présence, elle bégayait et se comportait de manière stupide et maladroite.

Dorothée en était venue à penser que quelque chose chez elle fonctionnait mal. Elle se croyait stupide, égoïste, et elle avait peur de son ombre.

Un jour – elle avait alors dix ans –, en fouillant au grenier, elle tomba sur un vieil album de photos. En le feuilletant, elle vit la photo d'une femme qui ressemblait vaguement à tante Em, mais en beaucoup plus jeune. Au verso, il y avait cette inscription : « À ma sœur bien-aimée, avec l'affection d'Amy ». D'instinct, Dorothée comprit qu'il s'agissait de sa mère. Son cœur se mit à battre très fort, tandis qu'elle fixait la photo. Comme sa mère était jolie ! Elle portait une vraie robe de bal, et Dorothée imaginait qu'elle était rouge, car c'était sa couleur préférée. Tout en continuant de feuilleter l'album, Dorothée tomba sur une autre photo de sa mère, cette fois en compagnie d'un homme plus âgé, qui avait passé son bras autour de ses épaules. Cet homme était trop jeune pour être son grand-père; du reste, sa photo *à lui*, elle l'avait déjà vue dans un des tiroirs du chiffonnier de tante Em, tandis que l'homme de la photo était fort et élégant, et Dorothée avait le sentiment qu'il s'agissait de son père.

Après un moment, Dorothée commença à se sentir coupable. Elle savait qu'elle n'aurait pas dû regarder ces photos et chercher à connaître sa mère et son père. Dieu la punirait sûrement si elle persévérait dans cette voie. Elle referma donc l'album et le rangea dans la vieille armoire noire où elle l'avait trouvé. Elle se jura de ne jamais plus y retourner, et elle tint parole.

Cependant, elle continuait d'y penser. Et tout en exécutant les mornes travaux des champs ou les ennuyeuses tâches ménagères fixées par oncle Henry, elle voyait le beau visage de sa mère, qu'elle suppliait de la ramener à la maison.

À l'adolescence, Dorothée se mit à faire un cauchemar, toujours le même. Au réveil, elle ne se souvenait que d'une chose : elle s'était égarée, elle apercevait sa mère qui l'appelait au loin et lui tendait la main.

Un soir de tempête, tandis qu'une tornade faisait rage dans les environs, Dorothée rêva que sa maison, emportée par une énorme bourrasque, s'était envolée pour aller s'écraser sur une méchante sorcière. Dorothée se réveilla au milieu d'êtres les plus étranges qu'elle eût jamais vus. À ses côtés se trouvait la gentille sorcière du Nord, habillée d'une magnifique robe rouge et qui ressemblait à sa mère comme deux gouttes d'eau, du moins telle qu'elle apparaissait sur la photo de l'album. « Maman, maman, ramène-moi à la maison ! » cria Dorothée, en pleurant. Mais ignorant le souhait de l'enfant, la gentille sorcière du Nord ne lui ouvrit pas les bras. Gentiment, mais fermement, elle la prévint que le retour à la maison serait difficile et qu'il lui faudrait affronter plusieurs obstacles en cours de route.

Si vous avez lu le livre de L. Frank Baum intitulé *The Wonderful Wizard of Oz** vous connaissez la suite de l'histoire.

À un détail près. Quand Dorothée et ses amis sont finalement reçus par le magicien d'Oz, ils s'aperçoivent que ce dernier ressemble comme deux gouttes d'eau à l'homme de la photo, en qui Dorothée avait cru reconnaître son père.

Le lendemain matin, le réveil fut amer pour Dorothée, qui ne savait trop quelle signification donner à son rêve. Après l'école, elle posa la question à son professeur préféré. Celle-ci lui répondit que chaque aspect de son rêve représentait une partie d'elle-même. Le cerveau de l'Épouvantail était le sien, de même le courage du Lion poltron et le cœur généreux du Bûcheron-en-fer-blanc. Son professeur ajouta que son rêve voulait dire qu'elle était une merveilleuse jeune fille.

Mais elle précisa : « Il y a un hic : ton rêve veut dire aussi qu'il te faudra apprendre, comme nous l'avons tous fait, que nul pouvoir magique ne peut te sauver. Nos parents ne sont que des hommes et des femmes ordinaires, ce ne sont ni des magiciens ni de gentilles sorcières. »

Dorothée fut profondément bouleversée par ses paroles et elle

---

* Paru en français sous le titre *Le Magicien d'Oz*, Paris, Flammarion, Éditions du chat perché, 1979.

n'oublia jamais la leçon. Quand elle eut dix-huit ans, elle quitta la ferme de son oncle et de sa tante pour aller travailler. Elle s'inscrivit au collège et devint reporter dans un journal. Par la suite, elle devait en savoir davantage sur Amy, sa vraie mère, morte en couches. Elle apprit aussi que l'homme plus âgé de la photo avait été professeur dans l'école fréquentée par sa mère, et qu'il avait dû partir dans des circonstances demeurées obscures. Dorothée en vint à penser qu'il était son père biologique, mais elle ne fit aucune démarche pour le retrouver.

Plus tard, Dorothée se maria et eut elle-même deux filles et un fils. Je ne pourrais pas dire qu'elle fut toujours heureuse. Comme cela arrive dans tous les couples, son mari et elle se disputèrent parfois et, comme tous les enfants, les siens lui causèrent du souci. Certains jours, Dorothée connut l'ennui, et fut même déprimée. Mais tout bien considéré, elle trouva que la vie valait la peine d'être vécue et qu'elle se révélait souvent pleine de joies.

En vieillissant, tante Em se radoucit et se laissa même aller à quelques confidences sur Amy, sa jeune sœur. Un été, alors que Dorothée et les enfants étaient venus la voir, tante Em passa de longues heures en leur compagnie à feuilleter le vieil album de famille. Oncle Henry était toujours bourru, mais Dorothée lui avait fait comprendre qu'il ne pouvait plus l'humilier comme autrefois. Il n'était pas bavard avec les enfants, mais il leur permettait parfois de l'accompagner dans la grange, « à la condition d'être sages ». Et eux aimaient bien être avec lui.

PREMIÈRE PARTIE

RETROUVER SON FOYER
EN LE QUITTANT

Comme le feu, le secret est nécessaire aux êtres humains et, tout comme le feu, il fait peur. Tous deux peuvent protéger la vie et la rendre plus agréable, mais ils peuvent aussi l'étouffer, être une cause de ruine et échapper à tout contrôle. Tous deux peuvent préserver l'intimité ou l'envahir, tous deux peuvent alimenter la vie ou la détruire.

Sissela Bok

CHAPITRE 1

QUAND LE SILENCE
EST D'OR

*L'équilibre et la liberté ne sont possibles chez l'être humain que
s'il contrôle le côté secret et le côté ouvert de son existence.*
Sissela Bok

*Utilisés à bon escient, le silence et le secret valent leur pesant
d'or.*
Rosemarie Welter-Enderlin

Quand j'étais en septième année, un porte-parole des scouts se
présenta devant notre classe et nous entretint de manière fort éloquente des vertus de ce mouvement. J'étais moi-même un louve-
teau, et fier de porter mon uniforme. Je partageais déjà les idéaux
des louveteaux, alors qu'on cherchait à faire de nous d'honnêtes
citoyens, respectueux des valeurs américaines. Je m'inscrivis au
mouvement scout sans hésiter une seconde.

J'adorai ma première réunion scout, où l'on nous promit, pour
le week-end prochain, un pique-nique de hot-dogs, suivi d'un feu
d'artifice. Le week-end arriva, et le pique-nique débuta de la meilleure façon du monde, tandis qu'on servait des hot-dogs à profu-
sion, avec pour dessert des montagnes de gâteaux et de crème
glacée.

Le feu d'artifice fut tout aussi amusant. Rassemblés près du
terrain de football, nous avons chanté, prêté allégeance au drapeau,

3

tout excités à la pensée de faire partie de la troupe. J'avais l'impression de vieillir d'un coup. Tous les garçons de huitième année étaient présents et ils se montrèrent gentils avec les plus jeunes que nous étions.

Puis, cela commença – le cauchemar. Le chef des scouts annonça qu'il se retirait, pour laisser la place aux plus âgés qui avaient prévu une série d'activités afin d'initier les nouveaux venus. J'eus tout de suite le pressentiment d'un danger. Un garçon plus âgé, Feigle, me regardait en ricanant. Et pareillement, George Morales. Ces deux-là avaient la réputation de mépriser profondément les garçons de septième année. Puis les activités débutèrent. D'abord une course – il fallait parcourir une certaine distance, les yeux bandés et attachés les uns aux autres par les chevilles. En soi, la chose ne me semblait pas si terrible, mais voilà que Feigle annonça que, puisqu'il restait des saucisses, chacun devait en glisser une entre ses deux fesses. Celui qui ferait tomber la saucisse s'exposerait aux pires châtiments.

Ici, ma mémoire flanche un peu. Tout ce que je sais, c'est que j'ai senti tomber ma saucisse après le troisième ou le quatrième bond. Quatre garçons avaient parcouru la distance prévue sans faire tomber la leur. Encore une fois, mes souvenirs sont un peu confus. Je me rappelle que les plus âgés ont fait cercle autour de moi. Je les ai vus mettre la main sur James Schimek, lui enlever son pantalon et le jeter au feu. Quand j'ai vu qu'on lui arrachait aussi ses boxers, j'ai fui à toutes jambes en direction du terrain de football.

Je n'étais pas rapide, mais j'avais souvent joué au football sur les terrains vagues et je me débrouillais pas trop mal comme porteur de ballon. Feigle et Morales étaient sur mes traces, tandis que je fonçais tout droit sur la masse noire se profilant à l'autre bout du terrain. Dieu merci, j'avais une bonne longueur d'avance sur eux. Toujours en courant, je longeai le vestiaire et me retrouvai dans les rues de mon quartier. Je trouvai à m'abriter dans les buissons, derrière un garage, où je restai immobile pendant au moins trente bonnes minutes. Quand je fus bien sûr qu'on avait renoncé à me poursuivre, je rentrai à la maison.

4

J'entrai comme si rien ne s'était passé. Ma mère me demanda comment avait été la soirée. Je fus incapable de lui dire ce qui s'était passé. Je bredouillai quelques mots : « C'était formidable, mais je ne pense pas que j'arriverai à concilier le rythme fou de leurs réunions et la série de A sur mon bulletin. » Je montai me coucher, laissant derrière moi les paroles de ma mère vantant les mérites du scoutisme.

Étendu sur mon lit, je donnai libre cours à mon angoisse à l'idée de retourner en classe le lundi suivant. Je craignais les moqueries de Feigle et de Morales, ainsi que leurs représailles. J'avais honte de m'être montré incapable de supporter le bizutage comme un homme. De plus, j'avais perdu toutes mes illusions au sujet des scouts – cette troupe-là, du moins, ne me paraissait pas être la meilleure garante de la Vérité, de la Démocratie et des valeurs américaines. Je jurai de ne jamais en parler à ma famille.

De retour à l'école, j'appris les dernières nouvelles. Au cours du bizutage, un garçon avait été grièvement brûlé. C'était un accident, mais tous les scouts de huitième année devaient maintenant faire face à de sérieux problèmes. Ma fuite avait été oubliée.

J'enfouis cette expérience dans un coin secret de mon cœur. Je venais d'apprendre une grande vérité sur moi-même et sur mes propres limites. Je m'étais découvert une horreur profonde de la violence, et je savais désormais à quel point je pouvais être pudique. Ah! comme je détestais toute cette violence machiste! Et comme je la déteste encore! Les années passant, j'ai appris à respecter cette part de moi qui, au cours de cette soirée de 1945, avait refusé le bizutage. Ce qui avait d'abord pris la forme d'un ténébreux secret se révéla à la source de ce que j'appelle maintenant ma pudeur naturelle – la gardienne fidèle de ce qui fait de moi un être humain.

Le secret qui protège, le secret qui exerce un pouvoir

La possibilité de garder certaines choses secrètes est, chez l'être humain, une forme de protection naturelle et indispensable. Le fait d'avoir pu garder le secret sur ma mésaventure scoute m'a permis de me ménager un espace privé, qui a rendu acceptable, à mes propres yeux, un comportement en apparence aussi peu courageux.

Avec les années, d'autres événements me prouvèrent que je n'étais pas un lâche. Plus tard, chaque fois que j'ai montré du courage, j'ai repensé à ma course loin du feu d'artifice. Nous en apprenons davantage sur nous-mêmes par ce processus de remémoration secrète de nos expériences passées. C'est par ce truchement que se forme, ultimement, notre identité d'individu. Si nous n'avons aucun secret, nous devenons entièrement vulnérables au regard d'autrui. À l'époque, si j'avais confié mon secret à quelqu'un de ma famille, on m'aurait sans doute traité de peureux. Mon secret était une frontière qui me protégeait de la sévérité de leurs jugements.

J'ai envie de penser que ma mère a toujours su qu'il s'était passé quelque chose de traumatisant au cours de cette soirée de 1945. Elle n'opposa aucune objection quand j'annonçai ma décision de quitter les scouts et ne me posa plus de questions à ce sujet. J'avais eu droit à un espace intime indiscutable, où il m'avait été loisible d'intégrer l'expérience.

LES DEUX VISAGES DU SECRET

Je tiens à commencer ce livre en abordant la question de l'intimité, car le secret présente deux visages, qui demeureront incompréhensibles si l'on ne comprend pas ce qu'est l'intimité. L'un des visages du secret est privé, c'est le royaume du *secret naturel*; son autre visage fait de lui ce que j'appelle un *ténébreux secret*, et résulte de la violation de l'intimité.

En abordant d'emblée la question de la vie privée, je veux également remettre en cause l'idée reçue voulant que le secret soit toujours quelque chose de malsain, dont il faut se libérer.

Je me souviens d'une certaine émission sur l'inceste, faite en compagnie de Geraldo Rivera, où je citai cette réflexion, que je devais par la suite entendre à plusieurs reprises, d'une victime qui avait réussi à s'en sortir : « Les familles sont aussi malsaines que leurs secrets. » Pendant longtemps, j'ai pensé la même chose. Le modèle culturel qui domine en ce moment nous invite à le penser. Nous vivons à une époque qui encourage la transparence et l'honnêteté totales, ce à quoi le secret semble s'opposer.

Cependant, je me sens de moins en moins à l'aise avec une approche aussi intransigeante. Si nous ne voyons dans le secret qu'une chose négative, nous perdons de vue son essence même, qui est à la base de notre liberté et de notre droit à l'intimité.

Qu'est-ce que le secret ?

Le dictionnaire donne trois définitions du mot *secret* : 1) ce qui est délibérément dissimulé ; 2) ce qu'on ne sait pas ; 3) ce qui reste à découvrir. Dans ce livre, j'aborderai ces trois aspects du secret, parce que tous trois sont déterminants dans notre conception de la famille et l'expérience que nous en faisons.

Le latin *secretum* signifie : « ce qui est caché ou mis à l'écart ». Et bien qu'elles ne soient pas inhérentes à tout secret, les notions de tromperie, de dissimulation, de mensonge, d'interdiction, d'intimité, de silence et de sacré influencent également notre façon de concevoir le secret.

Ce que j'appelle le *contenu* du secret peut porter sur à peu près n'importe quoi. On peut vouloir dissimuler presque chaque fait, chaque sentiment ou chaque attitude. Et comme je le montrerai plus loin, on peut vouloir dissimuler quelque chose sans même s'en rendre compte. La volonté de dissimulation peut être inconsciente et demeurer inconnue du sujet.

Un autre aspect important du secret consiste à savoir qui le « détient ». C'est ce qu'on appelle parfois le *lieu* du secret. Tel secret ne sera partagé avec personne ; tel autre sera confié à quelqu'un, sous promesse de ne jamais le divulguer. Certains secrets seront partagés par l'ensemble du groupe ou ne le seront que par quelques-uns. C'est là un facteur qui peut se révéler important au moment d'évaluer les conséquences d'un secret sur l'ensemble de la famille.

Le secret peut être positif ou négatif – il est parfois les deux. Au sein d'un groupe ethnique ou religieux, tel secret engendre un sentiment de fraternité, tout en alimentant un sentiment d'intolérance et de haine à l'endroit de ceux qui ne font pas partie du groupe. Je vous demande de garder à l'esprit cette polarisation du secret quand nous passerons en revue les différents secrets de famille.

Je pense malgré tout que certains secrets sont *inévitablement* destructeurs. Ainsi en est-il des secrets liés à l'inceste, à la violence conjugale, à l'alcoolisme, au meurtre et à toute autre forme de violence exercée sur autrui.

De la même façon, je pense que certains secrets sont inévitablement constructifs. Ainsi en est-il de ceux qui préservent la dignité de la personne, sa liberté, sa vie intérieure, son esprit créateur.

La culture et les secrets

Entre les secrets destructeurs et constructifs, il existe un vaste entre-deux, où les secrets ne sont ni l'un ni l'autre mais s'évaluent en fonction de l'interprétation donnée par le groupe, par exemple, par la famille, ou par rapport à leur mode de fonctionnement en vertu de la dynamique et des besoins du système familial. Dans ce domaine, les croyances culturelles, ethniques et religieuses jouent souvent un rôle déterminant.

J'ai grandi dans une famille catholique, où il était indéniable que manger de la viande le vendredi était un péché mortel, qui pouvait nous valoir l'enfer. Un jour, un vendredi, de manière délibérée et froidement calculée, j'ai mangé un hamburger. J'ai gardé la chose soigneusement secrète. Le jour où l'Église catholique a assoupli ses règles à ce chapitre, mon secret est devenu inutile.

L'évolution de la science a modifié plusieurs secrets de famille. Il fut un temps où les maladies mentales et psychologiques étaient un des secrets de famille les plus farouchement gardés. Pour justifier certains traitements infligés à ces malades, lesquels étaient souvent confiés à des institutions, on invoquait des pratiques de sorcellerie ou de possession par le démon. Aujourd'hui, les lobotomies et les asiles d'aliénés cauchemardesques appartiennent au passé. Les progrès enregistrés dans la compréhension de la chimie du cerveau et sur d'autres aspects du fonctionnement de l'organisme ont fait en sorte que les familles ont pu réclamer ouvertement l'aide dont elles avaient besoin.

La morale contribue également au maintien du secret. Sans les favoriser ouvertement, telle famille peut faire preuve d'une relative souplesse en matière de relations sexuelles avant le mariage et veiller à l'éducation sexuelle de leurs enfants adolescents en abordant ouvertement les questions de contraception et de sida. Dans ce genre de famille, la sexualité n'aura pas besoin d'être entourée d'une aura secrète, si ce n'est au nom de l'intimité de chacun. Telle autre famille sera plutôt stricte en la matière et verra un péché dans toute forme de sexualité avant le mariage. Dans ce genre de familles, il y a fort à parier que la sexualité sera entourée de l'aura du ténébreux secret.

Bon nombre de convictions et de croyances culturelles héritées du passé nous semblent aujourd'hui relever d'une sévérité excessive et moralisatrice. Autrefois, les ténébreux secrets se cristallisaient autour des fugues amoureuses, des grossesses avant le mariage, des enfants adoptés ou des naissances illégitimes, de l'alcoolisme, du divorce et des sévices sexuels. C'étaient là autant de domaines de prédilection pour la honte née du péché ou des manquements à la morale.

Le sentiment de relativité qui caractérise la conscience moderne a assoupli quelque peu la rigidité et l'intransigeance de la morale d'antan, dont le « code terrible » fut tempéré par une meilleure compréhension de la réalité dans tout ce qu'elle a d'ambigu et de complexe. L'anathème et l'humiliation qui étaient autrefois le lot de la mère célibataire se sont ainsi grandement modifiés. Cela ne veut pas dire pour autant que notre société encourage ce genre de comportements. Mais il est clair que le jugement moral n'a que fort peu contribué à ce changement. C'est la notion même d'illégitimité qui a maintenant quelque chose de victimisant et de punitif.

De même, de nos jours, l'alcoolisme est considéré comme une maladie, ce qui a permis de dissiper certains de ses plus ténébreux secrets. J'entame maintenant ma vingt-neuvième année d'abstinence, et beaucoup de choses ont changé depuis que j'ai pris mon dernier verre. Quand j'ai commencé mon traitement, l'alcoolisme était considéré comme une faute morale. Il était le mal qui frappait les esprits faibles et les goinfres dépravés. Cette époque est bien révolue et le traitement de l'alcoolisme a fait des progrès remarquables.

C'est dans le domaine de l'information donnée à la famille de l'alcoolique que sont intervenus les changements les plus profonds. Les proches commencent à comprendre que ce n'est qu'en levant le secret et en cessant de couvrir les agissements de l'alcoolique que ce dernier pourra assumer les conséquences de son irresponsabilité. L'effondrement d'un système reposant jusque-là sur le secret suffit souvent à convaincre l'alcoolique de suivre une thérapie.

Les progrès enregistrés dans l'aide apportée à la famille de l'alcoolique ont également permis de lever l'un des plus grands secrets de ce siècle. Autrefois, nous ignorions quels lointains prolongements pouvaient avoir la honte et les ténébreux secrets liés à l'alcoolisme. Par exemple, les enfants nés de parents alcooliques et qui avaient vu les ravages de l'alcool reprenaient à leur compte un certain nombre de comportements qui les hantaient jusqu'à l'âge adulte. Les effets s'en faisaient sentir aussi sur la génération suivante. Notre connaissance de l'alcoolisme nous aide également à mesurer les conséquences que peut avoir, chez un enfant, le fait de grandir dans un milieu familial perturbé par les sévices physiques, sexuels ou psychologiques. Si chaque forme de violence a ses propres caractéristiques, toute violence inflige à l'enfance une profonde blessure. Les victimes de traumatismes, quels qu'ils soient, partagent plusieurs de ces caractéristiques. Sur le plan culturel, une plus juste compréhension de ce secret a libéré des millions de personnes.

Le droit à l'intimité

Récemment, à Houston, deux jeunes filles furent sauvagement assassinées. Dès l'annonce de leur disparition, je me mis à suivre avec anxiété les bulletins de nouvelles à la télé. Après la découverte des corps mutilés, une meute de reporters assiégea le père des jeunes filles pour obtenir ses commentaires. L'homme était accablé de douleur et encore sous le choc. Aucun mot ne pouvait traduire l'horreur de ce qu'il vivait. Il voulait être seul, et il en avait grandement besoin. Mais la caméra continuait de le fixer et le journaliste de la télévision de brandir un micro sous son nez. J'étais furieux contre ce reporter, et quand plusieurs personnes me firent part d'une réaction semblable, j'eus le sentiment que nous partagions la même conviction. Le comportement de ce reporter avait quelque chose d'obscène.

Plusieurs d'entre vous ont sans doute regardé le 28e match du Superbowl à la télévision, opposant les équipes de Dallas et de Buffalo. À deux reprises, Thurmon Thomas, le coureur arrière vedette de Buffalo, a malencontreusement laissé le ballon lui échapper, accordant chaque fois des points à l'équipe de Dallas. Il semble que la seconde passe manquée ait marqué un tournant dans le déroulement du match. Thomas était mortifié et humilié. Le visage entre les mains, il s'assit sur le banc. Il essayait littéralement de sauver la face. Le caméraman braqua sur lui son objectif et nous permit de l'observer pendant ce qui me parut une interminable minute. Par la suite, à plusieurs reprises, la caméra revint sur ce visage couvert de honte. J'avais envie de hurler au réalisateur d'enlever cette caméra de là, de laisser en paix cet homme et sa douleur. La mort, le chagrin, les gestes intimes entre époux, l'échec ou la honte qu'éprouve une personne, tout cela appartient à la sphère du privé.

Le genre de pratiques médiatiques que je viens d'évoquer est une violation flagrante de l'intimité nécessaire à l'être humain. L'intimité n'est pas seulement un droit, elle fait partie de notre héritage. *Plus notre besoin naturel d'intimité est respecté et encouragé, moins nous ressentons le besoin de nous entourer de secrets.*

INTIMITÉ ET RÉSERVE NATURELLE

J'ai la conviction que notre besoin d'intimité n'est pas uniquement culturel. Il présente également des fondements biologiques.

Nous naissons avec une pudeur naturelle qui nous protège des importuns. Ce sentiment est le signal qui nous prévient quand notre pudeur est mise à mal. Nous rougissons quand nous nous sentons embarrassés et vulnérables en public ou dans un cadre social en particulier. Devant des étrangers, les enfants se cachent timidement derrière leurs parents.

Cette réserve naturelle, cette pudeur, est une forme d'*autoprotection* innée, qui délimite les frontières de nos sentiments. Ces frontières sont à la base de la liberté, de la connaissance et de l'épanouissement de soi. Silvan Tompkins, sans contredit une des autorités en la matière, écrivit un jour : « Contrairement à tous les autres sentiments, seule la pudeur est l'expérience de soi par soi-même. » La pudeur est chose naturelle : *le sans-gêne n'est pas naturel, il est un déterminisme social et quelque chose d'acquis.*

Dans un livre magnifique, intitulé *Shame, Exposure and Privacy*, Carl D. Schneider explique que les Américains ont de la difficulté à comprendre que la pudeur est une chose naturelle et que le sans-gêne ne l'est pas, par le fait suivant : l'anglais n'a qu'un seul mot pour désigner la gêne. La plupart des langues indo-européennes en utilisent deux ou trois. La langue grecque possède cinq termes susceptibles d'être traduits par le mot « gêne ». La chose est également vraie pour le latin. En allemand, *Scham* signifie « la gêne qui découle de la modestie », tandis que *Schande* signifie « la gêne qui résulte du déshonneur et de la déchéance ». En français, *pudeur* signifie « la gêne qui découle de la modestie », et *honte* « la gêne qui résulte de la déchéance ». Avant d'accomplir un geste qui pourrait nous compromettre, nous hésitons et luttons – c'est la *pudeur*; après avoir commis un geste qui nous a blessés ou humiliés, la gêne envahit notre mémoire – c'est la *honte*.

La gêne qui découle de la modestie est le signal intérieur qui nous prévient que nous sommes exposés, alors que nous ne sommes pas prêts à l'être. Même les nourrissons ferment les yeux, tournent la tête et protègent leur visage avec leurs mains quand ils sont trop stimulés et ont besoin de repos. Si nous rougissons et que nous nous sentons timides ou embarrassés, c'est que nous avons atteint une limite. Quelqu'un ou quelque chose nous menace intimement. Nous sommes trop exposés et trop démunis, nous avons besoin d'être protégés.

La modestie permet de se cacher, de se couvrir et de se protéger de façon appropriée. Elle connaît plusieurs prolongements naturels dans notre vie. Une fois sortis de l'enfance, nous éprouvons une gêne élémentaire devant les gestes qui concernent l'alimentation, l'élimination physiologique et la sexualité. Par la prière, nous manifestons une gêne et une crainte révérencielle devant Dieu, et, de la même façon, nous sommes pénétrés d'une crainte respectueuse devant ce que nous estimons le bien et la vertu. Nous éprouvons une gêne naturelle devant les gestes de la naissance, de la mort, et devant tout ce qui relève de notre dignité personnelle et de notre estime de soi.

Le philosophe allemand Max Scheler a comparé aux racines d'un arbre ce type de comportement intrinsèquement lié à la nature humaine; pour donner vie à l'arbre, les racines doivent demeurer enfouies sous terre. Et comme les racines de l'arbre ont besoin d'être cachées, notre vie psychologique a de profondes ramifications qui ne sont efficaces que si elles demeurent cachées dans l'ombre.

Les domaines essentiels de l'expérience humaine que l'intimité protège et rend possibles

L'intimité permet à quatre aspects au moins de la vie humaine de s'épanouir en toute quiétude.

- L'intimité préserve en grande partie tout ce qui est lié au cycle de la vie humaine, incluant l'alimentation, l'élimination, la sexualité, la reproduction, la naissance, la souffrance et la mort.

- L'intimité est nécessaire à la formation de la personnalité et à l'expression de l'individualité.
- L'intimité veille à l'épanouissement de l'âme – c'est-à-dire à ce qui donne à la vie sa *profondeur*.
- L'intimité protège le royaume du sacré et des choses saintes où règnent les mystères de la vie qui nous saisissent d'effroi.

Sans la pudeur qui aide à préserver l'intimité, les membres de la famille perdent leur *humanité fondamentale*. Quand une famille fait tomber les barrières de l'intimité, ses membres se retranchent dans un isolement néfaste ou derrière les ténébreux secrets qui naissent de la honte.

LES VIOLATIONS DE LA PUDEUR

À l'exception de l'épisode des scouts, je n'ai joui, dans mon enfance, d'aucune espèce d'intimité ; je n'avais pas le droit de fermer à clé la porte de la salle de bains, je n'avais pas de chambre privée où me réfugier pour savourer quelques moments de paix. Pendant un certain temps, mon frère, ma sœur et moi avons partagé la même chambre. À un autre moment, je dormais sur un lit pliant dans la salle à manger et je rangeais mes vêtements dans le buffet avec l'argenterie, les assiettes et les soucoupes.

Il se trouvait toujours quelqu'un pour me regarder. Des yeux adultes étaient partout et montaient la garde, épiant, attendant que je fasse une bêtise. Et quand la nuit, dans mon lit, sous les couvertures, ces yeux étaient impuissants à m'atteindre, c'est Dieu qui me regardait. De façon pernicieuse, j'étais *surobservé*. Je n'avais pas d'endroit où me cacher, pas d'endroit où me détendre, pas d'endroit où rêver. Il n'y a pas longtemps, je suis tombé sur ces vers de Robert Browning : « Je renonce à la lutte : je cherche une issue / un coin secret pour moi seul / et que Dieu lui-même m'oublie. » Comme je pouvais comprendre ce qu'il voulait dire par là !

En l'absence d'une chambre privée, j'en étais réduit aux cachettes et aux secrets malsains. Mes secrets me protégeaient et me donnaient un espace où respirer. Mais plus je comptais sur le secret, plus je devais déployer d'énergie pour préserver les secrets qui protégeaient cet espace. Les secrets engendrent les secrets, les mensonges engendrent les mensonges et, après quelques années de ce régime, je m'égarai dans les eaux troubles qui avaient abrité ces mensonges.

L'absence d'intimité était une réalité dont ma famille devait s'accommoder, comme le faisaient plus ou moins la plupart des familles que je connaissais. Certains de mes amis, issus d'un milieu plus aisé, avaient certes une chambre privée ; mais pour les gens de ma génération, les parents et les adultes avaient tous les « droits » sur les enfants, tandis que les enfants n'en avaient aucun. Cette version autocratique de la vie en famille dans laquelle j'ai grandi reposait sur la notion de propriété. L'épouse et les enfants faisaient partie des biens de l'homme, et les enfants étaient la propriété de leurs parents. Les formes patriarcales et autocratiques de la vie familiale ne laissent aucune place à l'intimité.

Dans *1984*, le célèbre roman de George Orwell, Winston Smith lutte contre le contrôle absolu exercé par la police de la pensée dans un État totalitaire. Winston se réfugie dans un coin du séjour pour échapper au regard du moniteur télé de Big Brother. Mille fois par jour, il écrit dans son journal : *À bas Big Brother !* (Pour ceux qui l'auraient oublié, je rappelle que Big Brother incarne l'autorité suprême en cette année 1984 et qu'il est criminel de chercher à s'élever contre cette autorité de quelque manière que ce soit.) Winston, qui défendait le droit d'avoir librement des *pensées secrètes*, était passible de plusieurs années de travaux forcés. Tout en sachant qu'il serait pris sur le fait tôt ou tard, il cherchait, en écrivant secrètement son journal, à dérober une parcelle d'autonomie et de conscience de soi.

LES TÉNÉBREUX SECRETS :
UNE PERVERSION DE L'INTIMITÉ

Quand toute intimité est interdite, le fait de s'isoler devient un geste subversif. *Moins l'intimité est possible, plus le secret devient nécessaire.* Gary Sanders, professeur à l'université de Calgary, écrivit un jour : « Le secret est l'*obligation* de garder quelque chose pour soi, tandis que l'intimité est le fait de *choisir* de garder quelque chose pour soi. »

Ce que j'appelle les *ténébreux secrets* sont souvent le résultat d'une perversion de l'intimité. Ils surgissent quand sont bafouées la modestie et la pudeur naturelle de l'individu. Ils se cristallisent autour des questions liées à la naissance, à la mort, au sacré, et à ses critères pour distinguer le bien et le mal, le péché et le salut. Bon nombre de ténébreux secrets sont liés aux masques de notre personnalité et aux comportements artificiels dictés par notre fausse ou notre pseudo-personnalité. Bon nombre d'autres ténébreux secrets concernent la sexualité ou la nourriture, et résultent d'une confusion entre la sexualité et les fonctions physiologiques. D'autres encore sont liés à la volonté de se donner une contenance et de sauver les apparences : ils ont à voir avec l'authenticité, la réputation de l'individu et son identité.

Pour mieux cerner les différents domaines de l'intimité et montrer en quoi ils peuvent entraîner l'existence de ténébreux secrets, je commenterai brièvement chacune de ces catégories. Le tableau 1-1 en dresse une liste sommaire.

Le sacré

Quand j'étais enfant, on me disait : « Ne parle pas de religion avec tes amis. C'est un sujet trop personnel. Les gens sont tellement émotifs quand il est question de la foi. »

Le sacré a toujours été considéré comme le domaine par excellence de l'intimité. Par essence, la prière est également un geste privé. Jésus admoneste ceux qui prient en public. « Retirez-vous à l'écart, fermez la porte et priez votre Père qui se trouve en un lieu secret. » En soi, le télévangélisme est essentiellement quelque chose d'obscène, car il privilégie les grandes manifestations publiques qui sont contraires à la nature même de la prière.

Tableau 1–1

LE ROYAUME DE LA VIE PRIVÉE :
LES DOMAINES NATURELS DE SECRET

Le sacré
    La prière
    La morale
La naissance
La mort et l'agonie
La douleur et les très grandes souffrances
Les fonctions physiologiques
    L'alimentation
    L'élimination
La dignité personnelle
    La réputation
    Le visage
    Le corps
Le succès/L'échec
Les biens matériels
    La maison
    L'argent
    La propriété
Les biens immatériels
    Les idées
    Les opinions
    Les sentiments
    Les valeurs
    L'éthique
L'intimité
    L'amitié
    L'amour/La vie conjugale
La sexualité

C'est dans le silence que l'on fait le mieux l'expérience du sacré, au plus profond de soi, là où nous pouvons entendre la

« douce petite voix ». Le sacré, comme tout ce qui a trait aux choses saintes, perd son identité en devenant public.

Les questions d'éthique et de bonté appartiennent également au domaine privé. Le fait de rendre publique une chose qui aurait dû demeurer privée entache son essence même. Pour soi-même comme pour l'autre, faire le bien exigera toujours de montrer un authentique comportement vertueux. C'est déjà moins faire le bien que de le faire en sachant qu'il sera récompensé publiquement. Se vanter de ses bonnes actions annule leur aspect bénéfique.

La naissance

Tout en appartenant au domaine public, notre naissance et nos origines appartiennent aussi à la sphère du privé. La naissance et la mort sont des choses profondément mystérieuses. Hannah Arendt écrivait : « L'homme ne sait d'où il vient en naissant ni où il va en mourant. » Nul ne peut vivre sans s'interroger sur ses origines. Comment était-ce dans le ventre maternel ? Songez aussi à l'importance que revêt le fait d'être né de votre père et de votre mère, alors que leur rencontre est le fruit du hasard. Quand ils sont jeunes, les enfants s'interrogent souvent au sujet de leurs origines : « Sont-ils mes vrais parents ? Suis-je un enfant adopté ? » Les enfants adoptés ne peuvent éviter la question de l'identité de leurs parents biologiques. « Qui sont-ils ? Où sont-ils ? Pourquoi m'ont-ils abandonné ? L'ont-ils fait pour mon bien ? M'ont-ils vraiment désiré ? » Ceux qui se découvrent une famille (en général, il s'agit d'un demi-frère ou d'une demi-sœur dont ils ignoraient jusque-là l'existence), sont curieux de retrouver sa trace pour faire sa con-naissance. En général, l'existence secrète de frères et de sœurs sup-pose l'existence d'un ténébreux secret encore plus profondément caché. Un autre type de secret lié à la naissance est celui des ori-gines. Il peut être bouleversant d'apprendre que celui que l'on croyait son père est en réalité un beau-père ou un cousin. De nos jours, un enfant peut être confronté à la réalité d'avoir été conçu d'un père inconnu, qui a vendu sa semence à une banque de sperme.

La mort et l'agonie

« La mort, écrit Silvan Tompkins, a ceci de particulier qu'elle est un motif de gêne dans toutes les cultures. » La mort et l'agonie, avec leur cortège de souffrances et de douleurs profondes, sont des expériences humaines littéralement enfouies au cœur des familles, loin des regards d'autrui.

Parallèlement, nous avons besoin, au moment de notre mort, que l'on reconnaisse publiquement ce qu'a été notre vie. Pleurer le défunt est une façon d'en affirmer et d'en valoriser symboliquement la singularité.

Les gens appartenant à d'autres cultures sont souvent choqués de constater à quel point la mort revêt un caractère impersonnel dans la société américaine. Des malades meurent à l'hôpital, loin de leurs proches, après avoir été réduits à une série de courbes sur un graphique, et leurs derniers moments dans l'existence se passent en compagnie des membres du personnel médical, pour qui la mort ne signifie rien d'autre que l'échec de leur savoir et de leurs compétences.

Plusieurs personnes portent en elles le secret de deuils non assumés ou liés à un suicide devant lesquels elles se sentent démunies et remplies de honte.

Bon nombre de secrets de famille concernent également l'agonie et la maladie en phase terminale. Certaines personnes gardent secrets certains souvenirs de guerre où la mort, anonyme et sans visage, mutile et frappe indistinctement.

La douleur et les très grandes souffrances

Nous avons bien garde de réduire notre existence à une série de fonctions physiologiques, même si nous faisons chaque jour l'expérience de la servitude involontaire que nous impose notre corps.

Les vêtements dissimulent notre corps et cachent notre vulnérabilité. Dépouiller quelqu'un de ses vêtements a quelque chose d'avilissant et de honteux – ainsi que je l'avais compris instinctivement lors du pique-nique scout. En temps de guerre ou dans certains systèmes carcéraux, ce genre d'humiliations sert à infliger une torture morale aux prisonniers.

Celui qui souffre ou éprouve une très grande douleur a besoin de se réfugier dans son intimité. Voir cent fois à la télé des policiers qui tapent sur Rodney King a quelque chose de dégoûtant et d'obscène. Les enfants qui voient leur mère battue par leur père sont eux aussi des victimes. Quiconque est témoin de violence est aussi victime de violence. Cette forme de violence se transforme souvent en ténébreux secret.

Les fonctions physiologiques

L'ensemble des fonctions physiologiques appartient à la sphère du privé. En matière d'élimination corporelle, toute culture prévoit une certaine bienséance. L'élimination des excréments en public est une cause immédiate de honte.

La plupart des familles ont mis au point un langage idoine pour aborder ces questions privées. Certaines expressions sont particulièrement imagées et font preuve d'une grande créativité, mais elles ne sont encore rien à côté des surnoms donnés aux organes génitaux. Un jour, il m'a fallu trente bonnes minutes pour comprendre qu'un de mes clients, qui parlait sans arrêt de son « cornichon Billy Ray », parlait en réalité de son pénis !

Certes nous mangeons en public, mais il faut voir l'ensemble de règles sophistiquées que nous avons élaborées en ce qui concerne la conversation et les manières à table, dans le seul but de faire oublier cette activité première ! Vous est-il déjà arrivé d'être le seul à manger dans un groupe ? La plupart des gens n'aiment pas qu'on les regarde manger. Plusieurs personnes sont même gênées d'être les dernières à finir leur plat.

La honte qui accompagne les troubles de l'alimentation est

attribuable en partie à certaines habitudes secrètes entourant l'absorption de la nourriture. Les gens qui souffrent de troubles de l'alimentation rompent avec le caractère convivial de cette nécessité et cèdent à leurs habitudes secrètes dans une triste solitude.

La dignité de soi

La réputation

Vous souvenez-vous, lorsque vous étiez enfant, à quel point les surnoms donnés par vos frères, vos sœurs ou vos petits camarades à l'école pouvaient vous mettre dans tous vos états ? L'acte même de donner un surnom confère un formidable pouvoir. Un tort considérable peut être fait à quelqu'un en répandant des ragots sur son compte ou en laissant planer des doutes sur l'intégrité de sa réputation.

Notre nom est respecté quand il est prononcé correctement. Notre façon de nous adresser à autrui peut être révélatrice des rapports que nous entretenons avec cette personne et du degré d'intimité que nous partageons avec elle. S'adresser par son prénom à un dignitaire haut placé peut être considéré comme méprisant.

Dans certaines tribus, certains esprits visionnaires partent en quête du nom sacré qui leur conférera de nouveaux pouvoirs.

Dans les pénitenciers et, en temps de guerre, dans les camps de prisonniers, on prive les gens de leur nom et de leur identité en leur attribuant un *numéro*, ce qui est une forme de dégradation institutionnalisée. L'esclavage, qui prive l'individu de son droit à l'autodétermination, est l'atrocité suprême.

Le visage

Notre visage fait partie de notre identité. Le visage est le siège de la pudeur. Il est aussi le siège de l'émotion et de son expression. La gifle est le déshonneur suprême. Dans la honte, les gens cachent leur visage. À la télévision, on voit souvent de ces suspects qui, au moment de leur arrestation, se couvrent le visage de leurs mains quand la caméra les suit de trop près. Tout comme la pudeur, la honte nous préserve d'un dénuement intempestif. C'est souvent par des expressions comme *se voiler la face, chercher à sauver la face* ou *perdre la face* que nous cherchons à traduire les situations où notre moi est violé ou mis à nu.

Dieu dit à Moïse : « Tu ne verras pas ma face, car aucun mortel ne peut vivre après m'avoir vu. » L'expression *profanation* (en anglais, *defacement*) sert souvent à traduire la violation des choses sacrées.

Le corps

Notre visage fait partie de notre corps, et notre corps appartient au domaine du privé. Nul n'a le droit de toucher à notre corps d'une manière que nous pourrions juger envahissante. Et nul n'a le droit de décider pour nous de l'apparence de notre corps. Nous existons à travers un corps, et ce corps est le reflet de notre personnalité. Notre corps a une importance psychologique très grande. L'intimité de notre corps peut être violée de deux façons principales : par les sévices physiques et par la violence sexuelle.

Encore de nos jours, plusieurs personnes ne comprennent pas le mal qu'il y a à infliger aux enfants un châtiment corporel, ainsi que le veut une pratique qui se confond avec l'histoire des hommes. Pourtant, à mesure que progressait la démocratie et que nous étions prêts à reconnaître à tous les êtres humains, enfants y compris, le droit à la dignité, à l'égalité et à l'intimité physique, nous en sommes venus à penser que la fessée ou toute autre forme de punitions corporelles (menaces permanentes, pincements, bousculades, rudoiements) étaient des pratiques primitives, enracinées dans les survivances culturelles et religieuses du régime patriarcal. Les sévices physiques relèvent d'une mauvaise utilisation du pouvoir et sont une atteinte directe à la dignité fondamentale de notre existence physique.

De nos jours, de plus en plus de gens prennent conscience de tout le mal causé par la violence sexuelle. C'est là une forme extrême d'intrusion physique. Les gens sont de plus en plus sensibilisés au fait que la violence sexuelle est davantage la manifestation d'une relation de pouvoir qu'une relation sexuelle à proprement parler et qu'elle naît d'idées fausses sur la propriété des parents par rapport à leurs enfants.

Les adultes, hommes ou femmes, souffrent également d'une sorte d'emprise culturelle sur leur corps, qui prend la forme de normes esthétiques très définies. Notre culture a l'obsession de la minceur et adore l'exhibition d'attributs sexuels épanouis. La moitié des clients ou des clientes que je reçois en consultation sont préoccupés par leur apparence physique en général, et en particulier, par la taille de leur pénis, de leur poitrine ou de leurs fesses.

Le paradoxe du corps féminin

Chez les femmes, le corps représente l'aspect le plus paradoxal de leur existence, et le langage fait partie de ce paradoxe.

D'une part, la sexualité des femmes est niée. Le droit de s'exprimer par leur propre corps leur est refusé – leurs organes génitaux sont ignorés ou désignés de manière inappropriée. Au début du siècle, les mots servant à désigner des parties du corps féminin comme le clitoris, la vulve ou les lèvres étaient absents des principaux dictionnaires. Comme l'a fait remarquer Harriet Goldhor Lerner, les lacunes dans la nomenclature permettant de désigner les organes génitaux féminins – notamment ceux qui peuvent se révéler une source de plaisir – ont fait du corps féminin un secret et cela, même pour les femmes.

D'autre part, les mass médias ont exploité le corps des femmes et leur sexualité en réduisant celles-ci à l'état d'objets. Des femmes et des jeunes filles sont sans cesse présentées dans des postures avilissantes et dégradantes, les jambes ouvertes, prêtes à la pénétration. Le message implicite est que le corps des femmes appartient aux hommes. Ce n'est que récemment que les femmes ont commencé à revendiquer le droit fondamental à l'intimité et à la propriété de leur corps.

La réussite/L'échec

La réussite est une chose profondément privée et personnelle. Nous courons le risque de devoir un jour cacher quelque ténébreux secret à partir du moment où nous nous conformons aux critères de réussite imposés par les autres. La réussite d'un travail se mesure à la signification et à l'importance qu'il revêt pour celui qui l'accomplit. Sa mesure est interne, alors que les ténébreux secrets prennent appui sur l'extérieur. Certains critères sociaux ou culturels de la réussite nous servent souvent à mesurer l'importance de notre réputation. Par exemple, gagner beaucoup d'argent est un facteur essentiel de réussite dans notre culture.

Tout le malheur des gens vient souvent de ce qu'ils s'évaluent à l'aune d'une réussite reposant sur des normes extérieures. La valeur individuelle et l'estime de soi sont en réalité des questions privées. La véritable estime de soi ne peut venir que de l'intérieur.

Les biens matériels

Nos biens appartiennent au domaine du privé. Ils sont le prolongement de nous-mêmes. Les jeunes enfants s'identifient à leurs jouets et à leurs vêtements et les défendent comme s'il y allait de leur vie. Les vêtements nous confèrent souvent une identité, tout en nous permettant d'être intégrés à un groupe. Il est vrai, en théorie, que nous avons le droit de nous habiller selon le style de vêtements qui nous convient, et selon celui-là seul; dans les faits, nous sacrifions quelque peu ce droit privé aux diktats culturels.

Chaque maison porte les marques singulières de son propriétaire. Nous surveillons notre propriété, nous installons des serrures aux portes et, dans certains cas, un système d'alarme et des clôtures antivol. Le secret et la dissimulation nous aident à protéger ce qui nous appartient.

Nul n'a le droit de savoir combien d'argent nous gagnons ou de se mêler de nos affaires. La culture envahit souvent ce domaine. Il peut arriver qu'on se sente honteux à l'idée d'être trop pauvre ou trop riche, même si par ailleurs nous sommes satisfaits de notre sort, quand nous savons ne pas le comparer à celui d'autrui.

Les biens immatériels

Nos biens ne se limitent pas aux choses matérielles. Quelques-uns de nos biens les plus précieux sont immatériels et appartiennent au domaine psychique. Ils comprennent nos idées et notre part de créativité, nos rêves personnels, nos ambitions, nos valeurs. Nous pouvons, à l'occasion, faire le choix de garder pour nous nos sentiments et nos opinions.

L'estime de soi est le plus personnel et le plus secret de tous les biens immatériels. Ultimement, l'estime de soi se forme à l'intérieur de soi et ne saurait dépendre de la réaction d'autrui. Si l'estime que vous avez de vous-même dépend uniquement de l'extérieur, elle cesse d'être de l'estime de soi pour appartenir à la perception que les autres ont de vous-même.

Celui qui a peu d'estime de soi compensera souvent la piètre opinion qu'il a de lui-même en se fabriquant une fausse personnalité secrète. Les fausses personnalités sont les ténébreux secrets auxquels nous avons recours pour compenser quelque mésadaptation fondamentale. Au chapitre 9, nous aborderons la question des secrets qui nous concernent et que nous n'avouons à personne, pas même à nous-mêmes.

L'intimité

Le privilège de pénétrer dans le domaine privé d'une autre personne est ce que Martin Buber appelle la relation Moi/Toi – relation à la fois de participation, d'empathie, de sympathie et de partage. L'intimité partagée ne peut s'installer que lorsque les deux partenaires sont disposés à se révéler et à se montrer vulnérables. Si seul l'un des deux se révèle et se montre vulnérable, tandis que l'autre reste sur ses gardes, les deux sont trompés.

Nous avons besoin de nous sentir proches de certains amis avec lesquels nous pouvons partager notre vie et nous prêter assistance mutuelle. Les amis sont ces personnes avec lesquelles nous pouvons nous permettre d'être tout à fait intimes. L'amitié véritable demande temps et efforts. Faute de temps, la plupart d'entre nous ne peuvent avoir que quelques bons amis, avec lesquels nous partageons certaines choses que nous ne partagerions avec personne d'autre. Nous avons également besoin de savoir, pour la plupart, qu'il existe une personne importante dans notre vie et aux yeux de qui nous comptons de façon particulière. Cette personne est notre conjoint ou celui ou celle que nous aimons. Notre sexualité se vit à travers nos rapports avec cette personne.

La sexualité

Par un retournement complet de la situation, nous sommes passés de la pudibonderie et de la modestie extrêmes héritées de l'époque victorienne à une sexualité débridée, réduite au sexe – affaire d'instinct, d'organes génitaux et de performance. De tous les secrets, les ténébreux secrets d'ordre sexuel sont les plus courants.

Plus que dans toute autre sphère privée, c'est peut-être en matière de sexualité que la pudeur est la plus importante. Réduire la sexualité, qui est la rencontre de deux êtres humains par le truchement du désir et de l'amour, à la crudité du sexe (à une simple histoire de coït) relève de la pornographie, et la pornographie est une obscénité sexuelle. À partir du moment où la pudeur qui naît de la modestie ne peut plus jouer son rôle de gardienne de la sexualité, l'acte charnel privé échappe aux considérations sociales, émotionnelles et morales qui donnent précisément une dimension humaine aux rapports entre les humains.

Quand disparaît la pudeur qui naît de la modestie, l'individu est privé de son enveloppe protectrice, le comportement sexuel est dépouillé de sa dimension humaine, et les partenaires sont réduits au rang d'objets. Un objet ne peut participer à la dimension humaine de ce qui se produit au cours de l'acte sexuel, et la personne qui s'est vue réduite à l'état d'objet objective à son tour son partenaire de la même manière. Le voyeur ne veut que regarder et observer l'autre en tant qu'objet. L'homme qui se masturbe devant des photos pornos alimente sa curiosité et sa fascination pour la violence et le pouvoir. La femme qu'il observe dans des postures avilissantes et humiliantes est un objet déshumanisé. Le voyeur ne peut entrer en résonnance, ni même communiquer, avec la dimension humaine de la femme. Débarrassée de toute pudeur et niée dans sa dimension intime, la sexualité engendre un très large éventail de ténébreux secrets de famille.

Le philosophe allemand Max Scheler a écrit des pages bouleversantes sur le rôle joué par la modestie dans le développement de la sexualité. Scheler estime que la modestie ou la pudeur contribuent à la naissance du désir sexuel, dont elle facilite l'expression à travers l'épanouissement de l'intimité entre deux êtres humains.

Sans la présence de la pudeur, la libido ne saurait être inhibée, et sans cette inhibition, nous serions incapables de dépasser le stade primitif de l'autoérotisme. Nous complaisant dans nos propres désirs et nos envies, et prompts à y céder, nous nous fermerions à toute excitation sexuelle en provenance d'autrui. La pudeur qui naît de la crainte nous incite à vouloir établir des rapports avec l'objet de cette crainte – avec l'autre.

La timidité présente au début de tout nouveau rapport amoureux demeure, même après que les deux personnes ont eu plusieurs rapports sexuels. Sans la timidité, la pudeur, la crainte et cette gêne particulière qui découle de la honte, la sexualité devient affaire de performance, de méthode et de technique. Deux êtres qui veulent vraiment participer à l'épanouissement de leur sexualité doivent faire davantage que simplement mettre leur corps à la disposition de l'autre. Ils doivent accepter tous deux de se montrer vulnérables et prêts à recevoir le don de l'autre. La pudeur suppose un moment d'attente et d'hésitation qui crée un lieu où les amants apprennent à se connaître.

Une saine pudeur agit comme la conscience de l'érotisme. Elle est à l'opposé de la luxure et des rapports sexuels anonymes. La disparition de la pudeur et de cette gêne particulière qui naît de la crainte peut être à l'origine d'un certain nombre de ténébreux secrets d'ordre sexuel.

UNE SAINE DISCRÉTION DANS L'INTIMITÉ FAMILIALE

À quoi les familles ressembleraient-elles si elles assuraient à chacun un droit naturel à l'intimité? Ce seraient des familles respectant une saine discrétion. (Voir tableau 1-2)

TABLEAU 1–2

LES SECRETS DE FAMILLE SAINS

CONCERNANT L'INDIVIDU
Secrets ayant trait à la filiation et à l'adaptation
(liés au développement de l'identité individuelle)

ENTRE LES GÉNÉRATIONS
Secrets entre époux
Secrets entre frères et sœurs

DE TYPE PROTECTEUR
Protection de l'ensemble de la famille
Protection de la dignité de chaque individu

À CARACTÈRE LUDIQUE
Dans le but de faire plaisir et d'apporter de la joie aux autres membres de la famille
Jeux, farces, surprises-parties et cadeaux

Dans une famille saine, chacun a droit à son intimité et au respect de sa vie privée. Les couples ont besoin d'intimité pour que leur vie conjugale puisse se développer. Les enfants ont besoin d'intimité pour continuer d'évoluer. Cette inaltérable intimité correspond à un *besoin humain fondamental*.

Les familles et les sociétés de types patriarcal et matriarcal n'avaient pas pour but d'assurer l'individualisme et la singularité de chacun. Pour renforcer l'unité du noyau protecteur, ses membres resserraient les rangs et faisaient abstraction de leurs sentiments. Savoir renoncer à ses propres désirs et à ses propres pensées pour assurer la survie de la famille ou du groupe devenait une vertu.

De nos jours, nous encourageons l'expression de l'individualisme et de la singularité, et nous savons qu'elles ne peuvent exister sans marquer une certaine distance avec le milieu familial. Cette mise à distance n'est possible que si l'individu jouit d'une intimité inaltérable – d'un lieu ou d'un espace où l'univers spirituel, intellectuel, émotionnel et physique ne saurait être violé.

Sur le plan légal et éthique, la conception la plus courante de l'intimité s'attache à préserver surtout l'intimité de la famille, mais non au sens où je l'entends. Le principe selon lequel « tout homme est maître chez lui » a empêché l'État de s'immiscer dans les questions relevant de l'intimité du foyer. Ainsi on ne pouvait obliger une femme à témoigner contre son mari. En vertu du même principe, ce qui se passe à l'intérieur des quatre murs de la maison ne regarde personne.

Nous vivons une période transitoire. Les progrès de la démocratie engendrent une multiplication des conflits entre l'inviolabilité de la famille et celle de chacun des membres qui la composent. Les maris qui battaient leurs femmes, les pères qui battaient leurs enfants n'étaient presque jamais inquiétés par la justice, tout simplement parce que le sort réservé aux épouses et aux enfants était considéré comme appartenant au domaine privé.

De nos jours, nous nous opposons fermement à cette conception du droit de la famille voulant que les parents aient le droit de malmener ou de violer l'espace physique, intellectuel et émotionnel de leurs enfants, ou que les maris soient les propriétaires de leurs femmes et aient des droits sur elles. Cette lutte, qui est loin d'être terminée à ce chapitre, soulève encore un certain nombre de difficultés d'ordre social et politique qui débordent le propos de cet ouvrage. C'est ainsi que différents degrés d'intimité entrent souvent en conflit. Il faut parfois violer l'intimité de la famille ou celle qui doit exister entre les générations pour protéger certains droits individuels.

Les secrets individuels

Entre mari et femme, il est permis d'avoir des secrets. Ces derniers plongent dans les profondeurs mystérieuses du moi qui façonnent la personnalité de chacun des époux. On appelle souvent *secrets génératifs* le type de secrets qui sert à préserver les fondements de notre identité individuelle. On qualifie ces secrets de génératifs, car ils nous permettent d'évoluer et de changer. Les secrets génératifs commencent dès les premiers « non » et les premiers « je ne veux pas » que fait entendre l'enfant qui apprend à marcher en même temps qu'il apprend à se distinguer de la mère. Il ne peut y avoir de secrets sans mise à distance. Et pour être en mesure d'avoir nos propres secrets, il nous faut avoir une certaine conscience de soi, fût-elle rudimentaire. Mon expérience chez les scouts appartient à un secret de ce genre.

La personnalité a besoin d'une chambre noire

Les enfants ont grand besoin de secrets. Leur pudeur naturelle leur donne un sens inné du territoire, mais il leur reste à se doter de solides frontières. Pour les aider dans cette tâche, les parents doivent faire deux choses. D'abord, ils doivent eux-mêmes avoir de solides frontières et, par la suite, fermement mais équitablement, ils doivent fixer certaines limites que leurs enfants pourront intérioriser. Les enfants imitent leurs parents en jouant tel ou tel rôle. Ils s'adaptent et apprennent en imitant ce que font les parents. Et comme des comédiens qui répéteraient une pièce, ils ne veulent pas qu'on les voie tant que leurs rôles ne sont pas au point. Ils ont besoin d'un territoire protégé pour répéter les scènes de leur vie.

Pour développer leur pellicule, les photographes ont besoin d'une chambre noire. L'enfant a besoin d'avoir un espace intime absolument inviolable, comme la chambre noire d'un photographe. Josef Karsh dit un jour : « Comme une photo, c'est dans le noir que se développe le tempérament. »

Les secrets entre les générations

Dans une famille, il vaut mieux préserver les liens entre générations : les familles ont besoin de l'existence d'un fossé entre les générations. Les alliances entre frères et sœurs sont nécessaires, de même que le front commun des parents. Les enfants ont des secrets, c'est là une façon normale de marquer leurs propres limites et de signifier la perception qu'ils ont de leur propre personnalité. En règle générale, le premier flirt ou le premier baiser ne sont pas le genre de choses que les enfants auront envie de partager avec leurs parents. Par leur comportement sexuel, ils chercheront souvent à imiter des camarades plus âgés, et un enfant appartenant à la même bande d'amis sera souvent un confident plus indiqué. Les alliances entre frères et sœurs se font souvent entre enfants du même sexe, mais il n'est pas rare de voir des frères et des sœurs ayant à peu près le même âge partager leurs secrets. Quand les limites de ces relations entre générations ne sont pas respectées, les secrets peuvent devenir néfastes et entraîner certains dysfonctionnements.

Les problèmes de papa au bureau et son incapacité à bien s'entendre avec ses patrons ne concernent que papa et maman. Les enfants ne doivent pas connaître les problèmes de maman avec papa, sauf s'ils ont une incidence directe sur leur vie et qu'ils en soupçonnent l'existence.

Quand maman se lance dans une frénésie d'achats, qu'elle remplit une garde-robe complète de vêtements neufs, qu'elle dissimule ensuite dans la chambre des enfants en leur faisant promettre de ne pas en parler à leur père, elle établit avec eux une dangereuse alliance entre générations.

Quand les parents ne respectent pas les barrières érigées entre les générations, les enfants se trouvent coincés dans un terrible dilemme d'allégeance et voient leur intimité violée. La même chose se produit quand un parent ordonne à l'un des enfants d'espionner son frère ou sa sœur et de tout lui raconter. Les alliances secrètes et les coalitions sont en général les symptômes d'un grave dysfonctionnement au sein de la famille.

Les secrets conjugaux

Quand papa et maman s'efforcent de maintenir entre eux une saine distance et de se manifester un respect réciproque, tout en faisant preuve d'humilité et de pudeur, ils créent un milieu favorable à la transformation de la modestie naturelle des enfants en pudeur, en discrétion, avec de saines limites. Papa et maman permettent à leurs enfants d'avoir un espace à eux parce qu'eux-mêmes, dans leur couple et dans leur vie, se le permettent.

Par leurs propos et leur attitude, les parents devraient signifier clairement aux enfants que leur relation de couple est ce qui compte le plus. Personne d'autre que papa ne devrait occuper une place spéciale dans le cœur de maman, et vice versa. Si un enfant devient plus important pour l'un des parents que son propre conjoint, il en résulte une alliance malsaine, et les limites de l'intimité sont sérieusement remises en question. Papa et maman ont besoin d'un lieu où ils pourront avoir leurs « conversations sur l'oreiller » et leurs petites habitudes d'amoureux.

Papa et maman devraient se réserver le droit de ne pas évoquer certaines traditions et valeurs familiales, tant qu'ils ne jugent pas approprié de les faire partager à leurs enfants. Papa et maman devraient avoir le droit de garder pour eux certains faits les concernant ou concernant leur couple. En tant que parents, papa et maman ont des responsabilités. Leur tâche est de fixer des règles, de maintenir la discipline, d'assurer une éducation morale et de subvenir aux besoins de la famille, avec ce qui leur semble à propos, selon l'âge de leurs enfants. Dans plusieurs cas, ils ne devraient même pas en être question avec les enfants.

Les secrets entre frères et sœurs

Dans les familles saines, et notamment si la différence d'âge n'est pas très marquée, des alliances se dessinent entre frères et sœurs, et certains secrets sont partagés. C'est là une saine pratique, et il importe que chaque enfant puisse jouir de cet espace de liberté, à moins qu'il ne compromette sa sécurité, sa santé ou son bien-être psychologique. Cependant, il existe d'autres secrets, qui doivent être dévoilés, comme les idées de suicide confiées à un journal intime, ou la drogue et les seringues découvertes parmi les effets personnels d'un frère ou d'une sœur.

En règle générale, le degré d'intimité des enfants s'établit en fonction de leur âge. Ainsi, un enfant de trois ans ne devrait pas avoir le droit de s'enfermer à clé dans la salle de bains.

Je fixe souvent à sept ans l'âge charnière en matière du droit de l'enfant à une vie privée. Sept ans, c'est l'âge où un enfant peut raisonner de manière substantielle. C'est l'âge où on devrait permettre à l'enfant de s'enfermer à clé dans la salle de bains ou dans sa chambre, de choisir ses vêtements, d'avoir un peu d'argent de poche et quelques effets personnels. Ces droits sont ceux d'un enfant normalement constitué, qui n'est pas perturbé sur le plan émotif ou psychologique et dont le développement se poursuit à peu près normalement. Les parents doivent avoir de bonnes raisons s'ils veulent s'immiscer dans l'un ou l'autre des domaines privés que nous avons évoqués dans la vie d'un enfant ou d'un adolescent. Les parents doivent également protéger les plus jeunes des intrusions et des violations de l'intimité perpétrées par leurs frères et sœurs aînés.

La pauvreté ou certaines contraintes d'ordre économique empêchent parfois chacun de jouir, au sein de la famille, d'un espace physique nécessaire à l'épanouissement de sa vie privée. Il faut alors s'efforcer au mieux de préserver les espaces d'intimité disponibles.

Les secrets protecteurs

Toute famille a besoin de frontières pour protéger son mode de vie et se protéger des intrusions de l'extérieur.

Au sein d'une communauté ou d'une société où l'intimité est déjà reconnue, respectée et considérée comme un besoin fondamental, l'intimité générale de la famille sera naturellement respectée. Dans le cas contraire, bon nombre de familles se sentiront assiégées.

Comme nous cachons nos biens précieux dans certains endroits secrets de la maison afin de les soustraire au regard des espions et des voleurs, l'origine ethnique, les croyances religieuses, les conditions économiques, l'orientation sexuelle et le mode de vie sont des réalités qu'il faut garder secrètes.

Dans certains cas, il peut s'agir littéralement d'une question de vie ou de mort ; ainsi des Juifs quand les nazis étaient au pouvoir. Le secret nous empêche parfois d'être humiliés ou mis à nu. Mon copain David, qui vivait dans un quartier essentiellement chrétien, ne disait pas la vérité sur ses origines juives. Nan, quant à elle, cherchait à dissimuler l'aisance matérielle de sa famille. En classe, elle portait de vieux vêtements rapiécés pour éviter d'être montrée du doigt par ses camarades d'origine plus modeste.

Les familles gay et lesbiennes vivent souvent dans le secret. N'oublions pas qu'il faut parfois beaucoup de courage pour vivre dans le secret, mais qu'il en faut parfois davantage pour accepter de vivre au grand jour.

Les secrets ludiques

Le dernier type de secrets de famille relève de ceux que nous donnons pour le plaisir de la chose.

Dans beaucoup de familles, les fêtes où l'on échange des cadeaux, comme les goûters d'anniversaire ou certaines fêtes religieuses, provoquent beaucoup d'excitation et sont entourées d'un certain secret. Vous souvenez-vous de la façon dont vous demandiez – ou de celle avec laquelle on vous laissait entendre que c'était possible – certain cadeau à Noël ? L'excitation allait croissant avec l'approche de Noël. Vous vous revoyez peut-être encore en train de fouiller la maison de fond en comble pour y trouver les cadeaux cachés. Vous vous souvenez peut-être encore de votre excitation à l'idée d'offrir une surprise à l'un des membres de la famille. Mais plus que tout, vous avez certainement gardé le souvenir de ces matins de Noël, quand vous faisiez la découverte, au saut du lit, du cadeau tout à fait inattendu et dont vous n'aviez jamais osé rêver.

Ce genre de souvenirs – et d'autres encore, liés à certains rites familiaux – contribuent à l'identité et au sentiment d'appartenance qu'ont en commun les membres d'une même famille.

Pour s'épanouir, les familles ont besoin d'intimité. L'intimité crée des domaines naturels de secret, et le secret naturel installe à son tour un silence qui vaut son pesant d'or.

Dans le prochain chapitre, je passerai en revue un certain nombre de ténébreux secrets, causés notamment par le non-respect et la violation des domaines naturels du secret.

J'ai toujours détesté Noël

CHAPITRE 2

QUAND LES SECRETS
SONT DE TÉNÉBREUX SECRETS

Quand nous étions enfants, on nous demanda, à mon frère et à moi, de garder ce secret : notre foyer n'était pas un foyer où l'on était heureux.

Robert Bly

« Pourquoi l'as-tu épousé ? » [...] La question la prit par surprise [...], car j'avais posé le genre de questions qu'on ne doit pas poser, une question dont les conséquences sont décourageantes et dont le mystère précéda notre propre naissance.

Pat Conroy, *The Prince of Tides**

Jane Fonda a avoué publiquement qu'elle avait souffert de boulimie pendant des années. La boulimie est un problème d'alimentation qui se caractérise par une ingurgitation vorace de nourriture, suivie de vomissements provoqués. Le boulimique adopte délibérément ce comportement dans l'espoir de faire correspondre son poids à l'idéal de minceur prévalant dans notre culture. Pour sa part, Jane a laissé entendre que, chez elle, l'apparition des symptômes a coïncidé avec la découverte inopinée du suicide de Frances, sa mère. Jane ignorait le fait, car son père avait soigneusement

---

* Paru en français (2 volumes) sous le titre *Le Prince des Marées,* Paris, Éditions J'ai lu, 1994.

gardé le secret. Après le suicide de Frances, qui survint lors d'un séjour en institution psychiatrique, Henry dit à Jane et à son frère Peter – tous deux alors âgés respectivement de dix et treize ans – que leur mère était décédée des suites d'une attaque cardiaque. Avec sa belle-mère, Henry organisa pour Frances des funérailles intimes, où personne d'autre ne fut invité. Le soir même, il remontait sur scène.

Frances Fonda était la seconde épouse de Henry. Ils s'étaient séparés deux mois avant son suicide, et Henry avait déjà une liaison avec Susan Blanchard, qu'il épousa huit mois plus tard. Fait étrange, la première femme de Henry, Margaret Sullavan, qui avait divorcé de Henry pour épouser son agent, Leland Hayward, se suicida également, ainsi que deux amis très proches de Henry.

Pendant le voyage de noces de Henry Fonda et de Susan Blanchard, Peter se tira une balle dans le ventre, et en réchappa de justesse. (Il semble que Henry n'ait jamais eu l'idée de demander à Peter si son geste avait quelque lien avec la mort de sa mère.) Dix ans plus tard, Peter tomba amoureux de Bridget Hayward, la fille de Leland Hayward et de Margaret Sullavan. Leur liaison dura une année, à la fin de laquelle la jeune fille se suicida. De plus, Peter avait un ami, qui finit lui aussi par se suicider.

Dans *Genograms in Family Assessment* – ouvrage important, auquel je me référerai souvent dans ce livre –, Monica McGoldrick et Randy Gerson font état de cette spirale inquiétante de suicides, tentatives de suicide ou amitiés avec des gens suicidaires. Ils y voient un exemple tragique de l'emprise incroyable que peuvent exercer les ténébreux secrets sur la vie d'une famille.

Pourquoi Henry Fonda a-t-il gardé secret le suicide de sa femme? Pourquoi a-t-il refusé d'en parler avec ses enfants? Nous en sommes réduits à des hypothèses quant à ses raisons et aux sentiments ambigus de douleur, de culpabilité et de désir de fuite qui ont sans doute été les siens. Je sais bien que le suicide appartient à cette catégorie d'expériences qui laissent l'être humain profondément désemparé et en état de choc. Dans notre culture, le suicide traîne derrière lui une longue histoire de honte et de silence. Autrefois, les juifs qui se suicidaient étaient enterrés hors de l'enceinte du cimetière. Jusqu'à tout récemment, l'Église catholique refusait la sépulture chrétienne aux suicidés. Dans plusieurs religions, le suicide était considéré comme une faute impardonnable, pour laquelle le coupable ne pouvait espérer aucun pardon. Pour sa part, la famille du suicidé se sentait terriblement mortifiée et humiliée. Toute cette tradition a dû peser lourd dans la décision de Henry Fonda.

De nos jours, la plupart des gens n'envisagent plus le suicide d'un point de vue moral. Le geste est associé à une grave dépression (souvent d'origine chimique), à un sentiment de honte et à une perte du sens de la vie. Cependant, par son essence même, le suicide suppose l'existence d'un ténébreux secret. Le suicide est une mort enveloppée de mystère.

Henry Fonda a sans doute estimé qu'il devait protéger ses enfants de la réalité du suicide de leur mère. Le besoin de protection est souvent la raison invoquée pour garder un secret. Cependant, il n'existe aucune véritable protection possible contre le choc profond causé par le suicide d'une mère. Et aussi douloureuse soit-elle, les enfants ont le droit de connaître la vérité au sujet de la mort de leur mère. Ceux qui restent dans le deuil doivent *parler* du suicide survenu, précisément parce que le suicide suppose en soi l'existence d'un ténébreux secret qui isole, émotionnellement parlant, le reste de la famille. Le refus d'en parler ajoute un ténébreux secret de plus. Dans les jours et les semaines qui suivent un suicide, la douleur est grande, et chacun a beaucoup à dire sur ses propres sentiments par rapport à ce qui s'est passé. Quand le père ou la mère s'interdit d'exprimer son sentiment de culpabilité par rapport au suicide d'un membre de la famille, il oblige les enfants à la loyauté en gardant le secret. La chose est tout aussi vraie en ce qui concerne certains décès survenus dans des circonstances pénibles et dont on ne veut pas parler, par exemple, la mort par meurtre, mutilation, torture, ou encore la mort avilissante qui attendait les Juifs dans les camps de concentration nazis.

Quand l'existence de ces événements traumatisants est niée et transformée en ténébreux secret, la loyauté familiale peut se manifester dans les générations suivantes et prendre la forme d'un repli sur soi, de peurs morbides, d'obsession de la mort ou, à l'inverse, d'un mépris de la mort aussi étonnant qu'inexpliqué, de tentatives de suicide survenant aux dates anniversaires du premier suicide ou à l'âge du suicidé.

Le suicide et la boulimie ont un rapport avec la mort et la nourriture, deux domaines naturels de secret dont j'ai dit déjà qu'ils appartenaient à la sphère du privé. Je prétends pour ma part que la violation ou le mépris d'un des domaines naturels de pudeur provoque une honte, qui cause à son tour bon nombre de ténébreux secrets.

LA HONTE PERNICIEUSE

De façon innée, nous jouissons d'une modestie ou d'une pudeur naturelle, qui nous sert à établir des bornes saines et souples dans nos rapports avec autrui. Sans bornes, nous n'avons pas de limites.

Quand est bafouée notre pudeur naturelle, qui servait à préserver notre intimité et notre dignité propres, nous nous replions sur une fausse personnalité impudente. Notre impudeur peut prendre deux formes : ou bien nous agissons effrontément, en cherchant à aller au-delà des limites que nous confère notre nature d'êtres humains ; nous cherchons alors à être *plus qu'humains* – nous faisons toute chose parfaitement (nous ne commettons jamais d'erreurs), nous agissons seuls (nous n'avons besoin de personne), nous nous croyons toujours dans notre bon droit (nous faisons partie des élus qui seront sauvés et non des autres), nous agissons de manière autoritaire (nous avons le droit de violer l'espace privé d'autrui), nous voulons tout décider (nous savons tout).

Ou bien, à l'opposé, nous agissons sans pudeur en étant *moins qu'humains*. Nous laissons les autres nous mépriser ou nous nous méprisons nous-mêmes. Nous devenons de pauvres ratés, d'éternelles victimes, ou nous sombrons dans la dépendance – nous sommes les déchets de la société. Nous sommes si désespérés que nous avons perdu tout sens des limites. Nous croyons que tout ce qui nous concerne est imparfait et insuffisant.

La langue anglaise n'ayant qu'un mot pour désigner la honte, dans mon livre, intitulé *Healing the Shame that Binds You**, j'ai appelé *honte pernicieuse* ces deux formes d'impudeur. Qu'elle soit positive ou dépravée, l'impudeur est toujours néfaste. La honte pernicieuse ne protège en rien l'intégrité des individus et leur personnalité – elle les anéantit.

Dès lors que nous voyons la réalité à travers le prisme de la honte, nous sommes persuadés d'être dans l'erreur. Nous avons le sentiment que c'est notre *être* même qui est imparfait et insuffisant, et qu'il nous faut précisément garder secrets les aspects les plus authentiques de notre vie.

La honte pernicieuse et les ténébreux secrets

Positive ou dépravée, la honte pernicieuse est la cause de plusieurs ténébreux secrets. La honte pernicieuse nous fait littéralement perdre la face, puis nous donne envie de la sauver. Pour ce faire, nous nous réfugions dans le secret et l'isolement. Nous cherchons des moyens de tout contrôler. Nous sommes sur nos gardes, de peur d'être surpris le visage à découvert. Notre vie se passe à cacher nos souffrances et nous faisons appel, pour cela, à une panoplie de secrets. Nous avons mis au point des secrets qui servent à cacher d'autres secrets, des mensonges qui dissimulent d'autres mensonges.

La honte pernicieuse n'affecte pas uniquement nos *actes*, mais aussi notre *être* même. Au plus profond de nous-mêmes, nous savons bien que quelque chose ne va pas. La honte pernicieuse m'oblige à m'abriter derrière un masque, à me dissimuler, à mettre au point une fausse personnalité. Si je laisse voir ma vraie personnalité, vous verrez bien mes imperfections et mes insuffisances, et vous ne voudrez pas de moi. Par conséquent, je dois demeurer silencieux.

Une fois porté, le masque du secret devient inconscient et se

---

* Paru en français sous le titre *S'affranchir de la honte*, Le Jour, éditeur, 1993.

change en seconde nature. Celui qui le porte ignore qu'il en porte un. J'appelle *mystification* cet état illusoire de total secret.

Les secrets liés à la honte pernicieuse ont tendance à apparaître quand ne sont pas respectés les domaines de vie privée dont j'ai parlé dans le premier chapitre. Sans prétendre être exhaustif, le tableau 2-1 vous donnera un bon aperçu des nombreuses variétés de ténébreux secrets. Je les ai classés par contenu; voilà pourquoi vous constaterez que ce tableau reprend les grandes catégories (naissance, mort, etc.) du tableau 1-1, en ce qui a trait aux domaines naturels de vie privée.

Cela dit, il faut être aussi clair que possible sur les conséquences néfastes des secrets destructeurs, qui entraînent le dysfonctionnement des familles, limitent notre lucidité, notre liberté et l'épanouissement de notre personnalité.

L'espace me manque pour donner un exemple pour *chacune* des catégories apparaissant dans la liste des ténébreux secrets du tableau 2-1. Je me contenterai de donner quelques exemples recueillis en vingt-cinq années de pratique comme psychologue et au cours des recherches que j'ai menées spécifiquement en vue de rédiger cet ouvrage.

TABLEAU 2-1

CLASSIFICATION DES TÉNÉBREUX SECRETS PAR CONTENU

LIÉS AU SACRÉ

tout ce qui est considéré comme une faute

tout ce qui relève de la profanation et du mépris du sacré

le pharisianisme

l'hypocrisie

les mobiles religieux évoqués pour couvrir des histoires de sexe, d'argent, de pouvoir

la dépendance religieuse

les sectes (les rites secrets), le Ku Klux Klan

le fait d'appartenir à la « mauvaise » religion

les cultes sataniques

la violence d'ordre spirituel

LIÉS À LA NAISSANCE	le mariage à la suite d'une grossesse
	l'adoption
	✕ les parents qui ne prennent pas leurs responsabilités
	l'enfant confié à un foyer nourricier
	l'orphelin
	l'enfant illégitime
	✕ les frères et sœurs inconnus
	✕ la stérilité
	la fécondation *in vitro*
	la honte de son ethnie
	la honte de sa race
LIÉS À LA MORT	le suicide
	la mort violente
	l'assassinat
	la mutilation
	les disparitions
	les camps de concentration
	la purification ethnique
	la mort sous la torture
	la mort solitaire à l'hôpital
	✕ l'agonie
	les maladies fatales
LIÉS À LA SOUFFRANCE	la maladie mentale
	✕ les troubles émotionnels
	✕ les handicaps, les souffrances chroniques
	la maladie mentale et le séjour en institution spécialisée
	les déficiences mentales
	les soins psychiatriques
	les tares génétiques
	l'alcoolisme, la dépendance à l'endroit des drogues
	la dépendance à l'endroit de toute substance (quelle qu'elle soit)
	les maladies vénériennes
	✕ toute forme de violence

l'automutilation
l'incitation à la violence

LIÉS AU CORPS
  Alimentation

l'anorexie
la boulimie
la goinfrerie
l'obésité
✗ l'obsession du poids

  Élimination

la honte liée à l'élimination
les perversions sexuelles liées à l'élimination

LIÉS À L'INDIVIDU
  La réputation

la fausse personnalité
toute question concernant l'estime de soi
le perfectionnisme
l'esprit critique
le jugement
le sentiment d'être dans son bon droit
la suprématie raciale
l'autopunition
l'autosatisfaction
l'auto-accablement
le masochisme

  Le visage

les taches de rousseur, les taches de naissance
✗ la beauté/la laideur
les gifles

  Le corps

✗ les défauts physiques
les difformités
la dimension des organes génitaux
les bizarreries physiques, l'aspect dégingandé
l'excès de poids, la maigreur
l'obsession de l'exercice physique

les sévices physiques
les coups et les blessures

**LIÉS AU SUCCÈS
ET À L'ÉCHEC**

l'obsession de l'argent
X l'obsession du travail
la pauvreté
le chômage
le licenciement, la démission
le refus de travailler
la dépendance financière à l'endroit des parents
la dépendance financière à l'endroit du conjoint
les revers de fortune familiaux ou conjugaux
le fait d'appartenir à la « mauvaise » classe sociale
la honte d'être un immigrant
la perte de la réputation

**LIÉS AUX BIENS
matériels**

la supercherie
le vol à l'étalage
le détournement de fonds
l'espionnage industriel
l'escroquerie
le vol
le cambriolage
le meurtre
le meurtre sur commande
le trafic de drogue
X l'emprisonnement
l'appartenance à un réseau criminel ou à une mafia
quelconque
le détournement de fonds
l'évasion fiscale

immatériels

le refoulement des émotions
l'autodéfense – spontanée et inconsciente
X les pensées négatives gardées secrètes et le ressentiment

le vol d'idées, la propriété intellectuelle, le plagiat

la honte résultant de la non-réalisation d'un rêve ou de la non-conformité à ses idéaux

la nécessité d'aller à l'encontre de ses propres valeurs morales

LIÉS À L'INTIMITÉ

les dissensions conjugales (les disputes permanentes)

les unions successives

la bigamie

l'adultère (les aventures)

l'union entre hétérosexuel et gay ou lesbienne

la trahison d'un ami

les alliances entre générations impliquant les enfants

la peur d'être abandonné

la peur de sombrer

la peur de s'engager

la violence conjugale

la violence physique

l'espionnage

l'assassinat du conjoint

LIÉS AU SEXE

les préférences sexuelles

l'échange de vêtements

le travestissement

les rôles sexuels non traditionnels

la femme (agressive)

le mari (soumis)

la dépendance sexuelle

anorexie sexuelle/célibat non accepté

liaisons multiples

masturbation chronique

masturbation chronique avec pornographie

zoophilie

fétichisme

voyeurisme, exhibitionnisme

libertinage et indécence

téléphone rose
salons de massage
prostitution
sectes sexuelles
groupes échangistes
sadomasochisme
strangulation érotique
pornographie infantile
réseau de prostitution infantile
harcèlement sexuel
cultes sataniques accompagnés de perversions
sexuelles
inceste
brutalité
viol
viol par le conjoint
dysfonctionnement sexuel
trouble de la libido

LES SECRETS D'ORDRE SEXUEL

La voix de Germaine trahit son anxiété au moment d'avoir sa première séance de thérapie. Germaine évoque le ténébreux secret de son couple. Son mari a eu plusieurs aventures, la plus récente étant avec une collègue de Germaine, qui est aussi sa meilleure amie. Germaine s'en veut de tolérer ce genre de choses et a honte d'elle-même. Elle dit qu'elle s'est juré de ne plus tolérer *aucune* autre aventure – et c'est pourtant la cinquième que s'offre son mari en trois années de mariage.

Après plusieurs séances passées à établir les faits, le psychologue demande à Germaine si son père a déjà eu une aventure. « Bien sûr que non ! Mon père est un homme très bien, réplique Germaine aussitôt. C'est l'un des piliers de notre paroisse, et il a des principes très stricts en matière de fidélité conjugale. Comme il a gagné beaucoup d'argent dans sa vie, il a pu prendre prématurément sa retraite. Il s'occupe des femmes dans le besoin. Il a soutenu financièrement une maison d'accueil pour les femmes en difficulté. En particulier, il a voulu venir en aide aux prostituées. Il leur rend régulièrement visite et leur apporte même des cadeaux. »

Le psychologue demande à Germaine si elle est d'accord pour que son père et sa mère assistent à la prochaine séance. « Pourquoi donc ? » demande-t-elle. « Faites-moi confiance, c'est pour votre bien », répond le psychologue.

Les parents de Germaine acceptent volontiers, car ils veulent faire tout ce qui est possible pour sauver le couple de leur fille. Le père de Germaine est un homme très séduisant, doté d'une belle personnalité, tandis que sa mère est une femme corpulente et effacée, qui laisse son mari répondre à toutes les questions. Cependant, quand le psychologue demande à son mari s'il a déjà eu une aventure, elle répond pour lui un oui douloureux. « Le moment est venu d'en parler ouvertement », ajoute-t-elle. Germaine tombe des nues. Son père se met à pleurer.

Germaine apprend ainsi que son père a eu plusieurs aventures. La mère de Germaine s'est contentée de tout supporter en silence. Chaque fois, son père promettait de s'amender ; chaque fois, il recommençait. L'épouse a tout enduré uniquement pour le bien de sa fille et pour sauvegarder l'image de la famille.

La famille de Germaine est liée par un secret d'ordre sexuel. Le père est un obsédé sexuel, qui ne peut s'empêcher d'avoir des aventures. Sa femme l'y encourage. Elle lui facilite la tâche en étouffant chaque fois l'affaire et en n'exigeant pas qu'il reçoive l'aide d'un professionnel. L'épouse est obsédée par l'obsession sexuelle de son mari et joue le rôle de complice dans ce mariage dysfonctionnel.

L'extériorisation par le comportement

Germaine n'est pas vraiment consciente de ce qui se passe. En réalité, elle connaît l'existence du secret de ses parents – mais de façon inconsciente. Inconsciemment, elle cherche à révéler ce qui est voilé. Elle révèle le ténébreux secret de famille lorsqu'elle rencontre Jim, lequel est encore plus obsédé que son père, et qu'elle décide de l'épouser. Presque tout de suite, Jim a une aventure. Cris, larmes : il jure qu'il ne recommencera plus. Moins de trois mois plus tard, il a une autre aventure, puis encore une autre, et encore une autre. Le problème de Jim n'a plus rien de secret. Jim est tout à fait déchaîné.

Jim a aussi sa propre histoire. Son père était lui aussi un obsédé sexuel, et plusieurs fois Jim l'a vu courir le guilledou. En donnant ce mauvais exemple, son père n'a pas seulement infligé une violence à la conscience de Jim, il en a fait son complice, l'a lié à lui par un secret en lui demandant de ne rien dire à sa mère. Cette alliance malsaine a obligé Jim à outrepasser les limites de l'intimité qui doivent exister entre les générations et l'a placé devant un dilemme : pour ne pas trahir son père, il doit trahir sa mère. Jim a servi d'*instrument* à son père pour que ce dernier puisse se cacher à lui-même l'ignominie de son comportement. Comme James Baldwin l'écrivit un jour : « Si les enfants n'obéissent pas toujours à leurs parents, ils ne manquent jamais de les imiter. » Pour son plus grand malheur, Jim a imité le comportement de son père.

Jim et Germaine sont ainsi devenus le vivant symbole du mariage dysfonctionnel dans lequel chacun avait grandi. Germaine et Jim ont fait en sorte de révéler les secrets que leur famille respective tenait à garder cachés. Germaine et Jim disent au monde entier : « Regardez – voici le ténébreux secret dans lequel nous avons grandi ! »

La thérapie menée auprès de l'ensemble de la famille permet de révéler le ténébreux secret caché et de rompre avec l'atavisme familial. *Germaine et Jim n'ont plus besoin d'extérioriser les ténébreux secrets de leurs parents.* En rompant avec l'atavisme familial, ils maîtrisent davantage leur existence et peuvent se débarrasser du ténébreux secret qui avait littéralement parasité leur liberté.

Celui qui détient le secret en paie également le prix : le père de Germaine a vécu toute sa vie dans l'hypocrisie. En niant avec véhémence sa propre condition, il a su préserver le ténébreux secret de sa dépendance sexuelle. Mais tandis que se multipliaient les problèmes soulevés par ses nombreuses aventures, sa dépendance s'aggravait à l'avenant. Il ne pensait plus qu'au sexe. Il y pensait quand il devait lutter contre une envie irrésistible de séduire et de flirter. Il y pensait quand une femme l'obsédait particulièrement. Il y pensait de façon compulsive en revenant sur son passé et en considérant ce qu'était sa vie présente. Sa dépendance entraîna chez lui une sorte d'étroitesse d'esprit, de rétrécissement cognitif.

Quand il avait une aventure, il devait chaque fois déployer une incroyable énergie, à la fois mentale et physique, pour planifier ses rendez-vous, tout en veillant à effacer ses traces et à peser chaque mot, de peur de laisser échapper par inadvertance quelque indice qui eût mis la puce à l'oreille de sa femme et de sa fille.

Comme tous ceux qui vivent dans la dépendance, le père de Germaine se sentait de plus en plus isolé, seul, honteux et désespéré, à mesure qu'il voyait les ravages de sa dépendance. Même s'il s'efforçait de sauvegarder l'image d'une famille modèle, il ne jouissait d'aucune vie intime. Il vivait dans le mensonge. Aux yeux des gens, il offrait l'image d'un homme aimant et honnête, tandis que, dans les faits, il adoptait, à l'endroit de sa famille, un comportement méprisant et malhonnête. Voyant qu'il allait perdre bientôt toute estime de soi, le père de Germaine chercha à revaloriser sa fausse personnalité en pratiquant une charité ostentatoire.

L'intériorisation par le comportement

Germaine et Jim ont « extériorisé » leur secret de famille afin que tous puissent le voir. Severa, l'une de mes patientes, a choisi de répondre autrement – soit en l'« intériorisant ».

Le père de Severa était un alcoolique et un homme à femmes. Sa mère était une catholique dévote, persuadée qu'une bonne et sainte épouse devait endurer en silence les caprices de son mari. À la maison, on ne parlait jamais de ses aventures. Une seule fois,

Severa accompagna sa mère, qui avait décidé de récupérer son mari en se rendant à l'appartement d'une autre femme. Son père sortit, la chemise tachée de rouge à lèvres. Dans la voiture, le couple parla de la pluie et du beau temps. Quand sa fille l'interrogea par la suite à ce propos, la mère refusa de répondre. Severa éprouvait un dégoût profond pour son père, et ce dégoût s'étendit à tous les hommes et à tout ce qui concerne la sexualité.

Au cours de sa dernière année à l'école secondaire, Severa crut qu'elle avait la « vocation » et décida de devenir religieuse catholique. En entrant au couvent, elle « intériorisait » son mépris de la sexualité. Tout en faisant l'apprentissage de la discipline imposée par le célibat et l'ascétisme, elle fut tentée, ayant lu la vie d'une sainte, par l'autoflagellation. Le jeûne qu'elle s'imposait, les coups de fouet qu'elle s'infligeait lui procuraient un certain plaisir et une sensation de bien-être.

Je la reçus dans mon cabinet des années plus tard. Elle avait quitté le voile, mais n'avait pas mis fin aux séances d'autoflagellation. Par la thérapie, elle comprit qu'elle avait intériorisé le comportement de sa mère. Cette dernière était un exemple parfait de l'idée voulant que la femme soit un être inférieur à l'homme et qu'une bonne épouse devait porter sa croix. Se punir par la flagellation était un moyen pour Severa de se sentir revalorisée en tant que femme.

Dans la famille de Severa, nul n'ignorait ce qui se passait, mais personne n'en parlait, afin de se conformer à l'image que doit donner une famille catholique dévote. Cette solidarité malsaine empêcha Severa de recevoir une saine éducation en matière d'amour, de mariage, d'intimité et de sexualité. Le secret l'a rendue prisonnière de sa famille dysfonctionnelle. Comme sa mère, Severa devint une complice, tout aussi obsédée qu'elle par l'alcoolisme et les conquêtes de son père. Et tout comme sa mère, elle devint profondément dépendante. La *dépendance* est une maladie du moi, qui surgit dans son développement lorsque l'individu perd tout contact avec sa propre réalité intérieure. L'individu dépendant ignore qui il est, puisqu'il ne sait rien de ses sentiments, de ses besoins ou de ses désirs. Le développement de son moi s'étant interrompu, il lui a fallu se doter d'une fausse personnalité, constituée des comportements, des sentiments, des besoins et des désirs jugés recevables aux yeux de la famille. Le modèle de Severa fut sa mère. D'elle, elle apprit que, pour se rendre aimable, elle ne devait avoir *besoin de rien*, ne devait *rien désirer* et souffrir en silence. Le prix que Severa dut payer pour le ténébreux secret de sa famille fut une mort psychologique. Elle avait appris que sa véritable personnalité devait mourir pour lui permettre d'être aimée et appréciée.

LE SILENCE QUI ENTOURE
LA VIOLENCE SEXUELLE

Dans nos sociétés patriarcales et sexistes, le harcèlement et la violence sexuels exercés sur les femmes et les enfants (y compris sur bon nombre de petits garçons) fut un ténébreux secret et l'est encore. Des sévices sexuels furent perpétrés sur les pensionnaires de plusieurs institutions, qu'elles soient religieuses ou gouvernementales. Bourreaux et victimes ont gardé pour eux leur ténébreux secret. Les raisons des bourreaux pour agir ainsi sont évidentes. Mais le silence des victimes, si l'on excepte la raison évidente qu'on ne les croirait pas, rend perplexe et demeure inexplicable.

Les victimes de violence sexuelle croient souvent qu'elles sont responsables de ce qui leur est arrivé. Quand ils sont plus âgés, les enfants sont souvent persuadés qu'ils ont, d'une certaine manière, « provoqué » celui qui leur a infligé ces violences. Et si l'acte en soi fut la cause d'un certain plaisir, ils éprouvent un sentiment mêlé de confusion et de responsabilité. Autrefois, il ne serait venu à l'idée de personne que les victimes de sévices sexuels graves pouvaient s'identifier à leur bourreau et que, pour surmonter la douleur ressentie, ou bien la victime devait se dissocier de sa propre personnalité, ou bien elle devait refouler les événements dans sa mémoire. Parce que la victime s'identifie à son bourreau et que le bourreau est lui-même rempli de honte et de remords au moment de passer à l'acte, les victimes éprouvent la honte et le remords éprouvés par leur bourreau. Les victimes se sentent souillées et salies, elles croient qu'elles sont impures. Ce sentiment est encore plus prononcé quand l'assaillant est un parent de la victime ou celui qui en a la responsabilité. Quand le violeur est celui-là même qui doit être pour l'enfant un modèle et un protecteur, l'enfant est persuadé que tout est de sa faute.

Dans les familles incestueuses, l'enfant violé prendra rarement le risque de se confier à l'autre parent, de crainte de compromettre l'unité de la famille. S'il ose le faire, il arrivera souvent que l'autre parent refusera de croire l'enfant soit en niant les faits, soit par ignorance, soit parce que lui-même est une victime. L'inceste est beaucoup plus répandu qu'on ne le pense. À mesure qu'augmente notre connaissance de l'inceste, plusieurs ex-victimes de sévices sexuels acceptent de revenir sur leur passé et de raconter leur secret.

Le viol, la brutalité, les privautés et le harcèlement sexuel ont été gardés sous silence pendant des générations. Pendant des générations, les femmes ont été régulièrement violées.

Notre société, dominée par les hommes, défend une conception patriarcale des rapports hommes/femmes et une vision masculine du pouvoir, aussi inégale soit-elle. Les victimes, pour la plupart des femmes et des enfants, furent condamnées à une dépravation à la fois sexuelle, physique et émotionnelle.

Ce n'est pas uniquement en se taisant que les victimes ont gardé le silence sur cette réalité. Non seulement le langage arrive-t-il difficilement à traduire la douleur physique, les sévices et la torture mentale, mais ce genre de violence peut détruire le langage même, et fait régresser la victime dans un état souvent appelé *impuissance préverbale*. Pour s'exprimer, la victime de sévices sexuels et de violences physiques a recours aux sons et aux cris qui précèdent l'apprentissage du langage. La violence devient proprement *indicible*.

Les femmes et les enfants battus, par la peur et la honte qu'ils ressentent, contribuent à maintenir le silence et apprennent le désespoir. Quand des gens sont victimes de violences répétées et qu'ils sont impuissants, ils apprennent à être victimes. Devant la violence, ils se sentent démunis. Elle leur paraît une chose normale.

Les femmes qui sont battues par leur mari ont souvent peur de voir éclater leur famille, car on leur a appris à dépendre de leur mari. Plusieurs d'entre elles souffrent déjà de pauvreté et sont accablées par la charge des enfants. Par conséquent, ces victimes apprennent à nier leur propre expérience. Dans les cas extrêmes de femme battue et de violence sexuelle précoce, la douleur ressentie par la femme peut être indicible au point de ne pouvoir s'exprimer qu'à travers une grave dissociation, l'amnésie ou l'auto-anéantissement.

Il fut un temps où notre culture tolérait ce silence. Battre sa femme était une pratique répandue et acceptée. À l'origine, l'expression « à vue de nez » renvoyait à la longueur réglementaire de la baguette utilisée par le mari pour battre sa femme. L'expression *femmes battues* ne faisait pas partie du langage. Comme l'a fait remarquer la travailleuse sociale Joan Laird, chez la victime, « les lacunes du langage entraînent des lacunes dans la conscience ». À partir du moment où la femme victime de violence sexuelle s'est appelée une femme *battue*, une nouvelle prise de conscience a pu avoir lieu. Celle-ci a entraîné la mise sur pied de réseaux d'écoute et de maisons d'accueil, et le mur de silence qui avait entouré des générations où sévissait la violence sexuelle se fissura enfin.

LES SECRETS LIÉS À LA NAISSANCE

Joe et Mary Sue se fréquentent depuis qu'ils se sont connus au collège. Joe voudrait bien qu'ils se marient, mais Mary Sue a des doutes quant à leur futur bonheur conjugal et à la situation financière de Joe. Mary Sue aime faire l'amour ; à l'école secondaire, elle avait un petit ami, avec qui elle eut des rapports torrides jusqu'au moment de leur rupture. Certes, elle aime Joe, mais sa vie sexuelle d'antan lui manque. Un jour, par hasard, le petit ami du secondaire réapparaît sur le campus. Ce qui avait commencé comme une conversation à bâtons rompus sur le bon vieux temps se termine au motel voisin, par une coucherie qui dure deux heures.

Bourrelée de remords, Mary Sue jure de ne jamais en parler à Joe. Quelques semaines plus tard, elle apprend qu'elle est enceinte.

Elle persuade Joe de l'épouser sans plus tarder, et ne lui dit rien de sa situation. Plus tard, elle met au monde un garçon, et Joe croit qu'il est son fils.

Par la suite, Mary Sue et Joe ont deux autres enfants, deux filles. Le garçon a un tempérament bien différent de ses deux sœurs. Il est agité et débordant d'énergie, tandis que les deux filles sont paisibles et timides. Mary Sue surprotège son fils, ce qui est une façon de reconnaître l'existence d'un ténébreux secret. Elle refuse de voir à quel point son fils est dur avec ses deux sœurs. Quand les fillettes se réfugient auprès de leur père, pour y trouver aide et protection, ce dernier les renvoie à Mary Sue, qui ne voit là que des « manigances pour se rendre intéressantes ». Au fil des années, le garçon ne cesse pas d'embêter et de tourmenter ses sœurs.

L'attitude surprotectrice de Mary Sue devient un motif de discorde entre les époux. À plusieurs reprises, Joe est étonné que son fils lui ressemble si peu, mais il n'a jamais osé formuler à voix haute ses inquiétudes. Mary Sue est constamment sur ses gardes, car elle craint de laisser échapper une réflexion qui trahirait son secret. Son anxiété la rend distante dans ses rapports avec Joe, et un fossé se creuse entre eux qui empêche toute véritable intimité.

En gardant pour elle son ténébreux secret, Mary Sue a sérieusement compromis l'équilibre familial. Son ténébreux secret a conduit à une alliance entre générations malsaine entre la mère et le fils, tout en isolant ce dernier, sur le plan émotionnel, de son père et de ses sœurs. Ainsi le fils ne s'est-il jamais senti proche de son père ou de ses sœurs, mais au contraire exclu, habité par un inexplicable sentiment de honte. Il a répété l'histoire secrète de sa mère en ayant une liaison avec une femme mariée, qui s'est retrouvée bientôt enceinte de lui. La femme est demeurée avec son mari et a mis au monde son enfant. Cette situation lui a causé des remords qui l'ont poursuivi pendant des années.

Après la mort de Joe, Mary Sue révèle le secret à son fils. Furieux, celui-ci rompt toute relation avec sa mère et refuse désormais de lui adresser la parole. Il meurt deux ans plus tard, dans un accident de voiture, alors qu'il a pris le volant en état d'ébriété; la réconciliation avec sa mère et ses sœurs n'a jamais eu lieu.

La honte de Mary Sue a donc eu pour effet d'engendrer une plus grande honte et un sentiment d'isolement. En gardant pour elle son ténébreux secret, Mary Sue s'est interdit toute *réconciliation* avec elle-même et n'a pu rétablir les liens que crée la loyauté, la sienne ayant été mise à mal entre son mari, elle-même et ses enfants. Le secret a empêché toute possibilité de pardon et de réconciliation avec sa famille.

L'adoption et d'autres questions entourant la naissance

Pendant longtemps, l'adoption fut le domaine de prédilection des secrets entourant la naissance. Plusieurs familles se débattent encore avec cet héritage qu'est le secret de l'adoption. D'autres doivent faire face aux nouveaux déchirements qu'entraîne l'ouverture d'esprit montrée récemment par les autorités quant à l'adoption et au libre accès aux dossiers.

Traditionnellement, la règle de base de l'adoption était que l'enfant adopté et les parents adoptifs devaient donner toutes les apparences d'une famille biologique. Sur la base de cette prémisse, le système d'adoption s'efforça de nier tout aspect qui aurait distingué les parents adoptifs des parents biologiques. Et comme la présence des parents biologiques de l'enfant était ce qui empêchait le plus ce gommage des différences, les liens avec les parents biologiques furent tout à fait rompus.

La mère biologique cessait d'exister à partir du moment où elle confiait son enfant en adoption. Ainsi que l'a fait remarquer Ann Hartman, du Smith College School for Social Work, cette femme « ne fait pas que porter un secret, elle *est* un secret ». Jusqu'à tout récemment, les pères biologiques n'avaient aucun droit de regard sur l'avenir de l'enfant. Comme les mères biologiques, ils étaient censés disparaître, emportant avec eux la douleur de la perte et leur chagrin inconsolable. De plus, les dossiers d'adoption étaient mis sous scellés ; ainsi les enfants adoptés ne pouvaient-ils retrouver leurs géniteurs.

Ceux qui défendaient la pratique du secret et des dossiers

scellés le faisaient pour protéger l'enfant de l'anathème entourant les naissances illégitimes, pour protéger les parents adoptifs de l'intrusion des géniteurs et pour protéger ces derniers d'une éventuelle intrusion de l'enfant confié à l'adoption.

Ceux qui réclamaient le libre accès aux dossiers le faisaient au nom du droit de chaque humain de connaître sa famille biologique.

Pour leur part, les parents adoptifs éprouvaient des sentiments mêlés quant à la possibilité de donner ou non libre accès aux dossiers. Certains craignaient que la famille biologique ne vînt compromettre la quiétude de leur famille. D'autres ont constaté que le fait de participer aux recherches menées par l'enfant adopté les rapprochait de ce dernier.

Si j'en juge par ma propre expérience de thérapeute, le facteur déterminant est la douleur ressentie par les enfants adoptés en raison de leur situation. Il semble que ces enfants aient le besoin inné de connaître leurs parents biologiques et qu'ils éprouvent un sentiment de rejet, quelles que soient les raisons qui ont conduit les parents à prendre cette décision.

Chez les enfants, le mode d'apprentissage est de nature égocentrique. Cela signifie que les enfants s'approprient les choses. Si on leur dissimule quelque chose au sujet d'eux-mêmes ou de leur passé, ils penseront que c'est parce que c'est mal. C'est là un sérieux argument contre le maintien du secret de l'adoption, la vérité à dévoiler dût-elle être bouleversante et source de désarroi.

Il nous reste à explorer un autre domaine de secret; il s'est constitué autour des questions entourant la stérilité et les nouvelles techniques de reproduction mises au point pour la combattre.

Ce domaine de pointe soulève implicitement toute la question de la filiation génétique, laquelle semble fondamentale dans notre société, en particulier chez les hommes. La stérilité est elle-même souvent gardée secrète. Il est évident que bon nombre d'hommes et de femmes ressentent de la douleur, de la honte et se sentent victimes d'un ostracisme social à l'idée de ne pas pouvoir avoir un enfant.

Les mères porteuses, l'insémination artificielle et la fertilisation *in vitro* font en sorte qu'il est techniquement possible, pour un enfant, d'avoir au total cinq « parents » : trois types de mères (la mère génétique, la mère porteuse et celle qui pourvoit à son éducation) et deux types de pères (le père génétique et celui qui pourvoit à son éducation). C'est là une éventualité qui soulève d'importantes questions d'ordre éthique et psychologique, et dont on ne peut vraiment mesurer les conséquences sur l'identité et la formation de la personnalité qu'une fois l'enfant né.

La plupart des grandes religions s'opposent fermement aux méthodes de reproduction qui ne font pas appel au coït, et les mères porteuses, de même que le don de sperme, demeurent des pratiques très controversées, sur le plan juridique comme sur le plan moral. Les couples qui font appel à ces techniques de fertilisation s'exposent à un anathème tel qu'il les confine au plus grand secret.

Comme pour tous les autres secrets, il faut se demander quelles en sont les conséquences sur celui-là même qui n'est pas dans le secret, c'est-à-dire l'enfant. La condamnation religieuse et morale dont font l'objet ces pratiques et le sentiment de honte qu'éprouve le couple lui-même pour ne pas être capable de se reproduire normalement font en sorte qu'il y a fort à parier que l'enfant doive porter le poids d'un lourd secret. La mère porteuse ou le donneur de sperme devient un troisième « parent », dont l'absence sera ressentie comme une perte fondamentale par chacun des membres de la famille.

LA MORT EST L'UN DES TÉNÉBREUX SECRETS LES PLUS RÉPANDUS

Freud croyait, d'un point de vue psychologique, à la *nécessité* de nier la réalité de la mort et à l'impossiblité pour l'homme de comprendre les enjeux de sa propre mort. Pour la plupart, nous vivons comme si la mort n'existait pas. Cependant, en entourant la mort de secret, nous alimentons cette crainte de la mort, qui demeure toutefois contrôlée et inconsciente.

Quand la famille doit faire face au traumatisme que représente la perte d'un de ses membres, le secret entourant la mort est un facteur déterminant dans sa capacité d'affronter la situation. Si la famille est en mesure d'assumer le secret entourant la mort, elle peut supporter la perte d'un être cher et commencer le travail de deuil. La façon d'appréhender la perte sera propre à chacun, tout comme le travail de deuil.

Il arrive souvent que les parents ne disent pas toute la vérité aux enfants au sujet des malades en phase terminale, car ils les croient incapables d'affronter l'agonie et la mort. Cependant, le fait de garder secrètes ces réalités peut avoir de très graves conséquences.

Le père de Jamie souffrait d'un cancer en phase terminale quand Jamie avait huit ans. Personne ne lui a dit que la maladie de son père était grave et qu'il en mourrait probablement dans moins de six mois. Sa mère, de même que son frère et sa sœur aînés, estimèrent que Jamie était trop jeune pour connaître la vérité et jugèrent préférable, pour son bien, de le laisser dans l'ignorance des faits. Voilà un exemple de ténébreux secret qui résulte de l'ignorance.

Quand son père mourut, Jamie n'y était absolument pas préparé. Trente ans plus tard, au cours d'une séance de thérapie, il m'avoua qu'il ne s'était jamais complètement remis d'avoir été tenu à l'écart de la maladie de son père. « Je savais depuis longtemps qu'il se passait quelque chose, me dit-il, mais j'ai toujours pensé que, le problème, c'était moi. J'étais trop peu important, trop insignifiant, pour participer aux événements. Je leur en ai terriblement voulu de m'avoir tenu à l'écart. Je n'ai jamais pu dire au revoir à mon père. »

Un autre de mes clients fut tenu à l'écart des funérailles de sa mère. Il n'avait jamais pu porter le deuil de sa mère et, avec les années, il voyait là un outrage à sa mémoire. Dans la vie de chacun, la mort d'une mère est l'un des moments les plus sacrés. Se voir refuser d'y participer est une perte irréparable.

Les Brontë

McGoldrick et Gerson, les auteurs de *Genograms in Family Assessment*, donnent un autre incroyable exemple des conséquences d'un ténébreux secret lié à un deuil non assumé. Il s'agit de la famille de Charlotte et d'Emily Brontë, toutes deux auteurs des romans *Jane Eyre* et *Les Hauts de Hurlevent*. Les enfants Brontë étaient au nombre de six, tous nés sur une période de sept ans. Leur mère mourut peu de temps après avoir mis au monde le plus jeune.

Après la mort de la mère, la maison se figea pendant trente ans – rien ne fut déplacé ou repeint. Les enfants grandirent dans un isolement presque complet, avec interdiction de parler aux autres enfants ou de jouer avec eux. Plus tard, les enfants Brontë voulurent quitter le foyer, mais chaque fois ils furent frappés de diverses maladies qui les obligèrent à revenir à la maison. Tous moururent avant d'avoir atteint l'âge de quarante ans. Dès qu'elles quittèrent la maison, les deux cadettes furent frappées d'une grave maladie, qui les emporta à quelques mois d'intervalle. Branwell, Emily et Anne moururent à quelque neuf mois d'intervalle, ce qui laisse croire à l'existence entre eux de liens si étroits qu'il leur était impossible de vivre sans la présence des uns et des autres. Seule Charlotte put quitter la maison pendant de brèves périodes. À l'âge de trente-huit ans, elle se maria, mais mourut neuf mois plus tard – peu de temps après la mort de la nurse des enfants Brontë. Charlotte avait alors le même âge que sa mère au moment de sa mort. L'étrange secret dans cette famille semble avoir été le refus du père d'accepter la mort de sa femme. Les enfants ne furent jamais encouragés à développer une personnalité distincte, qui leur eût permis de voler de leurs propres ailes.

LA SOUFFRANCE SECRÈTE

L'exemple d'« intériorisation par le comportement » le plus saisissant et le plus effrayant qu'il m'ait été donné de connaître est sans contredit celui donné par ceux qu'on appelle les *tailladeurs*. Je fis ma première expérience d'un cas de ce genre vers la fin des années soixante-dix. Une jeune femme brillante et intelligente vint me voir en consultation. Disons qu'elle s'appelait Lorna. Lorna était issue d'une famille aisée et jouissait de tous les privilèges possibles. Elle était vêtue très modestement, souvent de chemisiers à manches longues. Un jour, alors qu'elle levait le bras droit pour remettre en place un peigne qui s'échappait de ses cheveux, sa manche droite glissa vers la saignée du bras, dégageant un poignet que je découvris strié de cicatrices. Celles-ci formaient trois rangées de x. Je lui demandai pourquoi et Lorna murmura en pleurant : « Je me suis coupée pour avoir mal et me sentir mieux. » Je la regardai fixement, ne sachant que répondre. Elle ne soutint pas mon regard et baissa les yeux. « Dis comme ça, je sais bien que cela paraît tout à fait stupide. Mais c'est ma façon à moi d'assumer la douleur. »

Pendant plus d'une année, Lorna avait eu des relations incestueuses avec son grand-père. Elle venait d'une famille convenable, soucieuse des apparences et peu démonstrative. Lorna « tenta » de se confier à son père, qui refusa d'aborder la question, craignant la honte qui ne manquerait pas de rejaillir sur toute la famille. Son père lui interdit d'aborder de nouveau la question. C'est ainsi que Lorna apprit à se dissocier de la douleur et qu'elle devint, sur le plan émotionnel, presque entièrement insensible. En s'infligeant elle-même une douleur par automutilation, elle était capable d'*éprouver réellement* quelque chose. Pour tout dire, c'est seulement ainsi qu'elle se sentait normale. Ses cicatrices étaient autant de confirmations, d'attestations, qu'elle n'était pas folle. Les cicatrices étaient la matérialisation de la cicatrice intérieure qu'elle portait en silence. Près d'un an après le début de l'inceste, son grand-père mourut d'une crise cardiaque. Cette mort plongea Lorna dans la plus grande confusion. Elle se sentait souillée et honteuse et était persuadée que le dégoût qu'elle avait ressenti pour son grand-père avait contribué à sa mort.

L'automutilation fait partie des ténébreux secrets de notre société, alors que, uniquement aux États-Unis, les spécialistes évaluent à plus de deux millions le nombre de personnes qui s'infligent régulièrement des morsures, des égratignures, des coupures, des brûlures, qui marquent leur chair, se frappent la tête ou le corps contre le mur, s'arrachent les cheveux ou se rompent les os. Certaines victimes avalent des objets pointus, par exemple des clous, ou se donnent des coups de marteau. Dans les cas psychotiques les plus graves, l'automutilation peut aller jusqu'à s'arracher les yeux ou se couper les organes génitaux.

Charles Manson présente l'un des plus célèbres cas d'automutilation. Ses bras, ses poignets et son cou étaient couverts de cicatrices. Enfant, il fut régulièrement battu et subit divers sévices sexuels. On raconte qu'à l'âge de cinq ans il voulut s'immoler et qu'à l'âge de huit ans il tenta de s'étrangler jusqu'à s'en faire éclater la trachée.

Les coupures, le sang, les cicatrices, voilà autant d'éléments qui rappellent certains rites initiatiques et archaïques remontant à l'âge de pierre. Leur but était de chasser le mal et les esprits maléfiques du corps des initiés. Lorna, ma patiente, s'efforçait littéralement de chasser hors d'elle-même le démon de son ténébreux secret. Les x l'assuraient pour un temps qu'il était parti. Ils étaient également un appel à l'aide.

LES SECRETS ENTOURANT LA NOURRITURE

La personne qui souffre et est en colère, ou dont la pudeur a été violée, peut ritualiser un comportement éminemment privé afin d'exprimer ce qu'elle refuse de dire ouvertement. L'un des symptômes les plus communs de la présence d'un ténébreux secret est l'apparition de problèmes d'alimentation.

La boulimie, qui était le problème d'alimentation auquel a dû faire face Jane Fonda, semble être typique de nos sociétés modernes. Même si l'histoire rapporte des cas de boulimie dès les années 1600, rien ne permet de penser que la boulimie était autrefois une maladie répandue. De nos jours, elle frappe en particulier les jeunes femmes de la classe moyenne supérieure. Dans notre culture, les femmes subissent une énorme pression pour se conformer aux normes de minceur et de beauté. Préoccupées par leur image, les jeunes filles issues de la classe moyenne supérieure acquièrent un statut social en se conformant à cet idéal.

Cependant, cette pression sociale ne suffirait pas à expliquer le rituel secret qui fait alterner goinfrerie et vomissements. La souffrance doit s'y ajouter pour que la boulimie devienne une forme de dépendance. Il est facile de deviner ce qui était à l'origine des problèmes de nourriture de Jane Fonda. La perte de sa mère, la douleur secrète alors ressentie et sa colère, à la suite de la trahison de son père, l'ont jetée dans une sorte de processus d'extériorisation compulsive. La beauté de Jane et sa vie d'actrice célèbre ont fait de la boulimie un choix naturel.

Le ténébreux secret des femmes lié à la culture

La boulimie n'est qu'un des problèmes d'alimentation dont souffrent communément les femmes. Davantage que les hommes, ces dernières sont atteintes d'obésité, d'anorexie ou sont prisonnières de ce va-et-vient obsessif entre l'ingurgitation de nourriture et le régime amaigrissant que l'on appelle *la maladie obésité/minceur*.

Même si les hommes peuvent en être atteints, il semble que les femmes souffrent plus souvent de problèmes d'alimentation. Certains ont expliqué cette différence par l'argument convaincant du rôle sexuel culturellement attribué à la femme et de ce qu'on attend d'elle, non seulement en termes de minceur, mais également au nom de cette vision irréaliste qui fait de la femme le pivot de la famille, pourvu d'une fonction nourricière.

Psychologue à l'Eastern Virginia Medical School, Laura Gait Robert croit que les problèmes d'alimentation sont le dérivatif auquel les femmes ont recours le plus souvent pour oublier à quel point elles s'élèvent contre le rôle qui leur est attribué dans notre culture. La boulimie et les problèmes d'alimentation inhérents sont ainsi une façon, pour les femmes, de lutter contre l'anxiété et la colère qu'elles ressentent devant ce fait.

Tous les problèmes d'alimentation sont une forme de dépendance. Tous établissent des rapports de type pathologique avec une substance ou activité jouant le rôle de dérivatif, ce qui peut avoir des conséquences sur toute une vie. Tous ont un caractère secret. Tous dissimulent des sentiments. Les gens qui s'empiffrent dans un état de stupeur arrivent à faire taire momentanément leur tristesse et le profond sentiment de vide qu'ils éprouvent. Les anorexiques ont recours au jeûne comme dérivatif et comme façon d'insensibiliser leur corps. Dans les limites de mon travail avec les anorexiques, j'ai découvert que le sentiment caché était le plus souvent celui de la colère. Le jeûne a également pour conséquence de freiner le développement sexuel, ce qui fait que souvent les jeunes anorexiques n'atteignent pas l'âge adulte. Leur attitude laisse croire à une révolte contre la nécessité de devenir une femme. Arrêtons-nous un moment au cas de la fille de Juliette.

La fille de Juliette

La première fois que Juliette est venue me voir, elle pesait vingt-cinq kilos de trop. Elle était mariée à un homme prospère, mais elle méprisait ses manières tyranniques et la seule idée d'avoir des rapports sexuels la remplissait de dégoût. Juliette était une femme extrêmement polie et aimable, qui parlait sur le ton affecté d'une fille qui a reçu une bonne éducation. Juliette expliqua qu'elle craignait de faire état devant lui de ses réticences, parce que son mari était un être impulsif et verbalement violent. Je la vis pendant quelques mois, m'efforçant de lui venir en aide dans son désir de contrôler davantage sa vie, mais j'avais le sentiment que nous faisions peu de progrès.

Cinq ans plus tard, Juliette revint me voir pour me dire que son mari l'avait surprise en flagrant délit d'adultère et que, depuis lors, sa fille aînée maigrissait sans cesse un peu plus chaque jour. Le benjamin avait d'excellentes notes en classe, mais était un piètre sportif ; quant au cadet, il était plutôt déprimé. Cette fois, j'estimai qu'une thérapie familiale s'imposait. La fille aînée, âgée de quatorze ans, pesait trente-neuf kilos. Inquiet, le père surveillait le poids de sa fille et l'obligeait à manger, en lui offrant en retour de l'argent et divers cadeaux. Je référai la jeune anorexique à un collègue médecin et me concentrai sur Juliette et son mari.

Devant lui, elle demeurait polie et soumise, mais il était évident qu'elle était furieuse. Il contrôlait tout et exigeait que chacun se conforme à l'image d'une famille heureuse. Dans cette famille, le secret était triple : la peur presque paranoïaque du père à l'endroit de quiconque et de quoi que ce soit (d'où le contrôle strict qu'il voulait exercer) ; la rage de Juliette à l'endroit de sa mère, de son mari et de ce qu'on exigeait d'elle en tant que femme ; enfin, le comportement de Juliette qui choisit d'extérioriser le problème par l'adultère.

L'anorexie est une maladie qui freine le développement de la puberté. Il était évident que la fille de Juliette refusait de devenir une femme, risquant ainsi de ressembler à sa mère, ou d'éprouver la rage et la peur qui étaient le lot de toute la famille. Elle voulait développer sa propre personnalité. Elle était tout à fait consciente du malheur de sa mère et de toute la famille, en dépit de l'image épanouie et bien américaine que cette dernière voulait offrir. L'anorexie de la fille de Juliette plaçait la famille dans une impasse et achevait de la confondre. Son corps émacié disait : « Voyez, je me meurs », tandis que son bulletin scolaire impeccable et ses remarquables performances d'athlète disaient : « Je sais mieux que quiconque ce qui se passe dans cette famille. Laissez-moi seule, laissez-moi un peu de vie privée, et je saurai bien me débrouiller. »

La maladie de la jeune fille était donc la manifestation :

- De la rage héritée de sa mère ;
- De son mépris du rôle réservé aux femmes ;
- De sa faim d'une véritable nourriture affective ;
- De son refus du conformisme ;
- Du contrôle exercé par le père sur la famille ;
- De sa volonté de faire oublier à la famille ce qui était sa véritable souffrance, soit l'absence d'intimité ;
- De son besoin d'avoir un dérivatif à sa propre solitude, à sa propre peur et à sa propre colère.

PENSÉES ET ÉMOTIONS SECRÈTES

Les gens voient souvent le secret en termes de dissimulation d'événements ou de faits. Cependant, l'expérience m'a appris que le déni et la dissimulation de pensées et d'émotions font partie des secrets de famille les plus ténébreux. Le fait de voir agir papa et maman comme s'ils ne ressentaient aucune des émotions qu'ils ressentent en réalité peut littéralement rendre fous les autres membres de la famille. Vous le *saviez* quand votre mère était fâchée, même si tout chez elle disait en apparence le contraire. Et vous étiez capable de sentir l'agressivité de votre père à l'endroit de votre grand-mère, même s'il ne l'a jamais exprimée ouvertement.

Les secrets psychiques de ce genre sont souvent extrêmement préjudiciables à la libre communication nécessaire à l'intimité de la vie familiale. Rien ne permet davantage l'établissement de solides liens affectifs au sein d'une famille que la possibilité de se montrer vulnérable dans l'expression de ses sentiments. Quand je corresponds à mes sentiments, je suis vraiment moi-même et je suis à nu. Cela permet aux autres de me voir dans toute ma vulnérabilité. Les autres peuvent se rapprocher de moi parce que j'ai baissé la garde.

Quand les parents dissimulent leurs pensées et leurs émotions ou les combattent, les enfants n'ont plus qu'à les assumer et à les intérioriser ou à les extérioriser par leur comportement.

« Les enfants ont tendance à hériter de tout, quelque soin que mettent les parents à ignorer certains problèmes d'ordre psychologique », écrit Harriet Goldhor Lerner.

La colère secrète

Dans les familles, la colère est peut-être le sentiment le plus secret. J'ai déjà évoqué le rôle déterminant qu'une colère rentrée pouvait avoir dans les problèmes alimentaires. Au sein d'un couple, elle peut être un empêchement majeur à l'établissement de toute intimité et, parmi les membres d'une famille, à l'affirmation d'un moi et d'une personnalité solides. Quand nous ne pouvons exprimer notre colère, il nous faut la refouler. Elle réapparaît sous la forme de problèmes d'alimentation ou de problèmes d'ordre sexuel. L'impossibilité d'avoir une érection, l'éjaculation précoce ou la sécheresse vaginale peuvent être causées par une colère rentrée. La même colère peut être à l'origine de bon nombre de migraines, de maux de dos ou de dérèglements psychosomatiques. Les familles marquées par quelque secret honteux adoptent souvent une règle de dissimulation, dite « sois insensible », et une autre, affichée, dite « ne te mets pas en colère ». Quand la colère est refoulée, la joie et toutes les autres émotions le sont également.

Les enfants deviennent souvent troublés et anxieux quand leurs parents gardent secrètes leurs émotions. Pour mieux s'expliquer ce qui se passe, les enfants se forgent souvent des convictions intimes à leur propre sujet ou s'inventent des histoires fantaisistes qu'ils extérioriseront par la suite sous forme de comportement révélateur.

La dépression et l'anxiété connaissent souvent des prolongements sur plusieurs générations. Il arrive que certaines prédispositions génétiques coïncident avec la dynamique familiale, et un enfant peut hériter du deuil non assumé des générations précédentes. C'est ce qu'on appelle le *sentiment latent* dans une famille. Je peux attester qu'il existe bel et bien. Il m'arrive parfois d'être envahi d'un sentiment de tristesse inexplicable. Avec le temps, j'ai appris que j'éprouvais là un deuil non assumé au sein de ma famille.

La perte équivoque

Aux yeux de Shirley, son père était demeuré un mystère. Shirley ne sut jamais ce qu'il pensait de certaines choses, et elle eut toujours l'impression qu'il avait en tête d'autres préoccupations que celles qui concernaient sa famille.

Après sa mort, elle ouvrit son coffre-fort et découvrit bon nombre de photos d'une femme dont nul ne connaissait l'existence. Shirley montra les photos à son frère, qui déclara avoir aperçu cette femme lors des funérailles. Renseignements pris, il s'avéra que son père retrouvait cette femme deux jours par semaine, chaque fois que ses affaires le conduisaient à Dallas. Il était représentant en produits pharmaceutiques, et Dallas faisait partie de son territoire. Très rapidement, il avait imposé une règle très stricte voulant qu'on ne le dérange jamais quand il était au travail, sur la route. Le second jour de son départ, il avait l'habitude de téléphoner pour s'assurer que tout allait bien. Pendant vingt ans, son père avait entretenu une maîtresse à Dallas ! Cette découverte permit à Shirley de comprendre pourquoi son père était physiquement présent tout en étant émotivement absent.

La thérapeute Pauline Boss a appelé *demi-perte* ce sentiment de perte. C'est l'une des conséquences générales que peut avoir un ténébreux secret sur les autres membres de la famille. Pour préserver un ténébreux secret, il est nécessaire d'entretenir une illusion en permanence et de se permettre une certaine forme d'évasion qui sert de moyen de défense. Cette attitude rigide instaure une distance émotionnelle qui empêche toute communication spontanée. Celui qui porte en lui un ténébreux secret est perçu par son entourage comme quelqu'un qui n'est jamais tout à fait là. Quelque chose manque, mais il est difficile de dire quoi.

LE SECRET DES ALLIANCES
ENTRE GÉNÉRATIONS

Au chapitre 1, j'ai parlé de la nécessité d'établir une frontière très nette entre les générations et j'ai fait valoir les mérites de l'existence d'un « fossé entre les générations » au sein d'une même famille. Quand les frontières entre générations sont malmenées ou abolies, les enfants sont pris au piège du couple formé par leurs parents. On appelle parfois *amalgame familial* cette situation. L'amalgame familial est un ténébreux secret inconscient qui a des conséquences à long terme. Essentiellement, elle se produit de deux façons.

Il existe plusieurs façons d'utiliser un enfant comme ciment du couple. L'enfant peut être le bouc émissaire, dont le comportement causera de tels soucis à papa et à maman qu'ils se rapprocheront l'un de l'autre. C'est ce qui s'est produit avec la fille de Juliette. L'enfant peut être également l'enfant « charmant », « doué » ou le « parfait athlète », dont les performances mobilisent l'attention des parents. Dans chaque cas, le fait de tout miser sur l'enfant fait oublier aux parents leurs problèmes. L'enfant est *utilisé* comme ciment du couple, sans savoir pour autant qu'il est un instrument. Quelle est votre réaction quand, dans une relation quelconque, vous apprenez que vous avez été utilisé? En règle générale, vous êtes en colère et profondément meurtri. De manière consciente, les enfants peuvent ignorer qu'ils sont utilisés, tout en le sachant de manière inconsciente. Leur colère et leur dépit demeurent des questions « brûlantes » dont leurs amours, leurs conjoints ou leurs enfants feront les frais.

L'amalgame familial d'un enfant peut se faire d'une seconde façon, lorsque l'enfant doit compenser le vide, le chagrin ou la déception ressentis par l'un des parents. Le couple est trop problématique ou trop inexistant pour satisfaire les besoins d'intimité des parents. L'enfant devient donc « l'enfant chéri » de l'un d'entre eux.

Dans *The Prince of Tides*, Pat Conroy décrit ce genre de situations de façon remarquable. La mère de Tom Wingo le serre contre elle :

> « *Non, dit-elle brusquement, en me pressant encore plus fort contre son sein. [...] Tu es le seul que j'aime. Ce sera notre secret* » [...] *Quand je quittai sa chambre, je n'étais plus un enfant. Je retrouvai le reste de la famille, le cœur rempli d'une terreur adulte.*

Certains parents ne formulent pas aussi directement leurs besoins que la mère de Tom Wingo, même si l'enfant ressent inévitablement la terreur des adultes. Il lui est difficile de supporter une trop grande intimité avec papa ou maman. Les enfants ont besoin de se retrouver entre eux. Et ils perdent l'innocence de l'enfance quand ils servent à combler le vide du couple formé par papa et maman.

Le tableau 2-2 est un tableau comparatif des secrets de famille constructifs et destructeurs. Cette liste repose sur ma conviction que les secrets constructifs relèvent d'une pudeur naturelle. Quand cette pudeur est contrariée ou menacée, nous nous protégeons avec des secrets destructeurs. De plus, ceux-ci nous servent à violer l'intimité d'autrui. La vie privée est un *choix*; les secrets deviennent une *nécessité*, précisément parce que nous n'avons plus de vie privée. Les secrets destructeurs nous servent à exercer un pouvoir sur autrui. Ils entravent notre vie et entraînent confusion et mystification. Ils nous obligent à mobiliser notre énergie pour préserver notre individualité. Ils nous isolent et anéantissent toute confiance, honnêteté et affection réciproque.

RÉSUMÉ : LES CONSÉQUENCES DES TÉNÉBREUX SECRETS

Les ténébreux secrets sont la cause de bon nombre de difficultés familiales :

- *Ils déterminent la façon de percevoir la réalité dans la famille.* Certains sujets deviennent tabous, tandis qu'apparaissent certaines règles tacites dans les domaines considérés comme interdits. Des mythes sont souvent créés de toutes pièces pour empêcher les membres de la famille de comprendre ce qui se passe réellement.
- *Ils sont la cause d'une anxiété profonde et permanente.* Le secret est entouré d'une aura émotionnelle qu'il est difficile d'ignorer.

Le fait même de garder le secret est pour celui qui le garde une source d'anxiété, car il doit constamment être sur ses gardes pour s'assurer de n'en rien révéler ; il doit éviter d'aborder certains sujets et ne pas donner de fausses impressions. Celui qui garde le secret doit veiller à ne pas aborder certains sujets connexes qui risqueraient de l'entraîner à dire son secret.

- *Ils lient entre eux les membres d'une même famille.* Il leur est donc difficile de se séparer.
- Ils isolent le détenteur du secret. Ils l'empêchent de faire l'expérience du pardon, de la réconciliation et de l'affection réciproque.
- *Ils empêchent la famille d'assumer son passé.* Par conséquent, ils prolongent certains problèmes à travers plusieurs générations.

- *Ils entravent la confiance.* Ils ne peuvent souvent durer qu'à travers le mensonge et la tromperie. « Un secret en cache un autre. »
- Ils sont causes de confusion et de mystification. Ils nous obligent à nous doter d'une fausse personnalité, censée nous protéger, ce qui empêche toute vie intime et nous enferme dans le piège de fausses relations.
- *Ils encouragent une dynamique familiale causant des problèmes.* Pour ce faire, ils créent des réseaux d'alliances entre générations et figent des rapports de type triangulaire.
- *Ils limitent le pouvoir de réflexion et d'imagination.* Par conséquent, ils limitent considérablement la liberté de choix.
- *Ils instaurent au sein de la famille une loyauté malsaine et obsessionnelle.*
- *Ils créent un sentiment de perte équivoque.*
- *Ils sont à l'origine de comportements obsessionnels et compulsifs.*
- *Ils figent les rôles familiaux et les règlements qui leur sont attachés.*
- *Ils divisent la famille.* Ceux qui sont « dans le coup » communiquent entre eux mieux qu'ils ne le feraient avec ceux qui ne le sont pas.

Dans les cas de sévices graves, les ténébreux secrets suscitent d'autres problèmes :

- *Ils établissent toute une gamme de moyens de défense de l'ego à partir de l'autoconviction.* En font partie : le refoulement, le rejet et l'insensibilité, qui empêchent d'éprouver la douleur et la souffrance causées par la violation de l'intimité.
- *Ils font en sorte que les victimes retournent contre elles-mêmes leur souffrance et leur colère ou qu'elles projettent leurs sentiments sur autrui.*
- *Ils sont à l'origine du besoin compulsif de protéger ses parents.*
- *Ils empêchent d'accéder à la connaissance de soi et à ce que fut véritablement l'enfance de l'individu.*
- *Ils « s'extériorisent » ou « s'intériorisent » dans le comportement des générations présentes ou à venir.*

TABLEAU 2–2

TABLEAU COMPARATIF DES SECRETS DE FAMILLE
CONSTRUCTIFS ET DESTRUCTEURS

SECRETS CONSTRUCTIFS

Le pouvoir partagé

La pudeur naturelle

De type fonctionnel :
Les secrets trouvent leur origine dans la pudeur et servent à préserver l'intimité. Ils instaurent de saines frontières entre les membres d'une même famille, ce qui facilite leurs rapports.

À caractère protecteur :
Les secrets protègent les droits fondamentaux.

Régénérateurs :
Les secrets mettent en valeur la personnalité, entraînent une plus grande conscience et une plus grande liberté. Ils favorisent la vie.

Respectueux des générations :
– Secrets respectueux des frontières
  Les secrets du mariage
  Les secrets paternels
  Les secrets maternels
  Les secrets entre frères et sœurs

Confiance accrue

Création du sentiment
de communauté

SECRETS DESTRUCTEURS

L'abus de pouvoir

La honte pernicieuse

De type dysfonctionnel :
Les secrets prennent racine dans la nécessité. Ce type de secrets sert à remplacer les frontières de la vie privée. Ils instaurent des frontières plus strictes et créent des liens inextricables qui rendent les rapports plus difficiles.

À caractère perturbateur :
Les secrets entravent les droits fondamentaux.

Dégénératifs :
Les secrets réduisent ou détruisent la personnalité, la conscience et la liberté de l'individu ; certains secrets peuvent être fatals et ruiner une vie.

Non respectueux des générations
Les triangles parents/enfants
L'amalgame familial des enfants
Le piège des souffrances familiales, ou de la souffrance éprouvée par l'un ou l'autre parent.

Confiance anéantie

Destruction du sentiment de
communauté

Communication franche	Communication réduite
Contribution à la formation d'un fort sentiment d'identité	Formation d'une fausse personnalité; confusion, mystification ou perte d'identité
Conditions propices à une grande intimité	Conditions défavorables à l'expression de l'intimité
Salutaires : permettent le jeu, le plaisir, la création, le rêve.	Sources de stress : entraînent tensions, isolement, perte de la spontanéité; détruisent la créativité.

Dans les comportements, l'intériorisation et l'extériorisation sont des symptômes particulièrement paradoxaux du mystérieux pouvoir de destruction que possèdent les secrets de famille quant à la liberté individuelle et au droit de chacun à développer sa personnalité. *Le paradoxe réside en ceci qu'à un certain niveau de la conscience les secrets de famille ne sont plus vraiment des secrets.* Bon nombre de psychologues sont persuadés que *chaque* membre de la famille connaît, à un certain niveau de conscience, l'existence du secret et que, plus le secret est nié, plus il est susceptible d'être intériorisé ou extériorisé par le comportement d'une personne. Dans le chapitre suivant, nous montrerons comment il est possible de connaître un secret, tout en ignorant que nous le connaissons.

CHAPITRE **3**

COMMENT PEUT-ON IGNORER
CE QUE L'ON SAIT?

L'éventail de nos pensées et de nos gestes est limité, et parce que nous ne pouvons en mesurer précisément les limites, nous ne pouvons mesurer notre propre impuissance à changer la situation, jusqu'au jour où nous comprenons à quel point notre aveuglement détermine nos pensées et nos désirs.

R.D. Laing

L'esprit d'un individu n'est vraisemblablement pas formé de ses seules expériences, mais [...] aussi d'un héritage ancien [...] qui n'est lui-même pas uniquement le fait de dispositions, mais d'un certain enchaînement d'idées, dont la mémoire garde la trace à partir des expériences vécues par les générations précédentes.

Sigmund Freud, *Moïse et le monothéisme*

Un jour du mois de mars, il y a plus de vingt ans, un homme et une femme vinrent me voir avec leur fille aînée. Âgée de sept ans, Beverly Sue Smith s'enfuyait tout le temps de l'école. Elle refusait de dire ce qui n'allait pas et se montrait agressive envers ses parents. Cette attitude rompait radicalement avec le comportement responsable qui avait été le sien jusque-là. Tout avait commencé en octobre, peu de temps après le début des classes. La direction de l'école et les parents ne savaient plus à quel saint se vouer. Ils m'amenèrent la fillette en consultation. Renfrognée, celle-ci refusait absolument de parler. J'essayai tous les moyens qui se révèlent souvent efficaces avec les enfants – peinture, dessin, images, figurines, pâte à modeler – en vain. Je recommandai donc Beverly Sue à un thérapeute familial de mes amis. Ce dernier utilisait une méthode relativement récente, la théorie des systèmes familiaux, mise au point à partir des travaux du Dr Murray Bowen, psychiatre à l'université Georgetown.

Pendant les cinq mois suivants, j'oubliai complètement Beverly Sue. Et puis, un dimanche, ses parents assistèrent à l'une de mes conférences sur la religion donnée aux adultes à l'église Palmer. Après la conférence, ils vinrent me remercier de les avoir référés à un collègue et m'invitèrent à saluer Beverly Sue, qui venait de rentrer de l'école du dimanche. Elle arriva, pleine d'entrain, et me serra la main ; elle avait toute l'apparence d'une fillette normale de sept ans. Le contraste était remarquable. J'étais trop orgueilleux pour demander aux parents ce qu'avait bien pu faire mon collègue thérapeute, mais je lui passai un coup de fil dès que j'en eus l'occasion. Nous avons convenu de nous retrouver à déjeuner. Il me raconta alors que le problème de Beverly Sue venait de ce que ses parents étaient empêtrés depuis un bon moment déjà dans une relation plutôt conflictuelle et destructrice. Le grand-père de Beverly Sue se mourait d'un cancer, et son père, enfermé dans son mutisme, refusait d'évoquer la question. À la maison, il restait renfrogné et absent. La mère de Beverly Sue était le genre Belle-du-Sud, qui avait été élevée dans le désir de se dévouer constamment et de régler les problèmes de tout le monde. Au début, elle avait cherché à remonter le moral de son mari en lui cuisinant des repas fins et par toutes sortes de petites attentions. Mais plus elle essayait de lui remonter le moral, plus il se repliait sur lui-même et refusait de parler. Après quelques mois de ce manège, la mère de Beverly Sue se mit en colère. En bonne samaritaine qu'elle était, elle s'interdit d'exprimer sa colère et préféra couper tout lien émotionnel avec son mari, à qui, désormais, elle adressait à peine la parole. À l'époque où ils vinrent me voir avec Beverly Sue, le couple faisait chambre à part et leurs vies étaient comme deux navires se croisant dans la nuit.

Mon ami thérapeute m'expliqua que sa position d'aînée rendait Beverly Sue particulièrement sensible aux émotions de son père. Plus que tout autre enfant occupant un autre rang dans la famille, les aînés se font souvent soit les protecteurs ou les défenseurs des valeurs paternelles, soit carrément leurs détracteurs. Beverly Sue se sentait très proche de son père, envers qui elle se montrait très possessive, en particulier depuis la naissance de ses deux sœurs. Selon l'interprétation de mon ami thérapeute, Beverly Sue avait assumé la douleur de son père et extériorisé, par son comportement, ses sentiments dépressifs, son apathie et son mutisme. De plus, Beverly Sue voulait sauver le mariage de ses parents. Son comportement était si préoccupant qu'il les força à s'intéresser à elle et à faire taire l'agressivité croissante qui régnait entre eux. Du point de vue psychothérapeutique traditionnel, Beverly Sue semblait être le « problème », alors qu'elle était en réalité celle chez qui se manifestait le « symptôme » et qui s'efforçait de trouver une solution au problème. *Le véritable problème* était la profonde anxiété éprouvée par le père devant la maladie mortelle de son propre père et son incapacité de se confier à quelqu'un. À ce conflit latent lié au père mourant s'ajoutaient de réels problèmes d'intimité avec lesquels le couple se débattait. De façon inconsciente, Beverly Sue dévoilait au grand jour leurs secrets.

Fort de cette expérience, je me mis à envisager la famille et ses problèmes de façon entièrement différente. Je compris peu à peu l'importance de cette théorie que nous appellerons désormais simplement la théorie de Bowen.

LA THÉORIE DE BOWEN

Depuis les quarante-cinq dernières années, nous sommes de plus en plus conscients que la famille est un système social régi par une dynamique précise et prévisible, ce que grosso modo j'appellerais des lois. Ces lois sont opérantes à travers plusieurs réseaux de parenté se ramifiant sur trois générations au moins, formant ainsi un ensemble interactif. À la manière d'un système social, une famille est plus que la somme de ses parties ; elle est également formée des relations qui s'établissent entre ses parties.

Pour clarifier cette idée, j'aimerais faire une comparaison avec moi-même. En tant qu'être humain, je suis formé de plusieurs *systèmes* – nerveux, endocrinien, circulatoire, immunitaire, respiratoire et autres. Pourtant, je suis plus que la somme de ces systèmes ou de leurs seules parties. Tous les systèmes et les parties qui sont les miens agissent entre eux pour former cette réalité unique, qui est moi-même, en tant qu'être humain.

Cependant, un seul dérèglement dans l'un des systèmes qui me composent peut avoir des conséquences sur ma vie. La modification d'une seule des parties, quelle qu'elle soit, modifie l'ensemble des parties. L'équilibre vital qui s'instaure dans les rapports entre les différentes parties de moi-même donne la mesure de ma santé.

Si l'on poursuit l'analogie, on dira que la maladie survient quand l'un de mes systèmes ne fonctionne pas bien. Quand je suis malade, les symptômes de ma maladie reflètent l'état du système qui a rompu l'harmonie.

Et pour compléter cette analogie, je dirais que l'ensemble de ce qui constitue ma réalité est également influencé par ma famille et par son passé. J'ai hérité de gènes qui me prédisposent à reproduire le modèle de certaines maladies ou d'un certain type de santé. Mon héritage génétique me permet également de faire certaines prévisions concernant mon avenir. Quand je subis un examen médical, on procède à une évaluation du mode de fonctionnement de tous mes systèmes.

Dans la famille de Beverly Sue, le père, à cause de la maladie en phase terminale de son propre père, avait rompu l'équilibre. Ce déséquilibre avait entraîné une détresse du côté de la mère, et bientôt l'affrontement au sein du couple.

Quand l'union des parents s'effrite, les enfants subissent la pression du système. Celle-ci s'ajoute à leur propre besoin d'autopréservation qui essaie de rétablir l'harmonie familiale. Dans ce but, ils sont prêts à sacrifier leur propre bien-être psychologique ou physique. Celui qui a toutes les apparences d'un enfant perturbé

– comme c'était le cas de Beverly Sue – est en réalité un enfant qui sonne l'alarme pour avertir du danger que court le mariage de ses parents. Les enfants choisiront d'être malades si leur maladie amène leurs parents à travailler de concert à l'amélioration de leur vie de couple. Instinctivement, les enfants savent que, si le mariage s'effondre, ils seront laissés dans les ténèbres. Les thérapeutes familiaux appellent *enfant bouc émissaire* l'enfant porteur du symptôme. Dans une famille qui compte plusieurs frères et sœurs, on ne sait pas toujours pourquoi tel enfant assumera ce rôle plutôt que tel autre. La réponse à cette question se trouve peut-être dans le rang qu'il occupe au sein de la famille. Dans le cas de Beverly Sue, la chose s'est révélée particulièrement vraie.

Du point de vue des parents, le fait de reporter toute leur attention sur « l'enfant à problème » plutôt que sur leur couple les libère d'un *poids*. Si le « problème » est l'enfant, les parents n'ont plus besoin de s'occuper des leurs. À vrai dire, les parents peuvent même ainsi avoir *intérêt* à faire durer la maladie de l'enfant.

Au sein de la famille Smith, d'autres rapports entre les générations entraient en ligne de compte dans le cas de Beverly Sue. J'y reviendrai au chapitre 5, au moment d'expliquer comment tracer une carte familiale sur trois générations.

Murray Bowen fut l'un des pionniers dans cette approche systémique de la famille. Pendant quarante années, il a compilé un nombre incroyable de données théoriques et cliniques qui montrent en détail le fonctionnement de la famille. Quiconque travaille aujourd'hui dans ce domaine ne peut ignorer la description faite par Bowen des familles saines et des familles malsaines.

Essentiellement, selon la théorie de Bowen, une famille équilibrée est celle qui permet à chacun de ses membres de se singulariser et de développer un solide sentiment d'identité. Quand l'anxiété survient, et cela quelle qu'en soit la raison, la famille resserre les rangs et devient plus rigide. Plus les membres d'une même famille ont pu développer un solide sentiment d'identité, *moins ils sont soudés les uns aux autres*. Les familles saines arrivent à résoudre les problèmes qui causent de l'anxiété, tandis que les familles malsaines les ignorent et choisissent des moyens inappropriés pour tenter de les résoudre.

La théorie de Bowen se compose de huit concepts imbriqués les uns dans les autres. J'expliquerai chacun d'entre eux brièvement, car ils permettent de comprendre comment certains secrets sont connus de chacun des membres de la famille.

1. L'individualisation

Le premier concept est l'*individualisation*. J'ai déjà expliqué en quoi la famille qui dissimulait de ténébreux secrets entravait le processus menant à l'autonomie de ses membres et les empêchait de développer une personnalité solide. Le but de la famille est d'offrir un milieu où chacun pourra satisfaire ses besoins fondamentaux et se développer en tant qu'individu unique. L'être doté d'une personnalité solide se donne des valeurs et des priorités, et agit en conformité avec celles-ci. Il peut prendre acte de ses différences avec sa famille et agir conformément à ces différences, et cela *sans rompre ses liens avec la famille*. Tous peuvent être ensemble et séparés à la fois.

Idéalement, le mari et la femme sont en mesure de compléter le développement de leurs besoins affectifs amorcé dans l'enfance en s'aimant mutuellement et en accomplissant les gestes dictés par l'amour, c'est-à-dire tenter de résoudre ensemble tous les problèmes d'origine familiale et se manifester une affection mutuelle conduisant à l'intimité. Le mariage est donc en soi une façon de poursuivre l'individualisation. Tous les couples portent en eux certaines blessures du passé et des questions non résolues. À travers l'amour conjugal, l'individu continue de s'élever et de grandir.

Tandis que les conjoints voient leurs besoins affectifs satisfaits à travers leur affection mutuelle et la mobilisation de leurs ressources personnelles, les enfants peuvent satisfaire leurs besoins affectifs à travers la protection apportée par les parents, leurs enseignements et les saines limites qu'ils fixent à l'intimité des uns et des autres. Plus exactement, les enfants n'ont pas besoin de plaire à leurs parents, de combler le vide qu'ils ressentent dans leur vie ou de compenser leurs frustrations. Les parents qui atteignent un degré élevé d'individualisation sont également en mesure d'atteindre un degré élevé d'intimité. Voilà qui préservera les enfants du phénomène d'amalgame familial dont j'ai parlé au chapitre 2.

En revanche, le parent demeuré à un faible degré d'individualisation et qui est frustré par sa vie de couple pourra se tourner vers l'un des enfants pour satisfaire ses besoins. La mère qui ne s'est jamais sentie aimée et appréciée de sa propre mère peut vouloir inconsciemment maintenir son propre enfant dans la dépendance. Le père que son propre père a toujours humilié peut vouloir humilier à son tour son enfant et l'empêcher d'avoir confiance en lui, en le bombardant d'avis paternels dans chacune des décisions qu'il doit prendre. On appelle *lien permanent* ou *piège* cette forme de dépendance.

En maintenant l'enfant dans la dépendance, la mère ou le père est en mesure de se sentir aimé et apprécié et de s'épanouir. Chez l'enfant, la poussée naturelle de croissance éveille un désir de séparation et d'autonomie. Or l'enfant ne peut se séparer, puisque la séparation et l'autonomie représentent une menace pour le parent qui souffre d'insécurité, qui craint d'être rejeté et de ne plus être aimé. Cela signifie que l'enfant ne peut jamais parfaitement se rattacher à ses propres sentiments, ses propres pensées et ses propres désirs. Ce manque de relation avec sa propre expérience empêche l'enfant de développer une personnalité solide et de prendre ses distances par rapport à sa famille.

2. *La famille de type nucléaire en tant que système émotionnel*

Selon la théorie de Bowen, le lien conjugal est la principale composante de la famille et la maturité de ce lien, la clé de l'équilibre à trouver dans l'ensemble du système.

Pendant la période des fréquentations, il se peut que maman ait vu papa comme le père pourvoyeur et responsable qu'elle n'a jamais eu. Elle peut vouloir s'en remettre à lui pour combler les carences affectives de la petite fille qu'elle fut. Quand elle « tombe amoureuse », la force du sentiment est telle qu'elle est remplie d'un sentiment de plénitude. Aux yeux de papa, maman peut incarner cette vulnérabilité féminine qu'il sent présente au plus profond de lui, mais qu'il s'est toujours interdit d'exprimer. Le mouvement qui la fait se jeter à son cou lui permet de retrouver une partie oubliée de lui-même. Le fait d'être « amoureux » d'elle le comble à son tour de plénitude. Mais un piège les attend tous deux. S'il veut que maman continue à se pâmer devant lui, papa, en bon macho, *doit* continuer de donner une impression de force et de puissance. Il doit garder secrète la part de lui-même qui est vulnérable et craintive. Et maman doit dissimuler – voire, se dissimuler à elle-même – sa propre force d'adulte.

Pour que s'épanouisse véritablement l'amour entre papa et maman, chacun devra progressivement révéler à l'autre tous les aspects de sa nature profonde. Cela suppose de sacrifier quelques rêves romantiques et d'accepter d'être déçu en apprenant que l'être aimé n'est pas en mesure de combler les carences affectives héritées de l'enfance. Si maman et papa refusent de grandir, ou si leurs blessures sont trop profondes, ils appliqueront leurs efforts à développer une fausse personnalité et à établir une fausse intimité. Par leur comportement, ils chercheront de diverses façons à extérioriser les carences affectives héritées de l'enfance.

Dans le cas de Germaine (dont nous avons fait la connaissance au chapitre 2), le père en était réduit à combler ses carences affectives en voyant la sexualité comme un dérivatif ; son épouse a comblé les siennes en établissant une dépendance à l'égard de son mari et de ses incorrigibles faiblesses, qui jouait également le rôle de dérivatif. Leur mariage était en grande partie une union fallacieuse. Germaine était assujettie à sa mère, à qui elle servait elle-même de dérivatif en comblant ses carences affectives. L'ensemble de la structure familiale reposait sur le ténébreux secret entourant la pseudo-intimité des parents de Germaine. Germaine était prise au piège de ce que Murray Bowen appelle le domaine émotionnel de la famille nucléaire ou encore l'« ego massif de la famille indifférenciée », qui est une sorte d'*obsession collective* dans laquelle vit la famille.

Je me souviens d'avoir reçu en consultation une famille dont chaque membre avait vécu une dépression. Sur une période de deux ans, tous, le père, la mère et les quatre enfants, dont deux dans la vingtaine, avaient connu une période d'apathie et de passivité, marquée par une vision négative de la vie.

Pour cette famille, la dépression était une façon de cimenter leurs rapports. Aucun de ses membres n'avait rompu avec le système émotionnel familial. Les deux aînés ne quittèrent la maison que pour mieux y revenir peu de temps après (souvenez-vous de la famille Brontë, évoquée au chapitre 2). Les parents étaient empêtrés dans les liens d'une dépendance mutuelle, car chacun incarnait la figure dominante dans la famille d'origine de son conjoint. Ils échangeaient leur personnalité comme des commerçants au marché. Chacun était proprement terrifié à l'idée d'être autonome. De plus, certains secrets assujettissaient les enfants à leurs parents. Le fils aîné et le père conspiraient contre la mère ; la mère et sa seconde fille connaissaient certains secrets concernant le père ; et ainsi de suite.

La famille était figée. Quand je demandai à chacun de dessiner sa famille, les trois aînés représentèrent leur sœur de dix-sept ans sous les traits d'une enfant de six ans. On la surnommait Bébé, et elle était la plus déprimée de tous. À vrai dire, les membres de cette famille *avaient besoin* d'être déprimés, car la dépression leur était familière et les gardait unis.

La pensée versus le sentiment

À partir de sa façon d'envisager le système émotionnel de la famille de type nucléaire, Bowen évalue essentiellement le degré d'individualisation des membres de la famille en termes de différence entre la pensée et le sentiment.

La personne pourvue d'une personnalité solide et dont l'ego est protégé par de saines limites peut éprouver ses sentiments sans se laisser dominer par eux.

La personne qui est incapable de cela croit que tout ce qu'elle pense est forcément vrai.

La personne qui a développé un solide sentiment d'individualisation peut également établir de saines frontières avec les autres membres de la famille. À partir du moment où nous avons fixé de saines frontières interpersonnelles, nous pouvons envisager en toute simplicité des rapports avec un autre membre de la famille, sans être pour autant bouleversés sur le plan émotionnel. Quand nous sommes entièrement occupés à réagir, nous ne pensons plus. Nous sommes « portés » par le bon vieux courant familial et nous nous laissons envahir par le domaine émotionnel de la famille.

Cette façon d'être empêtré dans les émotions de la famille est une chose tellement commune que les gens se retrouvent avec d'énormes réserves de ce que j'appelle la *douleur primordiale*. La douleur primordiale est formée des sentiments qu'on nous a interdit d'exprimer au cours de l'enfance et qui furent refoulés. Nous avons appris à n'éprouver que les sentiments permis par la famille. Le réservoir de douleur primordiale fait partie de la douleur émotionnelle ressentie par la famille de type nucléaire. Tant que nous refoulons ces sentiments, nous demeurons assujettis au système émotionnel de la famille.

Dans un de mes livres intitulé *Homecoming**, j'ai expliqué comment lutter contre cette douleur originelle. Nous pouvons nous libérer du système émotionnel de la famille de type nucléaire en renouant avec notre souffrance non assumée et en nous permettant d'exprimer notre chagrin, notre tristesse et notre colère. Plus nous cherchons à exprimer ces sentiments, plus nous pouvons, en présence de certaines émotions, prendre du recul et nous mettre à « penser », au lieu d'adopter une « réaction instinctive ». Si nous sommes incapables de penser à ce que nous ressentons, cela veut dire que la source de nos émotions est véritablement un *secret* que nous nous dissimulons à nous-mêmes.

---

* Paru en français sous le titre *Retrouver l'enfant en soi*, Montréal, Le Jour, éditeur, 1992.

3. *Le processus de projection parentale*

En vertu de ce que Bowen appelle le *processus de projection parentale*, un ou plusieurs enfants sont choisis par les parents pour être le ou les dépositaires des questions non résolues (des ténébreux secrets) des parents ou de la famille, ou encore sont invités à jouer ce rôle sous la pression des lois organiques de la famille. Beverly Sue, Germaine, Sereva, Lorna et la fille de Juliette sont autant d'exemples de ce processus de projection.

Pour mieux comprendre ce qui se passe, il me faut décrire le processus psychologique appelé *identification* et expliquer en quoi l'identification devient un mécanisme de défense.

L'identification est cruciale dans la petite enfance. La première identification, souvent appelée *identification primordiale,* se fait entre la mère et l'enfant. Nous savons maintenant qu'au cours des premières semaines de la vie le nourrisson ne fait tout simplement pas de différence entre sa mère et lui.

L'identification renvoie également à la tendance inconsciente qu'ont les humains d'intérioriser certains aspects de leur environnement. Nous intériorisons autrui comme autant d'images mentales dans notre mémoire. D'un certain point de vue, nous « avalons » autrui, nous le digérons et nous nous l'approprions comme partie intégrante de notre personnalité.

Dans le cadre d'une saine identification, nous intériorisons certaines pensées, sentiments ou comportements de nos parents. Quand tout se passe bien, cette intériorisation est temporaire et vient en aide à l'enfant à mesure qu'il affirme son autonomie.

Cependant, si le parent auquel s'identifie l'enfant souffre de carences affectives ou se débat avec différents problèmes non résolus dans l'enfance, il aura souvent recours à l'identification comme mécanisme de défense.

L'identification par projection

Si la mère n'a pas conscience de ses propres besoins de dépendance, elle projette ce sentiment de dépendance sur son enfant, qu'elle encourage à se montrer dépendant et démuni, et à qui elle retire son amour quand il montre des signes d'autonomie et d'indépendance.

La mère a besoin que l'enfant demeure dépendant pour ne pas avoir besoin d'admettre ses propres besoins morbides de dépendance. Elle projette ce besoin sur l'enfant en n'encourageant chez lui que des comportements de dépendance, avec le résultat que l'enfant ne se considère digne d'être aimé que lorsqu'il est dépendant. En paroles, la mère pourra même inviter l'enfant à faire preuve de plus d'autonomie ; mais, dans les faits, elle ne récompensera que le comportement dépendant. On appelle ce processus l'*identification par projection*.

Il est évident que Germaine s'identifiait à sa mère. Il lui fallait faire exactement ce que sa mère avait fait avant elle – se lier à un homme volage, qui la tromperait. Les similitudes entre Germaine et sa mère étaient visibles jusque dans les gestes et l'expression du visage.

Comme tous les êtres dépendants, la mère de Germaine se sentait très seule et souffrait de crainte et d'anxiété. Elle ressentait un besoin d'extrême dépendance. En couvant Germaine, elle utilisait sa fille pour combler le vide de sa vie et éviter d'y faire face.

Selon la théorie de Bowen, le parent qui en est détenteur transmet son secret par identification et par projection.

4. Le processus de transmission sur plusieurs générations

Bowen a observé que l'histoire des familles se répétait. On voit surgir les mêmes problèmes d'une génération à l'autre. C'est ce qu'il appelle le *processus de transmission des modèles familiaux sur plusieurs générations*. Plus que n'importe quel autre facteur, les ténébreux secrets permettent au processus de se prolonger. Puisqu'on ne parle jamais de ces secrets, ils ne peuvent être réglés.

Un de mes amis thérapeute me raconta ainsi un jour une histoire extraordinaire de transmission d'un secret sur plusieurs générations. Chaque année, vers le 14 février, Roberto, l'un de ses patients, se découvrait des rougeurs dans le cou. Les rougeurs duraient une dizaine de jours, puis disparaissaient. Elles étaient apparues pour la première fois à l'âge de huit ans. Rien, médicalement parlant, ne pouvait en expliquer l'apparition.

Quand son père décéda, Roberto avait dix-huit ans. Peu de temps avant sa mort, le père révéla à son fils un terrible secret : la grand-mère maternelle de Roberto, ainsi que sa mère, s'étaient suicidées. Sa grand-mère s'était tranché la gorge, et sa mère s'était pendue. La mort de sa grand-mère avait eu lieu le jour de la Saint-Valentin. Sa mère était morte un 16 février, à l'âge de vingt-six ans – soit six ans après la naissance de Roberto.

La mère de Roberto savait que sa propre mère s'était suicidée, et elle s'est elle-même donné la mort deux jours après la date anniversaire de la mort de sa mère. Le modèle transmis entre générations est ici on ne peut plus évident.

D'une certaine façon, Roberto « savait » déjà que sa grand-mère et sa mère s'étaient suicidées. Pourtant, personne ne lui en avait parlé avant que son père ne passe aux aveux sur son lit de mort. Comment alors pouvait-il le savoir ? Comment Germaine pouvait-elle savoir que son père avait plusieurs liaisons ? Après tout, personne ne lui en avait parlé. Comment est-il possible de connaître un secret et d'ignorer qu'on le sait ? Le secret doit être connu, faute de quoi il ne peut être reconduit. Selon la théorie de Bowen, les secrets font partie du système émotionnel familial. L'intériorisation ou l'extériorisation, par le comportement, d'un ténébreux secret sont autant de tentatives symboliques de le dévoiler au grand jour.

5. Les triangles

Selon la théorie de Bowen, le triangle, que l'on peut définir comme une configuration émotionnelle reposant sur trois individus, est la cellule ou la pierre d'assise de tout système émotionnel. Un système reposant sur deux individus peut demeurer stable tant qu'il ne s'y passe rien, mais un accroissement de l'anxiété – par exemple, quand le couple vit un conflit d'ordre intime – donne immédiatement envie à la personne la plus vulnérable de former un triangle. C'est ce qui s'est produit avec Beverly Sue. Quand, dans un triangle donné, la tension entre les trois composantes est trop grande, d'autres personnes sont appelées à la rescousse pour former une série de triangles imbriqués les uns dans les autres. Quand les tensions sont trop grandes au sein de la famille et que les triangles qui s'y sont formés ont épuisé leurs possibilités, le système familial se ramifie en d'autres triangles qui font appel à des personnes de l'extérieur, par exemple à des thérapeutes, à des policiers ou à des travailleurs sociaux.

Cependant, les relations de type triangulaire font partie du développement normal de tout individu et sont une composante essentielle de son processus de socialisation. Un enfant équilibré sait rompre les liens fondamentaux qu'il a tissés avec sa mère pour entrer dans une triade relationnelle avec son père et sa mère. Une mère qui, au nom de ses propres blessures, aurait empêché cette expansion primordiale rendrait également difficile par la suite, chez l'enfant, l'établissement de quelque autre lien affectif.

Les parents qui refusent de voir s'instaurer des rapports au sein d'une triade refusent également de grandir. De tels parents furent probablement *assujettis* à leurs propres parents, lesquels ne pouvaient eux-mêmes fonctionner qu'à l'intérieur de dyades. Chacun de ces parents n'a souvent aucune image de soi. Il n'a jamais vu dans le regard d'autrui ce reflet positif de lui-même dont tout enfant a tant besoin. Sa vie se passe dans une quête permanente de miroirs de substitut. Il ne peut concevoir de partager sa vie avec plus d'une personne.

Les adultes qui ont peur du mariage ou les couples qui vivent repliés entièrement sur eux-mêmes sont le reflet de ce déséquilibre narcissique.

6. *Profil du rang occupé parmi les frères et sœurs*

Bowen s'est beaucoup intéressé aux recherches sur l'importance du rang occupé parmi les frères et sœurs, recherches faites par un professeur de psychologie d'origine viennoise, le Dr Walter Toman. Dans *Family Constellation** (1962), Toman fait une description détaillée de la façon dont le rang familial affecte la personnalité de chacun, ainsi que son comportement en société. Il décrit successivement les caractéristiques de la personnalité de l'aîné d'une famille de garçons, de l'aîné qui est l'unique garçon d'une famille de filles, de l'enfant unique, qu'il soit fille ou garçon, de l'aînée d'une famille de filles, et ainsi de suite. Ses descriptions sont faites à partir de longues entrevues et d'observations cliniques. Par la suite, Toman s'est penché sur chaque combinaison possible au sein d'un couple, en y allant de prédictions fort utiles quant à son degré de réussite.

Au cours des dernières années, les travaux de Toman ont été remis en question, discutés, repris, voire rejetés. Tout le problème vient de ce que ses recherches ne reposent pas sur une théorie cohérente du système familial.

Il revient à deux psychologues de Minneapolis, au Minnesota, et qui travaillaient dans les années soixante-dix au Bach Institute, d'avoir formulé une théorie cohérente des quatre rangs principaux dans la famille, elle-même envisagée comme un système social doté de besoins et d'une dynamique propres. Bach et Anderson ont élaboré leur théorie après des centaines d'heures de discussions, d'observations cliniques, d'interventions thérapeutiques et de consultations menées auprès de plusieurs enseignants.

Je résumerai ici quelques-unes de leurs conclusions. La connaissance du rang que vous occupez dans la famille, de celui de vos parents et des autres membres de la famille élargie peut fournir des indices qui vous permettront de tirer au clair certains secrets familiaux enfouis.

N'oubliez pas que beaucoup d'autres facteurs s'ajoutent au rang familial pour affecter la dynamique des systèmes familiaux. Les traits de caractère présentés ici sont typiques du rôle joué par un enfant selon son rang familial. La façon dont ce rôle est joué

---

* Paru en français sous le titre *Constellations fraternelles et structures familiales,* Paris, ESF éditeur, 1987.

dépend largement des règles générales qui gouvernent le système familial et tout aussi bien des idiosyncrasies propres à chaque famille, elles-mêmes déterminées par les individus, l'ethnie et les circonstances. Cependant, l'analyse du rang familial permet de mieux comprendre pourquoi tel enfant plutôt que tel autre est choisi comme objet dans le processus de projection des parents. Le rang familial influence également la réaction de chacun des enfants lors de la révélation d'un secret de famille. Les profils esquissés par Bach et Anderson nous permettent aussi de reconstituer avec assez de justesse la personnalité des gens appartenant aux générations précédentes et pour lesquels les faits avérés nous font défaut.

Le rang d'aîné

La théorie Bach/Anderson voit l'ensemble de la famille comme une entité individuelle, pourvue de besoins spécifiques. Le premier de ces besoins est de type productif : il s'agit de préserver la sécurité physique de la famille. Dès la naissance du premier enfant, la famille a projeté sur lui ses désirs de continuité et de survie. La performance de l'aîné est donc une question fondamentale, car elle relève de la productivité. L'aîné sent une pression dans les règles édictées par les parents et perçoit leurs attentes. Si ces dernières sont irréalistes, l'aîné peut abandonner la partie et renoncer à les satisfaire.

Le père établit une relation particulière avec son « premier ». Si le père ne joue pas son rôle de père, il arrive souvent que l'aîné assume cette responsabilité et pallie les insuffisances du père. Les aînés sont souvent ceux qui défendent leur père ou qui se confrontent à lui avec le désir de lui faire prendre ses responsabilités. Éventuellement, ils surprotégeront leur mère pour compenser l'irresponsabilité du père, ou prendront la défense de celui-ci face aux reproches de la mère.

De tous les enfants, les aînés sont les plus susceptibles d'extérioriser, par leur comportement, les secrets de famille. Quels que soient les problèmes émotionnels non résolus que porte le père en lui ou qu'il se refuse à admettre, l'aîné est souvent celui qui les assumera. En réalité, le père de Beverly Sue était en colère contre son propre père qui l'abandonnait. L'agonie de ce dernier le plongeait dans la culpabilité et lui faisait éprouver des sentiments ambigus. Beverly Sue extériorisait, par son comportement, la colère de son père en faisant l'école buissonnière.

Le deuxième rang

Ceux qui occupent le deuxième rang parmi les frères et sœurs sont ceux qui répondent aux besoins émotionnels du système familial. Ils s'efforcent de veiller à ce que les besoins de chacun des membres de la famille soient satisfaits, et ils se sentent particulièrement responsables de leur mère. De façon toute spéciale, les enfants qui occupent le deuxième rang sont conscients du caractère implicite des règles et des relations familiales. *Ils seront vraisemblablement les premiers à découvrir les secrets de famille, en particulier ceux de la mère.* C'est leur identité qui est en cause dans leurs rapports avec tout ce qui demeure sous-entendu et dans le fait de rendre explicite ce qui était implicite. Les enfants qui occupent le deuxième rang sont préoccupés par les sentiments et par les significations symboliques. Ils ont tendance à être perplexes devant l'incompatibilité des règles réelles et des règles tacites, des valeurs et des attentes. Les enfants qui occupent le deuxième rang s'approprient les sentiments d'autrui comme si c'étaient les leurs. Ils ont tendance à polariser les situations et souffrent de toute situation ambiguë. Ces enfants ont besoin de se sentir acceptés en tant qu'individus et de fixer des limites très claires dans leurs rapports avec autrui.

Le troisième rang

Les enfants qui occupent le troisième rang se sentent responsables du maintien de la qualité des liens conjugaux. Leur estime de soi dépend de la stabilité du mariage. Ils ont besoin de se sentir liés à papa et à maman. *Les « troisièmes » seront probablement plus empêtrés dans les secrets du mariage que leurs frères et sœurs.* Et ils auront plus tendance à extérioriser, par leur comportement, les secrets conjugaux. S'il existe beaucoup d'agressivité latente entre papa et maman, le troisième enfant pourra l'extérioriser en ayant certains problèmes à l'école. Pour ma part, je connais bon nombre d'enfants qui ont choisi d'agir de la sorte, mais il existe aussi plusieurs autres façons d'extérioriser, par son comportement, les problèmes non résolus des parents.

Les enfants qui occupent le troisième rang se sentent également responsables de toutes les relations familiales établies sur le modèle d'une dyade. Ils ont tendance à penser en termes de connections. Les « troisièmes » peuvent avoir l'air insensibles, mais ils sont profondément sensibles.

Les enfants qui occupent le troisième rang souffriront des choix limités qui s'offrent à eux et d'éventuels conflits interpersonnels. Lors d'un conflit, l'enfant qui occupe le troisième rang peut se réfugier dans l'introspection et donner l'impression de ne rien ressentir. Ces enfants ont besoin de voir les autres apprécier ce qu'ils font. Quand ils se sentent pris au piège, ils ont besoin qu'on leur propose des moyens de débloquer la situation.

Le quatrième rang

Les enfants qui occupent le quatrième rang sont responsables de l'unité de la famille. Dans une famille de trois enfants, le troisième enfant aura souvent des traits généralement attribués au « quatrième ». Les « quatrièmes » se sentent responsables de l'harmonie familiale. Ils se soucient des buts que se donne la famille dans son ensemble. Ils voient d'abord le tout, et ensuite ses parties. Leur estime de soi est étroitement liée au bonheur de la famille. *Ils auront tendance à être davantage empêtrés dans les secrets qui concernent l'ensemble de la famille et se sentiront solidaires du maintien de secrets partagés par l'ensemble de la famille.* Ils peuvent être facilement anéantis par le nombre de conflits latents au sein de la famille.

Les enfants qui occupent le quatrième rang se sentent souvent responsables des heurts et des chagrins qui surgissent dans une famille. Ils ont besoin qu'on les aide à démêler la responsabilité de chacun dans les problèmes familiaux, car ils ont tendance à s'attribuer plus que leur part de responsabilité. Ils ont énormément besoin d'approbation, et ils ont besoin de se faire dire qu'ils ne sont pas responsables de la souffrance et des tensions qui règnent au sein de la famille.

Après le quatrième rang

Les enfants qui viennent après le quatrième rang bouclent la boucle. Les « cinquièmes » sont comme les « premiers », les « sixièmes » sont comme les « deuxièmes », et ainsi de suite.

Les familles reconstituées et quelques autres cas complexes

Le rang familial peut être une source de confusion dans les familles éclatées ou reconstituées. En règle générale, on peut dire que deux enfants qui, par leur naissance, occupent dans la famille reconstituée le même rang que chacun occupait dans la famille d'origine, devront faire face à un certain nombre de problèmes.

Les deux aînés se disputeront le leadership. Les deux « quatrièmes » pourront se sentir écrasés sous le poids des responsabilités qu'ils s'attribuent dans la bonne marche de la famille reconstituée, ou voudront préserver l'unité de la famille originelle. Les membres de la famille originelle auront tendance à nouer des alliances et à garder entre eux certains secrets par rapport à la famille reconstituée.

Dans une famille reconstituée, il est impossible de savoir exactement comment les frères et sœurs viendront à bout de ces questions de rang. Je ne connais pas d'exemple d'aîné qui aurait adopté les caractéristiques d'un enfant occupant le deuxième rang après avoir été intégré à une famille où l'aîné était plus âgé. Par contre, j'ai vu deux aînés se montrer très unis dans leur famille reconstituée et assumer leur rôle plus ou moins de concert. Il m'est arrivé de recevoir en consultation une famille reconstituée dont les deux parents étaient alcooliques. Chacun des parents avait trois enfants.

Les deux aînées, car il s'agissait de filles, s'étaient littéralement réparties la tâche des parents en veillant à l'éducation des quatre autres enfants.

Dans le cas de jumeaux, le premier-né présentera davantage de traits attribués aux aînés. Dans le cas d'un enfant dont les frères et sœurs sont beaucoup plus âgés, le rang occupé par la naissance demeure le même. Le troisième enfant, même s'il vient au monde alors que son frère et sa sœur sont déjà des adolescents, occupe toujours le troisième rang. Cependant, il pourra présenter quelques traits de l'enfant unique. Dans le cas de la mort d'un enfant, le rang de ceux qui lui survivent demeure le même.

L'enfant unique

Les enfants uniques assumeront éventuellement tous les rôles liés au rang familial. S'ils ont des parents immatures et irresponsables, ils peuvent être assurés d'être l'objet de leur projection. Si les parents font preuve de maturité, les enfants uniques s'en tireront bien. Les enfants uniques ont souvent un comportement plus adulte que les enfants de leur âge, et ils veulent souvent régler les choses à leur manière.

Toute analyse approfondie des autres combinaisons possibles entre frères et sœurs nous entraînerait bien au-delà des limites de cet ouvrage. À ceux qui voudraient en savoir davantage, je ne peux que recommander la lecture du livre de Margaret Hoopes et James Harper, intitulé *Birth Order Roles and Sibling Patterns in Individual Family Therapy*, auquel Bach et Anderson ont donné leur aval.

7. La coupure émotionnelle

Dans ma famille, il était interdit de se mettre en colère. Comme dans toute bonne famille pratiquante, la colère était considérée comme un péché mortel. Quand j'étais en colère, je ne savais pas quoi faire; alors je me retirais, souvent sans avoir parlé à la personne contre qui j'étais en colère. Plus tard, pendant de longs moments, je cessais de voir les gens contre qui j'étais en colère, et parfois même définitivement. Mais je finissais toujours par me réconcilier avec les gens de ma famille, parfois après une longue interruption. Selon la théorie de Bowen, cette façon de fuir sans résoudre le problème porte le nom de coupure émotionnelle.

La coupure émotionnelle est la stratégie à laquelle font appel les membres d'une famille quand ils se révèlent incapables de résoudre un conflit. En règle générale, elle suppose que la relation est très intense, et que les membres de la famille ne savent pas comment résoudre le problème. Souvent, elle suppose aussi que les personnes concernées s'aiment profondément, mais ne savent pas comment manifester leur amour.

À l'âge adulte, les modèles de coupure émotionnelle sont déterminés par la façon dont les gens assument les problèmes affectifs non résolus avec leurs parents ou avec leurs frères et sœurs. Plus le degré d'individualisation est faible, plus intenses seront les liens affectifs non résolus et plus la personne sera susceptible d'être aux prises avec un sérieux problème affectif ou d'être obligée d'en venir à une coupure émotionnelle radicale.

L'établissement de modèles de coupure émotionnelle peut vous aider à recueillir certaines données sur les membres de votre famille – le mouton noir, le « type bizarre », celui qui a rompu avec la famille – qui ont l'air renfermé et dont le comportement paraît étrange. Plus la coupure émotionnelle est radicale, plus l'individu risque de transposer dans son propre couple une vision exacerbée du problème parental tel qu'il s'est manifesté dans sa famille, et plus ses propres enfants, à la génération suivante, s'exposent à une coupure émotionnelle avec lui encore plus radicale. Celui qui fuit la famille en est tout aussi dépendant, sur le plan émotionnel, que celui qui ne l'a jamais quittée. Cette conception peut aider à comprendre certains comportements familiaux apparemment inusités.

8. La régression sociale

La régression sociale renvoie à la façon dont les problèmes émotionnels de la famille se répercutent sur ceux de la société.

Au sein d'une famille, l'anxiété chronique peut conduire à la répétition de cycles marqués par la réaction et par une vision déformée des émotions ; il en est de même dans la société. L'anxiété chronique et grandissante qui règne au sein de la société peut conduire à des décisions marquées par cette anxiété même que les décisions cherchent à soulager, lesquelles entraîneront à leur tour des signes accrus de dysfonctionnement. Nos soi-disant « établissements correctionnels » reproduisent exactement les schémas de viol de l'intimité et d'humiliation que les criminels engendrent dans leur famille dysfonctionnelle où ces phénomènes sont la règle. Bon nombre de grands criminels ont violenté des innocents de la même manière qu'ils furent violentés dans leur enfance.

AU-DELÀ DE BOWEN

La théorie de Bowen nous fournit un cadre fécond pour comprendre comment il est possible de connaître les ténébreux secrets de notre famille, tout en ignorant, de façon consciente, que nous les connaissons. L'absence d'une personnalité solide, la fusion dans la masse confuse de l'ego familial, l'assimilation, par projection, à l'un ou l'autre des parents, l'assujettissement constant – voilà autant de raisons qui expliquent la raison d'être des secrets. Cependant, de tels concepts n'expliquent pas forcément *pourquoi nous transmettons ces secrets, comment ils se transmettent à la génération suivante et pourquoi il leur arrive souvent de sauter des générations.*

Quatre autres sources d'explications peuvent jeter quelque lumière sur ce processus mystérieux et déroutant :

La science de la kinésie, qui étudie, entre autres choses, la communication non verbale au sein de la famille.

Le phénomène de la connaissance et des choix inconscients.

La psychologie cognitive des groupes, qui étudie la nature de l'esprit collectif, de même que l'évitement et l'aveuglement de groupe.

L'hypothèse de Rupert Sheldrake sur la causalité formatrice, une théorie biologique qui étudie le mode de transmission des formes et des modèles de comportements sur plusieurs générations.

La communication non verbale

La science de la kinésie envisage la communication humaine d'un point de vue holistique. Le Dr Ray Birdwhistell, qui enseigne la communication à l'Annenberg School of Communication de l'université de Pennsylvanie a recueilli, avec d'autres chercheurs, un nombre considérable d'observations sur les modes de communication entre êtres humains à partir de *tous leurs sens*. Birdwhistell fut d'abord un anthropologue, ce qui l'amena à étudier la façon dont les informations transmises par les gestes et les mouvements humains sont codifiées et interprétées différemment selon les cultures. L'étude scientifique d'une série quelconque de mouvements au sein de cette composante sociale qu'est la famille permet d'en dégager les codes et les modèles. Au sein d'une famille, les enfants doivent maîtriser de nombreux éléments afin de pouvoir s'exprimer par les gestes et les mouvements dictés par leur sexe et leur culture. Les étrangers et les immigrants font souvent la douloureuse et humiliante expérience de l'incompréhension, tout simplement parce qu'ils ne sont pas conscients des implications non verbales du comportement qu'on attend d'eux. L'enfant peut apprendre ces comportements, parce qu'ils correspondent pour lui à un modèle.

Birdwhistell et son équipe de chercheurs ont longuement filmé différentes familles à l'heure des repas. Toutes ces familles, qu'elles soient fonctionnelles ou dysfonctionnelles, adoptent un rituel de comportement très codifié, même si aucun des membres de la famille ne voit comme un rituel les gestes accomplis ou n'est prêt à reconnaître l'omniprésence de règles tacites et inconscientes déterminant les échanges verbaux.

Dans les familles souffrant d'un niveau de dysfonctionnement verbal particulièrement élevé, les enregistrements de Birdwhistell détectent la présence de modèles tout à fait prévisibles se traduisant par des disputes à l'heure des repas. Birdwhistell écrit : « On aurait dit que chaque membre de la famille connaissait ses répliques, savait quand entrer en scène et s'insérer dans le drame familial. »

Il en conclut que les rites de communication verbale sont, dans de telles familles, une manière de subterfuge qui présente la version *officielle* de la famille, tout en dressant un écran « derrière lequel les membres de la famille se cachent pour poursuivre leurs échanges ». Ces échanges à mots couverts – tout comme les secrets – se font de manière non verbale.

Birdwhistell présente sa mère comme une vraie « spécialiste du *non-dit* » :

> *Ses silences étaient si fracassants qu'ils étouffaient le bruit des pas [...] et même le grincement de l'arsenal de défense derrière lequel se réfugiait mon père en disant : « Je pense que ta mère est sur le point de s'énerver. »*

Il ajoute que cette femme était une hôtesse parfaite, qui se plaisait à répéter : « Quel que soit mon désaccord avec l'un de mes invités, je ne permettrai jamais à une parole qui ne soit pas chrétienne de franchir mes lèvres. Je me contente de sourire. » Mais comme le faisait remarquer Birdwhistell, le sourire qui s'échappait des lèvres minces de sa mère s'accompagnait d'une subtile inspiration d'air et d'un pincement des narines qui « n'avaient pas besoin de mots – chrétiens ou autres – pour traduire le fond de sa pensée ».

Songez à tous les signaux non verbaux qui s'échangent dans votre famille. Le regard appuyé de votre frère, le mordillement qu'inflige votre sœur à sa lèvre inférieure ou le frémissement de ses narines, la contraction de la mâchoire de votre père ou le bavardage intarissable de votre mère sont autant de composantes du code familial. Personne ne vous a appris ce système de communication, mais au sein de votre famille il est souvent plus éloquent que les mots.

Connaissance et choix intuitifs

Certains aveugles sont capables de prouesses assez étonnantes. Ils peuvent repérer et toucher sans hésitation un objet placé devant eux. Cette faculté singulière est appelée *vision des aveugles*. Elle est possible chez les personnes dont la cécité est le résultat d'un traumatisme crânien ou d'un accident cérébral. La partie atteinte du cerveau n'est pas le siège de la vue, mais uniquement de la *conscience* de l'objet perçu. Leur faculté de voir est intacte.

Anthony Marcel, psychologue à l'université de Cambridge, s'est beaucoup intéressé à la vision des aveugles et en est venu à la conclusion que, même chez les gens normaux, l'esprit peut savoir certaines choses sans être conscient de détenir ce savoir.

Au cours d'une expérience, Marcel a prouvé que plusieurs personnes peuvent lire de manière inconsciente. Sur un écran, il projeta des mots pendant une fraction de seconde – à une vitesse trop rapide pour en permettre l'enregistrement conscient. Puis, il présenta aux sujets de l'expérimentation deux mots et leur demanda quel était celui qui ressemblait le plus, par la forme ou par le sens, à celui qu'il venait de projeter. Dans quatre-vingt-dix pour cent des cas, les sujets étaient capables de trouver le mot juste.

Ce genre d'études, avec d'autres recherches, ont permis aux spécialistes du développement cognitif d'en venir à la conclusion plutôt étonnante qu'une bonne partie de l'activité de l'esprit *échappe à la conscience*.

La partie consciente de notre esprit est très limitée.

Dans un livre magnifique intitulé *The Dance of Intimacy**, Harriet Lerner montre clairement comment, à un moment donné de son adolescence, elle a fait le « choix inconscient » d'avoir toute sa vie un problème de comportement. Comme elle l'explique, elle a choisi de « ne pas changer », même après que sa famille l'eut confiée à des psychologues.

La mère de Harriet était atteinte du cancer, et tout le monde croyait alors qu'elle en mourrait. À quelque niveau inconscient de

---

* Paru en français sous le titre *La Valse des émotions*, Paris, First, 1990.

son esprit, Harriet a choisi de continuer à être un problème de façon à maintenir sa mère en vie. Des années plus tard, elle vérifia le bien-fondé de ce choix auprès de sa mère, qui entre-temps avait guéri du cancer. Sa mère lui confirma qu'elle avait été alors très inquiète de l'avenir de Harriet si elle-même venait à mourir. Dans quelle mesure la décision de Harriet n'a-t-elle pas bel et bien sauvé la vie de sa mère?

Ce qu'il importe de retenir ici, c'est que Harriet a fait un choix fondamental, et qu'il était inconscient.

Le choix du partenaire

L'un des exemples de choix inconscients les plus révélateurs est celui du partenaire. Les relations entre les humains sont une immense arène où nous renouons avec nos premiers attachements. Le choix du partenaire est aussi une tentative de satisfaire d'anciennes frustrations ou de combler certaines carences affectives jamais comblées.

Comment savoir si la personne élue présente exactement les caractéristiques qui nous permettront de poursuivre nos relations avec nos parents? Dans les années qui ont suivi la fin de mes études au séminaire, je suis sorti successivement avec quatre femmes plus âgées que moi, qui souffraient exactement des mêmes carences affectives que ma mère. Nous pouvons évoquer mille raisons conscientes qui nous feront choisir tel ou tel partenaire, mais ultimement ce choix échappe à notre conscience. Jane Middelton Moz, psychothérapeute spécialisée dans les soins apportés aux adultes ayant subi un traumatisme infantile, suggère que nous choisissons toujours ce qui nous semble familier, « de la même manière que l'étranger recherche, dans son pays d'accueil, la compagnie de ceux qui partagent les mêmes coutumes, la même langue, les mêmes valeurs que les siennes. Il se sent alors "chez lui". Tous ces gens ont intériorisé des mécanismes de défense, des modes de communication non verbale, des symboles, des manières d'être et des signaux semblables aux siens. Ils parlent la même langue que lui. »

La plupart des thérapeutes conjugaux ont découvert que chaque relation affective se déroule à deux niveaux, et que les compromis inconscients auxquels en vient un couple peuvent entrer en contradiction avec ceux qu'il a décidé de faire de manière consciente. Quand les problèmes d'un couple durent pendant des années, il est évident que c'est parce qu'il s'y est secrètement résigné. Chaque compromis inconscient offre au couple une certaine gratification qui le satisfait à un niveau inconscient. Un exemple de contrat inconscient peut être le suivant : « Je serai celui qui cherche à prendre ses distances, tu seras celle qui cherche à nous rapprocher » ; « Dès que j'aurai le sentiment que nous sommes trop près l'un de l'autre, je commencerai une dispute » ; ou « Je serai celui qui n'en fait jamais assez, tu seras celle qui en fait toujours trop » ; ou « Je serai celle qui construit, tu seras celui qui détruit ».

Je me souviens ainsi d'un couple, tous deux diplômés émérites d'un collège réputé de la côte Est. Ils étaient mariés depuis dix-huit ans et, pendant toutes ces années, ils n'avaient pas cessé de se quereller au sujet de, devinez quoi ? de la *lessive* ! Au cours de la thérapie, je leur donnai comme devoir de décrire leurs disputes devant la machine à laver. Chaque fois qu'ils se disputaient au sujet de la lessive, ils devaient aussi rapporter ce qui s'était produit au cours de la journée précédente. Inévitablement, leur récit les conduisit à aborder des aspects de leur vie intime. Il devenait évident que les disputes au sujet de la lessive étaient pour chacun une façon de prendre ses distances dès qu'entre eux l'intimité devenait trop grande. Leur pacte *secret* était qu'ils étaient d'accord pour ne pas trop chercher à se rapprocher. Leurs disputes au sujet de la lessive était une manière de garde-fou – une façon commode de respecter les clauses d'un contrat par ailleurs demeuré secret.

Les sujets que l'on ignore par consentement mutuel

Dans un couple, les deux partenaires savent que certains sujets sont très délicats ; inconsciemment, ils sont d'accord pour détourner leur attention de ces zones à risques, ce qui leur assure une meilleure entente et les préserve de l'abandon. Quand les deux partenaires s'entendent sur cette omission toute sélective, ils partagent un secret ou créent un espace d'illusion commune, qui fait partie de leur entente inconsciente.

Dans son ouvrage, *The Presentation of Self in Everyday Life**, Erving Goffman fait état d'une conclusion troublante selon laquelle de tels secrets sont susceptibles de renforcer les liens entre les deux partenaires. Il écrit :

> *Dans les couples unis, il est convenu que chacun des partenaires évitera d'aborder certaines questions liées à l'argent, au passé de chacun, à ses aventures présentes, à certaines habitudes déplorables ou coûteuses [...], ou à ce que pense véritablement l'un des partenaires de certaines personnes de sa belle-famille ou d'amis communs.*

Selon Goffman, ces secrets permettent de prolonger le statu quo souhaité.

Ce qu'il y a de certain, c'est que le couple en vient à un accord inconscient sur certains sujets, accord qui peut se résumer ainsi : « Tu n'en parles pas, et je ne te pose pas de questions. » Durant les premières années de la vie conjugale, ces limites à ne pas dépasser sont établies à la suite de certaines perturbations, et l'entente à leur sujet se fait inconsciemment. Tout ce qui se situe à l'extérieur de ce domaine est protégé par un accord tacite qui décide de ce qu'il convient de voir ou de discuter.

Quand le voile qui recouvre ces ententes inconscientes est arraché – par exemple, lors d'un divorce –, les choses peuvent tourner très mal. Comme le fait remarquer Daniel Goleman, « sous la fine couche de cette convention d'indifférence se cache peut-être un cloaque de colère, de ressentiment et de souffrance – tout à fait refoulé, voire inconnu ». Quand le couple se sépare, cette collusion inconsciente, qui servait à maintenir le *statu quo* en sacrifiant la franchise, disparaît avec lui. Tout refait surface, et le couple, formé

---

* Paru en français sous le titre *La Mise en scène de la vie quotidienne*, Paris, Minuit, 1973.

jusque-là de gens « civilisés », peut se révéler formé de véritables sauvages.

D'abord conclus entre mari et femme, bon nombre de ces pactes d'indifférence mutuels et inconscients sont par la suite étendus aux enfants. Dans une famille, chacun reconnaît inconsciemment l'existence d'un certain nombre de secrets ou de zones d'ombre qui déterminent ce qu'il est permis de voir ou de discuter et ce qu'il vaut mieux ignorer et passer sous silence. Le proverbe « Ce que tu ne sais pas ne peut te faire de mal » est la formulation consciente de la dynamique inconsciente qui sous-tend ces pactes d'indifférence mutuels.

La perception sélective

En assimilant les secrets de notre famille, nous amorçons un processus inconscient de sélection et d'approbation. Dans une famille, le détenteur du secret cherche délibérément à dissimuler certaines informations. Les enfants apprennent à percevoir la situation familiale selon la façon qui convient à leurs parents. Les enfants veulent pouvoir se dire qu'ils comptent aux yeux de leurs parents et ils veulent que leurs parents se sentent bien. Comme vous avez pu le constater avec Beverly Sue, il peut même arriver qu'un enfant choisisse, pour le bien de ses parents, d'être perturbé sur le plan émotif.

Les enfants apprennent à détecter les choses qui causent du chagrin et de l'anxiété à leurs parents, ou qui leur sont désagréables. Comme Goleman l'a montré de façon éloquente, tout être humain altère ses facultés d'attention et de perception afin de lutter contre son anxiété. Entre l'anxiété et l'attention, il y a un échange incessant. Nous apprenons à sélectionner ce que nous percevons, et nous sélectionnons les éléments de notre environnement qui nous donnent du plaisir plutôt que du chagrin. Le geste de fermer les yeux ou de détourner la tête durant un film d'horreur est l'exemple le plus évident que je puisse donner de ce processus.

Ce qui est agréable et gratifiant est également formateur, et c'est ainsi que nous apprenons à voir, à entendre, à toucher, à goûter et à sentir ce qui nous procure le plus de plaisir.

Pour survivre, notre esprit a mis au point un mécanisme de défense qui consiste à sacrifier un peu de conscience contre l'acquisition d'un peu de sécurité. Le rejet et le refoulement en sont des exemples ultimes. Si je ne vois pas la scène d'horreur, je n'ai pas peur. Si je nie toute mesquinerie et cruauté chez mon père, je ne serai pas obligé d'éprouver un sentiment violent et douloureux de rejet. Si je m'invente une mère aimante et attentive, je peux croire aussi qu'elle saura me protéger. Si je me dissocie tout à fait de moi-même au moment de subir une forme quelconque de violence sexuelle, je n'éprouverai pas la douleur qui lui est associée, ou je ne m'en souviendrai plus. Tous les moyens de défense psychologique des êtres humains sont des mécanismes de survie qui font appel à l'autoconviction. Nous échangeons des perceptions (la douleur associée à ce qui se passe réellement) contre la relative sécurité que donne l'insensibilité ou la fuite dans quelque fantasme. Nos mécanismes de défense nous permettent de survivre, mais nous devons en payer le prix, soit une conscience atrophiée.

La psychologie cognitive de groupe

Gregory Bateson a montré que l'apprentissage humain se fait selon un certain modèle et que nous apprenons à apprendre, comme nous apprenons aussi à *ne pas apprendre*.

Nous percevons la réalité selon certains modèles, tandis que notre mémoire fonctionne aussi selon certains modèles. Les spécialistes de la psychologie cognitive appellent ces modèles des *schémas*. Un schéma est une conception théorique, diffuse et privée que nous formulons en réaction aux expériences, aux gens et aux événements qui interviennent dans notre existence. L'ensemble de notre schéma forme notre théorie personnelle de la nature du réel. Les schémas sont les pierres d'assise de la connaissance.

Au cours de notre croissance, les schémas évoluent, et le développement mental se fait sur le mode cumulatif ; notre compréhension des choses se construit sur ce que nous avons appris auparavant. Tout comme les théories, nos schémas sont sujets à révision.

Nous mettons même au point des métaschémas – c'est-à-dire des schémas qui dirigent les opérations des autres schémas.

Nos schémas décident de ce que nous allons observer ; certains autres de nos schémas décident de ce que nous n'allons pas observer.

À bien y penser, la réalité offre beaucoup plus de choses à observer qu'il n'est possible de le faire. Nous regardons ceci plutôt que cela, mais pourquoi donc ? Et voyons-nous vraiment *cela* que nous regardons ? Il semble plus juste de dire que nous voyons ce que nous *cherchons*.

Un spécialiste de la psychologie cognitive, Ulric Neisser, procéda à un enregistrement vidéo d'une minute mettant en scène quatre joueurs de basket-ball. Trente secondes environ après le début de l'enregistrement, une jolie femme, vêtue d'une robe blanche et portant une ombrelle, se promena au milieu des joueurs. Elle apparut à l'écran pendant quatre longues secondes. Dans son laboratoire, Neisser montra la bande vidéo à des spectateurs, qui avaient reçu la consigne d'appuyer sur un bouton chaque fois qu'un des joueurs faisait une passe. Quand Neisser demanda aux participants s'ils avaient observé quelque chose de spécial, personne ne parla de la femme. On ne l'avait tout simplement pas remarquée. La consigne de Neisser, qui portait sur le ballon, a créé un schéma qui l'en excluait.

Si nous appliquons la notion de schémas aux secrets de famille, il devient évident que les parents ou le parent détenteur du secret déterminent la perception des enfants. En clair, *les enfants apprennent à voir ce que les parents veulent bien qu'ils voient et à ne pas voir ce qu'ils ne veulent pas qu'ils voient.* Consciemment ou non, le détenteur du secret détermine une zone d'intérêt « sécuritaire », qui détourne l'attention du secret « dangereux ». C'est ainsi que nous savons qu'il est permis d'aborder certains sujets, et d'autres non.

La personnalité de la famille

Nous pourrions aller jusqu'à dire que la famille, tout comme les individus, est dotée d'une personnalité propre, avec des besoins spécifiques. La personnalité de la famille est une sorte de synthèse unique en son genre, qui naît de la somme des schémas partagés par ses membres. Cette synthèse n'est pas seulement présente dans l'esprit de chacun des membres de la famille, mais circule également entre eux. Et la personnalité de la famille, qui résulte de cet esprit collectif, présente des aspects conscients et inconscients.

Les codes familiaux, ses modèles standard et récurrents, agissent comme une sorte de mémoire collective. Certains événements récurrents, comme les anniversaires, les disputes ou certaines sorties, sont les éléments clés de l'esprit familial.

Toute famille trace une frontière entre ce que l'on peut dire et ce que l'on ne peut pas dire. Les membres d'une même famille ont en commun certaines obsessions et certains rejets. Il arrive souvent que la famille confie à l'un de ses membres la tâche de trier le flux d'informations pour les rendre conformes à l'orthodoxie familiale. Dans les familles de stricte obédience religieuse, toute nouvelle information est scrutée sur la base de sa fausseté ou de sa véracité. La mère ou le père sont les gardiens de l'esprit familial. Ils se demandent : « Que dit la Bible à ce sujet ? » Si la Bible n'en parle pas, ou si l'information vient à l'encontre de leur *propre interprétation* de la Bible, elle est rejetée.

La plupart des familles ont un gardien de l'esprit; c'est en général celui qui dit : « Mais où as-tu pêché une idée aussi *stupide* ? » Ce genre de réactions signifie que l'idée en question ne se conforme pas à l'esprit familial collectif. L'affirmation « Ce que tu ne sais pas ne peut te faire de mal » peut également être lue comme une lourde intervention du gardien de l'esprit familial.

« La première victime de la pensée collective, écrit Daniel Goleman, est l'esprit critique. » Les enfants élevés dans une famille de type patriarcal ou matriarcal n'ont pas le droit de poser des questions. La première règle est de ne jamais remettre les règles en question. Cette attitude entraîne une sorte de blocage cognitif irrémédiable. Germaine avait une façon si résolue d'envisager la réalité que l'évidence même *ne pouvait s'imposer à elle*. Elle était incapable de se demander : « Est-il possible que mon père s'intéresse à toutes ces femmes à problèmes dans le seul but d'avoir avec elles des relations sexuelles ? » Plus la famille est secrète, plus sa perception de la réalité est prédéterminée et plus les véritables solutions sont délibérément ignorées, aussi avantageuses qu'elles puissent être. Les faits qui remettent en question la version officielle de la réalité ou qui menacent la personnalité de la famille sont tout simplement balayés du revers de la main.

Plus ténébreux seront les secrets, plus la famille s'appuiera sur une prétendue stabilité.

Les familles qui portent un ténébreux secret instaurent des zones d'ombre. Il existe des règles qui déterminent ce que les membres de la famille ne doivent pas observer et une autre qui affirme : « Ne t'occupe pas des règles qui concernent ce que tu ne dois pas savoir. » Les enfants sont incapables de voir ces règles qui entravent la conscience et l'expérimentation, tout simplement parce qu'elles échappent à la conscience. De plus, les enfants ont forcément une expérience cognitive limitée. Ils n'arrivent pas à voir autrement la réalité, même si leur reformulation devait s'avérer inoffensive. Les règles concernant ce qu'il ne faut pas voir et la règle suprême qui exige d'ignorer toutes les règles concernant ce qu'il ne faut pas voir sont à l'esprit collectif de la famille ce que les défenses de l'ego sont à l'esprit de l'individu.

La théorie de la causalité formatrice

Aucune de ces théories ne me satisfait pleinement. Récemment, je me suis intéressé à une autre façon d'envisager la transmission des secrets.

Cette théorie, nous la devons à un biologiste de Cambridge, Rupert Sheldrake, qui, toute sa vie, a cherché à comprendre comment les formes des choses vivantes se transmettaient de génération en génération. Par exemple, comment un gland peut-il se transformer en chêne ? Sheldrake s'est également demandé si un comportement nouvellement acquis pouvait être transmis sans apprentissage quelconque. Les réponses qu'il propose peuvent nous aider à comprendre comment tel problème dissimulé pendant une génération – par exemple, une forme de compulsion sexuelle se traduisant par des liaisons multiples – est repris par les générations suivantes, même si elles ignorent tout du passé. Essentiellement, Sheldrake en est venu à la conclusion que, lorsqu'un modèle de comportement nouvellement acquis atteint un certain palier à l'intérieur d'une espèce donnée, il est transmis à l'ensemble des descendants de cette espèce. La génération suivante aura déjà appris le comportement en question et cela, sans avoir eu besoin de passer par le processus d'apprentissage auquel avait dû se soumettre la génération précédente.

Le comportement nouveau peut être créateur ou destructeur. Dans tous les cas, quand un certain palier est atteint, chaque nouvelle génération recevra naturellement en héritage le comportement nouvellement acquis.

La théorie de la causalité formatrice telle qu'élaborée par Sheldrake est basée sur les recherches les plus récentes dans le domaine de l'énergie. Elle part du principe que l'existence d'un certain nombre de paliers dans le nouveau comportement crée un champ d'énergie qui, de concert avec l'ADN, détermine les caractéristiques héréditaires de la génération suivante. Les formes du nouveau comportement sont transmises par le truchement de ce champ énergétique. Un exemple tout simple suffira à bien comprendre cette théorie.

Regardez un écran de télévision et posez-vous la question : comment l'image fait-elle pour apparaître à l'écran ? En d'autres termes, comment les formes sont-elles produites ? Nous pouvons imaginer que de petits personnages évoluent dans l'appareil. (À vrai dire, jusqu'à tout récemment, l'explication sur la façon dont un gland devenait un chêne était tout aussi simpliste.) Toutefois, si nous regardons derrière l'écran, nous ne voyons aucun petit personnage – nous voyons des fils et des plaques. Les fils et les plaques sont semblables à l'ADN, qui constitue notre bagage génétique. Ils sont les tas de bois et de briques empilés sur un chantier, ils sont la pierre angulaire d'une maison. Mais les pierres seules ne suffisent pas à construire une maison ou à donner sa *forme* à l'image de la télévision. Pour que l'écran de télévision ait une forme – c'est-à-dire pour qu'il puisse montrer une image –, il nous faut sélectionner une chaîne. La chaîne de télé est le champ d'énergie qui existe en dehors de l'appareil.

Sheldrake a appelé *champ morphogénétique* ce champ qui sert à transmettre le comportement, c'est-à-dire, littéralement, « champ d'énergie qui donne une forme ». Si nous appliquons cette théorie à la famille en tant que système social, nous pouvons dire que la famille, qui est dotée d'une personnalité propre, fonctionne comme une espèce et que, en matière d'habitudes ou de comportements nouveaux, lorsqu'un certain niveau est atteint, chacun, dans les générations à venir, adoptera les habitudes ou les comportements nouveaux. Ce peut être certaines qualités ou une attitude saine, ce peut être certains vices ou de mauvaises habitudes. Une fois le niveau atteint, le comportement est transmis à l'esprit du groupe ou au champ énergétique familial. Chacun des descendants a appris le nouveau comportement, même si tous ne l'extérioriseront pas nécessairement. Le nouveau comportement peut même sauter certaines générations.

Le processus peut sembler mystérieux, mais le mystère de la famille et du pouvoir qu'elle exerce est un mystère encore plus grand. Rien de ce que j'ai écrit ne peut expliquer tout à fait comment les secrets de famille déterminent notre vie.

VOTRE FAMILLE ET VOUS

Dès lors, il vous est possible d'être plus explicite au sujet de certains secrets bénéfiques présents dans votre vie, dans votre famille d'origine, dans celle que vous formez en ce moment, ou de quelque autre façon que ce soit. Vous êtes également en mesure de savoir ou de présumer que la famille dont vous êtes issu recèle quelque ténébreux secret, et il se peut que vous en ayez découvert un ou deux vous concernant.

Mon seul souhait est que vous soyez désormais conscient du formidable pouvoir que peut avoir votre famille sur votre libre arbitre.

Il se peut que vous soyez issu d'une famille faisant preuve d'ouverture d'esprit et de désir de communiquer, et que votre besoin d'intimité ait été indéniablement reconnu. Si tel est le cas, vous voilà libre d'être vous-même et de faire vos propres choix.

Malheureusement, ce genre de familles est plutôt rare. La plupart des gens que je connais se situent à des degrés divers du côté des familles à ténébreux secrets dont j'ai parlé. L'ensemble de mon expérience clinique m'oblige à tirer cette conclusion pessimiste quant à la liberté humaine : nous sommes en général beaucoup moins libres que nous ne le croyons! Nous envions l'existence de certains êtres dont nous pensons qu'ils sont maîtres de leur vie et qu'ils agissent en conformité avec leur choix. Or, eux aussi finiront par apprendre que leur vie se réglait sur l'existence de certains secrets de famille. En ce qui me concerne, j'ai mis quarante ans à comprendre que j'étais complètement assujetti, par mon comportement, aux souffrances secrètes de ma mère. En toute sincérité, je peux dire que son ténébreux secret nous a coûté, à mon frère et à moi, des décennies d'intimité dysfonctionnelle. Et même ayant compris cela, je dois encore lutter contre moi-même pour me rapprocher de ceux que j'aime.

Si vous présumez l'existence de quelque ténébreux secret dans votre famille, la deuxième partie de ce livre vous aidera à le révéler au grand jour. J'ai cru bon d'expliquer d'abord en quoi certains modèles de comportement hérités de ténébreux secrets ont pu entraver votre liberté et déterminer votre identité, pour vous donner envie maintenant de rectifier le tir. *Il faut que vous sachiez que ce que vous ne savez pas* peut *vous faire du mal*. Cependant, la deuxième partie de ce livre vous aidera à approfondir votre compréhension du mystérieux et riche pouvoir qu'exerce sur nous la famille. Il se peut également qu'elle vous aide à prendre conscience de toute l'énergie que vous avez dû déployer pour lutter contre l'anxiété qui accompagne les ténébreux secrets. Enfin, l'une des meilleures choses que vous puissiez y apprendre est que vous incarnez peut-être l'un des rêves les plus nobles de votre mère, de votre père ou d'un de vos lointains ancêtres.

DEUXIÈME PARTIE

À TRAVERS
LA FORÊT HANTÉE

Savons-nous vraiment tout ce que nous devons à nos parents, aux parents de nos parents, à tous ces noms et ces visages qui les ont précédés et que nous pourrions reconnaître dans la galerie de portraits d'ancêtres suspendus aux murs d'une boutique d'antiquaire ?

Frederick Buechner, *Telling Secrets*

CHAPITRE 4

L'ESPRIT DU DÉBUTANT
Recréer votre famille
en imagination

C'est précisément ce qui me rend fou dans cette famille, papa
[...] Quand je raconte simplement un fait survenu dans l'his-
toire de cette famille, je n'accepte pas que maman et toi me
répondiez que cela n'est jamais arrivé.

Pat Conroy, *The Prince of Tides*

Si vous voulez réussir à déchiffrer les ténébreux secrets de votre famille, vous devrez penser que toute chose, quelle qu'elle soit, peut être un indice. La tâche d'élucider les ténébreux secrets de famille est semblable à une expédition psycho-archéologique. Vous n'arriverez jamais à être entièrement impartial, puisque, inconsciemment, vous connaissez déjà les secrets que vous cherchez. Mais il vaut mieux partir avec le moins possible d'idées préconçues. Cela peut paraître insensé, mais mieux vaut ne pas savoir ce que vous cherchez. Une chose telle que les faits, et rien que les faits, cela n'existe pas. Une idée ou un concept est toujours le résultat de perceptions choisies à partir de la masse d'expériences sensorielles qui bombardent à tout moment nos sens. Nous avons vu déjà à quel point notre perception de la réalité dépend de l'anxiété qui naît de notre désir de garder certains ténébreux secrets. Par conséquent, une bonne partie de notre travail se trouve déjà présent dans les gestes que nous faisons. Comme le fait remarquer Rachel V. dans *Family Secrets*, nous devons arriver à isoler « tout un système de défense, une façon de raisonner, une vision du monde ».

Dans la philosophie bouddhiste, une étape essentielle dans l'accession à la pleine conscience consiste à se mettre dans « l'esprit du débutant ». Pour bien montrer ce que cela veut dire, je vous propose de relire le conte de Hans Christian Andersen intitulé *Les habits neufs de l'empereur*. Vous vous en souvenez peut-être, l'empereur de ce conte aimait tellement parader dans de nouveaux vêtements qu'il en avait fait le centre de sa vie.

Un jour, deux charlatans se présentèrent dans la grande ville où se trouvait le palais de l'empereur. Ils prétendirent avoir tissé la plus merveilleuse et la plus extraordinaire étoffe au monde, laquelle avait cependant l'étrange particularité d'être invisible aux yeux des imbéciles et des incompétents. L'empereur ordonna aussitôt qu'on lui confectionnât des vêtements dans cette étoffe.

Les charlatans installèrent leur métier à tisser et réclamèrent de la soie de première qualité et du fil d'or (qu'ils mirent de côté pour eux-mêmes). Voyant les frais augmenter, l'empereur (qui craignait peut-être lui-même de ne pas être capable de voir les vêtements) demanda à son premier ministre d'inspecter le travail. Le premier ministre, qui avait la réputation d'être l'homme le plus vertueux et le plus honnête du royaume, pénétra dans la pièce et ne vit strictement rien ; cependant, craignant de se couvrir de ridicule, il se garda bien d'en rien laisser paraître. Les charlatans expliquèrent qu'ils n'avaient pas tout à fait complété leur travail et qu'il leur fallait encore de la soie et du fil d'or et d'argent. Le premier ministre assura à l'empereur que la beauté des vêtements justifiait amplement leurs nouvelles exigences.

Quand les charlatans annoncèrent que les habits étaient enfin prêts, il fallut bien que l'empereur s'assurât par lui-même de la qualité du travail. Bien sûr, il ne vit rien et, dans son for intérieur, il eut honte d'être un imbécile incapable de régner. Pourtant, il déclara que les vêtements étaient remarquables et qu'il les porterait lors du grand défilé qui aurait lieu le jour suivant.

C'est donc dans cette tenue que l'empereur défila, solennel et nu, sous un dais de velours cramoisi. Et, postés le long de la route ou debout à leur fenêtre, tous les habitants de s'exclamer : « Quels magnifiques habits ! » Aucun autre vêtement porté par l'empereur n'avait eu un tel succès.

Soudain, un petit enfant s'exclama : « Mais l'empereur est nu ! » Son père reconnut la justesse de l'observation et renchérit : « Écoutez la voix de l'innocence ! » Bientôt, une rumeur parcourut la foule, tandis qu'on se répétait les propos de l'enfant. « L'empereur est nu ! » criaient-ils tous à la fin.

L'enfant de cette histoire a montré un esprit de débutant. C'est souvent « de la bouche des enfants » que la vérité sort avec le plus d'intensité. « Un petit enfant les guidera », dit la Bible. L'enfant n'est pas encore contaminé par des secrets ou par certains mensonges primordiaux qui servent à préserver l'équilibre familial. L'enfant ne sait pas encore qu'il lui faudra se soumettre aux règles de dissimulation dictées par la famille pour ne pas voir certaines réalités, et on ne lui a pas encore dit ce qu'il ne doit pas voir. Les débutants ne savent rien ; les spécialistes croient qu'ils savent tout.

Si nous voulons être libres, il nous faut donc retrouver nos yeux et nos oreilles. Je vous demanderai de partir du principe que, dans votre famille, les apparences ne veulent rien dire. Chez l'être humain, la créativité et l'esprit critique lui servent entre autres choses à remettre en question le statu quo. Les esprits créateurs voient des évidences dont personne ne semble s'aviser. Il faut beaucoup de courage pour être le seul à se lever et à dire : « Mais l'empereur est nu ! » Soucieux de leur confort et de leur rang, apathiques et conditionnés par la culture, la plupart des adultes ne le font pas.

COMMENT SE METTRE
DANS L'ESPRIT DU DÉBUTANT

Plusieurs moyens sont à votre disposition pour vous aider à vous mettre dans l'esprit du débutant. Dans mon livre intitulé *Healing the Shame That Binds You*, je suggère de faire face à la critique en ayant recours à une technique que j'appelle *le columbisme*. Le columbisme, ainsi nommé d'après le brillant et étonnant inspecteur Columbo, incarné à la télévision par Peter Falk, consiste, en présence de quelqu'un qui vous critique, à faire l'idiot et à poser un tas de questions. L'esprit du débutant n'est pas vraiment une façon de répondre à la critique, mais le columbisme demeure un bon exemple de la façon de procéder pour acquérir cet état d'esprit. À partir du moment où vous admettez que tout ce qui concerne votre famille peut être contraire aux apparences, vous êtes bien obligé de vous poser à vous-même et aux autres un tas de questions. Le génie de Columbo réside dans le souci du détail. Sa façon de voir les choses n'est pas sélective.

Le rôle de la mémoire

Avant de commencer, je vous demanderai de faire toujours preuve d'ouverture d'esprit, même en ce qui concerne vos propres souvenirs. La mémoire est l'une des facultés humaines les plus riches, mais elle est également soumise à nos propres limites. La mémoire est sujette aux distorsions, à l'oubli, aux lapsus.

Il est tout à fait normal que vous n'ayez gardé que très peu de souvenirs des sept premières années de votre existence. Les souvenirs d'enfance lointains sont souvent flous et incomplets. Et même si vous avez gardé certains souvenirs précis, *votre perception initiale peut avoir été relativement déformée*. Lorsque vous étiez enfant, et jusqu'à l'âge de sept ans au moins, vous avez perçu le monde d'une façon que l'on peut résumer en la qualifiant d'émotive et de magique. La pensée émotive suppose une confusion entre les émotions et les faits. La pensée magique suppose une projection tous azymuts de votre propre expérience subjective, de telle sorte que la frontière entre l'imagination et la réalité demeure floue.

Quand vous étiez enfant, vos sensations, vos émotions et vos raisonnements peuvent avoir été discrédités. Les parents qui ont vu leurs propres expériences être discréditées sont souvent les mêmes qui discréditent les expériences de leurs enfants. En règle générale, les enfants voient et entendent très bien ce qui se passe. Papa et maman se disputent bruyamment dans la chambre à coucher – l'enfant a peur et s'approche pour voir de quoi il retourne. On le renvoie au lit, en lui disant qu'il ne se passe *rien*! Dans une situation de ce genre, l'enfant cesse de faire confiance à ses sens.

Ce discrédit, qui s'étend aux sentiments, aux besoins, aux désirs et aux pensées, conduit à un état dont j'ai parlé dans un ouvrage intitulé *Creating Love* as *Mystification*.

La personne ainsi mystifiée apprend à nier sa propre expérience. Elle est dominée par la fausse personnalité qui lui sert de moyen de défense et dont l'unique préoccupation est de la voir adopter dans les moindres détails le comportement défensif qui lui assura autrefois amour et sécurité. Cette attitude défensive entraîne une distorsion des souvenirs du passé.

Vos préoccupations et vos passions actuelles peuvent également déformer vos souvenirs. Ceux-ci peuvent être manipulés jusqu'à ce qu'ils coïncident avec la réponse que vous attendez d'eux.

Si vous êtes du genre à vouloir toujours plaire aux autres, il se peut même que vous cherchiez à vous souvenir uniquement d'événements susceptibles de me faire plaisir et d'appuyer la thèse que je défends dans mon livre. Permettez-moi de vous dire une fois pour toutes que cela m'est parfaitement égal que vous vous souveniez ou non des ténébreux secrets de votre famille. Je préférerais de loin que vous vous rappeliez d'anciens souvenirs heureux : une sortie familiale particulièrement joyeuse, un anniversaire un peu spécial, le jour où votre père vous a lu une histoire et où votre mère vous a bercé pour vous endormir.

Quand j'ai employé l'expression « anciens souvenirs heureux », vous vous êtes peut-être *précisément souvenu* d'une expérience agréable, depuis longtemps oubliée! Les mots sont terriblement suggestifs et convaincants, et la parole elle-même peut avoir un effet hypnotique. Tout en écoutant quelqu'un, nous plongeons dans nos souvenirs lointains afin d'en ramener une expérience sensorielle qui donne un sens aux propos que l'on nous tient. Le principal problème de la mémoire est qu'elle est soumise à la persuasion. Nous sommes tous vulnérables devant la force de persuasion d'un livre, parce que nous avons tendance à surévaluer les livres et que les écrivains jouissent en général d'un immense crédit. Je crois que nous sommes prompts à élever certaines personnes au rang d'autorités parce que nous avons désespérément besoin de réponses claires et précises à nos questions. Et aucune question n'est aussi importante que celles qui portent sur l'amour, le mariage, la famille, les enfants.

Les défaillances de la mémoire, son pouvoir d'oblitérer certains faits, ont récemment donné lieu à des débats houleux, qui ont confondu les spécialistes et ont même donné lieu à certaines poursuites judiciaires. J'aborde plus longuement cet aspect en appendice. Pour le moment, le fait de savoir qu'aucun souvenir ne doit être pris pour argent comptant pourra vous aider à pratiquer un columbisme plus responsable.

Je vous propose des exercices qui vous aideront à vous mettre dans l'esprit du débutant, mais il ne faut pas les voir comme des moyens infaillibles de retrouver certains souvenirs. Ces exercices sont conçus pour vous assister dans vos tentatives de remémoration, mais ils peuvent également se traduire par de pures inventions. Je vous invite à être prudent devant les *sensations* qui accompagnent ce processus de remémoration et à leur accorder une grande attention. Si tel sujet provoque chez vous une forte réaction physique, c'est souvent le signe qu'il vous faut creuser la question. La réaction physique qui accompagne le souvenir est souvent (bien que ce ne soit pas systématique) plus importante que le fait objectif dont on se souvient. Et il arrive que cette réaction physique soit liée à quelque autre sujet demeuré inconscient.

Jouons à « Et si... »

Votre imagination peut se révéler un outil précieux pour acquérir l'esprit du débutant. C'est ainsi qu'aux chapitres 7 et 8 je vous demanderai de penser à cinq choses que votre père ou votre mère ne peuvent avoir faites, et de les imaginer en train précisément de faire ces choses.

Voyez si ce genre de pensées éveillent en vous quelque chose. Souvenez-vous que celui qui veut dissimuler un secret aura tendance à être excessif afin d'être sûr que son secret soit bien gardé. Si je veux que personne ne puisse soupçonner mes nombreuses infidélités conjugales ou les secrets inavouables de ma vie sexuelle, j'aurai tendance à présenter une image tout à fait opposée – celle d'un homme prude, que la sexualité laisse indifférent.

Et si votre père ou votre mère, jusque-là bien connus pour leur pudibonderie, se révélaient des bombes sexuelles ? Si cette pensée ne suscite en vous aucune réaction, continuez votre chemin et oubliez-la.

Je me souviens d'une femme venue me voir en consultation. Elle était vêtue de la façon la plus provocante qui soit : mini-jupe moulante et chemisier transparent qui montrait tout d'une poitrine conquérante. Cette femme m'expliqua que la lecture de la Bible lui posait certains problèmes d'interprétation ! Elle me demanda si je croyais au Second Avènement du Christ, conformément à la promesse qu'Il avait faite de revenir après Sa mort et Sa résurrection. J'avouai humblement que mes pensées étaient à mille lieues de la Bible au moment où elle m'avait posé cette question.

Il s'avéra que cette femme s'était littéralement dissociée de sa vie sexuelle. Certes, elle se passionnait pour ses études bibliques, mais elle était aussi la maîtresse d'un homme qui pratiquait le détournement de fonds dans sa propre société. Par la suite, elle devait être reconnue coupable de complicité dans l'affaire et condamnée à l'emprisonnement.

Plus le secret est honteux, plus on peut penser que la famille, cherchant à le dissimuler, aura recours à un stratagème que R.D. Laing a appelé « Le jeu de la famille heureuse ». Ce jeu repose sur la règle suivante : « Quand on n'a rien de gentil à se dire, on ne dit rien », règle selon laquelle le père et la mère ne récompensent chez leurs enfants que les sourires et une obéissance toute faite de conformisme. Il s'agit de donner une apparence de normalité afin de tromper le monde extérieur sur ce qui se déroule en réalité.

Il a été prouvé que plusieurs familles où règne l'inceste pratiquent par ailleurs une religion sévère, souvent au sein de communautés qui cherchent à isoler leurs membres du reste de la société. Daniel Goleman observe que « les données recueillies sur les familles incestueuses les présentent presque toujours comme des familles *trop* heureuses ».

Voici un échantillon de questions du type « Et si... » – toutes empruntées à des exemples réels. Et si votre beau-père, qui affiche un antisémitisme virulent, était en réalité d'origine juive ? Et si votre grand-père, qui clame la supériorité de la race blanche, avait des ancêtres de race noire ? Et si l'homme que vous appelez oncle Joe était en réalité votre père ? Et si votre mère, dont la conduite morale est au-dessus de tout soupçon, avait une aventure avec le voisin qui est aussi le meilleur ami de votre père ?

Quelle que soit l'image donnée par les membres de votre famille, mettez-vous dans l'esprit du débutant pour remettre en question la vision familière que vous en avez !

Plus l'image projetée ou plus le rôle adopté est *excessif*, plus j'aurais tendance à le remettre en question. En général, la honte se manifeste de deux façons principales, soit par un désir de perfection et une rigueur morale proprement surhumaines, soit par une permissivité et une promiscuité carrément bestiales. Le caractère excessif des comportements est comme un drapeau rouge qui indique où se trouvent les ténébreux secrets.

Interroger les parents et les amis

Le travail d'enquête oblige à poser un tas de questions. Mais j'ai constaté que les oncles ou les vieilles tantes adorent qu'on les interroge sur le passé. Il arrive souvent que les grands-tantes, les grands-oncles ou les grands-parents savent certaines choses au sujet desquelles on ne leur a jamais posé de questions soit en vertu de la règle du « on ne parle pas de ça » adoptée par la famille, soit en raison de la nature même des histoires et des mythes familiaux. Attendez le moment favorable ; quand la conversation est détendue et qu'elle se déroule à bâtons rompus, posez vos questions. Le travail d'enquête, parce qu'il cherche à dévoiler, se heurte en général à beaucoup de résistance. Chaque membre de la famille détient sa propre version de l'histoire familiale, et vous aurez besoin d'entendre tous les points de vue possibles.

Les frères et sœurs peuvent être une mine d'or pour vous aider à déchiffrer les secrets de famille. Avec ma sœur et mon frère, dès lors que nous partagions un même désir de savoir et la même volonté de guérir des blessures de l'enfance, j'ai pu aborder bon nombre de sujets oubliés et qui ont jeté un éclairage nouveau sur certains aspects de notre famille. Tout comme chacun d'entre nous, nos frères et sœurs héritent d'un patrimoine familial transmis sur plusieurs générations, mais avec une vision différente des faits.

N'oubliez pas d'interroger les gens extérieurs au cercle de la famille immédiate. Un des atouts de Columbo est qu'il n'oublie pas d'interroger également ceux auxquels personne ne s'intéresse ou qui n'ont pas l'air concernés par l'histoire. Columbo ne néglige pas non plus les détails qui semblent insignifiants ou sans objet par rapport à l'histoire. Vos grands-parents ou vos parents ont peut-être des amis ou des collègues qui vous donneront des indices vous permettant de croire à l'existence d'un ténébreux secret. Interrogez ceux qui n'ont pas l'air concernés par la question. Arrêtez-vous à des détails négligés jusqu'ici.

Pour décoder les histoires et les mythes familiaux

Les histoires de famille sont souvent polies et repolies par des récits successifs jusqu'à en devenir lisses comme des galets. Ces histoires font partie du folklore familial et il faut pouvoir les remettre en question. Les histoires de famille forment une mythologie familiale. Elles ont souvent pour but (avoué ou non) de détourner l'attention d'un fait gardé secret. Ainsi, l'histoire cent fois racontée du grand-père qui, à l'église, s'est levé au beau milieu de l'office pour répliquer au ministre du culte a peut-être servi à camoufler le comportement d'un ivrogne plutôt que d'illustrer celui d'un esprit fort qui conteste un point de dogme. Le verbiage étourdissant de votre grand-mère s'explique peut-être davantage par sa dépendance à l'endroit des médicaments plutôt que par les séquelles d'une malaria contractée dans l'enfance. Les nombreux voyages d'affaires de votre père et les longues heures de travail qu'il s'impose pour nourrir sa famille s'expliquent peut-être aussi par la présence d'une maîtresse dans une autre ville.

Interrogez-vous également sur les personnages qui reviennent souvent dans les histoires de famille. Les mêmes exercent-ils un ascendant sur le reste de la famille et comment ? Quels sont les grands absents de ces histoires ? Il arrive que tout un aspect d'une famille soit laissé dans l'ombre, tandis que l'autre se manifeste à travers certains événements ou personnages extrêmement frappants. Vous devez savoir ce que cache ce silence.

L'exploitation de l'album familial

Si je vous demande de me raconter tel événement qui vous est arrivé quand vous aviez huit ans et ce que vous avez alors ressenti, il est probable que vous ne saurez pas quoi répondre. Mais si je vous montre des photos de vous et de votre famille – par exemple, lors de votre goûter d'anniversaire, à huit ans –, il y a fort à parier que des bribes de souvenirs vous reviendront en mémoire, puis d'autres et d'autres encore.

Chaque photo de famille qui vous tombe sous la main peut se révéler une mine de renseignements et un véritable détonateur de souvenirs. Quelle est la personne le plus souvent photographiée ? Y a-t-il quelqu'un qui n'apparaît jamais sur les photos ? Que révèlent les mimiques et les gestes des gens photographiés sur les relations qu'ils entretiennent ? Où donc se trouvait cette cour ou ce chalet où vous apparaissez ici ? Et même si la plupart des photos montrent une famille « idéale » qui prend sagement la pose, pouvez-vous vous souvenir de ce que vous éprouviez, tandis que vous souriiez de toutes vos dents ? Que se passait-il d'autre au moment de la photo ?

COMMENT STIMULER LA MÉMOIRE

Il existe d'autres moyens de rafraîchir ses souvenirs, de renouer avec ses émotions et de stimuler sa perspicacité. Je vais esquisser à grands traits les principales techniques utilisées et, pour la mise en pratique, j'invite le lecteur à se reporter aux prochains chapitres de la deuxième partie de ce livre.

Si vous suivez déjà une thérapie et que vous êtes tenté par le travail sur soi proposé dans ce livre, parlez-en à votre thérapeute. Assurez-vous que les exercices proposés ici sont compatibles avec votre thérapie. Dans plusieurs cas, ils peuvent être profitables au travail que vous accomplissez déjà dans le cadre de votre thérapie et le travail proposé dans ces pages peut être intégré à votre démarche thérapeutique.

L'écriture

De toutes les techniques que je connais, l'expérience a montré que l'écriture est celle qui permet le mieux de mettre de l'ordre dans ses sentiments et ses pensées. L'écriture fait appel à tous les sens. C'est une activité physique. Lorsqu'il est au creux de votre main, l'instrument qui vous sert à écrire est relié à l'ensemble de votre corps, qui est lui-même le dépositaire de vos sens.

Quand vous écrivez, il est important de vous souvenir d'un maximum de détails. Les détails vous font revivre une expérience sensorielle – vous rappellent ce que vous avez vu, entendu, goûté, touché, senti. Ils vous permettent également de renouer avec vos sentiments. Dans les trois chapitres suivants, je vous demanderai de raconter par écrit certaines scènes passées, par exemple « le plus beau jour » ou « le pire moment » passé en compagnie de votre grand-père, de votre grand-mère, de votre père ou de votre mère. Le fait d'écrire ces scènes en faisant appel à un maximum de détails sensoriels vous aidera à mieux les revivre ; et tout en revivant vos émotions d'enfant, vous jetterez sur ces scènes un regard nouveau, tributaire de l'expérience et de la conscience acquises entre-temps par l'adulte que vous êtes devenu.

Le fait d'écrire certaines scènes douloureuses est également un moyen éprouvé de surmonter certains souvenirs traumatisants. Dans *The Family Patterns*, Carolyn Foster écrit :

> *En évoquant vos souvenirs par écrit, vous êtes davantage en mesure d'en apaiser la douleur. Faire remonter certains détails à la surface peut s'avérer éprouvant, mais cela permet aussi de les extérioriser, ce qui a pour effet d'en alléger le fardeau.*

L'écriture spontanée

Un autre procédé intéressant est l'écriture *spontanée*, en particulier quand vous n'arrivez pas à vous libérer de l'attention trop contraignante que vous consacrez à une personne de votre famille.

Prenez dix minutes, et écrivez tout ce qui surgit spontanément au sujet de votre famille ou de la personne sur laquelle votre attention se concentre plus particulièrement. Laissez vagabonder votre esprit dans toutes les directions où il a envie d'aller et écrivez tout ce qui vous passe par la tête.

Le regroupement par associations

Il s'agit d'une technique de « remue-méninges » mise au point par Gabriele Roco dans *Writing the Natural Way*. Cette technique a pour but de stimuler l'intuition et de favoriser l'émergence de nouvelles idées sur un sujet donné. Pour la mettre en pratique, choisissez d'abord un sujet dont vous voulez avoir une idée plus précise – disons, « la tristesse qui règne dans ma famille ». Résumez l'expression en un seul mot – *tristesse* –, que vous écrivez au milieu d'une feuille blanche, et encerclez-le.

Ce mot constitue le noyau. Associez-lui un premier mot à l'aide d'un trait. Cette première association peut se ramifier en plusieurs autres. Quand vous avez épuisé les limites de chaque nouvelle idée, vous retournez au mot qui forme le noyau et vous lui donnez un autre prolongement. Chaque ramification ainsi faite à partir du noyau devient un schéma qui ajoute de la substance au mot originel.

Si je pense au mot « tristesse » par rapport à mon grand-père, je pense ainsi à la rigidité qui le caractérisait. De là, je pense à « œillères », à « étroitesse d'esprit » et à « préjugés et fanatisme ». L'ensemble de ma réflexion prend donc la forme suivante :

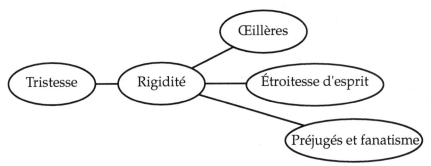

Je suis triste à l'idée que toute sa vie fut dominée par la rigidité.

La même technique de regroupement par associations me servira à rappeler certains souvenirs heureux associés à une personne. Si je dois évoquer un bon moment passé en compagnie de mon grand-père, voici comment je procède :

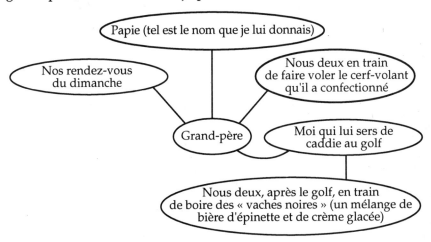

Les phrases à compléter

Cet exercice, qui consiste à compléter certaines phrases, vous permettra d'être à l'écoute de votre inconscient profond. Par exemple, vous écrivez :

Je suis en colère parce que mon père_____.

Écrivez le premier mot ou la première phrase qui vous vient à l'esprit. Dans les trois chapitres suivants, je vous proposerai d'autres techniques susceptibles de vous aider à prendre conscience de vos secrets inconscients. Ces techniques peuvent également vous aider à préciser la signification de certains souvenirs existants.

Les listes

Dresser une liste peut se révéler une façon efficace de dégager certains faits concernant votre famille. Voici des exemples de listes possibles :

- Les expressions favorites de mon père étaient :
- Les passe-temps favoris de mon père étaient :
- Ce qui ennuyait profondément ma mère était :
- Les membres de la famille avec qui je me sentais le mieux étaient :

Les dialogues

Le fait d'imaginer certains dialogues avec ses ancêtres peut donner des résultats intéressants et inattendus. Par exemple, vous pouvez écrire des dialogues se déroulant entre vos aïeux, entre votre père et votre mère, entre vos frères et sœurs, entre un membre de votre famille et vous-même. Vous pouvez aussi écrire un dialogue entre diverses parties de vous-même. Ainsi, je vous proposerai plus tard de faire un exercice qui consiste à demander à la partie de vous qui ignore l'existence de tel ou tel secret de dialoguer avec la partie de vous qui en connaît l'existence.

Je vous demanderai aussi de dialoguer avec l'enfant que vous avez été. Je vous proposerai d'écrire à la partie de vous-même qui est demeurée enfant (soit à l'enfant en vous) en utilisant votre main droite (si vous êtes droitier) et de lui répondre en utilisant votre main gauche (toujours en supposant que vous êtes droitier). L'obligation d'écrire de la main gauche vous renvoie à la difficulté d'écrire que vous avez éprouvée au moment de l'apprentissage de l'écriture et peut aider à avoir une meilleure conscience des réalités de l'enfance.

La visualisation et le dessin

On peut également écrire des dialogues en faisant appel à certaines images mentales. Essayez de fermer les yeux et de vous imaginer en train de converser avec votre grand-père décédé ou avec quelque autre parent également disparu. Vous pouvez aussi vous imaginer en train de vous adresser à votre inconscient. Les chapitres 7 et 8 développeront cette idée.

De plus, je vous demanderai de représenter visuellement les diverses relations que vous entretenez avec les membres de votre famille. Vous pourriez ainsi donner une représentation visuelle de votre famille selon l'image que vous en avez conservée dans votre enfance. Vous pouvez même être plus précis et dessiner votre famille réunie autour de la table à l'heure du repas. Le fait de dessiner dans ses moindres détails l'étage d'une maison ou les différentes maisons qui ont compté à vos yeux peut vous aider à vous remémorer certains souvenirs précis.

Le génogramme de votre famille sur trois ou quatre générations est encore ce qu'il y a de mieux pour vous aider à découvrir certains secrets de famille. Je vous expliquerai la façon de procéder au chapitre 5. La reconstitution d'un génogramme obéit à une technique précise, utilisée par les thérapeutes familiaux pour envisager dans une perspective plus large le comportement symptomatique d'un individu. Ce tableau vous aidera à juger moins sévèrement les ténébreux secrets de votre famille. Il vous donnera une connaissance de votre famille qui dépasse largement celle que vous croyiez en avoir jusqu'ici.

Le travail de groupe

Tous les exercices proposés dans ce livre peuvent être faits seul ou en compagnie d'autres personnes, mais la façon la plus efficace consiste à se réunir en petits groupes de trois à huit personnes.

La réaction du groupe peut vous aider de quatre façons :

- Il vous aidera à préciser votre souvenir ;
- Il en vérifiera la cohérence ;
- Il validera les émotions que vous associez à ce souvenir ;
- Il fera preuve d'empathie au moment du récit.

Précision du souvenir

Les membres du groupe peuvent vous aider à préciser ou à enrichir votre souvenir. Ils le feront en vous posant des questions. Les questions venant du groupe ne devraient jamais être pressantes, mais toujours être formulées doucement. Imaginons que je me propose d'écrire sur mon enfance et que j'ai le souvenir de ma honte quand je réclamais mon ourson en peluche au moment d'aller dormir. Je me souviens que je cachais mon ourson et que je le sortais subrepticement au cours de la nuit.

Si je raconte ce souvenir au groupe, quelqu'un pourrait demander : « Mais comment pouviez-vous savoir que c'était précisément de la honte que vous ressentiez à l'idée d'avoir besoin de dormir avec votre ourson en peluche ? » Le fait de poser la question « comment précisément » oblige à faire appel à des détails d'ordre sensoriel pour y répondre. Les détails d'ordre sensoriel sont une source de renseignements de premier ordre.

Je pourrais alors répondre en disant : « Je revois encore mon ourson en peluche. Il était brun, il lui manquait un œil et sa fourrure était râpée par endroits. Je me souviens d'avoir eu cet ourson avec moi, quand j'avais quatre ou cinq ans et que nous vivions rue Louisiana, ou encore rue McDuffie, quand j'avais six ou sept ans. Je me souviens, vers huit ans, d'avoir été grondé parce que je voulais dormir avec mon ourson, et nous vivions alors à Harlingen, au Texas. Je me souviens également d'avoir caché mon ourson, j'avais neuf ou dix ans et nous vivions au 2617, Westgate. Je le cachais tout au fond de mon coffre à jouets et, avant d'aller dormir, je devais retirer un à un les jouets du coffre pour le retrouver et, ensuite, le matin venu, je devais tout remettre en place. »

C'est ainsi que ma réponse fourmille de renseignements concrets et précis.

Les détails d'ordre sensoriel sont toujours concrets et précis. Ils font appel à des données visuelles (« J'ai vu »), auditives (« J'ai entendu »), kinesthésiques (« J'ai ressenti »), gustatives (« J'ai goûté ») et olfactives (« J'ai senti »). Ils font également appel aux notions de temps (par la date) et d'espace (par le lieu).

Le souvenir que j'associe à mon ourson en peluche est par conséquent tout à fait crédible, puisqu'il repose sur plusieurs détails précis et concrets.

Vérification de la cohérence du souvenir

Les membres d'un groupe ne sont pas là pour décider si tel souvenir est vrai ou faux, mais leurs réactions peuvent vous éclairer sur la cohérence ou non du souvenir que vous leur racontez. La *cohérence* est l'adéquation entre ce que vous dites et la manière dont vous le dites. Si vous dites, la voix brisée, « Celui que j'aime m'a quittée et cela m'est complètement égal », vos propos sont incohérents. Vos propos et vos sentiments ne coïncident tout simplement pas. J'ai souligné déjà à quel point les sensations physiques qui accompagnent le processus de remémoration peuvent être également importantes. De même, l'absence d'émotions chez celui qui raconte un souvenir triste et pénible n'est pas dépourvue de signification.

129

Les membres du groupe peuvent vous aider à vous remémorer un souvenir en réagissant à sa plus ou moins grande cohérence. S'ils vous répondent : « Vous racontez tout le mal que votre frère vous a fait, mais vous le faites rapidement et en souriant. On dirait que cela ne vous fait rien », vous commencerez peut-être à prendre la mesure de la douleur secrète que vous portez en vous.

Validation des émotions associées au souvenir

Les membres du groupe vous viennent en aide en vous indiquant les détails de votre comportement observés par rapport à vos sentiments. Après avoir entendu votre récit, un membre du groupe vous dira : « J'ai vu que vos lèvres tremblaient. Vous avez haussé la voix. Vous avez rentré les épaules, vous gardiez la tête baissée et vous vous tordiez les mains. Vous aviez l'air d'un enfant. J'ai compris alors combien vous étiez triste et effrayé et à quel point cette expérience a pu être traumatisante. » En validant cette expérience, les membres du groupe aident la personne à la maîtriser. En la maîtrisant, la personne peut intégrer l'expérience au lieu de la nier ou de se soumettre à la voix intérieure qui lui reproche sa faiblesse et sa vulnérabilité. À l'origine, cette voix intérieure fut celle des parents. Nos parents, qui n'acceptaient pas leur propre vulnérabilité, l'ont projetée sur nous et ont nié notre propre vulnérabilité. La validation du groupe nous permet d'intégrer notre propre expérience. Elle nous permet d'accueillir cette part secrète de notre être dont nous avions d'abord nié l'existence.

Empathie du groupe au moment du récit

Les membres du groupe peuvent montrer de l'empathie quand la personne raconte son souvenir. Il leur suffit pour cela de montrer leurs sentiments (et non leurs opinions) au moment du récit. C'est une réaction qui peut s'avérer particulièrement utile quand la personne raconte une scène pénible.

Lors d'expériences douloureuses ou traumatisantes, notre cerveau a recours à certains mécanismes de défense pour bloquer la douleur. Par conséquent, nous n'éprouvons pas les sentiments qui, logiquement, devraient être associés au traumatisme.

Ces sentiments sont enfouis dans quelque recoin secret de notre inconscient. Ils surgissent souvent de la façon la plus inattendue et prennent alors la forme d'une *réaction excessive*. Parce que nous avons oublié jusqu'à leur existence, nous sommes incapables d'exprimer ces sentiments et de nous en débarrasser. Si vous avez devant vous un groupe de personnes qui réagissent avec empathie quand vous leur lisez ou que vous leur racontez une scène pénible et traumatisante, vous maîtrisez sans doute davantage la situation et vous êtes capable de renouer avec vos propres sentiments. Tout en éprouvant ces sentiments, vous vous en libérez et vous répondez de façon plus appropriée à ce qui vous arrive.

UN MOT D'ADIEU AVANT VOTRE DÉPART

Avant d'aller plus loin, je voudrais vous rappeler la tendance qu'ont les êtres humains à transformer en vérités absolues des questions relatives et à prendre la partie pour le tout. La découverte de ténébreux secrets de famille n'est pas un gage de salut. Il m'est arrivé souvent de tomber moi-même dans ce piège, et il existe des quantités astronomiques de livres et de publireportages à la télévision qui tous promettent le salut sous une forme ou une autre. Leur message est en gros le suivant : « Achetez vite ce livre ou cette série de vidéocassettes, et vous serez riches et heureux ! Vos cheveux repousseront, et votre swing au golf sera impeccable ! »

Le fait d'apprendre l'existence de ténébreux secrets de famille ne va pas résoudre tous vos problèmes ni vous assurer succès, bonheur et liberté. Et cela n'aura très certainement aucun effet sur votre swing au golf.

N'oubliez pas que vous n'avez peut-être pas besoin *maintenant* de partir à la découverte des ténébreux secrets de votre famille. Il vous faut peut-être d'abord régler certains problèmes de dépendance, ou atténuer les tensions qui minent votre couple, ou encore venir en aide à votre fille adolescente qui extériorise, par son comportement, quelque secret de famille. Suivez votre instinct et vos intuitions. En vieillissant, j'adhère de plus en plus à l'adage : « On n'est jamais si bien servi que par soi-même. »

Si vous apprenez certains faits troublants concernant votre famille et que vous décidez de laisser les choses comme elles sont, c'est encore là un choix qui vous appartient. Pour ma part, je crois qu'il faut être capable d'affronter les secrets les plus préjudiciables que j'appellerai de ténébreux secrets de premier et de second degrés dans le chapitre 10. Mais je suis d'accord avec le célèbre thérapeute Milton Erickson pour dire que l'inconscient en sait beaucoup plus que le conscient, et que vous pouvez avoir d'excellentes raisons de ne pas suivre mes suggestions, au chapitre 10. Votre inconscient est aussi très sage. Pendant un certain temps, vous garderez en mémoire les propos tenus dans ce livre. Si le moment n'est pas encore venu de les mettre en application, votre inconscient vous dira quand les circonstances le permettront.

Enfin, il faut savoir qu'en faisant les exercices proposés dans cette section, vous prenez bel et bien *certains risques*. Vous apprendrez peut-être à votre sujet quelque fait qui vous bouleversera ou remettra en question l'ordre familial. Si vous avez été victime de sévices physiques ou sexuels ou que vous avez refoulé certains souvenirs, les propos tenus dans les pages suivantes les raviveront sans doute. Vous aurez alors besoin de l'aide d'un professionnel de la santé mentale. Si vous suivez en ce moment une thérapie, assurez-vous d'obtenir l'autorisation de votre thérapeute pour entreprendre les exercices que je propose ici.

Pour être franc, je dois ajouter qu'il existe aussi certains risques à demeurer dans l'ignorance des abysses de sa propre famille. Pour ma part, j'estime qu'il est plus risqué de ne pas savoir que de savoir. Il peut être risqué de divulguer des secrets de premier et de second degrés. Mais il est tout aussi risqué de n'en rien faire.

CHAPITRE 5

POUR DESSINER VOTRE CARTE FAMILIALE
Le génogramme comme pierre de Rosette

Le passé n'est-il pas le présent? N'est-il pas aussi l'avenir? Nous essayons tous de ne pas voir cette réalité, mais la vie finit par nous rattraper.
Eugene O'Neill, *Long Day's Journey into Night*

Qui ignore le passé est condamné à le répéter.
George Santayana

S'il vous est déjà arrivé de vous égarer dans un centre commercial, vous savez que les architectes ont placé, en divers endroits stratégiques, un plan de l'édifice qui vous indique : « Vous êtes ici. » Ce genre de plan est très utile. Nous avons besoin de savoir où nous sommes. Et pour savoir où nous sommes, nous avons besoin de savoir d'où nous venons. Nos convictions les plus profondes sont le fruit de notre histoire personnelle, qu'il nous faut connaître si nous voulons nous transformer.

Dans ce chapitre, je vous montrerai comment tracer votre génogramme sur trois générations. Vous aurez besoin de ce génogramme pour dévoiler et déchiffrer certains ténébreux secrets de famille.

LE GÉNOGRAMME

Nous devons aux travaux du Dr Murray Bowen la création de cet outil qu'est le génogramme. Par la suite, sa mise au point et son perfectionnement furent assurés par les travaux de nombreux thérapeutes spécialisés dans les systèmes familiaux.

Le génogramme est une certaine représentation visuelle de l'arbre généalogique de votre famille, mais il ne se borne pas à indiquer votre descendance. Il sert à recueillir divers renseignements sur les relations établies entre les générations au sein d'une même famille. Il offre un cadre de référence élargi qui jette un éclairage nouveau sur les comportements symptomatiques ou problématiques de certains individus.

Le génogramme peut vous donner une vue plus vaste de la place que vous occupez dans l'histoire de votre famille. Il peut modifier la perception que vous avez de vous-même, dès lors qu'il permet de dégager un certain nombre de modèles récurrents sur plusieurs générations. La connaissance de ceux-ci peut aider à affronter certains problèmes émotionnels non résolus et à identifier les possibles domaines de prédilection de la honte et du secret. La présence d'un cadre de référence plus large permet de décrisper l'attention générale se portant sur un problème familial précis ou sur un des membres de la famille considéré comme le « problème ». À la lumière des expériences difficiles vécues par les générations, les membres d'une famille peuvent replacer leurs ténébreux secrets dans une perspective moins pathologique et trouver ces secrets moins condamnables.

Le génogramme permet également de faire le portrait de votre famille à un moment donné de son histoire. La chose peut se révéler particulièrement utile au moment de comprendre la dynamique familiale qui prévalait à tel moment du passé – par exemple, au moment de votre naissance.

La présence d'un cadre élargi met également en relief les aspects positifs de la dynamique familiale et en révèle les forces cachées. Voilà qui peut être révélateur de votre propre potentiel et suggérer des voies de changement possibles.

Le génogramme comme pierre de Rosette

La découverte du génogramme et de ses applications est pour moi l'équivalent de la découverte de la pierre de Rosette. Découverte en Égypte en 1799, la pierre de Rosette est un fragment de stèle où sont gravés en regard des caractères en grec ancien et des hiéroglyphes égyptiens. Jusqu'alors, personne n'avait été en mesure de déchiffrer les hiéroglyphes, mais la pierre de Rosette a permis de résoudre le mystère.

Avant d'apprendre à dessiner et à utiliser un génogramme, je n'avais aucune idée de l'influence que pouvait avoir ma famille sur mon existence. Le génogramme m'a aidé à mieux me connaître. J'ai tout de suite compris que ma vie avait été *jusqu'à présent* beaucoup plus déterminée par ma famille, son histoire et son influence occulte que par des choix personnels. J'ai vu alors sous un éclairage tout à fait différent plusieurs traits de caractère dont j'avais toujours pensé qu'ils m'appartenaient en propre – un vague sentiment de vide et d'absurdité qui m'envahissait périodiquement, des craintes devant la vie, un faible espoir de gagner de l'argent, des choix de vie et même certains fantasmes sexuels troublants.

Après avoir dessiné mon propre génogramme, j'ai été frappé par certaines similitudes réapparaissant sur trois générations. J'ai constaté l'existence de plusieurs mariages précipités à la suite d'une grossesse. J'ai observé certains dysfonctionnements sexuels récurrents. J'ai relevé la présence des liens d'assujettissement entre générations entraînant un amalgame familial de l'enfant avec l'un ou l'autre des parents. Et j'ai découvert un certain nombre de ténébreux secrets qui ont eu des effets tangibles sur ma vie et sur ma liberté. Par mon comportement, j'extériorisais certaines choses dont personne n'avait jamais parlé. Le génogramme fut pour moi un instrument déterminant pour déchiffrer les secrets de ma famille.

Au moment de dessiner votre génogramme, je vous expliquerai comment rassembler les données sur votre famille et je vous donnerai quelques points de repère pour interpréter la carte de votre famille à la lumière de la théorie de Bowen sur les systèmes familiaux, telle qu'évoquée au chapitre 3. N'oubliez pas que mes suggestions reposent sur ma propre interprétation de la théorie de Bowen, ce dont je prends l'entière responsabilité. À quelques reprises, il m'est arrivé de modifier la nomenclature des termes techniques afin de faciliter la tâche au lecteur peu familier avec le langage clinique. Mais en optant pour un autre terme que celui que Bowen avait choisi après mûre réflexion, je risquais d'affaiblir l'idée qu'il avait cherché à traduire en utilisant précisément tel terme et non un autre. Cependant, j'estime que le jeu en vaut la chandelle, car les termes techniques peuvent se révéler, pour certaines personnes, un obstacle insurmontable.

Les symboles du génogramme

Au cours des trente-cinq dernières années, le génogramme a subi diverses modifications, et son utilisation véritable ne fait pas encore l'unanimité. Cependant, un comité spécial, dirigé par Monica McGoldrick et formé de différents psychologues spécialisés dans les systèmes familiaux, s'est efforcé d'uniformiser les symboles et les modes de représentation utilisés dans la confection d'un génogramme. Pour l'établissement d'un génogramme type, je vous renvoie à l'ouvrage de Monica McGoldrick et Randy Gerson, *Genograms in Family Assessment* (1985). Il s'agit d'un ouvrage de référence que je vous recommande si vous voulez aller plus loin que nous ne pouvons aller dans les limites de cet ouvrage. Certains des symboles que je propose sont empruntés à McGoldrick et Gerson. D'autres sont de mon cru et m'aident à envisager plus clairement l'histoire d'une famille. Ce qui importe, c'est d'adopter un système de symboles et de s'y conformer.

Je recommande fortement de visionner la cassette produite par la clinique Menninger, à Topeka, au Kansas, sous le titre *Constructing the Multigenerational Family Genogram : Exploring a Problem in Context*. J'aime la simplicité de l'approche Menninger, et ce sont ses questions de base que je reprendrai maintenant.

TABLEAU 5 – 1

STRUCTURE DE BASE DU GÉNOGRAMME

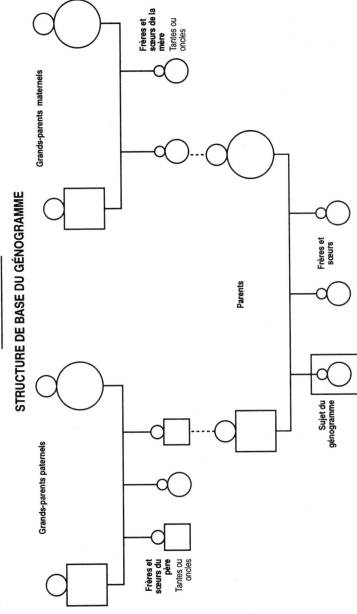

À côté de chaque personne, indiquez nom et prénom, date de naissance, études, date et cause du décès, et tout problème d'ordre physique ou émotionnel. Ajoutez l'âge actuel dans le carré ou le cercle assigné à chacun. Sur la ligne horizontale qui unit les symboles des grands-parents et ceux des parents, indiquez la date de mariage et, le cas échéant, de divorce.

Le tableau 5-1 montre la structure d'ensemble d'un génogramme de base. Le *sujet du génogramme* est la personne dont on dessine le génogramme. Ainsi, vous êtes le sujet de votre propre génogramme.

Comme vous pouvez le voir, les grands-parents maternels et paternels apparaissent en premier. Un échelon plus bas se trouvent vos parents, avec leurs frères et sœurs, c'est-à-dire vos tantes et vos oncles. Pour mettre en évidence le rôle de vos parents et pour gagner de l'espace, leurs symboles sont répétés sur une troisième ligne située sous la ligne où ils apparaissent en compagnie de leurs frères et sœurs. Vous-même êtes tout en bas, dans un carré, suivi de vos frères et sœurs, selon leur rang dans la famille.

Dans ce génogramme, les sujets mâles sont désignés par le symbole et les sujets femelles par le symbole .

Inscrivez l'âge actuel de la personne dans le carré ou le cercle qui lui est assigné. À côté de chaque symbole, inscrivez tout renseignement pertinent :

- Nom et prénom;
- Date de naissance;
- Études et diplômes obtenus;
- Date et cause du décès;
- Problèmes majeurs d'ordre physique ou émotionnel.

Par la suite, vous préciserez les liens existant entre les différents membres de la famille. Si vous ignorez la nature des rapports entre deux membres d'une même famille, inscrivez un point d'interrogation entre leurs symboles.

Une saine relation est représentée par trois traits parallèles, dont le premier et le troisième pénètrent dans l'espace intérieur de l'un et l'autre sujet.

Le premier et le troisième traits signifient que les sujets se permettent un accès mutuel à leur domaine psychique. Par exemple, si je confie à mon épouse ma peur d'investir de l'argent, je lui permets, ce faisant, d'accéder à mon espace émotionnel intérieur. Le deuxième des trois traits parallèles signifie que les sujets, tout en étant près l'un de l'autre, respectent l'intimité de chacun. Chacun jouit d'un espace privé qui représente sa propre zone de sécurité. Cet espace peut être physique, sexuel, émotionnel, intellectuel ou spirituel.

Dans une saine relation, cette frontière est souple ; chaque sujet peut la franchir, mais peut également choisir de demeurer sur son quant-à-soi. Dans une relation malsaine, les frontières sont soit entremêlées, soit parfaitement étanches.

Deux symboles qui se chevauchent indiquent la présence de frontières entremêlées.

Une relation distante, où les frontières sont parfaitement étanches, est représentée par une ligne pointillée.

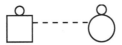

Pour d'évidentes raisons d'espace, cette façon symbolique de représenter les rapports entre les personnes ne s'applique cependant pas, en général, aux frères et sœurs. L'examen des relations entre frères et sœurs permet d'évaluer avec assez de justesse la bonne santé des frontières familiales. Au sein d'une même famille, les alliances parent/enfant ont souvent pour effet de perturber les rapports entre frères et sœurs, entraînant des conflits et des ruptures. Parmi les frères et sœurs, les aînés persécutent ou traumatisent souvent les plus jeunes.

Je connais bon nombre de personnes qui, pendant leur enfance, ont été violentées, tourmentées, voire torturées par un frère ou une sœur plus âgée. J'en connais d'autres dont toute l'existence fut marquée par leur assujettissement à un frère ou à une sœur. Et d'autres encore dont les liens fraternels furent parmi les relations les plus saines et les plus importantes de leur vie. Si la relation que vous avez avec vos frères et sœurs est importante, que ce soit de manière positive ou négative, indiquez-le sur la carte de votre famille en reprenant les symboles utilisés précédemment.

Quand une relation est de nature conflictuelle, je l'indique de la manière suivante :

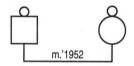

Un mariage est ainsi représenté :

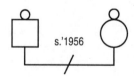

Vous observerez que dans l'union dont il est question le mari est toujours situé à gauche. Inscrivez la date du mariage sur la ligne horizontale. S'il y a eu séparation, tracez une barre oblique sur la ligne horizontale et inscrivez la date de la séparation, précédée de la lettre s.

Les mêmes symboles serviront à désigner la relation principale chez les gays ou les lesbiennes.

Pour indiquer un divorce, tracez deux barres obliques sur la ligne horizontale et inscrivez la date du divorce, précédée de la lettre *d*.

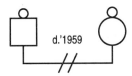

Dans le cas d'une union libre, mais qui dure depuis un certain temps, utilisez le symbole suivant :

Les enfants sont représentés par divers prolongements verticaux à partir de la ligne horizontale du mariage. Vous remarquerez que les symboles des enfants sont plus petits que ceux des parents. Représentez les enfants suivant le rang qu'ils occupent dans la famille, en commençant par le plus âgé, à gauche, et en finissant par le plus jeune, à droite. Inscrivez leur âge dans le carré ou le cercle qui leur est attribué. Inscrivez aussi la date de naissance (et de décès, le cas échéant).

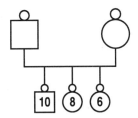

Si le couple est problématique, il peut être utile d'ajouter un symbole qui indique l'absence d'intimité. C'est le suivant :

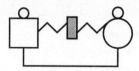

Tant qu'elle demeure conflictuelle, une relation de ce genre entraîne inévitablement une absence d'intimité, absence qui permet de mieux comprendre la nature des systèmes familiaux. Dans la famille, il existe un principe d'équilibre selon lequel le membre de la famille qui souffre d'une carence affective cherchera aussitôt à la combler. Si le père et la mère n'ont pas de vie de couple, la position de l'un des enfants se modifiera automatiquement de manière à combler ce vide. Si l'enfant est très doué, le père et la mère compenseront leur solitude et leur absence d'intimité en reportant leur attention sur ses performances. Un enfant particulièrement gentil ou beau peut également devenir le centre d'intérêt de ses parents. Si le père est du genre bourreau de travail qui abandonne la mère à elle-même, l'un des enfants cherchera à meubler la solitude de la mère. La fille jouera le rôle d'une grande sœur auprès de sa mère; le garçon agira comme un protecteur. Dans chaque cas, l'enfant *triangule* le couple formé par les parents. Je représente ce genre d'union triangulaire parents-enfant à l'aide du symbole suivant :

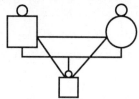

Dans un couple, les sujets peuvent également former un triangle avec un enfant issu d'un précédent mariage :

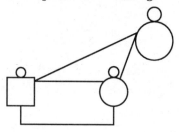

Ils peuvent également former un triangle avec un tiers, par l'adultère.

Si vous avez suffisamment d'espace, vous voudrez peut-être indiquer les relations existant entre plusieurs relations triangulaires.

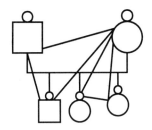

Dans la représentation ci-dessus, le couple forme un triangle avec l'aîné ; les deux autres enfants, qui vivent dans l'affrontement permanent, ont formé un triangle avec la mère afin de réduire quelque peu la tension.

Si l'un des parents utilise un enfant pour réduire les tensions au sein du couple, la relation ainsi établie est souvent désignée sous le nom de *lien vertical* ou *lien entre les générations*. Le lien entre les générations peut constituer une partie du triangle. Il est bon d'encercler le rapport principal établi au sein de la relation triangulaire, afin de le rendre plus explicite.

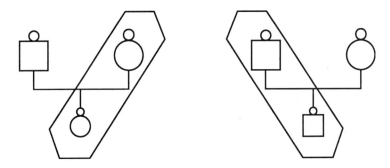

Ce symbole se révèle particulièrement utile en cas de divorce des parents ou de décès de l'un des sujets, ou quand il devient évident que l'un des parents se préoccupe davantage de son enfant que de son conjoint. L'un des parents, quel que soit son sexe, peut se lier à l'un des enfants, quel que soit son sexe. Dans les exemples ci-dessus, la mère est liée à la fille et le père au fils.

Certaines relations sont placées sous le signe de la rupture émotionnelle. La mère ne parlera pas à sa fille pendant des années, parce que cette dernière a épousé un homme d'une autre religion ou d'une autre race. Certains frères se disputeront l'héritage familial et cesseront de se voir. Voici comment je représente ce genre de ruptures émotionnelles :

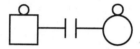

Les exemples suivants indiquent une rupture entre les enfants d'une même famille et entre le père et le fils.

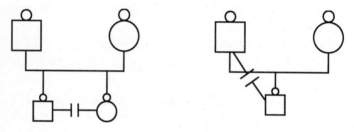

Une grossesse sera représentée ainsi :

Une fausse couche sera représentée ainsi :

Un avortement sera représenté ainsi :

Un enfant mort-né sera représenté ainsi :

Les faux jumeaux seront représentés ainsi :

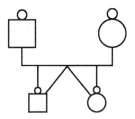

Et ainsi les vrais jumeaux :

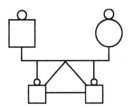

En cas de décès, je dessine une croix sur la poitrine du sujet et j'indique son âge au moment du décès :

En cas de suicide, je trace un *S* sur le visage :

En cas de meurtre, je trace un *M* sur le visage :

En cas de décès à la suite d'un accident, j'écris *Ac* sur le visage :

L'homme qui a été marié plusieurs fois est représenté avec ses épouses précédentes à gauche, placées par ordre chronologique, et avec son épouse actuelle à droite.

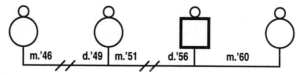

La femme qui a été mariée plusieurs fois est représentée avec ses maris précédents à droite, placés par ordre chronologique, et son mari actuel à gauche.

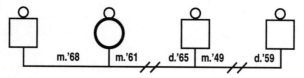

Les choses deviennent plus compliquées dans le cas d'un remariage, lorsque chacun des partenaires a déjà été marié. Il vaut mieux alors placer au centre l'union la plus récente et répartir les ex-conjoints de chaque côté.

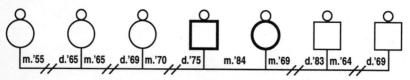

La situation peut se compliquer davantage si les ex-conjoints ont eux-mêmes déjà été mariés.

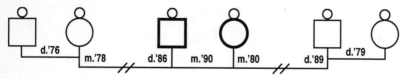

Les familles reconstituées achèvent de compliquer le tout. Prenons le cas de Joe et de Sue, qui ont tous deux été mariés deux fois avant de se connaître. Chacun a eu un enfant d'un précédent mariage. Dans de telles familles reconstituées, les relations peuvent être très compliquées et les secrets se révéler extrêmement complexes. Je choisis d'entourer d'un pointillé les membres de la maisonnée principale. Cette façon de procéder est précieuse quand il s'agit de représenter des familles reconstituées dans lesquelles séjournent régulièrement certains enfants issus de précédents mariages.

Le fils de Sue vit avec Joe et Sue et son demi-frère et sa demi-sœur. Le fils de Joe vit avec sa mère.

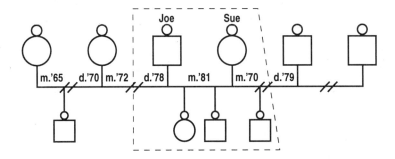

Inscrivez un *A* sur le visage de l'enfant adopté. Ses parents biologiques seront représentés par une ligne pointillée. Inscrivez la date de naissance ainsi que celle de l'adoption.

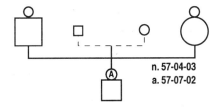

Inscrivez un *N* sur le visage de l'enfant naturel. Si le nom de son père est inconnu, ajoutez un point d'interrogation :

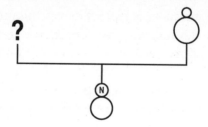

Dans le cas d'un enfant confié à une institution, inscrivez la date de naissance et la date du début du séjour. Entourez la figure d'un pointillé.

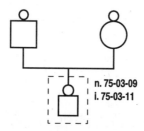

n. 75-03-09
i. 75-03-11

Au chapitre 6, vous commencerez à tracer votre propre carte familiale. Je vous assisterai à chacune des étapes, en commençant par la première, soit celle de vos grands-parents (ou de vos arrière-grands-parents, à supposer que vous ayez des renseignements à leur sujet). Afin de mettre dès maintenant un peu de chair sur ces personnages schématiques et pour illustrer certains aspects de l'utilisation du génogramme, je ferai appel à la famille de Beverly Sue, les Smith, avec qui nous avons fait connaissance au chapitre 3. Le cas de Beverly Sue est précisément celui qui m'a permis de faire mes premières armes en matière de systèmes familiaux; je suis donc reconnaissant aux Smith de me permettre de les citer ici en exemple.

LE GÉNOGRAMME DE BEVERLY SUE

Le génogramme peut vous faire prendre conscience de certains facteurs vous prédisposant à être le détenteur d'un ténébreux secret ou la personne sur qui seront projetés les secrets de famille. Il peut également vous aider à comprendre pourquoi, dans votre famille, vous êtes le mieux placé pour être celui qui révèle, par son comportement, certains secrets de famille. Ces facteurs de prédilection apparaissent à l'évidence dans le génogramme de Beverly Sue.

Quand ils utilisent un génogramme, les thérapeutes familiaux partent souvent de quatre questions fondamentales. Je vous suggère d'en faire autant avec chaque personne dont vous tracez le génogramme.

1. Quel est le problème actuel ?

Vous vous souvenez peut-être que Beverly Sue avait commencé à se comporter de manière étrange et atypique en octobre 1971. Jusqu'alors, elle était une petite fille de sept ans vive et curieuse, excellente en gymnastique et qui collectionnait les bonnes notes sur son bulletin scolaire. Mais voilà que tout à coup Beverly Sue ne veut plus aller à l'école, tout en refusant d'expliquer ce qui ne va pas avec ses professeurs ou avec ses parents. De plus, Beverly Sue se montre très agressive envers ses parents.

2. Quels faits, relevés sur trois générations dans cette famille, forment le contexte du problème actuel ?

Outre la dynamique familiale des Smith telle qu'évoquée au chapitre 3, voici ce que mon ami thérapeute a découvert à leur sujet, en 1971. Sidney Smith, le père de Beverly Sue, est très atteint par la maladie de son propre père, alors en phase terminale. Sidney Smith est tout à fait replié sur lui-même et non communicatif. En examinant le tableau 5-2, vous constatez que Sidney est le troisième enfant de Harold Smith qui, avant d'être atteint du cancer, était un self-made-man et un bourreau de travail.

Sam, le frère aîné de Sidney, fut tué par un chauffard aviné dans un tragique accident de voiture survenu alors qu'il venait d'entrer au collège. Harold, le père de Sam et de Sidney, ne s'est jamais remis de cette mort. Sam se préparait à succéder à son père à la tête de la prospère épicerie familiale. Il était l'espoir de son père, soucieux d'assurer la sauvegarde des intérêts familiaux dans le commerce. Or Sidney, lui, ne s'intéresse pas du tout à l'épicerie paternelle. C'est là, entre le père et le fils, une source constante de tensions, en particulier depuis la mort de Sam. La sœur de Sidney, Shirley, mariée, heureuse, s'occupe de la comptabilité de l'épicerie. Elle est aussi la confidente de sa mère. Sidney est complètement tenu à l'écart. Il se sent orphelin.

Sidney voit son épouse, la mère de Beverly Sue, Jane Eller Smith, comme une femme parfaite. La mère de Jane, Judy Eller, a élevé sa fille dans la religion austère et terrifiante de l'Ancien Testament, où « les femmes savent quelle est leur place ». Jane était l'enfant préférée de sa mère. En 1962, celle-ci eut une attaque, des suites de laquelle elle devait décéder un an plus tard. Le père de Jane est un homme intègre et bon, qui enseigne toujours la chimie au lycée. Il va à l'église le dimanche, mais sans être un fanatique, comme son épouse. La mort de celle-ci a plongé dans une profonde dépression cet homme naturellement taciturne. Doris, la sœur aînée de Jane, est la rebelle de la famille. Son père et sa mère coupèrent les ponts avec elle le jour où, à seize ans, elle s'enfuit de la maison pour se marier. Trois ans plus tard, Doris divorça, se remaria et divorça de nouveau. Elle vit maintenant avec un homme que déteste son père. En 1969, une fille, Pat, naquit de leur union. La troisième des filles Eller se prénomme Betsy. Elle est de cinq ans la cadette de Jane et dépend beaucoup de son père. Elle a connu des périodes de grande dépression. Elle poursuit des études d'infirmière, vit encore à la maison familiale et ne sort pas souvent.

Environ deux ans après son mariage, Jane eut une aventure. La chose se produisit peu de temps après l'attaque de sa mère. Jane prétend qu'elle ne sait pas pourquoi elle eut cette aventure. Elle raconta qu'elle avait fait la connaissance de cet homme à l'église, et que c'était arrivé comme ça ! Le souvenir de cette faute la remplit de remords et elle s'efforce de compenser en étant une épouse et une mère parfaites. Ses filles sont toute sa joie et sa fierté. Jane est

TABLEAU 5-2

LA FAMILLE SMITH EN 1971

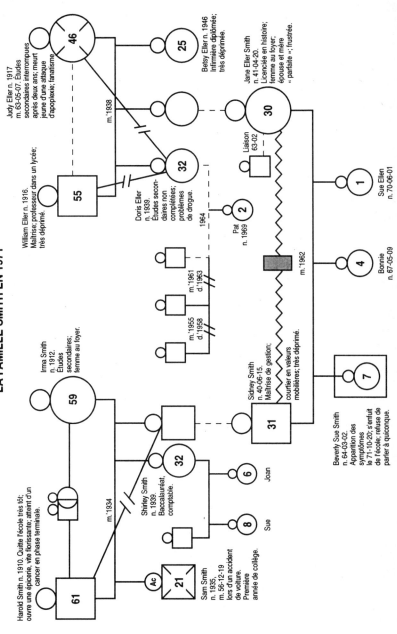

Judy Eller n. 1917
m. 63-05-07. Études
secondaires interrompues
après deux ans; meurt
jeune d'une attaque
d'apoplexie; fanatisme

Betsy Eller n. 1946
Infirmière diplômée;
très déprimée.

Jane Eller Smith
n. 41-04-20.
Licenciée en histoire;
femme au foyer;
épouse et mère
« parfaite »; frustrée.

William Eller n. 1916.
Maîtrise; professeur dans un lycée;
très déprimé.

Doris Eller
n. 1939.
Études secon-
daires non
complétées; problèmes
de drogue.

Liaison
63-02

Pat
n. 1969

Sue Ellen
n. 70-06-01

Bonnie
n. 67-05-09

Sidney Smith
n. 40-06-15.
Maîtrise de gestion;
courtier en valeurs
mobilières; très déprimé.

Beverly Sue Smith
n. 64-03-02.
Apparition des
symptômes
le 71-10-20; s'enfuit
de l'école; refuse de
parler à quiconque.

Irma Smith
n. 1912.
Études
secondaires;
femme au foyer.

Harold Smith n. 1910. Quitte l'école très tôt;
ouvre une épicerie, vite florissante; atteint d'un
cancer en phase terminale.

Shirley Smith
n. 1939.
Baccalauréat,
comptable.

Sam Smith
n. 1935,
m. 56-12-19
lors d'un accident
de voiture.
Première
année de collège.

Joan

Sue

particulièrement attachée à la deuxième, Bonny, née prématurément et qui fut sauvée de justesse.

À partir de ces renseignements, nous pouvons envisager le comportement de Beverly Sue dans un contexte élargi. On peut alors voir dans quelle mesure Beverly Sue est aux prises avec l'anxiété et les secrets d'ordre émotionnel entretenus au sein de cette famille. Si l'on ajoute à cela ce que j'ai déjà souligné quant au rôle compensatoire joué par la fillette au sein du couple formé par ses parents, on ne s'étonne plus de l'hostilité montrée par Beverly Sue, hostilité qui est la manifestation de la colère rentrée caractérisant l'ensemble de ce système familial.

3. Quel était le climat émotionnel régnant dans la famille à la naissance du sujet de ce génogramme?

Répondre à cette question nous aide à voir dans quelle mesure, à un moment particulièrement difficile dans l'histoire de cette famille, le sujet du génogramme peut révéler, par son comportement, certains secrets familiaux.

Le tableau 5-3 fait le portrait de la famille Smith au moment de la naissance de Beverly Sue.

À sa naissance, le 2 mars 1964, Jane, la mère de Beverly Sue, porte encore le deuil de la mort soudaine de sa mère survenue un an plus tôt. Elle a trompé son mari en février 1963, soit un peu plus d'un an avant la naissance de Beverly Sue. Harold, le grand-père de Beverly Sue, demeure inconsolable de la mort prématurée de son fils préféré, survenue quinze ans auparavant. Sidney vient d'obtenir une maîtrise en gestion et il a annoncé à son père qu'il ne prendrait pas la relève à la direction de l'épicerie familiale. Furieux, son père a cessé tout rapport avec lui. Doris, la tante de Beverly Sue, considérée comme la rebelle de la famille, vient de divorcer pour la seconde fois; elle s'est mise en ménage avec un homme qui déplaît souverainement à son père. Le grand-père maternel de Beverly Sue porte lui aussi un deuil douloureux, celui de sa femme. Il est permis de croire que le chagrin ressenti par Jane à la mort de

TABLEAU 5-3

LE CLIMAT ÉMOTIONNEL À LA NAISSANCE DE BEVERLY SUE EN 1964

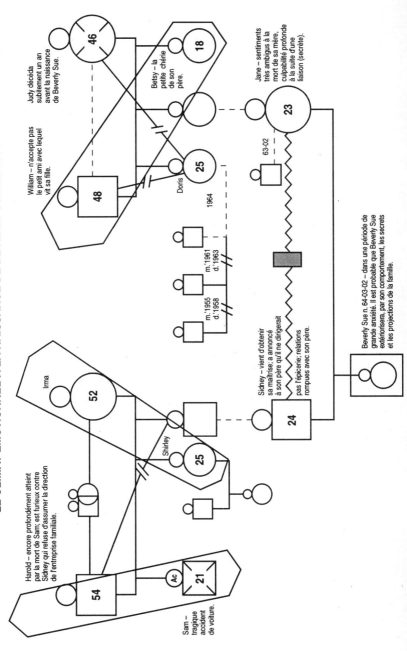

Harold – encore profondément atteint par la mort de Sam; est furieux contre Sidney qui refuse d'assumer la direction de l'entreprise familiale.

Sam – tragique accident de voiture.

Sidney – vient d'obtenir sa maîtrise; a annoncé à son père qu'il ne dirigerait pas l'épicerie; relations rompues avec son père.

Judy décida subitement un an avant la naissance de Beverly Sue.

William – n'accepte pas le petit ami avec lequel vit sa fille.

Betsy – la petite chérie de son père.

Jane – sentiments très ambigus à la mort de sa mère, culpabilité profonde à la suite d'une liaison (secrète).

Beverly Sue n. 64-03-02 – dans une période de grande anxiété. Il est probable que Beverly Sue extériorisera, par son comportement, les secrets et les projections de la famille.

sa mère est fait de sentiments ambigus, où l'amour le dispute à la haine. Étant la préférée de sa mère, Jane se sentait la responsabilité de meubler sa solitude. De plus, elle a été traumatisée sur le plan émotionnel par le fanatisme religieux de sa mère.

C'est ainsi que Beverly Sue naît dans un univers de tensions et de conflits latents. Il est logique de penser qu'elle sera l'objet tout désigné du processus de projection parentale. Elle est la première-née – l'enfant désirée ardemment par Jane afin de se conformer au vœu de sa mère et susceptible d'atténuer le remords que lui donne sa liaison passée. Elle est l'enfant que Sidney pourrait peut-être aimer et à laquelle il pourrait peut-être s'attacher, lui qui souffre encore du rejet de son père et de la déception qu'il lui cause. Le climat émotif qui règne au sein de cette famille risque fort d'entraîner des liens parents-enfants très intenses et lourds de sous-entendus. Il est naturel de penser que, dans les moments d'anxiété très grande, comme ceux qui, pour Harold Smith, ont suivi le début de son cancer, Beverly Sue jouera le rôle de bouc émissaire et extériorisera, par son comportement, les problèmes non résolus que ses parents et le reste de la famille gardent secrets en refusant d'y faire face.

4. Quelles sont les conséquences du rang occupé dans la famille par le sujet du génogramme?

Il est évident que Beverly Sue présente quelques-uns des traits que l'on prête en général aux aînés. L'enfant, qui se sent très proche de son père, assume le chagrin qu'il s'interdit de montrer. Son besoin de prendre soin de son père entre en conflit avec ses besoins d'accomplissement et de réalisation en tant qu'aînée. Tandis que s'aggravent leurs dissensions conjugales, ses parents négligent Beverly Sue. Cette situation prive l'enfant du besoin de gratification qu'elle ressent en tant qu'aînée. De surcroît, ainsi que le montre le tableau 5-4, les parents de Beverly Sue n'ont pas résolu leurs problèmes par rapport à leur aîné au sein de leur famille respective. D'un côté, il y a oncle Sam, dont la mort tragique ajoute au statut de héros et

TABLEAU 5-4

LA FAMILLE SMITH : PROFIL SELON LE RANG OCCUPÉ PAR LES FRÈRES ET SŒURS

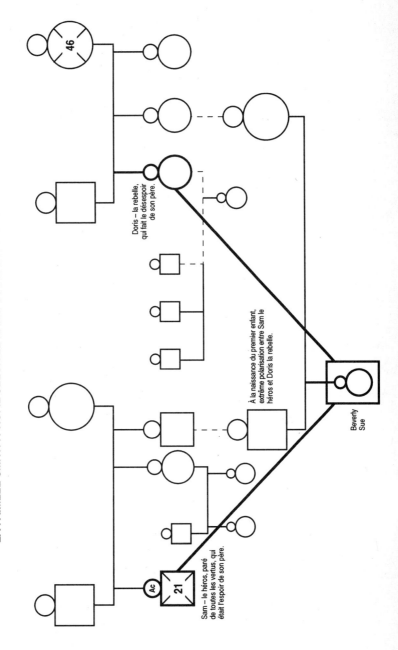

Doris – la rebelle, qui fait le désespoir de son père.

À la naissance du premier enfant, extrême polarisation entre Sam le héros et Doris la rebelle.

Sam – le héros, paré de toutes les vertus, qui était l'espoir de son père.

Beverly Sue

dont l'existence aurait pu être consacrée à la sauvegarde de l'entreprise paternelle. De l'autre, il y a tante Doris, en rébellion totale contre les strictes et envahissantes convictions religieuses de sa mère, et qui contribue, par son attitude, au chagrin de son père. Beverly Sue a des raisons de se sentir accablée par les choix qui s'offrent à elle à travers les deux modèles opposés qu'incarnent ceux qui, comme elle, occupent le rang d'aîné dans la carte familiale dessinée sur trois générations.

À plusieurs égards, cette petite fille porte en elle la plupart des espoirs et des chagrins familiaux. Il est facile de voir que ses parents ont cru qu'elle pourrait les aider à se rapprocher. De manière inconsciente, sa naissance symbolisait la vie nouvelle qui succédait à celle de la grand-mère décédée peu de temps avant sa naissance. Mais voici qu'un autre des grands-parents s'apprête à mourir. Pour une enfant, c'est un poids énorme à porter, même de façon inconsciente. Et il y a fort à parier que tous ces facteurs prédisposent Beverly Sue à extérioriser, par son comportement, les secrets inexprimés de cette famille, et cela à ce moment particulièrement éprouvant de son histoire.

Raison contre réaction

J'espère que vous êtes déjà en mesure d'apprécier à quel point le génogramme peut vous donner une vision plus claire et plus objective de votre famille et de vos origines. Le génogramme vous oblige à raisonner – et le raisonnement vous oblige à rompre avec l'univers émotionnel de votre famille. J'ai évoqué un peu plus tôt cet univers comme une sorte de transe où se manifestent plusieurs éléments obsessifs. Je m'y suis aussi référé comme à une pensée collective.

Ainsi plongés dans l'univers émotionnel de notre famille, nous sommes trop souvent réduits à l'état de réacteurs « mécaniques ». Nous répondons à une situation familiale donnée en faisant appel à des émotions refoulées ; nous agissons sans réfléchir. Beverly Sue connaissait l'existence des secrets de sa famille, tout en ignorant qu'elle les connaissait. La fragilité de cette enfant et la perméabilité des frontières établies dans ses rapports avec autrui faisaient en sorte qu'elle pouvait facilement se laisser envahir par les émotions secrètes de la famille.

Grâce au génogramme, le comportement de Beverly Sue, dans lequel il était tentant de ne voir que les incartades d'une petite fille égoïste et mal élevée, pouvait enfin être considéré comme la vivante image de trois générations de problèmes émotionnels non résolus.

Le génogramme peut également vous aider à envisager le comportement qui vous est propre et que vous gardez secret dans un contexte élargi, exempt de tout blâme et de tout jugement de valeur.

CHAPITRE 6

LES TÉNÉBREUX SECRETS
DE VOS ANCÊTRES

*Ni l'un ni l'autre de mes grands-parents ne s'étaient jamais pré-
occupés d'accomplir cette tâche fondamentale qui consistait à
élever leur unique enfant. Mon père livrait à l'univers une
guerre qui avait quelque chose... d'irréconciliable. Ses enfants
étaient presque laissés à l'abandon et mes grands-parents étaient
les blafards et inatteignables responsables des négligences que
mon père commettait à l'égard de ses propres enfants.*

Pat Conroy, *The Prince of Tides*

Commençons notre quête spirituelle en faisant connaissance avec
vos ancêtres. Je vous donnerai éventuellement une liste de contrôle
pour vous aider à dessiner tous les éléments de votre carte familiale. De plus, je procéderai à partir d'exemples empruntés à une
famille que j'ai appelée la famille Jeder.

La famille Jeder est une famille inventée : son histoire ne repose qu'en partie sur des faits réels. Le reste vient de mes lectures,
de témoignages recueillis auprès de mes collègues thérapeutes, de
mes recherches menées au Centre de traitement John Bradshaw de
l'hôpital Ingleside et de certains patients que j'ai reçus en consultation. Si les détails sont vrais, j'ai toutefois changé tout ce qui
aurait permis d'identifier les modèles. En inventant cette famille,
à la dynamique familiale variée et étendue, j'ai voulu donner un
exemple qui soit riche d'enseignements et qui puisse s'appliquer en
partie à votre propre famille.

Le sujet du génogramme de cette famille est James Jeder. Nous commencerons par les arrière-grands-parents de James, ses grands-parents paternels et maternels, ainsi que ses grands-tantes et ses grands-oncles. Ainsi, tout en traçant le génogramme de James, je vous montrerai comment tracer le vôtre.

LE SUJET DU GÉNOGRAMME

Il va de soi que vous êtes le sujet principal de votre carte familiale. Il vous faudra donc commencer par faire un bref résumé de votre vie, en précisant, le cas échéant, le ou les principaux problèmes auxquels vous avez dû faire face, le type de relations que vous avez établies avec les autres membres de la famille, les traits de votre caractère, ainsi que vos propres ténébreux secrets. Pour résumer votre vie, suivez, si vous voulez, le modèle ci-dessous qui concerne celle de James Jeder.

James Jeder est âgé de cinquante-quatre ans. Il poursuit une brillante carrière de professeur de littérature anglaise dans une université réputée. Il est l'auteur d'une anthologie de poésie anglaise et a lui-même publié deux recueils de poèmes.

Il a divorcé et s'est remarié ; de son premier mariage est né un fils, et une fille de son second. James boit beaucoup, avec des périodes de consommation effrénée qui alternent avec des périodes d'abstinence. Il est obsédé par le sexe et ses deux mariages furent entrecoupés de plusieurs aventures extraconjugales. Dans son garage, il garde une armoire secrète, remplie de magazines pornographiques. Plusieurs fois par année, James disparaît pour de longs week-ends dans sa retraite au bord de la mer où il se gave de films et de magazines pornographiques, avec de longues séances d'onanisme.

James a souvent essayé de cesser de boire. Cela fait maintenant huit mois qu'il ne boit plus. Ses liaisons ont certainement compté pour beaucoup dans l'échec de son premier mariage, et Karen, sa seconde épouse, n'a pas confiance en lui. Les tensions sont donc vives au sein du couple, dont la vie sexuelle se résume à une corvée rituellement accomplie une fois par mois. James aime sa fille Hannah comme la prunelle de ses yeux. Il lui consacre presque tout son temps libre, souvent au détriment de son épouse. Son fils Jack, maintenant adulte, s'est brouillé avec son père, qu'il ne voit plus qu'à Noël.

Le principal ténébreux secret de James est lié à sa vie sexuelle solitaire. Il ne s'en est jamais ouvert à personne, sauf au thérapeute qu'il voyait avant de venir me consulter. Avec l'âge, il se sent de plus en plus honteux et désespéré par sa funeste dépendance. James est venu me consulter après avoir suivi une psychoanalyse traditionnelle pendant dix ans.

Pendant ces dix années d'analyse, James a recueilli bon nombre de renseignements à son sujet et au sujet de sa famille. Le génogramme du tableau 6-1 fait un portrait schématique, sur quatre générations, de la famille de James Jeder. Nous le compléterons à mesure que nous aborderons chaque génération.

Quant à votre propre génogramme, faites-le si possible sur trois générations au moins. Pour ce qui est des arrière-grands-parents, je me contenterai de bribes de renseignements obtenus de la famille Jeder. Si vous ignorez presque tout des vôtres, cela ne fait rien; écrivez tout ce que vous savez. Par exemple : étaient-ce des immigrants? De quel milieu ethnique ou religieux venaient-ils? Certaines anecdotes circulent-elles dans la famille à leur sujet?

LES ARRIÈRE-GRANDS-PARENTS PATERNELS

James ne sait pas grand-chose de ses arrière-grands-parents paternels. Ce qu'il sait d'eux, il le tient de sa mère et de sa grand-tante Maureen. (Voir le tableau 6-2.)

Sa mère lui a raconté que John Jeder, son grand-père paternel, était le fils unique de l'honorable Raymond Jeder, juge respecté de Caroline du Sud. James sait de façon sûre que son grand-père appartenait à l'Église unie d'Angleterre, qu'il avait reçu une excellente éducation et qu'il était un homme « raffiné ». Il présume que ses arrière-grands-parents paternels étaient des gens tout aussi bien

TABLEAU 6–1

LA CARTE FAMILIALE DE JAMES JEDER SUR QUATRE GÉNÉRATIONS

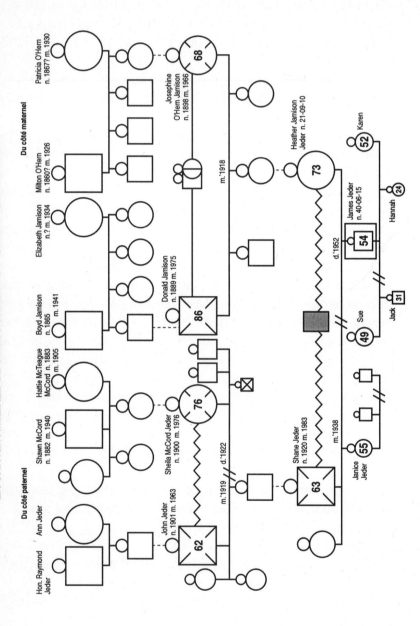

élevés et qu'ils avaient eux aussi reçu une excellente éducation. Puisqu'il était juge, son arrière-grand-père avait certainement étudié le droit. Quant à l'épouse du juge Jeder, si l'on excepte son prénom, Ann, l'histoire familiale n'en a rien retenu.

Une mésalliance

Il est clair que le grand-père de James, John Jeder, a rapidement compris, tout comme l'avait compris sa famille, qu'il avait commis une terrible erreur en liant sa vie à une femme comme Sheila McCord, celle qui allait devenir la grand-mère de James ; Sheila McCord n'avait reçu aucune éducation et appartenait à un rang social très inférieur. Nous verrons par la suite que John voudra se raviser et qu'il reniera Shane, son propre fils.

La rousse et sémillante Sheila McCord était le fruit d'une fugue amoureuse de deux jeunes gens, encore adolescents, Shawn McCord et Hattie McTeague. Shawn et Hattie étaient tous deux alcooliques. À l'âge de cinq ans, Sheila fut un jour réveillée par les cris de sa mère, brûlée vive dans son lit. Sa mère mourut donc en ébriété et la cigarette à la main. Pour Sheila, ce fut un traumatisme si grand que, par la suite, elle n'en parla presque jamais. L'enfant fut confiée à deux sœurs de son père, restées célibataires. Shawn cessa de boire, il se remaria et mena une vie rangée, mais sans décider pour autant de récupérer Sheila, que sa seconde femme n'aimait pas. Il n'a jamais connu Shane, le fils de Sheila, et il est mort deux mois avant la naissance de James, son arrière-petit-fils.

Deux ans après s'être remarié, Shawn McCord eut un second enfant, Maureen. Sheila et Maureen grandirent chacune de son côté, sans se connaître. Au début de l'adolescence, Maureen fit en secret la connaissance de Sheila. Celle-ci refusa de pousser plus loin leurs relations, mais plus tard, alors qu'il suivait une analyse, James voulut faire la connaissance de Maureen.

TABLEAU 6-2

LES ARRIÈRE-GRANDS-PARENTS PATERNELS

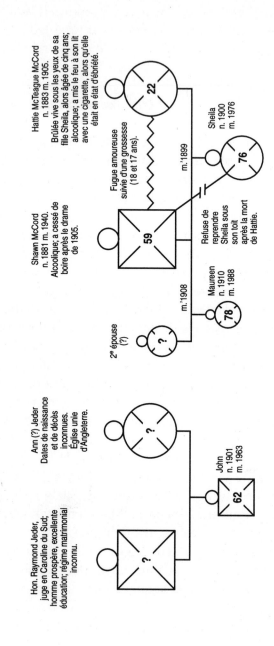

Jeder

McCord

Hon. Raymond Jeder, juge en Caroline du Sud; homme prospère, excellente éducation; régime matrimonial inconnu.

Ann (?) Jeder Dates de naissance et de décès inconnues. Église unie d'Angleterre.

Shawn McCord n. 1881 m. 1940. Alcoolique; a cessé de boire après le drame de 1905.

Hattie McTeague McCord n. 1883 m. 1905. Brûlée vive sous les yeux de sa fille Sheila, alors âgée de cinq ans; alcoolique; a mis le feu à son lit avec une cigarette, alors qu'elle était en état d'ébriété.

Fugue amoureuse suivie d'une grossesse (18 et 17 ans).

2e épouse (?)

Refuse de reprendre Sheila sous son toit après la mort de Hattie.

John n. 1901 m. 1963

Maureen n. 1910 m. 1988

Sheila n. 1900 m. 1976

LES ARRIÈRE-GRANDS-PARENTS MATERNELS

James a su pas mal de choses au sujet de ses arrière-grands-parents maternels (voir le tableau 6-3). Il a également appris que, du point de vue des ténébreux secrets, la personne la plus importante de la famille était souvent celle dont on ne parlait jamais ; en l'occurrence, il s'agit du père de sa grand-mère, Milton O'Hern.

Celui dont on ne parle jamais

James ne se souvient pas d'avoir entendu sa grand-mère mentionner, ne serait-ce qu'une fois, le nom de son père à elle. La chose ne l'avait pas frappé, parce qu'il était alors enfant. Cela n'empêchait pas la dévote Josephine O'Hern de parler régulièrement des vertus de l'obéissance et du devoir sacré de l'enfant d'honorer ses père et mère !

Dans l'histoire d'une famille, ce genre d'omission n'est pas sans signification. J'ai souvent constaté que, dans une famille, « celui dont on ne parle jamais » est aussi la principale cause de ses ténébreux secrets. Essayez de voir s'il n'existe pas un « absent » de ce genre dans l'histoire de votre propre famille.

À vrai dire, c'est par hasard, lors d'une dispute avec Heather, sa mère, que James a entendu parler de Milton O'Hern pour la première fois. D'abord, sa mère chercha à minimiser l'importance des faits et gestes de son grand-père ; elle se contenta de dire que c'était un drôle de « personnage », puisqu'il avait pris l'habitude de percer des trous dans le mur de la salle de bains pour pouvoir espionner à loisir les femmes de la famille ! Par la suite, elle admit que Milton O'Hern était un violent, que l'alcool pouvait conduire à des accès de rage. Milton O'Hern viola deux de ses petites-filles – Heather, la mère de James Jeder, et sa sœur, tante Virginia. Il traita durement ses trois fils, qui devinrent à leur tour des hommes violents. George, le benjamin, devint un alcoolique notoire. Il est probable que Josephine fut violée par Milton, son père, et par Jimmy, son frère aîné.

TABLEAU 6-3

LES ARRIÈRE-GRANDS-PARENTS MATERNELS

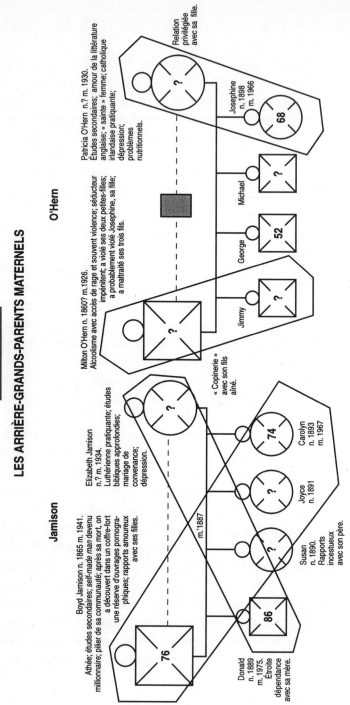

Jamison

O'Hern

Boyd Jamison n. 1865 m. 1941.
Athée; études secondaires; *self-made man* devenu millionnaire; pilier de sa communauté; après sa mort, on a découvert dans un coffre-fort une réserve d'ouvrages pornographiques; rapports amoureux avec ses filles.

Elizabeth Jamison n.? m. 1934.
Luthérienne pratiquante; études bibliques approfondies; mariage de convenance; dépression.

Milton O'Hern n. 1860? m.1926.
Alcoolisme avec accès de rage et souvent violence; séducteur impénitent; a violé ses deux petites-filles; a probablement violé Josephine, sa fille; a maltraité ses trois fils.

Patricia O'Hern n.? m. 1930.
Études secondaires; amour de la littérature anglaise; « sainte » femme; catholique irlandaise pratiquante; dépression; problèmes nutritionnels.

Relation privilégiée avec sa fille.

« Copinerie » avec son fils aîné.

Donald n. 1889 m. 1975. Étroite dépendance avec sa mère. — 76 — 86

Susan n. 1890. Rapports incestueux avec son père. — ?

Joyce n. 1891 — ?

Carolyn n. 1893 m. 1967 — 74

Jimmy — ?

George — 52

Michael — ?

Josephine n. 1898 m. 1966 — 68

m. 1887

La sainte

Heather dit à James que son arrière-grand-mère maternelle, Patricia O'Hern, était une « sainte » femme, qui avait accompli son devoir envers son mari. Patricia était une catholique irlandaise pratiquante ; la sexualité était pour elle un devoir et elle croyait que le rôle de la femme était de satisfaire tous les désirs de son mari. Avec sa fille unique, Patricia O'Hern avait une « relation » privilégiée. Toutes deux étaient très dévouées l'une envers l'autre. Mais Patricia ne put préserver Josephine des taquineries, des vexations, voire des sévices physiques que lui firent subir ses trois frères. Pour Milton, ses fils avaient le droit d'être déchaînés, sauf quand ils avaient affaire à lui.

Patricia adorait la littérature anglaise et elle transmit cette passion à Josephine et à Heather. Quand il était petit, James adorait s'asseoir près de sa grand-mère et de sa mère qui lui faisaient la lecture. C'est à ces deux femmes qu'il doit son amour de la littérature anglaise et de la poésie.

Les piliers de la communauté

Du côté maternel, les arrière-grands-parents de James étaient Boyd et Elizabeth Jamison.

Boyd était un millionnaire self-made-man ; ce « pilier de la communauté » n'a jamais ménagé ni son temps ni son argent. Peu de temps après sa mort, le comté donna son nom à un aéroport. Boyd se disait athée. Il épousa Elizabeth Heatherly, luthérienne pratiquante, qui fit des études bibliques approfondies et que la seule idée de rapports sexuels dégoûtait profondément – même si Josephine, la grand-mère de James, déclara un jour que sa mère avait eu avec son mari, Donald Jamison, de « drôles » de rapports. Josephine n'a jamais caché qu'elle désapprouvait les liens unissant Donald à sa mère. Donald, qui était fils unique, avait trois sœurs. Boyd n'avait d'yeux que pour ses filles. Il avait avec elles des rapports quasi amoureux, et Donald faisait souvent remarquer que son père était davantage le mari de ses sœurs – en particulier de Susan – que celui de sa mère. Avec les années, il apparut clairement que le mariage de Boyd et d'Elizabeth était devenu de pure convenance, et James fut même effleuré par l'idée que Boyd avait eu avec Susan des rapports incestueux.

Soucieux des apparences, Boyd voulait offrir l'image d'une grande famille heureuse. À la mort de son père, Donald découvrit, dans un coffre-fort, une imposante collection d'ouvrages et de films pornographiques.

Il n'est souvent pas possible de savoir autant de choses sur ses arrière-grands-parents; mais vous pouvez voir que vous saisirez mieux les secrets de votre famille si vous en savez le plus possible sur ces derniers. Les problèmes de James Jeder ont trait à l'alcool et à la sexualité. *Ses arrière-grands-parents ont connu les mêmes problèmes.* Son arrière-grand-mère, dont le mari était également alcoolique, est morte précisément des suites de son alcoolisme. Son arrière-grand-père avait une réserve secrète d'ouvrages et de films pornographiques. Le plus lourd secret de James concerne l'autoérotisme et la pornographie.

LA CUEILLETTE DE RENSEIGNEMENTS

Une fois que vous aurez présenté de façon schématique les liens fondamentaux qui existent au sein de votre famille, jetez un coup d'œil sur la liste ci-dessous et faites les exercices qui vous semblent particulièrement intéressants. Ils vous aideront à vous mettre dans l'esprit du débutant. Si vous savez déjà beaucoup de choses concernant vos ancêtres, ces exercices ne seront peut-être pas nécessaires. Vous pouvez également vous servir de cette liste pour mettre de l'ordre dans les renseignements que vous avez recueillis sur vos parents.

Pour recueillir ces renseignements, il vous suffira peut-être d'interroger votre grand-mère, votre grand-père ou toute personne susceptible de répondre à vos questions. Plusieurs familles empêtrées dans certains schémas dysfonctionnels ont adopté la règle du « on ne parle pas de ça ». De cette règle découle une autre, celle du « on ne pose pas de questions à ce sujet ». Quand nous étions enfants, il se peut que l'*idée* de poser certaines questions ne nous ait même pas effleurés. C'est que nous recevions simultanément le message qu'il valait mieux ne pas aborder certains sujets. Le temps et l'évolution des mentalités aidant, vous pourrez éventuellement avoir plus facilement accès à certains vieux secrets. Sinon, il vous suffira d'être attentif à certaines allusions ou à certains indices.

Les questions à poser sur vos ancêtres : liste de contrôle

Naissance et éducation

Quand vos grands-parents sont-ils nés ? La réponse à cette question est en général facile à trouver ; sinon, il vous faudra peut-être consulter de vieux registres. Il est également important de noter tout fait entourant la naissance de vos grands-parents et qui vous paraîtra inusité. Par exemple, leurs parents se sont-ils mariés parce qu'ils attendaient un enfant ?

À quel milieu social appartenaient-ils à la naissance ? Étaient-ils riches, pauvres, ou issus de la classe moyenne ? Quelles sont les circonstances historiques (par exemple : guerres, crises économiques, immigration, discrimination raciale) qui ont pu avoir des effets tangibles sur leur vie ? Leur enfance a-t-elle été marquée par quelque traumatisme – maladie prolongée, hospitalisation, accident grave, mort d'un parent, d'un frère ou d'une sœur, meurtre ou suicide d'un membre de la famille ? Quels diplômes ont-ils obtenus ? Ce sont des détails importants, car les mésalliances ont souvent un lien direct avec certains secrets, comme le montre bien l'union contractée par John Jeder, le grand-père paternel de James.

De quelle façon vos grands-parents furent-ils élevés ? Dans la sévérité ? Dans le laxisme ? Qui s'est occupé d'eux ? De quelle façon ont-ils élevé vos parents ?

Les anniversaires

Lorsqu'on étudie une carte familiale, il est important d'examiner aussi les anniversaires. Certaines questions épineuses appartenant au passé refont souvent surface au moment des anniversaires.

Ainsi, chaque année, vers la mi-octobre, et cela sans raison apparente, Mildred, l'une de mes patientes, traverse une profonde dépression. Par la suite, j'ai appris que sa mère était morte subitement au début d'octobre, quand Mildred avait quatre ans. Mildred n'a jamais réellement accepté la mort de sa mère, et sa dépression est la réactualisation de ce deuil non assumé.

La réaction d'une personne à certaines dates anniversaires peut signaler l'existence de quelque traumatisme familial non résolu et lié à un décès, à quelque période transitoire, comme le divorce des parents, ou encore lié au placement en institution d'un membre de la famille, à la perte d'un emploi, à la retraite ou à certains changements qui surviennent, de façon cyclique, dans la vie de chacun, par exemple quand les enfants quittent la maison. Voilà autant d'indices susceptibles de révéler l'existence de secrets entraînant un dysfonctionnement familial ou personnel.

Les mariages

Chez vos ancêtres, les couples étaient-ils très unis? Il y a fort à parier que leurs unions furent de type soit traditionnel, soit fusionnel. Ainsi en allait-il du mariage à l'époque, dans le système patriarcal. De tels couples se caractérisent par une absence de vie intime, qui laisse un vide. Les enfants sont souvent enfermés dans des relations triangulaires avec leurs parents. Les enfants peuvent être emprisonnés dans la « vie fantasmée » de l'un ou l'autre parent. Dans la famille Jeder, les alliances entre générations contractées par les parents se sont révélées très néfastes pour les enfants.

Certaines pressions sociales ou religieuses ont-elles conduit à un mariage prématuré à la suite d'une grossesse? Autrefois, les unions contractées à la suite d'une grossesse, les enfants adultérins ou confiés à l'adoption étaient autant de ténébreux secrets. L'un de vos grands-parents a-t-il eu un enfant illégitime ou un enfant né d'un précédent mariage – enfant qu'il aurait peut-être confié secrètement à l'adoption ? Bon nombre de mes patients se sont découvert un demi-frère ou une demi-sœur après le décès de l'un ou l'autre de leurs parents. Certains l'avaient appris alors que leurs parents étaient encore vivants. Choqués, ils avaient le sentiment d'avoir été trahis et se disaient incapables de faire encore confiance à leurs parents. « S'ils ont été capables de me mentir au sujet de mon frère ou de ma sœur, quels autres mensonges m'ont-ils racontés ? » se disaient-ils.

J'ai également reçu en consultation plusieurs personnes qui avaient l'impression que leur frère ou leur sœur aînés étaient différents du reste de la famille. Invoquant le secret professionnel, il arrivait souvent que la mère m'avouât alors qu'elle était enceinte au moment de son mariage et que le père de son enfant n'était pas son fiancé. Ce sont là des sujets très délicats, et je ne peux que vous inciter à la plus grande prudence au moment de les aborder.

La sexualité

La sexualité est de loin le domaine de prédilection des ténébreux secrets. En matière de sexe, nous avons derrière nous des siècles d'hypocrisie et de langage ambigu. L'inceste et le viol entre conjoints furent longtemps de ténébreux secrets.

Autrefois, certains aspects répréhensibles de la conduite sexuelle des parents par rapport aux enfants – caresses équivoques, stimulation sexuelle excessive, voyeurisme et harcèlement sexuel – n'étaient même pas considérés comme des actes fautifs. On appelle *caresses équivoques* les baisers répugnants et les touchers à caractère sexuel. *La stimulation sexuelle excessive* est le résultat d'alliances entre générations encouragées par les problèmes sexuels de l'un des parents. Ce parent peut se montrer impudique, avoir des tendances à l'exhibitionnisme, ou établir une relation presque amoureuse avec son enfant. *Le voyeurisme* résulte d'un intérêt excessif manifesté par l'un des parents à l'endroit des organes génitaux de l'enfant ou de la violation de la pudeur de l'enfant.

Si votre famille présente des cas de ce genre, certaines anecdotes sauront vous mettre la puce à l'oreille. Les propos qui suivent peuvent être *éventuellement* un indice que tel ou tel membre de la famille était un exhibitionniste ou qu'il a pu se rendre coupable de sévices sexuels. Ainsi : « Il adorait les femmes et les chevaux. » « C'était un philanthrope. » « C'était un vieux dégoûtant. » « Sur les questions de sexe, ton grand-père était terrible. » « Il l'a installée à la place de la mère. » « Elle a fait promettre à son fils de ne jamais se marier afin qu'il puisse s'occuper d'elle. »

Tout propos excessif peut être un drapeau rouge signalant l'existence de lourds secrets. Vous aurez peut-être une idée du comportement sexuel secret de vos grands-parents si vous vous demandez ce qu'ils n'auraient *jamais* fait dans ce domaine. Vous aurez peut-être accès à leurs fantasmes ou au côté refoulé de leur vie sexuelle si vous vous demandez ce qui pourrait les horrifier à ce sujet. Certains membres de la famille peuvent avoir repris à leur compte, inconsciemment, les fantasmes sexuels secrets de leurs grands-parents. Vous aurez sans doute une meilleure idée des ténébreux secrets de vos grands-parents si vous vous intéressez aux ténébreux secrets de la génération de vos parents.

La religion

Quels furent les antécédents religieux de vos grands-parents ? Étaient-ils d'authentiques croyants, ou faisaient-ils semblant ? Ou encore étaient-ils plutôt indifférents, et n'allaient-ils donc à l'église ou au temple que «parce qu'il le fallait bien» ? Très tôt, les enfants *savent* ces choses. Étaient-ils très stricts et inquisiteurs en matière de religion ? Faisaient-ils preuve de laxisme quand il s'agissait d'eux-mêmes, tout en exigeant de leurs enfants qu'ils se conforment aux préceptes de la foi ?

L'ethnie

L'origine ethnique de vos grands-parents fut peut-être une source de force et de fierté, mais elle peut également fournir les éléments d'une meilleure compréhension des dessous équivoques de la famille. Le fait d'être un étranger, de pratiquer une religion qui soit différente de celle que pratique le reste de la société ou d'avoir la peau d'une autre couleur que celle de la majorité des gens peut avoir eu des effets marquants sur la famille. À l'époque où vivaient les arrière-grands-parents de James, les immigrants irlandais étaient considérés comme une race inférieure par bon nombre d'Américains de souche. Comme nous le verrons, les origines très modestes de Sheila McCord ont eu des répercussions sur les gens de la génération de James.

Échecs et réussites

Officiellement, la famille Jeder peut s'enorgueillir d'un certain nombre de réussites. Elle compte un arrière-grand-père juge et un autre millionnaire, self-made-man et philanthrope. Il n'empêche que cette famille cache plusieurs ténébreux secrets.

La réussite fait souvent oublier bon nombre de manquements. La plupart du temps, les gens ont du mal à croire que le même homme, à qui tout a réussi, puisse être un personnage de moralité douteuse ou qui a commis des gestes criminels.

D'autre part, la colère, la dépression ou le sentiment d'isolement éprouvés par un membre de la famille peuvent s'expliquer par son incapacité à se conformer à certains critères culturels de réussite. Ainsi, pour la génération de mes parents, qu'une femme doive travailler à l'extérieur était souvent perçu comme une forme de déchéance du mari. Les hommes étaient censés assurer le gagne-pain de la famille, et une épouse qui travaillait manifestait de façon humiliante l'incapacité de son mari à subvenir adéquatement aux besoins de sa famille.

Les questions financières

Que cela nous plaise ou non, l'argent est un gage de succès dans notre culture. Plusieurs hommes ont secrètement honte de leur piètre réussite financière. En revanche, l'argent et le succès peuvent susciter envie et rivalité au sein des membres d'une même famille. Je connais bon nombre de familles brouillées à jamais pour des questions d'héritage.

Les saints

Votre grand-mère ou votre grand-père étaient-ils idéalisés au point d'en faire une sainte ou un saint? On peut penser que les saints de votre famille se révéleront, à l'examen, d'excellentes personnes, mais on n'est pas obligé de croire pour autant qu'ils seront canonisés demain par l'Église catholique! Le comportement des gens considérés comme des « saints » est rarement remis en question.

Les saints doivent souvent leur réputation aux souffrances qu'ils ont endurées. Les longues souffrances seraient un gage de sainteté.

La mère d'Olive s'est retrouvée enceinte à l'âge de seize ans; cédant aux pressions religieuses de sa famille, elle a épousé le père de son enfant (un joueur compulsif, totalement irresponsable). Quatorze mois après son mariage, elle mit au monde un deuxième enfant – cette fois encore, en raison d'interdits religieux en matière de contraception. Six mois après la naissance de son fils, le père d'Olive abandonna son épouse. Il la laissa sans nouvelles et sans ressources financières pendant dix ans.

Olive se souvient qu'on parlait constamment de sa mère comme d'une sainte femme, qui avait élevé seule ses deux enfants. Olive se souvient des humiliations que sa mère lui faisait subir. Elle a toujours eu l'impression que sa mère la détestait. Olive et son frère ont fait tout ce qu'ils pouvaient pour atténuer les « souffrances de leur pauvre mère ».

En réalité, la mère d'Olive n'avait rien d'une sainte. Elle ne faisait que payer le prix de sa propre curiosité sexuelle, de l'ignorance dans laquelle sa mère l'avait laissée sur ces questions et de la sévérité de sa famille en ce qui a trait à la morale sexuelle et à la contraception.

L'un de vos grands-parents avait-il particulièrement mauvaise réputation ? Du côté paternel, la grand-mère de James, Sheila McCord, répondait tout à fait à cette description ! Mais vous verrez dans un instant que cette femme avait également beaucoup souffert et qu'elle portait en elle une douleur que personne n'avait pu atténuer. Un jour abandonnée, l'autre jour rejetée, elle n'a jamais trouvé quelqu'un qui puisse l'aider à surmonter sa douleur.

Dans une famille, les moutons noirs et les « originaux » portent souvent en eux quelque tragique et ténébreux secret. Ce sont souvent ceux-là mêmes qui mesurent à quel point la famille est devenue dysfonctionnelle, et ils prennent la décision de s'en aller.

Existe-t-il l'un ou l'autre de vos grands-parents dont on ne parle jamais ? Quelle est la considération sociale dont jouissent vos grands-parents ? Certains vieux amis ou d'anciennes relations d'affaires peuvent laisser filtrer quelque renseignement. Je me souviens d'une femme profondément humiliée lorsqu'elle découvrit que les fameuses « vacances d'été » que sa grand-mère passait au chalet familial n'étaient en réalité qu'une suite de sordides aventures avec les hommes du voisinage, qui s'en vantaient ensuite au pub.

La mort

Arrêtez-vous aux décès dont on ne sait rien. Voyez si vous ne pouvez pas recueillir certains renseignements sur ces mystérieux décès. Ils cachent peut-être un suicide ou quelque autre ténébreux secret.

QUELQUES AUTRES SUGGESTIONS

Dessiner une maison

Dessiner la maison de vos grands-parents peut se révéler utile, de même qu'essayer de vous imaginer en train d'en parcourir les pièces. L'accès de l'une d'entre elles vous était peut-être interdit. Si oui, pourquoi ? Qui dormait où ? L'une de mes patientes se souvient que son grand-père maternel dormait au grenier « parce qu'il ronflait », tandis que sa grand-mère dormait un étage au-dessous, dans une jolie chambre.

Un autre exemple est celui de deux frères venus me consulter. Âgés d'environ vingt ans, ils avaient été arrêtés pour attentat à la pudeur. Ils se souvenaient d'avoir commencé à pratiquer la sodomie à l'âge de onze ans. Une telle conduite sexuelle déviante à cet âge est souvent le signe de violences sexuelles.

Jusqu'à l'âge de treize ans, les garçons passèrent tous leurs étés à la ferme de leurs grands-parents. Après avoir dessiné cette maison, les deux frères se rappelèrent qu'on leur avait interdit l'accès à certaines parties mystérieuses de la grange. Puis l'un deux se rappela avoir été caressé de façon équivoque par sa grand-mère. Plus tard, ils apprirent que leur grand-père avait été arrêté pour attentat à la pudeur.

L'analyse des contraires

Si vous avez le souvenir de vos grands-parents, écrivez dix phrases qui décrivent chacun d'eux. Puis, écrivez le contraire de ces phrases et efforcez-vous de démontrer de la manière la plus convaincante possible que ce trait opposé caractérise tout aussi bien votre grand-père ou votre grand-mère. Répétez l'opération avec chacun des membres importants de votre famille. Ce peut être là une façon particulièrement efficace de découvrir des secrets, car les sujets que les gens refusent d'aborder ou évitent peuvent concerner précisément leurs secrets. Comme l'écrit Sam Keen : « Les craintes, les interdits d'une génération et ses indignations sont transmis à la génération suivante sous une forme tacite. »

Voici quelques autres questions que vous pouvez vous poser à vous-même ou dont vous pouvez discuter avec votre sœur, votre frère, vos oncles ou vos tantes.

Quels sujets était-il interdit d'aborder quand il était question des grands-parents ? Comment le savais-tu ?

Qu'est-ce qui scandalisait ta grand-mère ?

Quel geste était-il impensable que ton grand-père puisse avoir commis ? Pourquoi ?

Quels gestes est-il impensable que tes grands-parents aient faits durant leur mariage ? Pourquoi ?

Propos, mythes et anecdotes

Quels propos votre grand-père paternel ou maternel se plaisait-il à répéter ? Pouvez-vous dresser la liste des expressions favorites de l'un et l'autre ? Procédez de même avec votre grand-mère maternelle ou paternelle.

Pouvez-vous dresser la liste des dix préceptes de votre grand-père ou de votre grand-mère ?

Vous souvenez-vous de certaines anecdotes que vous racontait votre grand-mère ou votre grand-père ? Quel sens caché peuvent-elles avoir ?

Par exemple, j'ai une patiente dont la grand-mère racontait souvent qu'un soir d'Halloween ses frères lui avaient fait tellement peur qu'elle avait fait une crise d'hystérie et qu'on avait dû la conduire à l'hôpital. Ma patiente avait toujours pensé qu'il manquait quelque chose à cette histoire. Elle entreprit de fouiller le passé de sa grand-mère. Le frère de cette dernière, soit le grand-oncle de ma patiente, était toujours vivant, et il accepta de l'aider. Il lui apprit que son père, soit l'arrière-grand-père de ma patiente, était un alcoolique qui, pendant des années, avait violé sa fille. Un jour, on avait dû la conduire à l'hôpital à la suite d'une déchirure du vagin et de certains traumatismes psychologiques dont il était le responsable.

La grand-mère de ma patiente croyait à la version Halloween de son histoire. En réalité, cette version était ce qu'on appelle un *souvenir-écran*. Il arrive souvent que la victime se dissocie d'un événement susceptible de lui causer un trop grand traumatisme. La dissociation est un moyen de défense qui permet à la personne de s'abstraire de son corps et de se dissocier du drame qui a lieu. Les victimes décrivent souvent la dissociation comme la sensation de flotter au-dessus de la scène et d'observer l'épisode en cours comme un témoin impartial. La victime peut développer une amnésie concernant l'ensemble de l'événement ou seulement certains de ses aspects. Un nouveau souvenir, plus tolérable à ses yeux, remplacera l'ancien.

Certaines anecdotes qui paraissent incomplètes ou dont le récit vous laisse un doute persistant peuvent être parsemées de souvenirs-écrans. Mais avant de tirer quelque conclusion que ce soit, il est important de procéder à des recoupements. De nombreux autres faits vinrent ainsi corroborer les découvertes de ma patiente. Sa grand-mère souffrait d'agoraphobie et avait d'autres symptômes désignant l'inceste. La mère de ma patiente reconnut qu'elle avait été violée par son père, tout comme trois de ses sœurs. Son frère, qui vivait toujours, confirma le crime de son père.

Quand les histoires semblent complètes, interrogez-vous sur le *message* qu'elles cherchent à transmettre. Pourquoi choisit-on de dire et de répéter ces anecdotes, *et celles-là en particulier*? Ont-elles un caractère moral – qui amplifie et polarise la vie humaine d'une façon surhumaine? Il est alors possible que ces anecdotes servent à camoufler certains éléments de honte dans votre famille.

Les plaisanteries

Quelles plaisanteries racontées par votre grand-père ou par votre grand-mère vous rappelez-vous? Quelle était leur blague préférée? Étaient-ils du genre à raconter des « histoires salaces »? Si oui, qu'est-ce qui semblait choquant?

L'un de mes patients se souvient que, dans sa famille, les blagues tournaient toujours autour de la salle de bains, avec des histoires d'étrons et de pets. Le même homme se rappela qu'il avait très peur d'aller à la selle et d'y être surpris sans égard pour sa pudeur. Avant d'aller aux toilettes, il allait voir les membres de sa famille et demandait à chacun de ne pas entrer dans la salle de bains pendant qu'il y serait. De plus, il avait ce fantasme, masochiste, qu'une femme défèque sur lui. Il n'arrivait à être excité sur le plan sexuel qu'en faisant appel à ce genre de fantasmes. Il en vint à comprendre que sa grand-mère et sa mère détestaient les hommes. Plus tard, il apprit qu'elles avaient toutes deux été violées par leur grand-oncle. Ni l'une ni l'autre n'avaient réussi à surmonter le dégoût rageur de la sexualité qui en avait résulté. Mon patient pensait que les deux femmes l'avaient violé, par pénétration anale, à l'époque où il faisait ses premiers pas. Sa mère admit qu'elle détestait le changer de couches et qu'elle lui mettait le nez dans sa couche sale, histoire de lui enseigner la propreté! Voilà comment le type d'humour pratiqué dans cette famille a permis de révéler l'existence de certains ténébreux secrets.

Les scènes écrites

L'écriture est un excellent moyen de renouer avec certaines émotions et certains souvenirs douloureux. Choisissez cinq épisodes qui vous semblent particulièrement importants et dans lesquels figurent vos grands-parents paternels, soit en tant que couple, soit en tant qu'individus, et transcrivez ces épisodes avec le plus de détails possible. Prenez-vous peu à peu conscience de quelque chose en écrivant? Répétez l'opération avec vos grands-parents maternels.

L'exercice de synthèse

Après avoir consacré quelque temps à ces exercices, faites le bilan de vos réactions :

Ces exercices ont-ils suscité chez vous une réaction physique significative? Vous sentiez-vous tendu, avec une douleur à la nuque ou dans le dos? Aviez-vous mal à la tête ou l'estomac barbouillé? Ressentiez-vous des étourdissements? L'apparition de symptômes physiques peut signaler l'existence d'un fait qui mérite attention. Votre corps est peut-être en train de vous dire quelque chose. Tout traumatisme laisse son empreinte sur le corps. Le corps se souvient. Par conséquent, soyez attentif aux émotions fortes que vous ressentez pendant ou après les exercices. Vous avez peut-être ressenti la même émotion quand vous étiez enfant, mais vous n'aviez alors pas le droit de l'exprimer.

Vous voudrez peut-être noter les rêves que vous ferez dès que vous aurez commencé ces exercices ou peu de temps après les avoir terminés. Les images apparues en rêve sont autant de moyens mis à la disposition de l'esprit pour exprimer d'anciennes blessures.

Enfin, prenez soin de noter toute intuition ou toute évidence nouvelle qui s'imposerait à vous. Si vous avez soudain une idée, écrivez-la et jonglez un peu avec cette nouvelle possibilité. Si aucune donnée ne vient en confirmer le bien-fondé, *oubliez-la*.

LE GÉNOGRAMME DES GRANDS-PARENTS

Ayant complété ces exercices, vous voilà prêt à dessiner le génogramme de vos grands-parents. Fort heureusement, vous avez recueilli bon nombre de renseignements qui vous serviront à tracer votre carte familiale.

Commençons par vos grands-parents paternels. Sur le génogramme, inscrivez la date de naissance de votre grand-père paternel, la date et les circonstances de sa mort, le niveau de ses études, sa profession et tout problème connu. Ajoutez tout autre fait qui vous semble pertinent. Passez maintenant du côté de votre grand-mère paternelle, puis faites de même avec les grands-parents maternels.

L'abandon pour tout héritage

John Jeder, le grand-père paternel de James Jeder, était un homme d'affaires prospère. (Voir le tableau 6-4.) Il gagna beaucoup d'argent en spéculant à la Bourse et prit sa retraite au milieu des

TABLEAU 6 – 4

LES GRANDS-PARENTS PATERNELS

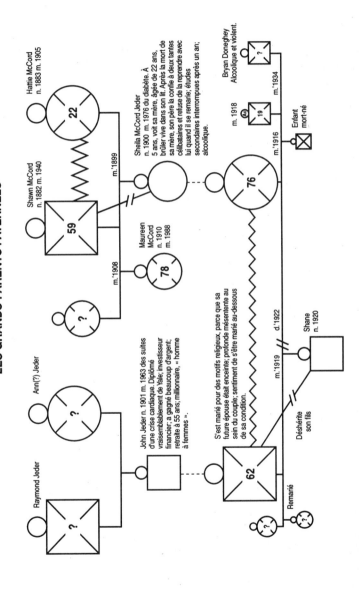

Raymond Jeder

Ann (?) Jeder

Shawn McCord
n. 1882 m. 1940

Hattie McCord
n. 1883 m. 1905

m.1899

m.1908

Maureen
McCord
n. 1910
m. 1988

78

John Jeder n. 1901 m. 1963 des suites
d'une crise cardiaque. Diplômé
vraisemblablement de Yale; investisseur
financier; a gagné beaucoup d'argent;
retraite à 55 ans; millionnaire, « homme
à femmes ».

Sheila McCord Jeder
n. 1900 m. 1976 du diabète. À
5 ans, voit sa mère, âgée de 22 ans,
brûler vive dans son lit. Après la mort de
sa mère, son père la confie à deux tantes
célibataires et refuse de la reprendre avec
lui quand il se remarie; études
secondaires interrompues après un an;
alcoolique.

m. 1918

m. 1934

Bryan Doneghey
Alcoolique et violent.

19

m.1916

76

Enfant
mort-né

S'est marié pour des motifs religieux, parce que sa
future épouse était enceinte; profonde mésentente au
sein du couple; sentiment de s'être marié au-dessous
de sa condition.

m.1919

d.1922

Shane
n. 1920

Déshérite
son fils

Remarié

années cinquante, mais ce devait être pour mourir prématurément d'une crise cardiaque à l'âge de soixante-deux ans. James n'a jamais connu son grand-père ; par la suite, il a beaucoup souffert du fait que son grand-père n'avait jamais voulu le voir ni même avoir le moindre lien avec lui.

À plus de trente ans, en feuilletant l'album de son père, James tomba un jour sur une photo de son grand-père. C'était la première fois qu'il le voyait. Une telle ressemblance lui sembla à peine croyable : il était le portrait craché de son grand-père ! Shane, son père, lui expliqua que ses grands-parents avaient divorcé quand James avait deux ans. Ils s'étaient mariés parce que sa grand-mère était enceinte de Shane. Son devoir, dicté par la religion, ordonnait à John Jeder d'épouser Sheila McCord, mais, comme ses parents, il avait vu dans cette union une mésalliance.

Shane raconta à James qu'une fois, à l'âge de sept ans, il avait tenté de voir son père. Il avait fait une fugue et pris un car qui l'avait conduit en Arkansas, où John Jeder vivait alors. Mais celui-ci n'avait rien voulu savoir de son fils et l'avait sur-le-champ ramené à la gare.

Shane dit à James que son arrivée semblait avoir embarrassé son père. Il ajouta qu'il l'avait surpris alors qu'une fête battait son plein dans le salon pavoisé aux couleurs de Yale, ce qui lui donnait à penser que son père avait été diplômé de cette université, même s'il n'avait jamais vérifié la chose. Cinq ans plus tard, les avances de Shane furent de nouveau repoussées quand il téléphona à son père pour le supplier de le recevoir.

Le dernier acte de la tragédie eut lieu à la mort de John Jeder. Shane raconta à James qu'il avait appris la mort de son père dans les journaux. Shane se rendit à ses funérailles, où on lui déclara que M. Jeder n'avait pas de fils. Shane insista cependant pour assister à la cérémonie. Plus tard, il apprit que le testament de son père ne disait pas un mot de son existence. À cette époque, Shane buvait déjà beaucoup et il avait une piètre estime de soi. Il raconta à James qu'il avait préféré se saouler, estimant que se battre pour récupérer sa part d'héritage n'en valait pas la peine. C'était là un comportement typique de Shane, dont l'agressivité était refoulée.

Mariage à la suite d'une grossesse

James en savait davantage sur Sheila McCord, sa grand-mère paternelle, qu'il a fréquentée pendant toute son enfance. James se souvient surtout de son alcoolisme. Quand Sheila buvait, elle devenait agressive, cherchait la bagarre, se mettait en colère ou éclatait en sanglots. James n'éprouvait à son égard aucune espèce d'affection.

Très jeune, Sheila fut une enfant rebelle, à problèmes. À seize ans, elle s'enfuit avec un garçon du voisinage et l'épousa. Il est vraisemblable qu'elle était alors déjà enceinte. Sheila mit au monde un enfant mort-né. Son mari mourut électrocuté deux ans plus tard, dans un accident de travail. En guise de dédommagements, Sheila reçut 60 000 $ des assurances. En 1918, c'était une grosse somme. Elle commença à boire et se laissa vivre pendant deux ans. De mœurs légères, elle chercha à se faire admettre dans la haute société. C'est ainsi qu'elle rencontra John Jeder, le grand-père de James. Ils eurent une liaison, elle tomba enceinte, ils se marièrent et Shane vint au monde. En se mariant alors qu'elle était enceinte, elle réactualisait le schéma de sa naissance tel que l'avaient vécu son père et sa mère. James devait répéter le même schéma avec les deux femmes qu'il épousa par la suite.

Après que John Jeder eut divorcé de Sheila en abandonnant son fils, la jeune femme réintégra son milieu. Elle avait dépensé la moitié de sa fortune avant son mariage avec John. Elle mena une vie dissolue pendant encore dix années, traînant Shane dans les bars et ramenant à la maison de nombreux amants. Shane avait douze ans quand sa mère finit par se remarier, cette fois avec Bryan Doneghey, Irlandais alcoolique et violent. Shane raconta à James certaines scènes pénibles quand il rentrait à la maison, alors que son beau-père, debout dans la cuisine, brandissait un couteau de boucher en menaçant de le tuer.

Après la mort de Doneghey, Sheila se tourna vers Shane et ne le quitta plus. Elle l'appelait presque tous les jours et le harcelait d'exigences et de critiques. Elle ne lui permit jamais de couper le cordon ombilical, et Shane subit les profondes séquelles du piège qu'avaient été pour lui les liens maternels.

Les maladies de la grand-mère

James se souvient de sa grand-mère maternelle, Josephine O'Hern, comme d'une jolie femme, à la religion sévère, souvent malade et à qui il était déjà arrivé de s'enfuir de la maison. La récurrence de certaines maladies peut vous mettre sur la piste de secrets de famille. (Voir le tableau 6-5.)

Il va de soi qu'une maladie peut avoir des causes réelles, d'origine virale ou biologique, mais elle peut être aussi le symptôme d'un mal plus profond. Nous avons vu que les victimes de sévices sexuels ou émotionnels graves se défendent souvent par une insensibilité à la douleur. L'inhibition de la souffrance peut prendre plusieurs formes. L'une de celles-ci consiste à convertir la douleur émotionnelle en troubles somatiques ou en maladie chronique. Notre corps est fait pour être en santé et non pour connaître la maladie. La personne qui est souvent malade sans que l'on puisse identifier la nature de sa maladie ou diagnostiquer un problème physiologique quelconque est sans doute en train de traduire en dérèglement d'origine somatique la souffrance qui naît de toute forme de violence sexuelle ou émotionnelle. James Jeder ne pouvait pas savoir hors de tout doute que Josephine, sa grand-mère, avait été violée. Il présuma qu'elle l'avait été, après avoir reçu les confidences de sa mère sur Milton O'Hern et sur les frères de Josephine.

James se souvient également de sa grand-mère comme d'une personne prude et asexuée. Cette catholique pratiquante avait pour les hommes qui, ironisait-elle, se laissaient mener par leurs organes génitaux, une méfiance voisine du mépris. Elle évoquait souvent la sexualité comme une croix que la femme devait porter. Ce qui ne l'empêchait pas d'être dévouée et soumise à Donald, son mari, à qui elle cherchait toujours à plaire. Avec le temps, elle fut affligée de diverses maladies qui l'obligèrent à garder le lit. Finalement, les médecins diagnostiquèrent un cancer du côlon, qui l'emporta quelques mois plus tard.

TABLEAU 6-5

LES GRANDS-PARENTS MATERNELS

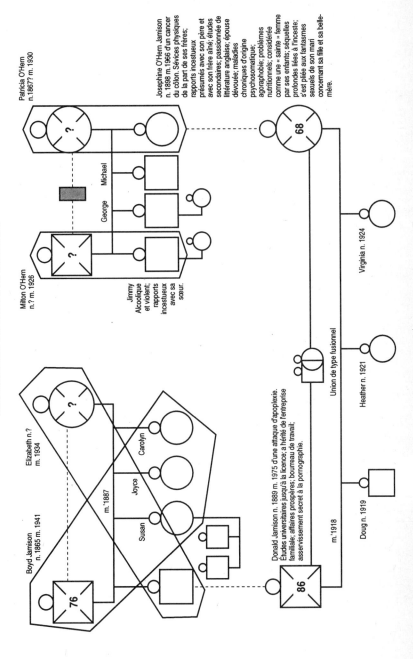

Patricia O'Hern
n.1867? m. 1930

Milton O'Hern
n.? m. 1926

George   Michael

Jimmy
Alcoolique
et violent;
rapports
incestueux
avec sa
soeur.

Elizabeth n.?
m. 1934

Boyd Jamison
n. 1865 m. 1941

m.¹1887

Susan   Joyce   Carolyn

76

Donald Jamison n. 1889 m. 1975 d'une attaque d'apoplexie.
Études universitaires jusqu'à la licence; a hérité de l'entreprise
familiale; affaires prospères; bourreau de travail;
asservissement secret à la pornographie.

Josephine O'Hern Jamison
n. 1898 m.1966 d'un cancer
du côlon. Sévices physiques
de la part de ses frères;
rapports incestueux
présumés avec son père et
avec son frère aîné; études
secondaires; passionnée de
littérature anglaise; épouse
dévouée; maladies
chroniques d'origine
psychosomatique;
agoraphobie; problèmes
nutritionnels; considérée
comme une « sainte » femme
par ses enfants; séquelles
profondes liées à l'inceste;
s'est pliée aux fantasmes
sexuels de son mari
concernant sa fille et sa belle-
mère.

68

Union de type fusionnel

m.¹1918

Doug n. 1919

Heather n. 1921

Virginia n. 1924

86

Les fantasmes secrets du grand-père

Donald Jamison, qui a hérité du quart de la fortune de son père évaluée à quinze millions de dollars, a dirigé l'entreprise familiale pendant vingt-cinq ans.

Donald et Josephine ont eu trois enfants : Doug, Heather (la mère de James Jeder) et Virginia. Tout en se disant agnostique, Donald accepta d'élever ses trois enfants dans la religion catholique.

Doug, l'aîné, était homosexuel ; il ne fut jamais à la hauteur des espérances de son père, même si, pendant des années, il s'efforça de se tailler une place au sein de l'entreprise familiale. Son père le congédiait périodiquement, puis le réembauchait. Doug était son souffre-douleur.

Heather, la mère de James, était plutôt jolie ; très vite, elle devint la préférée de son père. D'un naturel réservé, elle paraissait insensible. Mais vers le milieu de l'adolescence, elle se mit à « extérioriser », par son comportement sexuel, les secrets de la famille. Sous des apparences prudes et modestes se cachait, de toute évidence, une formidable séductrice. Je reviendrai sur ce sujet au chapitre 8, alors que nous parlerons des ténébreux secrets de la mère.

James se souvient que Heather passait des heures en compagnie de Josephine, sa mère, qu'elle considérait comme une « sainte femme ». Durant les derniers mois de sa maladie, Josephine avoua à Heather l'existence, chez Donald, de certaines lubies sexuelles auxquelles elle avait accepté de se soumettre durant les trente-cinq années de leur mariage.

On se souviendra qu'à la mort de Boyd, son père, Donald Jamison avait découvert dans un coffre-fort une imposante collection de films pornographiques. Il devint lui aussi consommateur assidu de ce genre de films et exigea de Josephine qu'elle se soumette à certaines des pratiques sexuelles mises en scène dans ce genre de films. Certains couples utilisent les films pornos comme piment dans leur vie sexuelle, mais Josephine se sentait profondément humiliée d'être obligée d'agir ainsi. Donald ajouta certaines bizarreries sexuelles de son cru, comme James devait plus tard le découvrir.

LES GRANDS-TANTES ET LES GRANDS-ONCLES

Les renseignements recueillis par James sur les autres membres de sa famille du côté maternel se résumèrent à peu de chose. Sa mère lui dit que les taquineries de Jimmy O'Hern à l'endroit de Josephine, sa sœur, étaient beaucoup plus que des taquineries, et qu'un jour il avait été puni pour lui avoir demandé de faire avec lui certaines choses « amusantes », bien évidemment à caractère sexuel. James en a gardé un vague souvenir, qu'il n'a jamais cherché à préciser. Mais de telles histoires ne sont jamais dépourvues de fondement. À l'âge adulte, Jimmy devint alcoolique et violent. George, le grand-oncle de James, mourut, prématurément miné par l'alcoolisme, à l'hôpital des vétérans, avant d'avoir atteint son cinquante-cinquième anniversaire. Tous les frères O'Hern moururent avant d'atteindre l'âge de soixante ans.

Sa tante Virginia confirma à James que Susan, sa grand-tante, avait eu des rapports incestueux avec Boyd Jamison, son père. (Voir le tableau 6-5.) De plus, elle raconta qu'une autre grand-tante de James, Carolyne, avait l'habitude de protester contre les marques d'affection que lui prodiguait son père, en disant qu'elle avait horreur de ses baisers « mouillés » et qu'elle ne supportait pas sa présence. À l'époque où James recueillait les renseignements qui lui permettraient de dessiner le génogramme familial, sa tante Virginia fit une « dépression nerveuse ». La dépression survint, tandis qu'elle remuait toutes ces choses, y compris les sévices que Boyd, son grand-père, lui avait fait subir. Maureen, la grand-tante de James, qui était également la demi-sœur de Sheila Jeder, lui raconta un jour la fin tragique de son arrière-grand-mère, qui avait mis le feu à son lit alors qu'elle était en état d'ébriété avancé. Un autre jour, elle avoua qu'elle n'avait jamais compris pourquoi son père avait rejeté Sheila. Elle dit à James qu'elle avait l'impression qu'il la tenait en quelque sorte responsable de la mort de sa femme.

Parvenu à cette étape de votre recherche, vous devriez pouvoir constituer un génogramme faisant état de tout ce que vous savez sur vos ancêtres.

Vous avez peut-être déjà compris que vos problèmes ou vos secrets ont aussi été ceux des générations précédentes. Le prochain chapitre vous permettra de raffiner le tableau en vous penchant sur la vie de vos parents.

CHAPITRE 7

LES TÉNÉBREUX SECRETS
DE VOTRE PÈRE

*Même si je déteste mon père, j'exprime ma haine avec éloquence,
en imitant sa vie, en me révélant de plus en plus inapte dans la
vie quotidienne et en réalisant toutes les funestes prophéties de
ma mère sur notre sort à tous les deux.*

Pat Conroy, *The Prince of Tides*

*Pour l'enfant, il n'est de besoin plus impératif que celui d'être
protégé par son père.*

Sigmund Freud

*La mort, qui m'a privé de mon père, n'a jamais mis fin aux
liens qui m'unissaient à lui – c'est là un secret dont je n'avais
jusqu'alors pas très bien mesuré l'importance.*

Frederick Buechner, *Telling Secrets*

Richard, qui souffre beaucoup de son obésité et de son visage criblé
de taches de rousseur, se décrit lui-même comme quelqu'un de
« parfaitement laid ». Richard a profondément honte de lui-même.
Aux taquineries de ses camarades et des membres de sa famille, il
répond par l'isolement et par un travail intellectuel acharné. Enfant,
Richard était plutôt brillant ; avec les années, il l'est devenu davantage. Il compensa le mépris qu'il ressentait pour lui-même par un
mépris des ignorants. Il tenait pour futiles toute amitié ou toute

forme de vie sociale, qu'il qualifiait de perte de temps. Au collège, il fit la connaissance d'une jeune fille, dont l'intelligence lui semblait présenter des affinités avec la sienne, et qui avait les mêmes problèmes d'obésité et de laideur. Ils se marièrent et eurent deux enfants, un garçon et une fille.

Ses enfants étaient plutôt mignons, mais Richard leur transmit néanmoins le système de défense intellectuel qu'il avait mis au point pour lui-même. Ceux-ci grandirent avec la conviction que l'intelligence était la seule chose qui compte dans la vie. Comme son épouse, Richard ne parlait jamais de ses complexes dus à son apparence physique et aux blessures secrètes reçues pendant son enfance.

Sur le plan intellectuel, les enfants connurent un développement avancé, mais, sur le plan social et émotionnel, ils vivaient dans l'isolement le plus complet. C'est ainsi que Richard et son épouse ne se sont jamais préoccupés d'habiller leurs enfants selon le code vestimentaire adopté par leurs camarades. Quand son fils le supplia de lui acheter le polo et les souliers griffés que portaient ses amis, Richard se contenta de railler : « L'habit ne fait pas le moine. Seul le savoir est important. » Les deux enfants souffraient d'être ainsi tenus à l'écart et ils en vinrent secrètement à penser qu'ils étaient laids, imparfaits et peu désirables. Au collège, le fils de Richard extériorisa, par son comportement, le secret de cette famille : il se jeta à corps perdu dans la drogue, ce qui plus tard l'obligea à faire une cure de désintoxication. Quant à la fille de Richard, elle connut une suite de liaisons amoureuses, toutes marquées par la domination et la violence sexuelle. Richard et son épouse ne comprenaient plus rien. « Ce n'est pas logique que des enfants intelligents, qui ont reçu une excellente éducation, finissent comme ça », me dit la mère lors de notre première séance de thérapie. Avec le temps, toute la famille défila dans mon bureau pour mieux comprendre ce qui se passait. Les deux enfants – devenus entre-temps des adultes – purent ainsi mesurer à quel point le ténébreux secret de Richard avait pesé de tout son poids sur l'ensemble de la famille. Cette prise de conscience leur permit de connaître leurs propres secrets, de rectifier le tir et d'aller de l'avant.

Lors de mes rencontres avec les membres de cette famille, et afin de désigner le processus à l'œuvre dans leur vie, j'ai volontairement emprunté à la psychologue Alice Miller l'expression « logique de l'absurde ». À partir du moment où Richard a compris la *logique* qui sous-tendait le comportement en apparence irrationnel de ses enfants, il ne lui servait plus à rien de nier sa souffrance et il était prêt à faire l'expérience de la vulnérabilité.

L'histoire de Richard montre à quel point le ténébreux secret du père – et cela même au sein d'une famille relativement ordinaire – peut être déterminant dans la vie des enfants. Cette histoire met également en relief l'immense pouvoir des ténébreux secrets qui exercent souvent leur emprise sur plusieurs générations. Dans ce cas-ci, les symptômes du mal furent davantage manifestes chez les enfants de Richard que chez leur père. Chez les enfants, le besoin de protection, de reconnaissance et d'attention est si grand qu'il les met à la merci des défenses psychologiques érigées par leurs parents et des problèmes inconscients de ces derniers.

Même absent, notre père continue d'exercer une grande influence sur notre vie. J'ai eu la chance de me réconcilier avec le mien sur le tard, mais, quand j'étais enfant, mon père n'était tout simplement pas là. C'était un alcoolique et il s'absentait souvent de la maison. Mais je pensais à lui tout le temps et je me demandais où il était et quand il allait rentrer. Quand il avait bu, la peur me figeait sur place. Je n'arrive pas à me rappeler les moments où je n'ai pas eu peur et où je ne me suis pas senti sans protection. Quand j'ai eu douze ans, ma mère et lui ont divorcé et il est parti pour de bon.

Des études cliniques ont montré que, dans les familles où le père est absent, les enfants ont de la difficulté à accepter de différer toute gratification. L'absence du père entraîne souvent la pauvreté et la pénurie, et les enfants cherchent à obtenir tout ce qu'ils peuvent pendant qu'il en est encore temps. Il a également été démontré que l'absence du père entraîne souvent, chez les enfants, un profond sentiment de honte. Ce fut très certainement mon cas. Ma mère m'assurait régulièrement de l'amour de mon père – ce dont je n'étais jamais convaincu, puisque aucun geste de sa part ne venait étayer ses dires. Mon père m'a abandonné ; je devrai toujours vivre avec cette blessure.

LE SOUVENIR DE VOTRE PÈRE

Dans ce chapitre, je vous demanderai d'abord de travailler à la confection du génogramme de votre père biologique. Par la suite, je reviendrai sur le cas de James Jeder et je ferai état de ses découvertes concernant la vie de Shane, son père. Si vous n'avez jamais connu votre père biologique et que vous êtes incapable de recueillir le moindre renseignement à son sujet, concentrez vos efforts sur votre père adoptif, sur votre beau-père ou sur toute personne qui, dans votre vie, se rapproche le plus de la figure paternelle.

S'il vous arrive d'imaginer certaines choses concernant votre père, il vaut la peine de creuser la question, mais soyez très prudent devant des conclusions qui ne reposeraient pas sur des faits. Votre père imaginaire peut représenter une part importante de votre vie intérieure. Vous vous mettrez peut-être en quête d'une personne – amant, patron, ami – qui corresponde à ce père imaginaire et, si votre imagination ne prend pas appui sur la réalité, votre père imaginaire pourrait bien vous causer beaucoup de problèmes.

Votre volonté de connaître réellement celui qui est pour vous à l'origine de la figure paternelle peut également vous aider à découvrir en vous des forces cachées dont vous ne soupçonniez pas l'existence.

Résistez à la tentation de protéger vos parents, car cette attitude pourrait nuire à votre désir sincère de les voir tels qu'ils sont vraiment. Vous avez été formé, et vous continuez de l'être, par la vie que menaient vos parents en réalité : non par ce qu'ils disaient, mais par ce qu'ils faisaient.

Dans l'analyse qui suit, j'insisterai sur votre propre façon de percevoir votre père. Mais il importe également que vous cherchiez des confirmations extérieures à votre perception et que vous soyez prêt à entendre différents points de vue.

Le cas échéant, interrogez vos oncles et vos tantes pour obtenir des renseignements sur votre père. Vous connaissez peut-être l'existence d'un vieil ami d'enfance de votre père. Tentez de le joindre et demandez-lui de vous parler de votre père quand il était jeune. Vous connaissez peut-être certains de ses associés, un ancien patron, ou une personne qui fut son employé. Tous ces gens peuvent se révéler des sources précieuses de renseignements, tant sur sa vie privée que professionnelle. Interrogez votre mère au sujet de votre père. Elle sait souvent des choses qu'enfant vous n'auriez jamais pensé à lui demander – et qu'elle ne vous aurait probablement jamais dites quand vous étiez plus jeune.

Vos frères et sœurs sont peut-être pour vous une source privilégiée de renseignements. N'oubliez pas que chacun, selon le rang qu'il occupe dans la famille, a une façon différente de percevoir les choses. Leur façon de voir peut se révéler tout à fait différente de la vôtre. Complétez ce portrait composite de votre père à l'aide des renseignements qu'ils vous fourniront.

L'image de votre père

Demandez à quelqu'un de vous poser les questions qui suivent, ou enregistrez-les à l'aide d'un magnétophone. Observez une pause d'une minute entre chaque question.

Quel est le souvenir le plus ancien que vous avez de votre père ? Fermez les yeux et remontez aussi loin que vous le pouvez dans votre mémoire. Quel est votre souvenir le plus ancien de la maison où vous viviez avec votre père ? Quels vêtements portait-il ? Que faisait-il ? Quelle impression cela vous faisait-il d'être un enfant dans cette maison, avec votre père ?

Laissez maintenant émerger d'autres souvenirs. Quelle attitude votre père avait-il envers vous ? Comment se faisait-il obéir ? Comment vous montrait-il son affection ? À partir de quel moment avez-vous commencé

à vous occuper de votre père? Qu'est-ce qui vous plaisait le plus chez lui? Qu'est-ce qui vous déplaisait le plus? Comment vous occupiez-vous de votre père? Maintenant, ouvrez lentement les yeux.

Prenez maintenant quelques minutes pour noter :

- Vos réactions physiologiques. Vous sentez-vous tendu, agité, calme? Avez-vous la nausée?
- Toute réaction émotive importante – tristesse, peur, colère, honte, remords, etc.
- Vos désirs et vos souhaits. Avez-vous éprouvé chagrin, déception, frustration, joie?
- Toute nouvelle intuition ou pensée susceptibles d'indiquer la présence d'un secret. Avez-vous découvert chez votre père quelque chose qui ne vous avait pas frappé jusqu'ici?

Complétez chacun des exercices suivants en finissant par l'exercice de synthèse.

Si vous éprouvez certains problèmes de visualisation (ce qui est le cas de beaucoup de gens), essayez de consigner par écrit vos réponses à ces questions sur votre père. Quand vous écrivez, tenez-vous-en à des faits d'ordre sensoriel. N'écrivez pas : « Mon père était un homme heureux »; écrivez plutôt : « J'ai vu le visage de mon père s'éclairer d'un large sourire, et il me regardait en me parlant doucement. »

Même si vous répondez par écrit, n'oubliez pas de conclure par l'exercice de synthèse.

Vous pouvez aussi rassembler le maximum de photos de votre père. Choisissez celles qui vous paraissent les plus significatives, et regardez-les attentivement. Observez-les pendant un certain temps (disons de trois à cinq minutes), puis écrivez spontanément pendant dix minutes. Écrivez tout ce qui vous vient à l'esprit. Répétez l'expérience avec plusieurs photos. Puis relisez ce que vous avez écrit et essayez de dégager, le cas échéant, des thèmes principaux. Faites l'exercice de synthèse.

Les traits de caractère

Nommez cinq traits de caractère positifs chez votre père. (Par exemple, il était bon, gentil, généreux.) Donnez un exemple pour chacun. Nommez cinq traits de caractère négatifs chez votre père. (Il mentait sans arrêt, il était mauvais perdant.) Donnez un exemple pour chacun.

Les préceptes de votre père

Quels étaient les dix commandements de votre père ? Prenez votre temps et dressez-en la liste par écrit. Efforcez-vous de vous souvenir des circonstances qui ont entouré l'énoncé de chacun de ces préceptes – en clair, quand avez-vous entendu votre père exposer pour la première fois ces règles morales ? Quelle adaptation votre père faisait-il des dix commandements bibliques ? Disait-il par exemple : « Tu ne commettras point l'adultère – à moins d'être discret » ?

Quelles étaient les règles de dissimulation mises au point par votre père ? Il ne s'agit pas là de règles verbales, mais de règles à énoncer à partir de son comportement. Par exemple, votre père était peut-être la seule personne de votre famille qui ait le droit de péter sans vergogne. Bien sûr, les choses n'étaient jamais formulées de cette façon, mais c'est ainsi qu'elles se passaient dans votre famille. Pour prendre un exemple moins trivial, disons que votre père pouvait se poser en champion de la démocratie et de l'égalité entre les individus, alors que toute son attitude trahissait sa conviction que votre mère était un être inférieur. Il restait assis, tandis qu'elle s'affairait à son service. Vous saviez pourtant, à l'expression de votre mère, que ce service n'était pas volontaire.

Expressions et blagues favorites

Dressez la liste des expressions favorites de votre père. Vous apprennent-elles quelque chose à son sujet ? Se conformait-il à ses préceptes ? Essayez de l'imaginer en train de faire exactement le contraire de ce qu'il disait, et voyez si cette pensée suscite en vous quelque réaction. Ses adages pouvaient être une sorte de masque. Gary se souvient ainsi que son père, homme religieux et autoritaire, disait souvent que les pénis étaient faits pour aller dans les vagins – et voilà pourquoi les gays et les lesbiennes étaient des gens contre nature. Vers l'âge de trente ans, un ami gay invita Gary à l'accompagner dans un bar gay. Curieux, il accepta. Imaginez son émoi quand il y retrouva son père !

Vous souvenez-vous des blagues favorites de votre père ? (Il n'y en a peut-être qu'une seule qui vous revienne en mémoire.) Les blagues de votre père obéissent-elles toutes à un même modèle ? Qu'est-ce que cela vous apprend ? Par exemple, si votre père, chrétien et de race blanche, faisait constamment des blagues sur les gens de couleur, les gays ou les juifs, cela peut vouloir dire non seulement qu'il avait des préjugés, mais aussi qu'il n'était pas très sûr de son propre statut social ni de son orientation sexuelle.

Espoirs secrets et déceptions

Il se peut que votre père n'ait jamais abordé avec vous certains sujets, par exemple son ressentiment secret envers ses parents, ou la déception que lui a causée votre mère. Derrière ces déceptions se cachent des espoirs secrets, dont certains pouvaient être tout à fait irréalistes. Votre père peut être aussi secrètement déçu de sa propre vie. Il a peut-être le sentiment de n'être jamais allé au bout de lui-même. Son amertume et son cynisme sont peut-être les symptômes de la frustration de ses espoirs.

Peu de gens trouvent le bonheur dans la vie, et très peu d'hommes réussissent à satisfaire aux critères exigeants de succès établis par notre culture. De son propre point de vue, votre père a-t-il connu le succès ? A-t-il gagné beaucoup d'argent ? A-t-il atteint les buts qu'il s'était fixés ? Que savez-vous de ses rêves et de ses désirs ? Est-il devenu l'athlète accompli qu'il voulait être ? Qu'en est-il de son mariage avec votre mère ? Était-il heureux et comblé auprès d'elle ?

Comment avez-vous compensé les déceptions de votre père? Êtes-vous le prolongement de votre père? Avez-vous fait des études au collège parce que lui-même n'en avait pas fait? Êtes-vous devenu médecin, avocat ou ingénieur afin de réaliser son rêve? Qu'avez-vous fait pour venir en aide à votre père quand il était triste et déçu? Réfléchissez bien à ces questions, et écrivez tout ce qui vous vient à l'esprit. Essayez de procéder par associations d'idées à partir d'un thème qui serait « Les déceptions de mon père ».

Les enfants devinent les désirs inconscients des parents et cherchent à les satisfaire. Vous avez sans doute assumé les déceptions de votre père, même s'il ne les a jamais formulées ouvertement. Vous avez peut-être passé votre vie à essayer de vivre la vie qu'il aurait voulu connaître.

Travail et argent

Que pensait votre père du travail et de l'argent? Soyez attentif à déceler les contradictions possibles entre ses propos et ses gestes. Votre père vous a peut-être parlé du travail et de l'argent comme d'un simple moyen pour arriver à ses fins, mais en réalité il leur accordait plus d'importance qu'à la famille ou aux rapports humains. Écrivez les critères de succès tel que le concevait votre père. Comment savez-vous qu'il s'agissait bien de ses critères à lui? De son propre point de vue, a-t-il connu le succès? A-t-il connu le succès du point de vue de *son* père? Votre père jouait peut-être à l'homme qui a réussi, mais vous savez bien qu'il dissimulait ainsi un sentiment secret d'échec.

Que pensait-il de l'argent? Votre père était-il prêt à tout sacrifier pour de l'argent? Vivait-il au-dessus de ses moyens pour donner une impression d'opulence? Avait-il un sentiment secret d'échec parce qu'il n'avait pas beaucoup d'argent? Votre père exigeait-il de la famille qu'elle consente à certains sacrifices, pendant que lui-même s'offrait tel équipement de sport ou tel jouet (par exemple, une voiture sport)? Votre père s'échinait-il au travail pour que sa famille puisse se payer de jolies choses?

Religion (morale)

Nous avons peut-être déjà abordé en passant certains des principes moraux de votre père. Réfléchissez bien à la question. Votre père avait-il des convictions religieuses, et si oui, lesquelles ? Les mettait-il en pratique ? Ses convictions religieuses étaient-elles plutôt équilibrées, strictes ou permissives ? Son comportement laissait-il croire qu'il sacrifiait à d'autres dieux, par exemple à ceux de l'argent, du sexe ou du sport ? La religion occupait-elle une bonne partie de son temps ? Se définissait-il comme athée ou agnostique ? En matière de religion, son attitude était-elle bienveillante, ou se contentait-il de prendre le contre-pied d'une éducation religieuse sévère, voire hyper critique, contre laquelle il s'était révolté ? En somme, était-il un croyant sincère ou un non-croyant ?

Sexualité

La sexualité n'appartient pas au domaine de l'avoir, mais à celui de l'être. Pour le meilleur ou pour le pire, la sexualité de votre père a influencé votre vie. Vos premières idées sur le sexe, vos premiers gestes, vos premiers sentiments, vous les devez à l'un de vos parents, voire aux deux. Le devoir de vos parents était de vous permettre de connaître une saine sexualité. Leur devoir était de vous montrer que la sexualité était une chose belle, *magnifique* et, ultimement, une chose mystérieuse et sacrée. Leur devoir était également de marquer de saines limites à l'expression de leur sexualité, en faisant preuve d'une pudeur appropriée. Pour bon nombre de gens, la sexualité est le domaine de prédilection des ténébreux secrets. Prenez le temps de répondre aux questions suivantes, sans oublier de faire l'exercice de synthèse.

Qu'avez-vous appris de votre père en matière de sexualité ? Croyez-vous que votre père a eu avec votre mère une vie sexuelle épanouie ? Comment le savez-vous ? En quels termes parlait-il de la sexualité ? Votre père savait-il marquer de saines limites à son intimité sexuelle ? Votre père accordait-il de l'importance à votre sexualité et la respectait-il ? Votre père a-t-il eu des aventures extra-conjugales ? Comment le savez-vous ? Pensez-vous que votre père avait certaines obsessions sexuelles ? Comment le savez-vous ? En présence de votre père, vous sentiez-vous mal à l'aise en ce qui concerne la sexualité ? Pourquoi ? Est-il déjà arrivé à votre père de manquer de respect à l'égard de votre mère ? Soyez précis. Votre père surprotégeait-il votre mère de façon à manifester sa supériorité ? Par exemple, lui offrait-il régulièrement des chocolats et des friandises, ajoutant ainsi à son problème de poids ? Était-ce là un moyen détourné de décourager toute intimité sexuelle avec elle ? Encourageait-il chez votre mère un comportement maladif et psychosomatique afin de la maintenir dans la dépendance ? Son attitude surprotectrice était-elle une façon de dire à votre mère « Tu appartiens à un sexe faible et fragile », pour cacher son secret besoin d'être le plus fort et de tout contrôler, et mieux dissimuler la fragilité de son identité masculine ?

Amis

Nommez cinq amis de votre père. Ont-ils quelque chose en commun ? Si votre père n'a pas d'ami intime, que révèle cette absence au sujet de sa personnalité ? Votre père a-t-il essayé de faire de vous son meilleur ami ? Quel effet cela vous faisait-il ?

Loisirs et détente

Dressez la liste de cinq activités que faisait votre père pour se détendre. Donnait-il l'impression d'aimer la vie ? Vous négligeait-il parce que ses hobbies et ses nombreuses activités le tenaient trop occupé ? Ou bien votre père n'avait-il aucun passe-temps ?

Associations d'idées

Essayez d'écrire sur votre père en procédant par associations d'idées. Arrêtez-vous à certains aspects de sa personnalité – disons, aux réalités dont il niait l'existence. Écrivez le mot *dénégation* au centre d'une feuille de papier et encerclez-le. Par le jeu de l'association, faites maintenant en sorte que ce mot devienne le moyeu d'une roue. Associez-lui un mot – par exemple, le mot *mentir* –, laissez-le se ramifier, puis procédez à une autre association.

Par exemple, ce qui me vient à l'esprit, c'est l'expression « promesses non tenues », puis « a trompé ma mère », puis « niait son problème d'alcool », et pour finir un sentiment général de trahison.

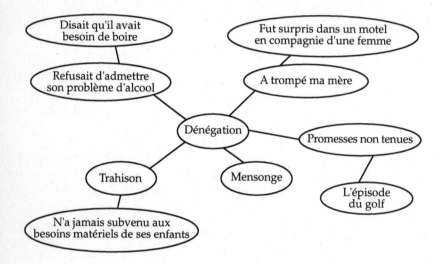

Bouleversé, je me souviens de la fois où mon père avait promis de m'emmener jouer au golf, et qu'il m'avait laissé seul, amèrement déçu, devant l'immeuble de son bureau. Dans l'autobus, je pleurais si fort que le chauffeur s'est arrêté pour voir ce qui se passait, tandis que tout le monde me regardait. Quelle souffrance ! Mon père était un fieffé menteur !

La meilleure journée passée en compagnie de mon père

Si vous avez vu le film *City Slickers**, vous vous souvenez sans

---

* Sur les écrans français sous le titre *Les apprentis cowboys*, 1991.

doute de la scène où Billy Crystal, Daniel Stern et Bruno Kirby marchent dans la rue en se racontant la plus belle et la pire journée passée en compagnie de leur père. Il vaut mieux faire cet exercice en présence d'amis sûrs, d'un groupe de soutien, de votre conjoint – ou d'un partenaire capable de *vous écouter vraiment*. Chacun écrit d'abord la plus belle journée passée en compagnie de son père. Vous pouvez faire le même exercice sans passer par l'étape de l'écriture, mais j'ai constaté que celle-ci intensifie l'expérience. Par la suite, à tour de rôle, lisez à voix haute ce que vous avez écrit. Après chaque scène, demandez au groupe ou à votre partenaire de vous faire part de sa réaction.

Si vous êtes celui qui écoute, portez une attention particulière à vos sentiments intérieurs pendant que votre partenaire fait le récit de la plus belle journée passée en compagnie de son père. La lecture complétée, faites part au lecteur de *ce que vous ressentiez* pendant qu'il lisait. Puis, intervertissez les rôles. Quand tout le monde en a fini, commentez vos façons de réagir à ces récits. Cela peut souvent vous aider à mieux discerner vos propres sentiments. Si vous faites partie d'un groupe, vous serez peut-être étonné de constater que ceux qui vous ont écouté ont éprouvé certaines émotions que vous aviez vous-même oubliées.

La pire journée passée en compagnie de votre père

Si vous savez que vous avez été victime d'inceste, de mauvais traitements ou de sévices psychologiques graves, je vous demande de ne pas faire cet exercice. Il y a trop de risques que vous soyez replongé dans un sentiment de désespoir et d'abandon analogue à celui que vous avez éprouvé quand vous étiez enfant. Certaines thérapies de groupe ont été conçues à l'intention des ex-victimes d'inceste ou d'autres sévices graves, et c'est au sein de ces groupes qu'un tel travail de remémoration peut être fait en toute sécurité. Le fonctionnement du groupe peut se trouver grandement facilité par la présence d'un leader ayant les compétences pour s'occuper de vous si vous entrez en phase de régression. Il peut être très éprouvant de voir, pour la première fois, quelqu'un entrer en phase de régression. Si vous avez été victime des sévices que j'ai mentionnés, *vous ne devriez pas faire ce genre d'exercices sans vous assurer d'être en mesure de recevoir l'aide appropriée.*

Décrivez la scène qui correspond pour vous à la pire journée passée en compagnie de votre père. N'oubliez pas de faire appel à des détails concrets. Qu'avez-vous vu ? (« J'ai vu mon père tituber sur le trottoir. » « Il est entré dans ma chambre, un verre à la main gauche, tandis que sa main droite tremblait. »)

À tour de rôle, faites la lecture de ce récit au groupe ou à votre partenaire, et attendez leur réaction.

Essayez aussi de répondre aux questions suivantes : Quelles décisions cette expérience vous a-t-elle conduit à prendre en ce qui vous concerne ? Ces décisions ont-elles toujours des effets sur votre vie actuelle ? C'était sans doute les meilleures décisions à prendre à l'époque, mais vous pouvez peut-être rectifier le tir maintenant.

Quand vous faites cet exercice, si vous éprouvez de la crainte ou si vous constatez l'apparition d'un symptôme physique quelconque, arrêtez-vous immédiatement. Puis, faites part de votre réaction à un thérapeute professionnel. Vous avez peut-être mis le doigt sur quelque chose que vous aviez refoulé. Au chapitre 9, j'aborderai plus longuement la question des souvenirs refoulés.

La validation des émotions

Une fois que vous avez fait la lecture de votre récit, il reste à obtenir la validation de vos émotions par le groupe ou par votre partenaire. Durant l'enfance, les sentiments sont rarement validés.

Par exemple, si nous étions en colère, au lieu de nous dire : « Je vois bien ou j'entends bien à quel point tu es fâché », on nous disait : « Ne me réponds plus jamais sur ce ton ». Notre colère était ainsi *invalidée*. Le même phénomène a pu se produire avec notre tristesse, notre crainte et même avec notre joie, dès lors que nous les avons manifestées sans retenue. Nous pouvons nous aider à retrouver notre propre expérience en disant ce que nous *entendons* ou *voyons* lorsque les autres parlent et agissent au cours de la lecture de leurs récits. (Vous direz par exemple : « J'entends à quel point tu es triste. Ta voix est brisée, elle est haut perchée. Je vois tes yeux se remplir de larmes et tes lèvres trembler. »)

Si nos parents nous refusaient le droit d'exprimer les sentiments que nous éprouvions, c'est qu'ils portaient en eux un ténébreux secret. Nombreuses étaient les émotions critiquées par leur voix intérieure. Leurs parents ne leur avaient pas permis d'exprimer leur colère, leur crainte, leur tristesse, leur désir ou leur joie. Le fait d'exprimer nos propres émotions réveille les leurs ; aussitôt leur voix intérieure se fait entendre : « C'est faire preuve de faiblesse que de montrer ses sentiments », « Les vrais hommes ne pleurent pas », « Les femmes qui se respectent n'ont pas de désir sexuel » ; nos parents refoulent leurs sentiments et projettent sur nous leurs inhibitions. Cette voix intérieure fut un jour celle de leurs parents. Les psychologues appellent *introjection* ou *enregistrement parental* cette voix interne et intériorisée. L'introjection est littéralement l'enregistrement de la voix de notre père ou de notre mère intégrée à notre système nerveux. Nous avons également enregistré les conseils sensés que nous ont donnés nos parents et il nous est possible d'entendre cet enregistrement quand nous en avons besoin. Les sentiments de nos parents sont scindés et non intégrés dans la mesure même où ils étaient interdits et honteux. Et ce sont les parties scindées et non intégrées des sentiments des parents qui sont le plus susceptibles d'être introjectées dans l'enfant.

Les sentiments que votre père vous a interdits sont révélateurs de ses ténébreux secrets. Le père qui interdit à ses enfants de pleurer (c'est en général le cas des garçons) a un secret. Il a besoin de pleurer, mais il s'interdit d'éprouver ce besoin. Le père qui ridiculise les peurs de ses enfants dissimule quelque peur secrète.

Les émotions non contenues

Un père qui n'arrive pas à dominer ses émotions peut également avoir un secret. Votre père peut connaître des accès de rage et exprimer sa colère de façon tout à fait disproportionnée. Ses accès de rage peuvent avoir laissé en vous une impression si forte que vous vous interdisez d'exprimer votre propre colère. Ce que vous ignorez peut-être, c'est que ses accès de rage cachaient ses propres craintes et son sentiment d'impuissance.

Tout comme les émotions inhibées, les émotions non contenues peuvent être autant d'indices révélateurs. Efforcez-vous de repérer les sentiments opposés à ceux qui sont exprimés et qui sont gardés secrets.

Votre mère a peut-être interprété les émotions de votre père et essayé de les rationaliser. Il lui arrivait peut-être de vous faire des réflexions de ce genre : « Ton père t'aime vraiment, tu sais. Mais il a beaucoup de problèmes au bureau en ce moment. » Ce genre de propos a souvent pour effet de semer la confusion dans l'esprit de l'enfant et de faire surgir en lui un sentiment de culpabilité. Au lieu de constater le désarroi de son père, l'enfant a le sentiment qu'il en est en quelque sorte responsable.

La validation des sentiments est un antidote au profond sentiment de honte que nous sommes nombreux à avoir éprouvé dans notre enfance.

Les sentiments refoulés mués en ténébreux secrets

Le refoulement des sentiments est pour moi de l'ordre des ténébreux secrets. Nos sentiments sont partie intégrante de notre force naturelle. Notre colère est notre force, notre tristesse nous donne l'énergie pour renoncer à certaines choses, notre honte marque nos limites et les protège, notre curiosité, jointe au désir, nous donne envie d'explorer, de nous épanouir et de grandir, et notre joie nous permet de naturellement nous réjouir quand nos besoins sont satisfaits. Quand nos sentiments sont actifs, nous *fonctionnons* comme doivent fonctionner des êtres humains. Quand nos sentiments sont refoulés et introjectés, nous nous refermons sur nous-mêmes et devenons *dysfonctionnels*. Le refoulement des sentiments relève tout autant du domaine des ténébreux secrets que de la dissimulation de certains événements ou de certains comportements.

La honte, que suscitaient secrètement chez notre père ses sentiments, nous est transmise à travers la honte que suscitent chez lui
nos sentiments. Son ténébreux secret est dangereux parce qu'il fait
de nous un individu dysfonctionnel. L'insensibilité émotive pave
la voie de la dépendance. Ceux qui n'éprouvent aucune émotion,
ceux qui nient l'existence de leurs émotions, font de la dépendance
une forme de dérivatif.

Les dépendances de votre père

Si votre père subissait une forme quelconque de dépendance, vous
avez là un indice de l'existence d'un ténébreux secret lié à ses
sentiments. La dépendance est un moyen de cacher ses sentiments.
La dépendance peut servir à donner une autre forme aux sentiments que vous éprouvez, par exemple la consommation d'alcool
ou de cocaïne; elle peut aussi vous distraire de certains sentiments que vous refusez d'éprouver alors que vous vous jetez à
corps perdu dans le jeu, dans le sexe ou dans le travail compulsif,
par exemple. Dans ce type de dépendance, l'action devient une dis-
traction.

Si votre père subissait une forme quelconque de dépendance,
son ténébreux secret était problablement inconscient. Le mécanisme
de refoulement des sentiments débute très tôt dans la vie. Il y a fort
à parier que votre père ait refoulé les sentiments qui augmentaient
sa vulnérabilité. Le tabou de la vulnérabilité est beaucoup plus profondément ancré chez les hommes que chez les femmes.

Assumer les sentiments de votre père

Lorsqu'il montrait ses émotions sans être conscient de les éprouver,
votre père vous déconcertait et semait la confusion dans votre esprit. Quand il vous frappait en vous disant qu'il le faisait parce
qu'il vous aimait, vous avez peut-être pensé qu'il se contredisait.
Vous avez peut-être pensé que vous étiez fou.

En vous punissant et en vous humiliant, il montrait une cruauté tranquille et froide qui servait à cacher sa colère rentrée devant les humiliations qu'il avait lui-même subies dans son enfance. Vous ne compreniez pas ce que vous aviez fait ou pourquoi ce que vous aviez fait était si mal. La vérité, c'est que ce que vous aviez fait n'était pas si répréhensible; simplement cela rappelait à votre père certains gestes qu'il avait faits quand il était enfant et pour lesquels il avait été sévèrement puni. Cet enfant sans défense, à qui on refusait le droit d'éprouver une juste colère en le menaçant de honte et d'humiliation plus grandes encore, n'avait aucun moyen d'exprimer sa colère devant ce qu'on lui avait fait. Et c'est sur vous que se déverse *maintenant* cette colère qui a couvé en secret pendant des années.

Comme l'écrivait Jane Middelton Moz : « Le tabou qui entoure nos sentiments et l'expression de notre colère est un tabou si puissant qu'il est même difficile de savoir quand précisément nous sommes en colère. » Votre père vous a transmis sa colère, mais vous l'avez sans doute si profondément refoulée que vous avez oublié jusqu'à son existence. Vous ne savez plus à quel moment au juste vous éprouvez cette colère, car, pour l'exprimer, vous avez mis au point toute une gamme de moyens – maladies, douleurs dans le dos, passivité, impassibilité, esprit hypercritique, attitude blessante, tour à tour passive et agressive –, ou bien vous avez reporté votre colère sur vos enfants. La transmission de la colère d'une génération à l'autre est l'un des plus grands ténébreux secrets de l'éducation des enfants dans le modèle matriarcal ou patriarcal. Les enfants sont les réceptacles et les supports des émotions non exprimées de leurs parents. Vous devinerez à peu de chose près quel est l'un des ténébreux secrets de votre père si vous êtes attentif aux émotions qu'il n'exprime *pas* et qu'il devrait exprimer dans certaines circonstances, ou en étant attentif aux contradictions entre ses propos et ses gestes, dans ses rapports avec autrui.

Dialogue : la plus grande crainte de votre père

Demandez à quelqu'un de vous lire le passage suivant ou enregistrez le texte à l'aide d'un magnétophone. Il est possible de faire le dialogue que je propose ici même si votre père est mort ou que vous êtes sans nouvelles de lui depuis des années.

Fermez les yeux et imaginez votre père assis en face de vous. S'il est toujours vivant, représentez-vous votre père à son âge actuel. S'il est mort, à l'âge qu'il avait au moment de sa mort. Imaginez-le en train de vous demander pardon pour vous avoir fait du mal à cause de ses ténébreux secrets. Votre père, qui n'en a plus pour longtemps à vivre, est disposé à répondre à toutes les questions que vous voulez lui poser. Demandez-lui : « Quelle est ta plus grande peur ? » Concentrez-vous et laissez répondre l'image de votre père. Ne cherchez pas à contrôler ce qu'il dit. Laissez venir sa réponse aussi spontanément que possible. (*Observez une pause de cinq minutes pour entendre sa réponse.*) Posez maintenant à votre père la question suivante : « De quelles certitudes as-tu besoin ? » De nouveau, laissez l'image de votre père répondre à cette question. (*Observez une pause de cinq minutes.*) Posez maintenant toutes les questions que vous voulez. (*Observez une pause.*)

   Imaginez maintenant que votre père est sur le point de partir et posez-vous la question : « Quelle chose est-il inconcevable qu'il ait faite ? » Laissez courir votre imagination jusqu'à ce qu'une lumière s'allume et qu'une réponse s'impose. Posez-vous maintenant la question : « Quel genre de vie était pour lui inconcevable ? » Laissez courir votre imagination. Quand vous avez fini, ouvrez les yeux.

N'oubliez pas de faire l'exercice de synthèse. La plus grande peur de votre père, les certitudes dont il avait besoin, ce qu'il n'aurait jamais fait, le genre de vie qui était inconcevable pour lui, voilà autant de moyens de comprendre ce que furent ses peurs secrètes. Toutes ces peurs vous ont été transmises.

En interrogeant l'ombre de votre père

Carl Jung appelle *ombre* la part de nous-mêmes qui est refoulée et rejetée. L'ombre de notre personnalité est la part de nous-mêmes qui abrite nos secrets. Cette part de nous-mêmes nous semble le plus souvent si effrayante que nous voulons la dissimuler en suivant la direction opposée. Telle personne aux prises avec un profond sentiment de honte cherchera à le dissimuler en étant perfectionniste ou en n'accomplissant que les tâches où elle excelle, ce qui la préservera de l'échec.

Les ennemis

Dressez la liste des personnes ou des types de personnes que détestait votre père. Puis soulignez celles qu'il haïssait profondément. Plus votre père a mis de l'ardeur à combattre ces personnes, plus elles sont importantes.

Imaginez que tous les ennemis de votre père représentent autant de parties de sa personnalité, dont il a nié l'existence et qu'il a refoulées. Votre père était peut-être du genre à dire pis que pendre des homosexuels. Est-il possible qu'il ait craint la part efféminée et vulnérable de lui-même? Qu'il ait douté de sa propre virilité?

Les gens qui se croient profondément démunis ou incompétents se joignent souvent à une secte, à une religion ou à une communauté religieuse très stricte afin d'avoir l'assurance formelle d'être sauvés. Leur allégeance leur donne ainsi le sentiment d'être dans leur bon droit. Le perfectionnisme et le sentiment d'être dans son bon droit sont érigés en mode de vie et en obsession qui agissent comme autant de dérivatifs. La personne perd le contact avec sa propre singularité d'être humain, et la part fragile et imparfaite de sa personnalité devient son ombre.

Le choix des contraires

Quels traits de caractère votre père refuserait-il absolument que vous lui prêtiez, si vous deviez faire son portrait en sa présence?

Quels sont les cinq adjectifs qui, un peu plus tôt dans ce livre, vous ont servi à décrire votre père? Imaginez maintenant qu'il est tout à fait à l'opposé de ces cinq adjectifs. Supposons que vous êtes un avocat chargé de convaincre le jury que votre père est tout le contraire de l'image qu'il donne de lui-même.

Quels étaient les sujets de conversation qu'il était interdit d'aborder avec votre père? Comment saviez-vous qu'il était *interdit* de parler de ces choses? Transcrivez ainsi tous les éléments qui composent l'ombre de votre père.

LES BLESSURES DE VOTRE PÈRE

Que savez-vous de l'enfance de votre père? Par exemple, vos grands-parents étaient-ils sévères? Ou ont-ils au contraire choyé votre père? Votre père a-t-il été abandonné par l'un ou l'autre de ses parents? A-t-il manqué de soins? A-t-il été victime de violence, que ce soit sur le plan physique, sexuel ou émotionnel? A-t-il subi un traumatisme quelconque? Tout traumatisme, qu'il prenne la forme de violence, d'abandon, de négligence, de maladies, de drames ou d'accidents, a de terribles conséquences dont nous ne faisons que commencer à mesurer toute l'ampleur.

Le syndrome du stress post-traumatique

Nos plus récentes découvertes sur les effets du traumatisme nous viennent en partie du travail clinique accompli auprès des soldats rentrés de la guerre. Bon nombre d'entre eux souffrent d'une maladie appelée *post-traumatic stress disorder** (PTSD). Le PTSD est un ensemble de symptômes clairement identifiés provoqués par l'incapacité d'assimiler le terrible traumatisme de la guerre au moment où il survient. Les soldats ressentent alors plutôt le besoin de se concentrer sur les menaces qui les entourent, car il y va de leur

---

* Le syndrôme du stress post-traumatique.

survie. Pour ne pas être tués, ils y appliquent toutes leurs forces et leur attention. Dans ces circonstances, il leur est impossible de ressentir simultanément toute la violence et l'horreur dont ils font l'expérience.

Par la suite, ils rentrent chez eux avec ce traumatisme non résolu et cette douleur refoulée. Le syndrome du stress après le traumatisme se manifeste alors par différents symptômes tels que le besoin obsessif de tout contrôler, les cauchemars, les souvenirs soudains qui les reportent en arrière, le fait de sursauter sans raison, une méfiance permanente, ou tout autre symptôme associé à un souvenir traumatisant.

Votre père n'a pas besoin d'avoir été dans l'armée pour avoir manifesté des symptômes du PTSD. Pour un enfant, le fait d'avoir été abandonné, négligé ou d'avoir été victime de violences physiques, émotionnelles, psychologiques ou sexuelles peut être tout aussi traumatisant que le coup de feu pour un soldat.

En juin 1990, le *New York Times* faisait état d'une étude menée par le Centre national sur le PTSD et dans laquelle les chercheurs en étaient venus à la conclusion qu'il suffit d'une seule expérience éprouvante, de cette sorte d'expérience qui laisse le sujet complètement démuni, pour modifier en permanence la chimie du cerveau. Comment est-ce possible ? Une telle expérience engendre une forme de savoir indélébile. Pendant le traumatisme, le sujet ressent une formidable poussée d'adrénaline, l'hormone qui, notamment, prévient le cerveau de la présence d'un danger. L'organisme sécrète également une plus grande quantité d'endorphine, l'hormone qui soulage la douleur et favorise la mémoire. Un message est alors inscrit dans les cellules du cerveau : « Ceci est une situation qui représente un danger de mort. Ne l'oubliez pas. » Le cerveau se prépare ainsi à n'être jamais pris au dépourvu. C'est un peu comme si un bouton d'alarme, prévu uniquement pour de brèves périodes de crise, s'était déréglé et demeurait enfoncé en permanence. L'organisme est constamment en état d'alerte et fait preuve d'une extrême vigilance, ce qui peut causer des accès de panique, des crises d'anxiété, de l'irritabilité, un sentiment de crainte et de l'insomnie.

Quand le traumatisme est chronique, des contre-symptômes font souvent leur apparition : perte de la motivation, éloignement, dissociation, amnésie, isolement et dépression. Dans les cas extrêmes, la victime peut éprouver en permanence un sentiment d'« impuissance », voire de « désespoir ».

Le boutefeu

L'un des symptômes du PTSD les plus communs est celui qu'on appelle *le boutefeu*. Le boutefeu est ce phénomène par lequel un événement sans importance, que n'importe quelle personne aurait normalement accueilli avec un haussement d'épaules, provoque chez le sujet une crise de nerfs aussi soudaine que violente. Vous avez laissé traîner vos patins à roulettes dans un coin, votre radio joue trop fort ou vous avez heurté par mégarde la voiture de papa avec votre bicyclette – tous événements qui semblent parfaitement anodins – et voilà que votre père se met dans une colère épouvantable. De plus, on dirait qu'il est incapable de se détendre. Il semble toujours au bord de la crise de nerfs ou en état permanent de surexcitation. Dans son ouvrage intitulé *Post-Traumatic Stress Disorder*, Raymond B. Flannery Jr. affirme que « chez la personne qui souffre du symptôme dit du boutefeu, tout incident, qu'il soit négatif ou positif, peut déclencher la sécrétion de norépinéphrine, laquelle entraîne une vigilance et une excitation désagréable. » Ce que cela veut dire, c'est que si votre père est une victime du PTSD, il se mettra dans tous ses états, peu importe ce qui s'est passé, du moment que l'événement a entraîné chez lui une forme quelconque d'excitation. Les disputes, les embouteillages ou les files d'attente dans les magasins peuvent entraîner chez lui une réaction d'hypertension. Il en est de même des événements agréables qui mobilisent beaucoup d'énergie, comme les surprises-parties, les réceptions, certains événements sportifs, certains films tristes ou dramatiques.

Selon Flannery, ces personnes cherchent souvent à diminuer les effets de leur état d'excitation chronique en évitant autant que possible les gens et les situations qui les causent. L'auteur écrit :

« Le sujet cherchera à résoudre le problème en évitant de prendre le volant aux heures de pointe, en privilégiant les heures tardives et de moindre affluence pour faire son marché, en prenant ses vacances en automne, sur des plages désertes, alors que la plupart des gens sont rentrés au travail. »

Si vous décelez un certain nombre de ces comportements symptomatiques chez votre père, il est possible que ce dernier ait subi quelque traumatisme au cours de son enfance ou de son adolescence. Il est peut-être aussi un vétéran de la guerre. Il se peut que votre père ne soit pas l'être ombrageux, étrange, solitaire et entêté que vous avez cru, mais un enfant qui fut autrefois victime d'abus ou un adulte aux prises avec de terribles souvenirs de guerre.

Le PTSD et la dépendance

La dépendance de votre père peut également trouver son origine dans le PTSD. Une fois passée la crise, la sécrétion d'hormones diminue chez la victime. Cela entraîne un certain nombre de symptômes comme l'épuisement, l'agitation, de légers tremblements du corps, ainsi que divers autres symptômes semblables à ceux de la grippe. Cette régression hormonale survient chaque fois que se manifeste le symptôme dit du boutefeu. Paradoxalement, la victime éprouve souvent de la peur au moment de cette régression hormonale. Il en résulte une autre poussée hormonale, qui entraîne à son tour une réapparition du symptôme dit du boutefeu. C'est devenu un cercle vicieux.

La victime choisira le plus souvent de compenser, par une dépendance quelconque, les symptômes désagréables liés à la régression hormonale. L'obsession sexuelle, la boulimie, l'automutilation, la cocaïne, l'alcool et la vitesse au volant sont autant d'activités qui entraînent l'émission d'une brève et intense dose d'endorphine. Mais comme le soulagement n'est que de courte durée, la personne doit sans cesse recommencer.

Cette analyse relativement détaillée des symptômes du PTSD

et des comportements qui lui sont attachés ne s'applique peut-être pas à votre père. Mais sachant que la violence faite aux enfants fait partie du modèle matriarcal ou patriarcal d'éducation, j'ai envie de croire que ce secret peut être à l'origine de certains comportements de nos parents. J'espère que mes enfants liront ceci, parce que ma façon de les élever fut largement tributaire du PTSD.

À L'ÉCOUTE DE VOTRE SAVOIR INCONSCIENT

Nous en savons toujours plus sur nos parents que nous ne le pensons. Les trois exercices suivants sont conçus pour permettre à ce savoir de se manifester.

Dessiner sa maison

Dessinez la maison que vous avez habitée avec votre père à partir du plus lointain souvenir que vous en avez. Faites-en le plan, avec chacune des pièces telles qu'elles vous apparaissent en souvenir. Imaginez en détail chacune des pièces. Puis, localisez l'endroit où votre père se tenait le plus souvent. Imaginez que vous entrez dans cette pièce et que vous apercevez votre père en train de dissimuler quelque chose. Demandez-lui ce qu'il cache là. Puis regardez-le en train de vous montrer quelque chose qui explique son secret.

Une lettre de papa

Imaginez que vous recevez une lettre de votre père. Dans cette lettre, votre père vous demande pardon et vous dit combien il vous aime. Vous vous arrêtez au passage suivant : « Maintenant, je veux te dire un ténébreux secret... » Vous devez compléter cette lettre. Écrivez d'une main ferme et sans hésitation. N'oubliez pas que vous connaissez déjà inconsciemment ce secret...

Dialogue avec votre inconscient

Enregistrez cet exercice ou demandez à quelqu'un de vous en faire la lecture.

Fermez les yeux et prenez environ cinq minutes pour vous détendre. Concentrez-vous sur votre respiration... Pensez uniquement à l'air que vous faites entrer et sortir de vos poumons. Détendez vos muscles... Quand vous inspirez, dites : « J'y arrive » ; quand vous expirez, dites : « Du calme ». Maintenant, imaginez que vous apercevez sur un grand écran deux personnes en grande conversation. Tandis que la caméra de votre œil intérieur fixe le couple, vous commencez à comprendre que ces deux personnes, c'est vous. Vous êtes en train de converser avec vous-même. La personne à droite représente votre conscience. Prenez une minute afin de bien observer cette image de vous. Puis, regardez l'autre vous-même. Cette partie de vous-même est votre inconscient, lequel en sait bien plus long que votre moi conscient.

Prenez une minute pour bien voir cette partie de vous-même. Que voyez-vous qui vous permette de penser que cette partie est différente de l'autre ?

Maintenant, observez votre moi conscient qui demande à votre moi inconscient quels sont le ou les secrets de votre père.

Attendez une minute ou deux et laissez votre moi inconscient répondre spontanément. Une fois que votre inconscient a parlé, demandez-lui plus de précisions. Éloignez-vous peu à peu de la scène et revenez lentement à votre pleine conscience.

Écrivez maintenant tout ce que vous avez retenu en observant ce dialogue entre votre moi conscient et votre moi inconscient.

Quelques questions pour finir

Par quels aspects ressemblez-vous à votre père ? Quels sont vos ténébreux secrets ? Voyez-vous un lien quelconque entre les deux ? En quoi êtes-vous différent de votre père ? Êtes-vous sûr d'être bien différent ? Vous êtes peut-être tout à l'opposé de lui. Il était faible et indulgent envers lui-même ; vous êtes fort et exigeant envers vous-même. Le fait d'être à l'opposé n'est pas un mal en soi dès lors qu'il s'agit d'un choix librement consenti et que c'est ainsi que vous voulez être. Si vous êtes obligé d'être à l'opposé de votre père pour être sûr de ne pas lui ressembler, ce n'est plus vraiment un choix et vous n'êtes pas libre.

Les fils comme les filles feront cet exercice avec profit. J'ai raconté un peu plus tôt, dans ce chapitre, comment la fille de Richard, qui craignait d'être laide, ne faisait que subir en cela les conséquences du secret de son père. Elle devint une intellectuelle mal dans sa peau – comme son père. Tout comme un homme, une femme peut se croire à la ressemblance de son père.

Vous voilà maintenant prêt à tracer le génogramme de votre père.

L'ÉTABLISSEMENT DU GÉNOGRAMME DE VOTRE PÈRE

Commencez le génogramme en complétant les renseignements de base sur sa vie. Puis, réfléchissez aux quatre questions déjà évoquées au chapitre 5 :

1. Quels sont ou quels étaient les principaux problèmes de votre père ? Quels étaient chez lui les symptômes de ces problèmes ?

2. De quelle façon les problèmes de votre père sont-ils liés à certains éléments apparaissant sur la carte familiale tracée sur trois générations ? Certains schémas similaires se retrouvent-ils ailleurs dans l'histoire de votre famille ?

3. Quel était le climat émotionnel dans votre famille à la naissance de votre père ?

4. Quelles questions le rang occupé par votre père dans sa famille soulève-t-il ? Dans quelle mesure ces questions ont-elles eu aussi un effet significatif sur ceux qui occupent le même rang dans la famille élargie ?

Le génogramme de la famille Jeder me servira encore une fois à illustrer chacune de ces questions. Mes exemples se veulent délibérément simples et évidents. Votre famille peut se révéler plus complexe.

1. Les problèmes principaux (symptômes)

Shane, le père de James Jeder, était un don Juan et un alcoolique. Il compléta des études secondaires et souffrit d'asthme dans son enfance. À quarante-trois ans, il eut une grave attaque cardiaque, ce qui ne l'empêcha pas de continuer de fumer et de boire. Shane occupa divers emplois, jusqu'au moment où il connut une certaine stabilité professionnelle au sein de la Compagnie des chemins de fer de l'Union du Pacifique, à l'emploi de laquelle il demeura jusqu'à sa retraite, à soixante ans. Trois ans plus tard, il mourut d'une crise cardiaque causée par l'emphysème dont il était gravement atteint, lui-même causé par la cigarette et la consommation excessive d'alcool.

2. Les problèmes dans leur contexte

Le premier génogramme donne certains renseignements d'ordre factuel qui situent le problème de Shane dans le contexte plus large fourni par la famille de sa mère et de son père telles qu'elles se présentaient au moment de sa naissance en 1920. (Voir le tableau 7-1.) Shane naît dans l'anxiété et les conflits dus au mariage contraint de

TABLEAU 7-1

LES PROBLÈMES DE SHANE JEDER SITUÉS DANS LEUR CONTEXTE

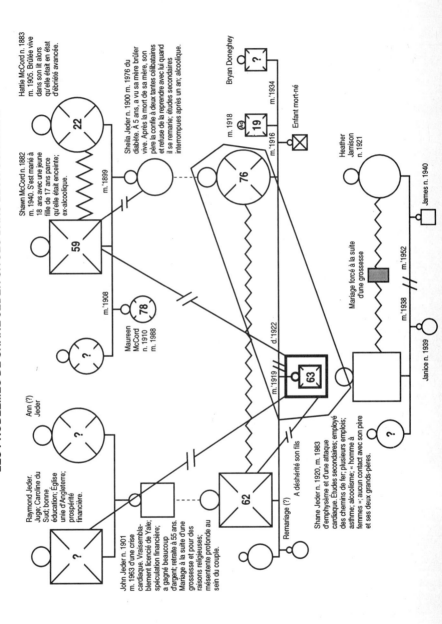

Hattie McCord n. 1883 m. 1905. Brûlée vive dans son lit alors qu'elle était en état d'ébriété avancée.

Shawn McCord n. 1882 m. 1940. S'est marié à 18 ans avec une jeune fille de 17 ans parce qu'elle était enceinte; ex-alcoolique.

Sheila Jeder n. 1900 m. 1976 du diabète. À 5 ans, a vu sa mère brûler vive. Après la mort de sa mère, son père la confié à deux tantes célibataires et refuse de la reprendre avec lui quand il se remarie; études secondaires interrompues après un an; alcoolique.

Bryan Doneghey

Enfant mort-né

Maureen McCord n. 1910 m. 1988

Heather Jamison n. 1921

John Jeder n. 1901 m. 1963 d'une crise cardiaque. Vraisemblablement licencié de Yale; spéculation financière; a gagné beaucoup d'argent; retraite à 55 ans. Mariage à la suite d'une grossesse et pour des raisons religieuses; mésentente profonde au sein du couple.

Raymond Jeder. Juge; bonne éducation; Église unie d'Angleterre; prospérité financière.

Ann (?) Jeder

Mariage forcé à la suite d'une grossesse

A déshérité son fils

Remariage (?)

Shane Jeder n. 1920, m. 1983 d'emphysème et d'une attaque cardiaque. Études secondaires; employé des chemins de fer; plusieurs emplois; asthme; alcoolisme; « homme à femmes »; aucun contact avec son père et ses deux grands-pères.

Janice n. 1939

James n. 1940

John et de Sheila Jeder. Il n'est pas un enfant désiré. Il est le résultat combiné d'une impulsion sexuelle, de la culpabilité religieuse et du devoir. En moins de deux ans, son père l'abandonnera, refusera tout contact avec lui et ira même jusqu'à le déshériter. Son beau-père sera un alcoolique, qui n'éprouvera aucune espèce d'affection pour lui. Un soir, Shane, qui est maintenant un adolescent, en rentrant d'une soirée passée avec sa petite amie, le retrouvera complètement saoul, brandissant un couteau de cuisine et menaçant de le tuer. Voilà une famille qui offre à Shane de bien piètres modèles masculins.

Sheila, la mère de Shane, vit dans la crainte constante d'être abandonnée par son second mari. À dix-sept ans, cette jeune fille a déjà connu trois deuils – la mort de sa mère, celle de son mari et celle de son premier enfant, mort-né – et a été abandonnée par son père. L'histoire de cette famille est traversée par le thème de l'abandon et du deuil non assumé.

Tout comme son père, Shawn McCord, Sheila est alcoolique. Shawn a cessé de boire, mais il a pris cette décision pour des raisons qui n'avaient rien à voir avec Shane et Sheila. De plus, Sheila vit avec son fils dans une promiscuité sexuelle malsaine.

Les problèmes de Shane sont présents dans cette famille depuis deux générations. Tous les modèles masculins importants de sa famille ont abandonné Shane les uns après les autres et il est pratiquement l'esclave d'une mère déséquilibrée, qui a beaucoup souffert.

3. Le climat émotionnel de la famille à la naissance

L'analyse du climat émotionnel régnant dans la famille au moment de la naissance de votre père peut vous aider à comprendre les facteurs qui le prédisposeront à manifester certains types de symptômes à un moment particulièrement éprouvant de l'histoire de la famille. Cette analyse vous permettra peut-être aussi de découvrir certains facteurs qui le prédisposeront à dissimuler certains ténébreux secrets ou à les révéler par son comportement.

La vision, à l'âge de cinq ans, de sa propre mère brûlée vive entraîna chez Sheila, la mère de Shane Jeder, un traumatisme profond. (Voir le tableau 7-2.) À dix-sept ans, Sheila perdit son mari, électrocuté dans un accident de travail. À cette époque, elle était déjà alcoolique. Sheila est une victime du syndrome du stress après le traumatisme. Tous ces facteurs prédisposent Shane à devenir l'objet de prédilection des projections maternelles.

Shane passa son enfance dans les jupes d'une mère qui le domina complètement. Sheila l'appelait son « petit homme » et lui tenait des propos du genre « Aucune femme ne pourra jamais t'aimer comme je t'aime ». Elle vivait avec lui une sorte de rapport amoureux et le considérait comme un mari de substitution. Sa sexualité débridée la mena à abuser de son fils sur le plan des émotions.

Considérant tous ces facteurs – l'abandon par sa grand-mère, le rejet total de son père qui fit de son fils un bouc émissaire, la violence que lui fit subir sa mère sur les plans sexuel et émotionnel pour combler le vide et les deuils non assumés de son existence –, il est permis de penser que Shane aura de sérieuses difficultés à s'engager, tout en éprouvant un besoin extrême d'attachements immédiats. On peut également penser qu'il souffrira d'obsession sexuelle.

4. Les questions liées au rang familial

Tout en traçant le génogramme de votre père, soyez attentif à la personne ou aux personnes dont les secrets sont susceptibles de peser sur son existence en raison du rang qu'il occupe dans la famille. Quand vous dessinez son génogramme, essayez de déceler, dans l'histoire de votre famille sur plusieurs générations, la présence possible d'un modèle récurrent de rupture. Les ruptures sont le signe d'une charge émotionnelle contenue. Les ruptures indiquent que certaines émotions ou certaines haines secrètes n'ont jamais été liquidées.

Les deux grands-parents maternels de Shane étaient des

TABLEAU 7–2

LE CLIMAT ÉMOTIONNEL À LA NAISSANCE DE SHANE JEDER, EN 1920

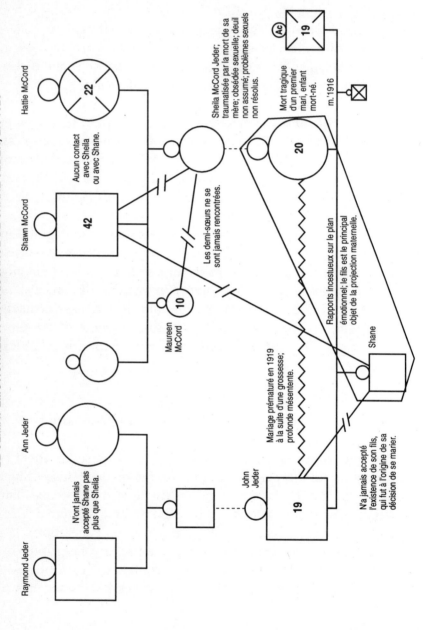

Raymond Jeder

Ann Jeder

Shawn McCord

Hattie McCord

Maureen McCord

John Jeder

Shane

N'ont jamais accepté Shane pas plus que Sheila.

Aucun contact avec Sheila ou avec Shane.

Les demi-sœurs ne se sont jamais rencontrées.

Sheila McCord Jeder; traumatisée par la mort de sa mère; obsédée sexuelle; deuil non assumé; problèmes sexuels non résolus.

Mort tragique d'un premier mari, enfant mort-né.

m.'1916

Rapports incestueux sur le plan émotionnel; le fils est le principal objet de la projection maternelle.

Mariage prématuré en 1919 à la suite d'une grossesse; profonde mésentente.

N'a jamais accepté l'existence de son fils, qui fut à l'origine de sa décision de se marier.

enfants uniques, et sa mère et son père occupent tous deux le rang d'enfant unique.

Dans son ouvrage intitulé *Family Constellation*, Walter Toman explique que l'enfant unique de sexe féminin adopte souvent, dans ses rapports avec les hommes, une fois devenue adulte, l'attitude égocentrique d'une enfant gâtée. Shane raconta que sa mère était fantasque et exigeante. Il lui arrivait d'ajouter qu'elle était une chipie et une garce hystérique. De plus, elle était dépensière et ne savait pas s'imposer de limites.

Sheila pardonnait tout à son fils, et Shane a grandi en pensant que les gens, et notamment les femmes, lui pardonneraient toujours tout.

Les enfants uniques de sexe masculin ont besoin d'être le centre d'attraction. Comme John, le père de Shane, ils ont souvent beaucoup de succès. Mais Shane est tombé dans l'excès inverse, même s'il se montrait très narcissique quand il buvait.

En réalité, Shane occupe le deuxième rang dans la famille, juste après le premier enfant mort-né de Sheila. Cette position le liait étroitement au chagrin encore vif de sa mère, dont il s'est peu à peu senti responsable. De sa mère, Shane recevait ce message : « Tu as pour tâche de me rendre heureuse, de remplacer l'enfant que j'ai perdu. » Shane n'en était pas conscient. Les enfants sont esclaves des besoins inconscients de leurs parents.

Dans cette famille, Maureen est le seul autre enfant qui vient au second rang, et nous en savons trop peu à son sujet pour faire quelque comparaison que ce soit.

Mais il est clair que, dans la famille de Shane, les rapports entre les individus sont soit rompus, soit conflictuels, soit fusionnels. Par son comportement, Shane extériorisera ce modèle de rapports et le reprendra à son compte dans sa propre vie.

Les ténébreux secrets

Dans cette famille, les ténébreux secrets abondent. Le père de Shane a honte de son fils et va même jusqu'à délibérément ignorer son existence. Sa mère a perdu de vue les blessures narcissiques et la douleur non assumée qu'elle porte en elle, et l'alcool, le sexe et les folles dépenses offrent autant de dérivatifs à ses souffrances. Cette femme extravagante, qui parle haut et fort, cache derrière son panache une grande vulnérabilité et de profondes blessures. Dans cette famille, les ruptures trahissent une masse incroyable de ressentiment et de colère demeurés secrets. Shane n'est pas en mesure de savoir ce qui lui arrive. Il ne peut pas connaître le ténébreux secret de son enfance, à savoir qu'on s'est « servi » de lui. Il y a de quoi devenir fou.

James croyait que le plus grand et ténébreux secret de son père était le sentiment de honte qu'il devinait profondément ancré en lui.

Une seule fois, Shane avoua à James qu'il n'était pas bien dans sa peau. Le fait d'avoir été abandonné par son père et entièrement soumis à une mère alcoolique l'a inéluctablement placé sur la voie de l'alcoolisme et réduit ses chances d'avoir avec Heather une vie de couple normale et d'être un bon père pour James et Janice.

Enfants, James et Janice eurent tous deux le sentiment d'avoir été abandonnés par Shane. Leur père n'était pas souvent à la maison et, quand il y était, il avait davantage le comportement d'un autre enfant que celui d'un père. Le souvenir le plus ancien que James a de son père remonte à l'époque où il avait huit ans et qu'ils vivaient à McAllen, au Texas. Heather avait dû s'absenter pour aller soigner son père malade. Shane emmena Janice et James au cinéma, où ils assistèrent à trois séances d'affilée dans l'après-midi et la soirée.

Une seule fois, James se souvient d'avoir été puni par Shane. Il avait sciemment désobéi à sa mère, envers qui il s'était en outre montré insolent. Celle-ci avait raconté l'incident à Shane et avait insisté pour qu'il punisse son fils. Shane s'enferma avec James dans sa chambre, ferma la porte à clé et lui dit de faire semblant de pleurer pendant qu'il ferait semblant de le frapper avec sa ceinture. L'attitude de Shane n'avait rien à voir avec une forme quelconque de contestation de notre longue tradition de châtiments corporels. Shane était tout simplement trop immature pour prendre ses responsabilités et punir son fils.

Quelques années après la naissance de Jack, son fils, James reprocha à Shane de négliger son petit-fils. Shane répondit à James qu'il ne se sentait pas le droit de s'immiscer dans la vie de son petit-fils, alors qu'il avait été un si mauvais père pour James et Janice.

James me confia que le seul conseil que son père lui eût jamais donné se résumait à celui-ci : « Si tu es triste ou déprimé, sors et va t'acheter de nouveaux vêtements. »

Un mariage voué à l'échec

Dès le début, le mariage de Shane et de Heather sembla voué à l'échec. On peut se demander si Shane aimait réellement Heather. Les deux jeunes gens se marièrent sous la pression de la famille de Heather, parce que la jeune fille était enceinte. À l'époque, une grossesse hors mariage était l'un des secrets les plus soigneusement gardés.

En se mariant à cause d'une grossesse, Shane réactualisait un modèle récurrent dans sa famille sur deux générations, car aussi bien ses grands-parents maternels que ses parents s'étaient mariés pour la même raison.

Pour Shane, les premières années de son mariage furent épouvantables. Son beau-père, Donald Jamison, le méprisait d'avoir fait un enfant à sa fille « adorée ». Donald, qui avait des velléités d'inceste avec sa fille, projetait sur Shane sa propre honte liée à son désir sexuel. Shane et Heather vivaient sous le même toit que Donald, et Donald faisait bien sentir à Shane qu'il le méprisait profondément. Il est vrai qu'il lui trouva finalement du travail, mais on ne peut pas dire que c'était là une façon très efficace d'aider Shane à se dépasser. Donald aurait pu l'aider financièrement à poursuivre ses études. Il préféra lui confier au sein de son entreprise un poste subalterne et des plus mal rémunérés.

Les figures d'autorité masculine que Shane a côtoyées l'ont toutes rejeté. Le rejet de son beau-père ne faisait qu'ajouter à sa honte.

Heather était mal à l'aise de devoir vivre ainsi dans la maison de ses parents et elle cessa d'avoir tout rapport sexuel avec Shane. De plus, elle se mit à l'accabler de reproches et le pressa de se trouver un meilleur emploi.

Il fallut à Shane et à Heather trois années et demie pour être en mesure de quitter la maison des Jamison. Ils durent lutter pendant des années pour joindre les deux bouts.

Les problèmes de boisson de Shane allèrent en s'aggravant, et il avait de plus en plus de mal à conserver son emploi.

James et moi avons déduit que Shane a connu la première d'une longue série d'aventures extraconjugales quand James avait quatre ans. Shane buvait de plus en plus, il multipliait les conquêtes féminines, et son mariage allait à vau-l'eau. En quatorze années de mariage, Shane et Heather se séparèrent cinq fois, puis se réconcilièrent. Lorsque Shane partit passer deux semaines entières de vacances, à boire avec l'argent du ménage patiemment économisé pendant une année, Heather en eut assez ; quand Shane revint de sa beuverie, Heather demanda le divorce.

Quelque temps après le divorce, la société qui l'employait obligea Shane à séjourner dans un centre de désintoxication pour alcooliques. Shane cessa de boire, tomba amoureux de l'infirmière qui s'occupait de lui, et l'épousa trois mois plus tard. Six mois après son second mariage, Shane recommençait à boire.

Sa nouvelle épouse, qui lui était soumise en tout, se fit sa complice, et Shane commença quinze autres années de dépendance envers l'alcool.

Il atteignit le fond vers la cinquantaine, quand il fut congédié. Shane décida alors de cesser de boire, il se joignit au mouvement des Alcooliques anonymes et, jusqu'à sa mort, ne toucha plus à une goutte d'alcool. Le couple mena une vie paisible pendant les dernières années de la vie de Shane. Mais son organisme devait payer un lourd tribut à l'alcool et au tabac. Shane mourut à l'âge de soixante-trois ans des suites d'une crise d'amphysème et de difficultés cardiaques.

CHAPITRE 8

LES TÉNÉBREUX SECRETS
DE VOTRE MÈRE

Sur le plan psychologique, rien n'exerce une aussi profonde influence sur les enfants que la vie que n'ont pas vécue leurs parents.

C.G. Jung

Ma mère n'acheva jamais tout à fait la tâche de forger sa personnalité... Ses souvenirs d'enfance n'étaient souvent que des mensonges... Durant les milliers de jours que dura mon enfance, elle offrit à ma réflexion l'image de milliers de mères différentes.
Pat Conroy, *The Prince of Tides*

À quatorze ans, Peggy est enceinte. L'enfant, une petite fille, vient au monde et Peggy choisit de la confier à l'adoption. Bourrelée de remords, elle se sent profondément coupable. Dix ans plus tard, Peggy se marie et le couple a une petite fille. Peggy n'a confié à personne son ténébreux secret. Elle se jure qu'Emily, sa fille, ne connaîtra jamais ce qu'elle a enduré. Elle surveille étroitement l'éveil sexuel d'Emily, tout en lui servant régulièrement de sévères mises en garde moralisatrices. À l'église où se rend Peggy le dimanche, les sermons du ministre du culte menacent de damnation et des feux de l'enfer tous ceux qui cèdent au désir et aux plaisirs pervers de la chair.

Emily grandit dans la peur des choses du sexe. À l'adolescence, elle met délibérément en veilleuse son éveil sexuel. Elle se marie encore vierge, au milieu de la vingtaine, et souffre d'une vaginite pendant les huit premiers mois de sa vie conjugale. Après avoir subi une thérapie, Emily peut enfin avoir une vie sexuelle normale. Elle met au monde une petite fille et se jure de lui donner une éducation sexuelle bien différente de celle qu'elle a reçue de sa mère.

Emily est plutôt permissive avec Jenny, sa fille, à qui elle vante les joies et les plaisirs du sexe. Jenny connaît une vie sexuelle précoce ; enceinte à quatorze ans, elle avorte avec l'aide d'une amie, tout en éprouvant un profond sentiment de culpabilité. Jenny ne confie à personne son ténébreux secret ; elle se marie et jure que *sa* fille n'aura jamais à vivre ce qu'elle a vécu. C'est le cercle vicieux !

L'enfant qui grandit près d'une mère qui porte un ténébreux secret en subira lui-même les séquelles. Pour préserver son secret, la mère érige un certain nombre de barrières. Elle envoie le message non équivoque de l'existence d'un domaine interdit. Le domaine interdit de Peggy était le sexe. Emily, sa fille, pour plaire à sa mère, apprend à *voir les choses* d'une certaine façon. Elle apprend à ne *pas* voir tout ce qui concerne la sexualité. Parallèlement, Emily développe une très grande sensibilité aux questions morales et s'efforce de toujours faire « ce qu'il faut faire » et cela en toute situation. Apprendre à voir ce qui fait plaisir à sa mère et à ignorer ce qui lui déplaît devient pour elle une question de survie. Du reste, elle en est chaque fois récompensée, et son estime de soi en sort grandie.

La forme que revêt l'estime de soi chez Emily dépend du ténébreux secret de sa mère. Mais ultimement, il lui cause certains problèmes. Dans le monde réel, vouloir faire coïncider l'estime de soi avec l'absence de vie sexuelle ne se fait pas sans mal. Le dysfonctionnement sexuel d'Emily, qui prend sa source dans la honte et la douleur, devient son ténébreux secret. Par réaction, Emily envoie un message univoque sur les joies du sexe. Pour Jenny, sa fille, l'estime de soi passe par une vie sexuelle très active. Son comportement est déterminé par cette conviction, mais Jenny porte également en elle le secret d'une sexualité considérée comme une chose honteuse. Jenny réactualise le ténébreux secret de Peggy, sa grand-mère, et la voilà en train d'imposer à son enfant un ténébreux secret de plus.

Puisque notre existence peut être déformée de la sorte par les ténébreux secrets de notre mère, nous avons besoin de les connaître.

LE DANGEREUX « SECRET » DE LA NON-SATISFACTION DES BESOINS NARCISSIQUES

Il me faut aborder ce chapitre en parlant d'un ténébreux secret dont je n'ai pas parlé au chapitre 2. Je suis convaincu qu'il s'agit d'un des ténébreux secrets les plus répandus chez les mères. Il détermine le comportement de toutes ces mères bien intentionnées, qui aiment profondément leurs enfants. Je parle ici d'un secret lié à un état connu sous le nom de *non-satisfaction des besoins narcissiques.*

Nous naissons tous avec un certain nombre de besoins narcissiques. Nous avons besoin de plonger notre regard dans celui de la figure maternelle et d'y voir notre reflet. Nous avons besoin de ce regard, car notre sentiment inné et inconscient d'estime de soi ne peut se manifester que si le regard de notre mère nous assure que nous sommes un enfant tout à fait accepté, apprécié et admiré. Les yeux et le visage sont le lieu où se déroulent les épisodes fondamentaux de la vie humaine. Nous avons également besoin qu'une mère attentive et compatissante prenne au sérieux nos sentiments et nos besoins, et veuille les satisfaire.

Mais que se passe-t-il lorsque la figure maternelle a été privée de son reflet dans le visage et le regard de sa propre mère ? Que se passe-t-il, par exemple, si cette mère était froide et indifférente ? Si elle était accablée par des problèmes conjugaux, la charge de plusieurs enfants ou les suites d'une dépression post-partum ? Il se produit alors ceci que la petite fille ne peut pas se voir dans le regard de sa mère. Elle voit plutôt de la confusion, et même parfois le rejet courroucé de sa mère, ainsi que son désarroi. De façon intuitive, l'enfant comprend que sa mère est démunie et elle renonce à exprimer ses propres besoins pour satisfaire ceux de sa mère. Ce n'est pas là une décision consciente, dictée par des sentiments altruistes ; il s'agit d'une adaptation inconsciente, pour des raisons de survie.

Margaret Mahler, psychologue spécialisée dans le développement de l'enfant, écrit : « C'est tel besoin très précis de la mère qui, tout en demeurant inconscient, met en branle le potentiel illimité du nourrisson et fait de lui "l'enfant" qui reflétera les besoins de sa mère et d'elle seule. » Selon des variations infinies, la mère transmet une « structure miroir », à laquelle s'adapte la personnalité primitive de l'enfant.

S'ils ont été réprimés dans l'enfance, les besoins narcissiques d'une femme resurgissent des profondeurs de son inconscient et cherchent à être satisfaits à travers son propre enfant. C'est ainsi que les choses se passent, *quelle que soit par ailleurs l'éducation reçue par la mère, aussi bien intentionnée soit-elle et aussi consciente ou non soit-elle des besoins de l'enfant.*

Le sentiment d'abandon ressenti à l'origine par la mère est un sentiment puissant, qui est ravivé par la naissance d'un enfant. Tout en suivant l'enfant à chacune des étapes de son développement, les parents perçoivent avec plus d'acuité encore les carences – si tel est le cas – de leur propre développement.

Il va de soi que les pères ne sont pas exempts des problèmes de non-satisfaction narcissique. Cependant, dans notre culture, les hommes ont beaucoup d'autres moyens de satisfaire leur besoin de se contempler dans le regard admiratif d'autrui. Dans la famille traditionnelle, le père s'en va chaque matin gagner de l'argent, et la mère reste seule à la maison pour s'occuper des enfants. Le père reçoit un chèque de paie, il jouit de l'estime et de l'amitié de ses collègues, et mène une existence propre dans un univers plus vaste. La mère n'a d'autre miroir que celui fourni par son mari et ses enfants.

Comme l'écrit Alice Miller dans *The Drama of the Gifted Child** :

---

* Paru en français sous le titre *L'Avenir de l'enfant doué*, Paris, PUF, 1983.

> L'enfant est à la disposition de sa mère. L'enfant ne peut pas prendre la fuite comme l'a fait la propre mère de sa mère. [...] L'enfant est élevé dans le respect des convenances, sa mère lui impose ses propres sentiments pour mieux *se voir dans l'amour* et l'admiration qu'il lui porte. [...] En la suivant partout des yeux, l'enfant donne à la mère le sentiment qu'elle est le *centre* de sa vie.

C'est ainsi que, de façon étrange et paradoxale, l'enfant devient celui qui sert à satisfaire les besoins narcissiques de la mère. Mais l'enfant lui-même reste sur sa faim. Privé de la satisfaction de ses propres besoins narcissiques, l'enfant grandira en cherchant son reflet dans des visages de substitution.

Les hommes dont les besoins narcissiques n'ont pas été satisfaits (et je suis l'un de ceux-là) passent leur vie à se chercher dans le regard admiratif d'autrui. Mais ultimement, aucun substitut ne saura satisfaire leurs besoins, ainsi que je l'ai peu à peu douloureusement compris. Ni les fanfares, ni l'argent, ni l'admiration du monde entier, ni les applaudissements ne peuvent remplacer le visage manquant, parce que c'est notre propre visage que nous cherchons. Il faut accepter cet abandon primordial; or il s'agit là d'un deuil et d'un chagrin si douloureux qu'il est évident qu'un enfant n'y saurait survivre.

Il ne faut jamais blâmer la mère dont les besoins narcissiques n'ont pas été satisfaits d'avoir voulu combler ses besoins d'amour et d'admiration par son enfant. Cette femme ne pouvait surmonter ses problèmes sans aide extérieure. Si elle peut s'épanouir à travers une vie conjugale heureuse, les blessures pourront se cicatriser. Comme le disait Eric Berne, « l'amour est une psychothérapie naturelle ». Mais si elle n'a jamais été aimée et appréciée, si on ne l'a jamais prise au sérieux, si elle n'a jamais pu se voir à travers un regard compatissant, attentif et aimant, son besoin demeure mécanique et inconscient. C'est le ténébreux secret de *l'ignorance*, qui plonge ses racines dans des blessures remontant à plusieurs générations.

Ces blessures demeureront aussi longtemps que nous ignorerons tout de leur existence.

Votre mère et vous

Prenez votre temps et réfléchissez avant de répondre aux questions suivantes :

Toute votre vie s'est-elle passée à essayer de rendre votre mère heureuse? Donnez des détails. Votre mère vous téléphone-t-elle souvent et vous reproche-t-elle de ne pas l'appeler ou de ne pas lui rendre visite? Vous sentez-vous alors coupable? En présence de votre mère, adoptez-vous une autre attitude afin de la rendre heureuse? (Par exemple, vous acceptez de l'accompagner à l'église alors que vous ne pratiquez plus de religion.) Avez-vous passé votre vie à vouloir impressionner les gens afin de pouvoir lire de l'admiration dans leurs yeux?

Chaque réponse positive donnée à ces questions ajoute à l'éventualité que vos besoins narcissiques n'aient pas été satisfaits.

Avez-vous déjà eu le courage de dire à votre mère le fond de votre pensée? Vous êtes-vous déjà permis d'exprimer votre colère à son égard? Êtes-vous capable de lui signifier votre désaccord sur certaines choses? Votre mère vous a-t-elle déjà vraiment « écouté »? Avez-vous besoin de son approbation?

Chaque réponse négative donnée à ces questions ajoute à l'éventualité que vos besoins narcissiques n'aient pas été satisfaits.

Il est normal de vouloir plaire à ceux que nous aimons, mais notre besoin d'être aimé, même par notre mère, ne doit pas aller jusqu'à devoir payer de sa personne. Après tout, le devoir d'une mère consiste à s'occuper de ses enfants. Elle a accompli son devoir quand ses enfants sont capables de prendre soin d'eux-mêmes. Son désir de les garder constamment sous sa tutelle, accablés par le devoir, les obligations ou le remords, est lié à un faux amour, dont l'origine remonte à des besoins narcissiques non satisfaits.

LE SOUVENIR DE VOTRE MÈRE

Dans ce chapitre, je vous demanderai de réunir d'abord les éléments qui vous permettront de tracer le génogramme de votre mère biologique. Par la suite, je commenterai les découvertes faites par James Jeder quand il s'est intéressé à la vie de Heather, sa mère. Si vous ne connaissez pas votre mère biologique ou que vous n'arrivez pas à recueillir suffisamment de renseignements à son sujet, tournez-vous vers votre mère adoptive, votre belle-mère ou vers toute personne qui tient lieu de figure maternelle dans votre vie.

La tentation de protéger ses parents est en général plus grande quand il s'agit de la mère. Tenez-vous-en au comportement de votre mère, à ce qu'elle a réellement dit ou à ce qu'elle a réellement fait.

L'image de votre mère

Demandez à quelqu'un de vous poser les questions suivantes, ou enregistrez-les à l'aide d'un magnétophone. Observez une pause d'une minute entre chaque question.

Quand vous fermez les yeux, quelle est l'image de votre mère qui s'impose à votre esprit? Laissez se former cette image le plus distinctement possible. Quel âge a alors votre mère? Quels vêtements porte-t-elle? Si vous le pouvez, notez la couleur de ses vêtements. Pouvez-vous voir les souliers qu'elle porte? À quoi pensez-vous en la voyant?

Remontez maintenant au plus ancien souvenir que vous avez de votre mère. Remontez le plus loin possible. Quels vêtements votre mère porte-t-elle? Que fait-elle? Que ressentez-vous quand vous regardez votre mère? Rappelez-vous un souvenir d'enfance... Comment vous sentiez-vous, tout petit enfant, à vivre ainsi dans la même maison que votre mère? Laissez maintenant venir à vous tous les souvenirs de votre mère. (Observez ici une pause de trois minutes.) Quand vous étiez enfant, quelle attitude votre mère avait-elle avec vous? De

quelle façon vous punissait-elle ? Comment vous démontrait-elle son affection ? Qu'est-ce qui vous plaisait le plus chez elle ? Que détestiez-vous le plus chez votre mère ? De quelle façon vous sentiez-vous responsable du bien-être de votre mère ? Maintenant, ouvrez lentement les yeux.

Si vous avez de la difficulté à visualiser votre mère, essayez de répondre par écrit à ces questions. Soyez précis et concret. N'écrivez pas « Ma mère était renfrognée ». Écrivez plutôt ce que vous avez vu, entendu et ressenti, et qui vous permettait de conclure que votre mère était renfrognée. Par exemple : « Ma mère était perdue dans ses rêveries et répondait à peine quand je lui disais bonjour. Elle ne tournait même pas la tête pour me regarder. »

Notez vos réactions pendant et après avoir répondu à ces questions.

Vous pouvez aussi rassembler le maximum de photos de votre mère. Essayez de mettre la main sur des photos d'elle à différentes époques de *votre* vie et à différentes époques de la sienne.

Mettez à part les photos qui vous frappent d'une façon ou d'une autre. Puis repassez-les une à une, et pendant dix minutes écrivez sans trop réfléchir. Écrivez tout ce qui vous passe par la tête. Après avoir ainsi passé en revue cinq ou six photos, relisez ce que vous avez écrit et essayez de dégager, le cas échéant, certains thèmes. Prenez maintenant une minute pour observer les points suivants :

- Toute réaction physiologique. Vous sentez-vous épuisé, tendu, transi, apaisé ou nauséeux ? Observez tout ce que vous ressentez physiquement.
- Toute réaction émotive notoire – peur, colère, honte, tristesse, remords ou quelque autre émotion que ce soit.
- Tout désir ou envie. Éprouvez-vous du chagrin, de la déception, de la frustration ou de la joie ?
- Toute intuition ou nouvelle pensée concernant votre mère et ses secrets. Avez-vous conscience d'un fait nouveau concernant votre mère et qui vous aurait échappé jusqu'ici ?

Les préceptes de votre mère

Quels étaient les dix commandements de votre mère ? Prenez votre temps pour réfléchir et écrivez-les. Tâchez de vous souvenir des circonstances où elle a énoncé pour la première fois chacun de ces préceptes. Si les dix commandements de votre mère correspondent aux dix commandements de la Bible, que peut-elle y avoir ajouté ? (Par exemple, « Honore ton père et ta mère – et ta mère tout particulièrement. ») Quelles étaient les règles *secrètes* sur lesquelles reposait l'existence de votre mère ? De telles règles peuvent être demeurées tacites, et peuvent même *contredire* d'autres règles, plus explicites. Le comportement de votre mère permettra de mieux les cerner. Que faisait votre mère en réalité ? Par exemple, l'une des règles secrètes de ma mère était : « Il faut toujours se montrer aimable avec les voisins, mais à l'intérieur de chez soi on peut dire tout ce qu'on veut. » En public, ma mère était l'être le plus exquis qui soit ; en privé, elle démolissait son prochain morceau par morceau.

Expressions et blagues favorites

Dressez la liste des expressions favorites de votre mère. En quoi sont-elles révélatrices de sa personnalité ? Sa vie était-elle conforme à ses préceptes ? Imaginez votre mère en train de faire exactement le contraire de ce qu'elle dit. Par exemple, ma mère nous disait souvent : « Ne sois donc pas aussi émotif. » Dans les faits, ma mère était quelqu'un de très émotif. Elle avait une voix haut perchée ; de nature craintive, elle se méfiait de tout le monde. Elle était aussi très colérique. Sa voix intérieure la blâmait d'éprouver de tels sentiments et elle projetait sa honte sur moi. Les voix des parents de ma mère parlaient à travers la sienne et leurs voix devinrent ma voix intérieure – qui me réprimandait : « Ne sois donc pas aussi émotif. »

Quelles étaient les blagues favorites de votre mère ? (Une seule, peut-être, vous reviendra en mémoire !) Avait-elle le sens de l'humour ? Ses blagues étaient-elles toutes formées sur le même modèle ? Tournaient-elles toujours autour des mêmes sujets ? Ce modèle peut-il vous apprendre quelque chose sur votre mère ?

Espoirs secrets

De quoi votre mère ne parlait-elle jamais ? Dans *The Prince of Tides*, Tom Wingo raconte : « J'appris à craindre ce dont elle ne parlait pas. » Votre mère cachait peut-être certains désirs très forts, qu'elle n'avait jamais osé formuler, mais dont vous saviez qu'il vous revenait de les satisfaire. Il arrive que certains sentiments de *colère* ou de ressentiment couvent et empoisonnent l'atmosphère.

Les traits de caractère

Nommez cinq traits de caractère positifs chez votre mère. (Sa patience, sa sollicitude, etc.) Donnez un exemple précis de comportement associé à chacun de ces traits.

Nommez cinq traits de caractère négatifs chez votre mère. (Ses critiques continuelles, sa façon de juger les gens, etc.) Donnez un exemple précis de comportement associé à chacun de ces traits.

Travail et argent

Quelle était l'attitude de votre mère par rapport au travail et à l'argent ? Ses propos étaient-ils conformes à ses actes ? Par exemple, était-elle du genre à blâmer votre père de travailler sans arrêt, tout en exigeant d'habiter dans un quartier « décent » et de rouler dans une voiture « décente » ? Blâmait-elle sans cesse votre père de ne pas gagner suffisamment d'argent et voulait-elle lui donner du remords ? Si votre mère était sur le marché du travail, aimait-elle ce qu'elle faisait ou posait-elle en martyre qui s'épuise à la tâche ? Reconnaissez-vous chez vous certains traits de son comportement à l'endroit du travail et de l'argent ?

Religion (morale)

Vous avez peut-être déjà abordé certains aspects de la question lorsque vous avez réfléchi aux dix commandements de votre mère. Quelles étaient les convictions religieuses de votre mère ? Si votre mère n'affichait pas de croyances particulières, se disait-elle agnostique ou athée ? Avait-elle sur le sujet un certain nombre d'idées bien arrêtées, qu'elle défendait avec passion ? Ou tout simplement la question la laissait-elle indifférente ? Prônait-elle la nécessité de croire en Dieu, tout en agissant comme si l'argent, les biens matériels et la beauté physique étaient des valeurs suprêmes ? Le théologien luthérien Paul Tillich a dit un jour que chacun a pour Dieu véritable ce dont il fait sa « préoccupation principale ». Quand j'étais alcoolique, mon dieu était l'alcool. Je pensais à lui sans cesse et toute ma vie en dépendait. Chacun de mes gestes était lié à l'alcool. Ma dépendance était une forme d'idolâtrie.

Si votre mère était pratiquante, faisait-elle preuve de ferveur et de sérieux ? Son attitude était-elle conforme à ses croyances ? Était-elle une croyante fanatique et de stricte obédience ? Ou allait-elle à l'église ou au temple par respect des conventions sociales ?

En résumé, votre mère était-elle une croyante sincère ou une non-croyante ?

Sexualité

Si j'en crois mon expérience, la sexualité, plus que toute autre activité humaine, est le domaine de prédilection des ténébreux secrets. Chez les femmes de la génération de votre mère, les questions sexuelles étaient davantage cachées. Pouvez-vous imaginer votre mère ayant une vie sexuelle active ? Dans bon nombre de familles, les questions sexuelles demeurent si secrètes que les enfants, devenus adultes, ont du mal à penser que leurs parents ont eu une vie sexuelle. Prenez le temps de répondre aux questions suivantes, et assurez-vous de faire l'exercice de synthèse (observation des réactions physiques, fortes sensations, etc.) après avoir écrit vos réponses. De plus, méfiez-vous de vous-même quand il s'agit de dissimuler les secrets d'ordre sexuel. Vous avez sans doute appris inconsciemment de l'un ou l'autre de vos parents la façon de dissimuler les secrets de cet ordre.

Avant son mariage, quelle image votre mère offrait-elle sur le plan sexuel? Et après son mariage? Comment le savez-vous? Avait-elle une vie sexuelle épanouie avec votre père? Comment le savez-vous?

A-t-elle déjà abordé avec vous des sujets d'ordre sexuel? Que pensiez-vous de la sexualité lorsqu'elle en parlait avec vous? Sur quel aspect a-t-elle insisté? Quels aspects a-t-elle négligés? Étiez-vous le « petit homme » de votre mère ou « sa sœur et sa complice »? Vous faisait-elle des confidences d'ordre sexuel? En clair, vous parlait-elle de sa vie sexuelle? Quelle était alors votre réaction?

En matière de sexualité, quels sujets n'auriez-vous jamais osé aborder avec votre mère?

Amis

Nommez cinq bonnes amies de votre mère. Avaient-elles quelque chose en commun? Si oui, quoi donc? Les choix de votre mère en amitié vous apprennent-ils quelque chose à son sujet? Si elle n'avait pas d'amie intime, qu'est-ce que cela peut vouloir dire? Votre mère a-t-elle cherché à faire de vous son meilleur ami? Quelle a été alors votre réaction?

Loisirs et détente

Dressez la liste de cinq activités que faisait votre mère pour se détendre. Donnait-elle l'impression d'aimer la vie? Vous a-t-elle négligé parce que ses passe-temps et ses autres activités la tenaient trop occupée? Ou alors n'avait-elle aucun passe-temps?

Associations d'idées

Essayez d'écrire sur votre mère en procédant par associations. Commencez par la première expression qui vous vient à l'esprit au sujet de votre mère. Par exemple, l'expression *ménagère frustrée* me vient spontanément à l'esprit. Isolez le mot qui vous semble le plus important et encerclez-le. Puis reliez-le à un certain nombre d'idées qui lui sont associées. Ma première association d'idées est *jour de congé*, car ma mère avait l'habitude de procéder au grand ménage de la maison durant son jour de congé. Les autres mots qui me viennent à l'esprit sont *misérable* et *rage*. Puis une autre idée me vient à l'esprit. J'étais supposé lui venir en *aide*, et je me suis toujours senti coupable de ne pas l'avoir suffisamment fait. Ce jour-là avait été épouvantable. Ma mère était furieuse contre la vie qu'elle devait mener. Cette jeune femme, qui élevait seule trois enfants, n'avait qu'un jour de congé, et elle devait le consacrer au ménage. Ce devait être terrible pour elle. En tout cas, ce l'était pour moi.

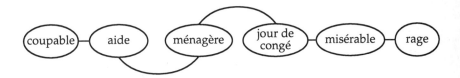

Tout en pensant à cela, une autre idée me vient à l'esprit. Notre seule présence mettait ma mère en colère! Il se peut que sa pensée la plus secrète ait été qu'elle ne voulait pas vraiment avoir trois enfants, pas à trente-quatre ans, pas toute seule, sans l'aide financière de mon père, et sans avenir, parce que ses convictions religieuses lui interdisaient de se remarier après son divorce. Ce raisonnement me semble logique. Si j'avais dû moi-même assumer la responsabilité d'élever seul trois enfants, j'aurais très certainement éprouvé la même colère. Je touchais peut-être là au lourd secret que ma mère avait toujours porté en elle.

La meilleure journée passée en compagnie de votre mère

Décrivez en détail la meilleure journée passée en compagnie de votre mère. Puis lisez ce récit à une personne de confiance et demandez-lui de vous faire part de sa réaction.

La pire journée passée en compagnie de votre mère

Je répète ici la mise en garde faite au chapitre 7 : *n'écrivez rien* qui soit lié au souvenir de certains sévices sexuels ou physiques.

Par ailleurs, si vous savez déjà que votre mère s'est rendue coupable de ce genre de méfaits, assurez-vous d'avoir quelqu'un à vos côtés au moment de faire cet exercice. Après avoir écrit le souvenir de cette pire journée, faites-en la lecture à un ami ou à la personne qui est à vos côtés. Par leur réaction, ces personnes valideront le récit de ce que vous avez vécu comme étant une chose *terrible*. Au cours de ce processus, l'accent devra être mis sur *votre douleur et votre souffrance, non sur les mobiles de votre mère*. L'enfant que vous avez été s'est vu refuser le droit d'exprimer l'émotion (la colère) qui lui aurait servi de moyen de défense pour venir à bout de sa douleur (par le travail du deuil). Si une personne de confiance valide votre douleur, vous vous sentez autorisé à vous accepter tel que vous êtes et avec ce que vous avez vécu. Ce qui vous est arrivé était terrible, mais cela concernait votre mère et non vous. Le secret sur vous-même que vous portiez en vous – celui des mauvais traitements que vous infligeait votre mère parce que votre nature était mauvaise –, vous pouvez vous en libérer. Vous n'étiez pas mauvais. Il y a fort à parier que vous étiez un enfant normal qui se comportait de façon normale.

Sauf exception, votre mère n'était pas non plus une mauvaise personne. Elle ne faisait que se conformer à ce qu'elle croyait son devoir. Son attitude réactualisait vraisemblablement ce qu'elle avait vécu quand elle était enfant.

Tous ceux qui vivent dans la honte ont également le sentiment secret d'être « mauvais », de ne pas être à la hauteur et d'être en quelque sorte imparfaits.

Décisions secrètes

Écrivez d'autres souvenirs où votre mère vous a fait du mal. N'oubliez pas de vous assurer de la présence d'une personne ou d'un groupe d'appui. Prenez votre temps, et transcrivez la scène en faisant appel à un maximum de détails sensoriels. Faites-en la lecture à la personne ou au groupe qui vous accompagne. Demandez-leur ce qu'ils ont « ressenti » ou obtenez d'eux la validation de vos émotions. À la suite de cette expérience, quelle décision croyez-vous avoir prise dans votre vie ? Quel comportement dysfonctionnel à l'œuvre actuellement dans votre vie peut-il découler de cette décision ? C'était peut-être la meilleure à prendre dans les circonstances, mais vous pouvez maintenant rectifier le tir.

Je me souviens d'avoir un jour pleuré parce que ma mère n'avait pas d'argent pour que ma sœur assiste à la soirée de danse organisée par l'école. Je me suis alors *juré* de ne pas être pauvre plus tard et que mes enfants ne manqueraient de rien. J'ai mis en pratique cette décision.

Je me souviens également d'une scène terrible chez ma grand-mère. Ma mère et ma grand-mère se disputaient. Ma mère a claqué la porte au nez de ma grand-mère et, ce faisant, la tête de cette dernière est allée cogner contre la porte ! J'étais terrifié ! J'ai alors pris la décision de ne jamais avoir d'enfant. Je refusais de mettre au monde un enfant pour l'exposer aux mêmes souffrances que j'avais dû endurer. J'ai fort heureusement changé d'idée.

Les dépendances de votre mère

Au chapitre 2, j'ai parlé de ce que Laura Gait Robert appelle « le secret » des femmes, c'est-à-dire le sentiment de désespoir, de colère et de frustration qui résulte de la nécessité qu'elles ont de correspondre au rôle attribué à leur sexe. Plutôt que d'exprimer ces sentiments négatifs, bon nombre de femmes retournent l'arme contre elles-mêmes et font de la nourriture un dérivatif, ce qui entraîne divers problèmes d'alimentation. Il va de soi que les femmes peuvent connaître d'autres types de dépendance, mais il arrive souvent que maman et la nourriture ne fassent qu'un!

La dépendance féminine peut se cristalliser sur n'importe quel objet. En voici quelques-uns parmi les plus courants : les films, les feuilletons ou les talk-shows de la télé ; les achats compulsifs dans les grands magasins ; la consommation d'alcool, de drogues ou de médicaments vendus sous ordonnance ; l'obsession des soins à apporter aux enfants et au mari ; l'obsession de la religion ; l'obsession du sexe (notamment par l'adultère) ; la peur permanente (l'inquiétude). Votre mère était-elle ou est-elle soumise à ce genre de dépendance ? De quelle façon l'avez-vous aidée à surmonter cette dépendance ? Quelles en sont les séquelles dans votre vie ?

Toute forme de dépendance cache un ténébreux secret. Ce secret correspond à des sentiments non exprimés. Quels sentiments cache la dépendance de votre mère ? De quelle façon avez-vous tenu compte des sentiments de votre mère ? Quelle forme ces sentiments ont-ils pris à leur tour dans votre vie ?

Dialogue avec votre mère

Demandez à quelqu'un de vous lire le passage suivant, ou enregistrez-le à l'aide d'un magnétophone.

Fermez les yeux et imaginez votre mère assise en face de vous. Elle est venue vous demander pardon du mal que ses secrets ont pu vous causer. Demandez-lui : « Quelle est ta plus grande crainte ? » Laissez répondre l'image de votre mère. Ne cherchez pas à contrôler ce qu'elle dit. Faites en sorte que sa réponse soit la plus spontanée qui soit. Après environ cinq minutes, demandez à votre mère : « De quelle certitude as-tu besoin ? » De nouveau, laissez répondre l'image. Puis interrogez-vous : « Quel geste est-il impensable que ma mère ait commis ? » Laissez vagabonder votre imagination jusqu'à ce que la réponse s'impose. Pourquoi votre mère n'aurait-elle jamais pu faire cela ?

Maintenant interrogez-vous : « Quels modes de vie était-il inconcevable que votre mère ait adoptés ? » Prenez le temps de répondre comme il faut. Pourquoi ces modes de vie étaient-ils inconcevables ?

En interrogeant l'ombre de votre mère

Si vous deviez décrire votre mère en sa présence, quels sont les traits de caractère qu'elle refuserait absolument de se voir attribuer ?

Rappelez-vous les cinq traits de caractère qui vous ont servi plus tôt à la décrire. Imaginez maintenant que votre mère se révèle tout à fait à l'opposé. Imaginez que vous êtes un avocat chargé de démontrer que votre mère est exactement le contraire du portrait que vous en avez fait.

Entre vous, quels étaient les sujets tabous ? Comment saviez-vous qu'il était interdit d'aborder ces sujets ? Imaginez-vous en train d'aborder avec votre mère ces sujets défendus.

Les ennemis de votre mère

Quelles étaient les têtes de Turc de votre mère ? Essayez de vous souvenir des gens qui étaient l'objet de ses critiques ou de ses remarques malveillantes. L'ennemi de votre mère n'a pas besoin d'être une personne en particulier. Ce peut être aussi certaines causes ou certaines idées. Dressez la liste des gens, des associations, des idées, des causes ou de quoi que ce soit auxquels s'opposait votre mère. Classez-les selon l'énergie (la passion) qu'elle mettait à les pourfendre. Il se peut que votre mère ait bel et bien mené une sorte de croisade ! Essayez de vous concentrer sur ce qui la mettait le plus en colère. Si votre mère est toujours vivante, demandez-lui d'où lui est venue cette haine. Que s'est-il passé pour qu'elle déploie ainsi autant d'énergie à lutter contre quelqu'un ou quelque chose ?

Ses combats étaient-ils conformes à son mode de vie ? Votre

mère était-elle l'incarnation de certaines valeurs que méprisaient ses ennemis?

Est-il possible que l'ennemi de votre mère soit quelque secret qu'elle porte en elle et qu'elle se refuse à voir? En d'autres termes, votre mère projette-t-elle sur un ennemi quelconque un aspect inavoué de sa personnalité? Si elle s'en prend aux « femmes qui exhibent leur corps », n'est-ce pas parce qu'elle n'ose avouer qu'elle aimerait bien se promener en short, en bikini ou en tenue légère?

Les blessures de votre mère

Parcourez le résumé qui suit des symptômes du PTSD. Voyez quels sont ceux qui s'appliquent à votre mère. Si tel est le cas, il est permis de penser que votre mère a subi un traumatisme au cours de son enfance ou de son adolescence.

LISTE DE CONTRÔLE DES SYMPTÔMES DU PTSD

- État d'extrême vigilance (grande nervosité ou inquiétude)
- Se vexe facilement ou sursaute sans raison
- Accès de panique ou d'angoisse
- Irritabilité chronique
- Peur qui frôle la terreur
- Insomnie (ou problèmes de sommeil)
- Retour en arrière (revit en pensée une scène traumatisante)
- Perte de la motivation
- Mise à l'écart et isolement
- Agoraphobie (isolement complet causé par une peur extrême des foules)
- Dépression
- Sentiment d'impuissance permanent
- Sentiment de désespoir permanent
- Syndrome du boutefeu (le sujet se met hors de lui à la moindre provocation, qu'elle soit positive ou négative)
- Toute forme de dépendance
- Réactualisation d'un souvenir traumatisant

- Vie intime dysfonctionnelle
- Manifestations psychosomatiques (hypocondrie)

Que savez-vous réellement de l'enfance de votre mère ? Si vos grands-parents sont toujours vivants, demandez-leur des détails sur son enfance. Demandez à des tantes, à des oncles, à des amies d'enfance des détails sur son enfance. Demandez-lui à elle ! Est-il possible que votre mère ait été victime d'une violence quelconque ? Ce traumatisme peut être à l'origine de la dépendance ou de certaines peurs en apparence irrationnelles que vous avez observées chez elle. Certains traumatismes peuvent également trouver leur origine à l'adolescence ou au début de l'âge adulte.

Les déceptions de votre mère

Écrivez ce que fut la plus grande déception de votre mère. Était-ce votre père ? La prison que s'est révélé être son mariage ? Ses enfants, à qui elle a donné trente-cinq ans de sa vie ? Toutes ces questions peuvent être au cœur de ce que Carl Jung appelle « la vie non vécue ». Nombreuses sont les femmes autrefois qui, en choisissant le mariage, ont renoncé à une carrière prometteuse et ont passé le reste de leur vie à fantasmer sur ce qu'elle aurait pu être. D'autres femmes encore croient qu'elles *ont épousé le mauvais parti* et vivent pendant des années dans l'obsession de ce qu'aurait été leur existence si elles avaient épousé l'autre fiancé ou un autre parti. De quelle façon avez-vous tenu compte des déceptions qu'a connues votre mère au cours de sa vie ? Êtes-vous le prolongement de votre mère ? Vous sentez-vous responsable de son bonheur ? Cherchez-vous à compenser ses souffrances et le vide de sa vie ? De quelle façon avez-vous tenu compte de son mariage ? Avez-vous si bien fait qu'elle peut aujourd'hui se sentir bien dans sa peau ?

Les frères, les sœurs et les autres membres de la famille

Interrogez vos frères et sœurs sur tout ce dont nous avons parlé jusqu'ici. Demandez-leur comment ils perçoivent votre mère. Vos frères et sœurs peuvent se révéler des auxiliaires précieux en vous présentant un autre point de vue. Chaque enfant, selon le rang qu'il occupe dans la famille, a une façon bien à lui de voir les choses.

Dressez la liste de tous les gens susceptibles de vous fournir quelque renseignement sur votre mère – vos grands-parents, vos tantes, vos oncles, de vieux amis, des relations, des collègues, des voisins. Posez-leur quelques questions. Votre père, en particulier, peut apporter une aide précieuse. C'est sans doute bien volontiers qu'il acceptera de vous dire certaines choses au sujet de votre mère. Ce qu'il *refuse* de dire peut également être révélateur.

Dessiner sa famille

Sans trop réfléchir, dessinez votre famille. Vous pouvez procéder de façon schématique, ou réaliste, ou comme vous voudrez. La première fois que j'ai fait cet exercice, mon dessin ressemblait à ceci :

Ma mère est cette grande figure centrale ; mon père se tient à l'écart dans le coin gauche. Il est loin, mais il couvre de son ombre toute la famille. Les liens entre ma sœur et ma mère sont rompus, tandis que mon frère et moi avons avec notre mère des rapports de type fusionnel. Quand j'ai montré ce dessin au groupe qui m'accompagnait, quelqu'un a aussitôt fait remarquer que la taille de ma mère était quatre fois supérieure à celle des autres personnages. Ma mère domine entièrement le dessin. J'étais sidéré, car ce n'est pas ainsi que, consciemment, j'avais voulu la dessiner. Le dessin spontané permet d'exprimer des choses demeurées inconscientes. Dans mon enfance, comme chacun dans notre famille, je ne vivais que pour apaiser le chagrin de ma mère.

Au chapitre 7, je vous ai demandé de dessiner le rez-de-chaussée de la maison où vous situez le plus lointain souvenir que vous avez de votre père. Votre mère et votre père vivaient-ils alors sous le même toit ? Certaines pièces étaient-elles spécialement réservées à votre mère ?

Une lettre de maman

Imaginez que vous recevez une lettre de votre mère. Il s'agit d'une lettre de pardon, dans laquelle votre mère vous réitère tout son amour. Vous vous arrêtez au passage suivant : « Je dois maintenant t'avouer un ténébreux secret... » Vous devez compléter cette lettre. Écrivez d'une main ferme et sans hésitation. Souvenez-vous que vous connaissez déjà ce secret.

Quelques questions pour finir

Par quels aspects ressemblez-vous à votre mère ?
Quels sont *vos* ténébreux secrets ?
Y voyez-vous un lien quelconque avec ceux de votre mère ? En clair, pensez-vous que vos secrets sont les mêmes que les siens ?
En quoi différez-vous de votre mère ?
Êtes-vous sûr d'être bien différent ?

Vous pouvez vous identifier à votre mère, même si vous êtes de sexe masculin. En ce qui me concerne, j'étais si étroitement lié à ma mère que j'ai joué le rôle de ma mère au sein de mon propre couple. Je m'agitais, je m'inquiétais et j'avais les mêmes préoccupations que les siennes quand j'étais enfant.

Dégagez les deux images les plus opposées que vous puissiez avoir de votre mère et essayez de les confondre en une seule. Qu'en résulte-t-il ? Comment réagissez-vous à cette nouvelle vision ?

Le dernier dialogue

Reprenez l'exercice que nous avons fait concernant votre père juste avant de tracer son génogramme. Entamez le même dialogue avec votre mère. Une moitié de vous connaît le ou les secrets de votre mère. Laissez cette moitié vous dire ce que vous avez besoin de savoir.

Enregistrez l'exercice suivant à l'aide d'un magnétophone ou demandez à quelqu'un de vous en faire la lecture :

Fermez les yeux et prenez environ cinq minutes pour vous détendre. Concentrez-vous sur votre respiration... Pensez uniquement à l'air que vous faites entrer et sortir de vos poumons. Détendez vos muscles... Quand vous inspirez, dites : « J'y arrive » ; quand vous expirez, dites : « Du calme ». Maintenant, imaginez que vous apercevez sur un grand écran deux personnes en grande conversation. Tandis que la caméra de votre œil intérieur fixe le couple, vous commencez à comprendre que ces deux personnes, c'est vous. Vous êtes en train de converser avec vous-même. La personne à droite représente votre conscience. Prenez une minute pour bien observer cette image de vous. Puis, regardez l'autre vous-même. Cette partie de vous-même est votre inconscient, lequel en sait bien plus long que votre moi conscient.

Prenez une minute pour bien voir cette partie de

vous-même. Que voyez-vous qui vous permette de penser que cette partie est différente de l'autre ?

Maintenant, observez votre moi conscient qui demande à votre moi inconscient quels sont le ou les secrets de votre mère.

Attendez une minute ou deux, et laissez votre moi inconscient répondre spontanément. Une fois que votre inconscient a parlé, demandez-lui plus de précisions. Éloignez-vous peu à peu de la scène et revenez lentement à votre pleine conscience.

Écrivez maintenant tout ce que vous avez retenu en observant ce dialogue entre votre moi conscient et votre moi inconscient.

L'ÉTABLISSEMENT DU GÉNOGRAMME DE VOTRE MÈRE

Vous voilà prêt à tracer le génogramme de votre mère. Souvenez-vous des quatre questions principales qu'il faut se poser :

1. Quels étaient le ou les principaux problèmes de votre mère ? Quels en étaient les symptômes ?

2. Quelles sont les données familiales qui forment le contexte des problèmes ou des symptômes attribués à votre mère ? Vous devrez ainsi envisager les problèmes émotionnels de votre mère dans un contexte familial à travers trois générations. Dégagez les modèles récurrents dans les relations familiales, ainsi que les coalitions parents-enfants.

3. Quel était le climat émotionnel dans la famille de votre mère au moment de sa naissance ? La réponse à cette question vous aidera à comprendre dans quelle mesure votre mère peut extérioriser, par son comportement, certains secrets de famille.

4. Quelles sont les questions soulevées par le rang qu'occupe

votre mère dans sa famille ? Dans quelle mesure ces questions se posent-elles également pour d'autres membres de la famille qui occupent le même rang ? Quel secret votre mère est-elle susceptible de porter en elle ?

Examinons maintenant le cas de la mère de James Jeder, Heather Jamison Jeder.

1. Les problèmes principaux (symptômes)

Heather était une femme fascinante et paradoxale. Elle fut malade pendant des années. À peine âgée de trente ans, elle commença à souffrir d'arthrite, qui la laissait parfois entièrement paralysée. Tout se passait comme si son corps protestait contre une mystérieuse et profonde injustice. Nul ne savait d'où venait le mal, et il était évident que la douleur était réelle. Mais pourquoi ? Personne ne semblait le savoir vraiment. L'histoire médicale de cette famille ne rapportait aucun autre cas d'arthrite rhumatoïde.

Heather Jamison était une jeune femme plutôt brillante. À seize ans, elle entrait au collège, mais elle dut renoncer à ses études quand elle apprit qu'elle était enceinte. C'était une lectrice assidue, et il lui arrivait souvent de lire des romans entiers à James et à Janice, ses enfants, à qui elle ne cessait de vanter les vertus de l'instruction.

Paradoxalement, elle combinait une grande pudeur sur les questions sexuelles au mépris des hommes et à un étonnant pouvoir de séduction. James fit une psychanalyse poussée, au cours de laquelle il confronta un jour sa mère à son pouvoir de séduction. Elle en fut horrifiée, car elle n'avait absolument pas conscience de son attitude. Mais Heather avait beau s'efforcer de brimer sa sexualité, celle-ci ne disparaissait pas pour autant. À vrai dire, elle réapparaissait sous une autre forme. James se souvient que, quand il prenait un bain, sa mère entrait souvent dans la salle de bains pour uriner devant lui. Il se souvient qu'elle lui a demandé à plusieurs reprises de dégrafer son soutien-gorge et son corset. Il se rappelle également qu'il lui arrivait de faire le ménage, nue sous sa chemise de nuit. Cette absence de pudeur entre la mère et le fils devait se révéler un stimulus sexuel beaucoup trop fort pour James. Par la suite, il fut attiré par les femmes plus âgées et la plupart des photos pornos qu'il gardait dans sa réserve montraient des femmes d'âge mûr vêtues de guêpières.

James a également le souvenir amer d'une scène au cours de laquelle, à table, sa mère s'est moquée de son pénis trop petit. Il en fut profondément mortifié.

Heather fut horrifiée quand James lui rappela ces choses. Il était évident qu'elle n'avait pas agi par méchanceté. Soucieuse d'aider son fils, elle décida de lui confier le ténébreux secret que lui avait un jour confié Josephine, sa mère, à l'époque où elle se mourait d'un cancer.

Le ténébreux secret de Josephine

Après la mort de sa mère, Donald Jamison recueillit discrètement les sous-vêtements de celle-ci et demanda à Josephine, sa femme, de les porter au moment de leurs rapports sexuels.

À l'adolescence, tandis que Heather s'ouvrait peu à peu à la sexualité, Donald ordonna à Josephine de porter les sous-vêtements *de sa fille* durant leurs rapports sexuels et de prétendre qu'elle était Heather. La jeune fille, tout en ignorant consciemment le comportement de ses parents, l'extériorisa inconsciemment à travers sa sexualité. Heather, qui était plutôt jolie, avoua un jour à James qu'elle avait parfois ce fantasme où elle excitait des hommes d'âge mûr, notamment le ministre du culte à leur église, en se promenant devant eux dans une tenue légère. Elle dit aussi à James que leur médecin de famille, au cours d'un examen, avait par deux fois procédé sur elle à des attouchements équivoques. Elle se sentait responsable de tout ce qui était arrivé et, quand elle tomba enceinte de Shane, elle était sûre d'être une nymphomane et une fille de mauvaise vie.

J'ai déjà expliqué que les fantasmes secrets d'un membre de la famille peuvent être extériorisés à travers le comportement d'un autre membre de la famille. La situation est particulièrement explosive quand l'un des parents nourrit des fantasmes sexuels secrets au sujet de son enfant. Les parents, Donald et Josephine, mettaient en scène les fantasmes du père dans une chambre, tandis que Heather, leur fille, dormait dans l'autre.

Heather s'est révoltée et a extériorisé, par son comportement, le secret de Donald, en ayant des rapports sexuels précoces avec Shane, lesquels conduisirent à une grossesse tout aussi précoce ; mais après son divorce, Heather a délibérément refusé toute sexualité ; elle n'est sortie avec aucun autre homme et a même repoussé toutes leurs avances. Il se peut qu'elle ait continué secrètement à se masturber. Il est impossible de le savoir avec certitude, mais James m'a raconté un incident étrange survenu après le divorce de sa mère, alors qu'elle fut admise d'urgence à l'hôpital pour retirer de son vagin un objet qui y était demeuré coincé. Nul n'a jamais donné d'explication satisfaisante de l'incident ; il fut tout simplement oublié, comme si ce genre de choses finissait toujours par arriver tôt ou tard à une femme au cours de sa vie. Dans ce contexte familial précis, l'hypothèse d'une vie secrète dominée par l'autoérotisme n'est pas invraisemblable.

James comprenait mal l'isolement sexuel dans lequel Heather s'est enfermée après son divorce. À deux reprises, il l'a entendu dire : « Je suis trop obsédée pour commencer à sortir avec des hommes. » Après l'épisode mystérieux de l'hôpital, Heather avait dit : « Je dois rester disponible pour Janice et toi. » Au cours de sa thérapie, James a mesuré peu à peu à quel point de telles déclarations l'avaient conduit à assumer la sexualité de sa mère.

Janice, la sœur de James, a elle aussi subi grandement l'influence de sa mère. Janice, qui était une enfant non désirée, fut un bébé difficile et souvent malade. Par la suite, elle fut une enfant insolente et rebelle. Heather avait des mots très durs à son égard, et James raconta que la mère et la fille se disputaient constamment le pouvoir.

À dix-sept ans, Janice quitta la maison et commença à gagner sa vie ; elle épousa un homme violent, du moins en paroles, et avec qui elle vécut pendant quinze ans, soit jusqu'à la mort de ce dernier. Elle se remaria avec un homme irresponsable qui refusa de travailler et de subvenir à leurs besoins. Dix ans plus tard, elle divorçait de nouveau.

Janice, qui cherchait encore l'approbation de sa mère, avait rompu tout lien avec Shane, son père, jusqu'à l'époque où elle suivit elle-même une thérapie. Une fois guérie, elle voulut venir en aide à James, son frère.

Comme nous l'avons vu, Carl Jung croit que « la vie non vécue » des parents est l'une des principales causes des névroses infantiles. La mère de James avait programmé son fils pour qu'il veille sur sa vie sexuelle inexistante, ce qu'il a fait, précisément, en faisant appel à des fantasmes masturbatoires !

2. *Les problèmes dans leur contexte*

Si vous examinez le génogramme de Heather, dans le tableau 8-1, il apparaît clairement que la vie de cette famille est dominée par différentes questions d'ordre sexuel, lesquelles servent tour à tour à révéler ou à dissimuler la réalité. Cette polarisation est incarnée à travers les deux grands-pères, Milton O'Hern et Boyd Jamison. Le premier était un séducteur invétéré, qui eut présumément des rapports incestueux avec sa fille ; le second soignait l'image familiale, tout en commettant l'inceste avec ses filles.

Il apparaît également que les femmes de cette famille sont accablées par le poids de ce que j'ai appelé au chapitre 2 « le secret de leur sexe », à savoir le sacrifice de soi qu'entraîne le fait d'être une femme désireuse de se conformer au rôle attribué par la société.

Dans la famille de Heather, les femmes se conforment à ce modèle et refoulent leur colère. Toutes furent dévouées et soumises. Sa grand-mère, Elizabeth Jamison, fut certes soumise à une sorte d'esclavage sexuel par son mari, mais la Bible, la religion et son fils ont compensé pour sa douleur et sa solitude. Sa grand-mère, Patricia O'Hern, et sa mère, Josephine, ont toutes deux souffert

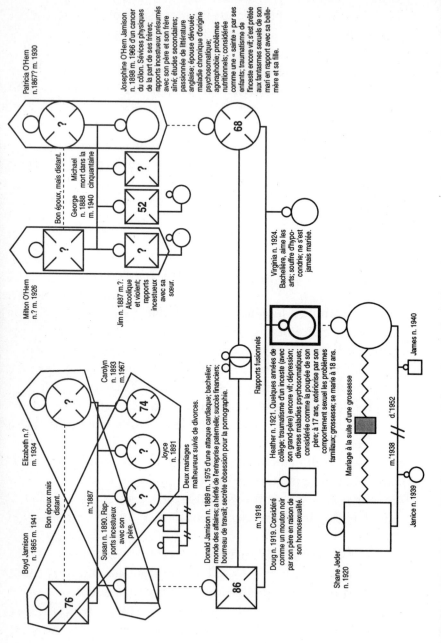

TABLEAU 8–1

LES PROBLÈMES DE HEATHER JAMISON JEDER DANS LEUR CONTEXTE

d'obésité, transposant ainsi leurs frustrations. James se souvient que l'arthrite rhumatoïde de sa mère la faisait tellement souffrir qu'il fallait souvent la transporter d'une pièce à l'autre de la maison. Ses jambes refusaient de marcher. Son corps était une vivante métaphore qui disait : « Je ne peux plus continuer. »

Au vu de son histoire familiale et des nombreux ténébreux secrets qu'elle recèle, les problèmes de Heather étaient prévisibles. Les femmes qui lui servaient de modèles lui disaient implicitement :

- Le sexe féminin est inférieur ;
- Pour une femme, la sexualité est une chose désagréable, dont elle doit payer le prix ;
- L'obligation d'être une femme entraîne de lourdes responsabilités.

En vivant dans une permissivité sexuelle précoce, Heather s'est officiellement révoltée contre cette fatalité, mais ce n'était là qu'une façon d'approuver les enseignements de ses aïeules. Elle a payé de sa personne une vie sexuelle active. Heather s'est enfuie avec le père de son enfant, mais elle a passé les vingt-cinq années qui ont suivi à élever seule deux enfants. Le prix de la rébellion était peut-être trop élevé pour elle. Soit elle renonçait à toute vie sexuelle, soit elle la gardait secrète.

3. Le climat émotionnel de la famille à la naissance

Le tableau 8-2 vous permettra de voir les facteurs qui font de Heather la candidate idéale pour être celle qui assumera tous les ténébreux secrets de la famille.

Heather est l'enfant qui répond aux désirs et aux espoirs de sa mère et de son père. Donald a déjà pris ses distances avec Doug, son fils, en disant qu'il n'aime pas les garçons, parce qu'ils font des bêtises et qu'il est difficile de les contrôler. Avec les années, l'homosexualité de Doug devient évidente. C'est là une raison

TABLEAU 8–2

LE CLIMAT ÉMOTIONNEL À LA NAISSANCE DE HEATHER JAMISON, EN 1921

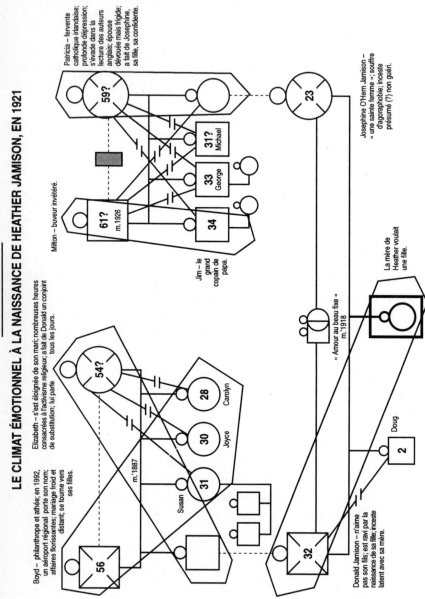

Boyd – philanthrope et athée; en 1992, un aéroport régional porte son nom; affaires florissantes; mariage froid et distant; se tourne vers ses filles.

Elizabeth – s'est éloignée de son mari; nombreuses heures consacrées à l'activisme religieux; a fait de Donald un conjoint de substitution; lui parle tous les jours.

Patricia – fervente catholique irlandaise; profonde dépression; s'évade dans la lecture des auteurs anglais; épouse dévouée mais frigide; a fait de Josephine, sa fille, sa confidente.

Milton – buveur invétéré.

Jim – le grand copain de papa.

« Amour au beau fixe » m.1918

Josephine O'Hern Jamison – « une sainte femme »; souffre d'agoraphobie; inceste présumé (?) non guéri.

La mère de Heather voulait une fille.

Donald Jamison – n'aime pas son fils; est ravi par la naissance de sa fille; inceste latent avec sa mère.

supplémentaire pour Donald de s'éloigner davantage de son fils. Mais il importe de noter que ce ne sont là que les motifs conscients évoqués pour justifier la réactualisation d'un atavisme familial : la rupture père/fils.

Au moment de la naissance de Heather, Josephine, sa mère, et Donald, son père, sont profondément amoureux et forment un couple heureux. Donald n'a pas encore mêlé Josephine à son fantasme sexuel secret qui sert à « extérioriser » le problème de ses rapports avec sa mère. Et Heather devient vite sa « petite princesse ».

En revanche, les grands-parents de Heather, du côté maternel comme du côté paternel, affichent des unions froides et distantes. Les grands-mères ont développé des rapports malsains entre générations avec l'un et l'autre parents de Heather : Elizabeth avec Donald, et Patricia avec Josephine. Les rapports entre les tantes et les oncles de Heather forment une série de triangles imbriqués les uns dans les autres. La compulsivité sexuelle est présente dans la famille de sa mère comme dans celle de son père, et ses parents n'ont toujours pas résolu certains problèmes d'ordre sexuel.

De l'extérieur, la famille Jamison semble une famille normale. Heather adore rendre visite à ses grands-parents le dimanche. Pendant des années, elle a cru que les Jamison offraient l'image parfaite d'une « famille heureuse ». James reconnaît que Heather ne parlait pas beaucoup des O'Hern, soit la famille du côté de sa mère. Le même jour où James a voulu confronter Heather à ses manœuvres de séduction, celle-ci s'est contentée de mentionner qu'elle n'aimait pas son grand-père O'Hern, au demeurant un alcoolique notoire.

Des années plus tard, il est arrivé à Heather de mentionner au passage les sévices sexuels que son grand-père lui avait fait subir. Mais James ajoute qu'elle en parlait comme d'une chose qu'il savait déjà et dont elle voulait minimiser l'importance. Quand il l'interrogea de façon plus précise, Heather lui dit que cela s'était produit à deux reprises, une première fois à dix ans, une autre à douze ans, et qu'elle avait toujours pensé que c'était elle qui l'avait « provoqué ». Les deux fois, son grand-père l'a fait asseoir sur ses genoux.

La première fois, il a pris sa main, l'a posée sur son membre en érection et s'en est servie pour se donner du plaisir jusqu'à la jouissance complète. La seconde fois, il a promené son pénis sur ses fesses et a caressé son vagin avec son doigt jusqu'à ce qu'il jouisse. Une autre fois, Heather raconta en passant une anecdote sur son grand-père O'Hern, ce voyeur qui perçait un trou dans le mur de la salle de bains.

Je retiens de tout cela que Heather était la proie de certains fantasmes paranoïaques et que son esprit souffrait de dissociation. Elle considérait le comportement de son grand-père comme un comportement typique chez les hommes, et accepta d'être victime de violence sexuelle parce que c'était là le destin des femmes. À cette époque, cette attitude était très courante chez les femmes. James a également appris par sa tante Virginia que Heather fut un jour violée, même si elle-même n'a jamais rien dit de précis à ce sujet.

Il m'apparaissait évident que Heather, la mère de James, avait eu des rapports incestueux avec son grand-père, un alcoolique qui n'en était pas à sa première infraction dans le domaine. Heather porte en elle plusieurs des ténébreux secrets de sa famille. Elle est l'enfant la mieux placée pour être l'objet de la projection parentale à un moment où le couple vit une période de stress et d'anxiété, et elle est la candidate toute désignée pour extérioriser, par son comportement, ce qui demeure caché dans la dynamique familiale.

4. Les questions liées au rang familial

Heather est la deuxième enfant de la famille. Étudions son profil à partir du rang qu'elle occupe dans la famille tel qu'il apparaît dans le tableau 8-3.

L'enfant qui occupe le second rang est le mieux placé pour assumer les problèmes secrets et non résolus qui couvent dans l'ensemble de la famille, en particulier chez la mère. Heather est donc dans une position précaire. Sa grand-mère, Patricia O'Hern, qui occupe elle aussi le deuxième rang dans sa famille, fut une épouse

TABLEAU 8-3

LE PROFIL DE HEATHER JAMISON LIÉ AU RANG FAMILIAL

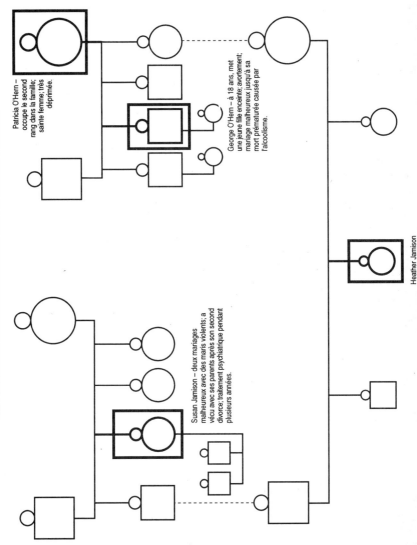

Patricia O'Hern – occupe le second rang dans la famille; très sainte femme; très déprimée.

George O'Hern – à 18 ans, met une jeune fille enceinte; avortement; mariage malheureux jusqu'à sa mort prématurée causée par l'alcoolisme.

Susan Jamison – deux mariages malheureux avec des maris violents; a vécu avec ses parents après son second divorce; traitement psychiatrique pendant plusieurs années.

Heather Jamison

soumise, qui endura mille maux et se mit entièrement au service de son mari. Son oncle, George O'Hern, qui occupe lui aussi le deuxième rang dans sa famille, fut un enfant rebelle qui s'enfuit de la maison et mit une jeune fille enceinte à l'âge de dix-huit ans. Il paya pour qu'elle se fasse avorter, et sa mère, une catholique irlandaise, fut « quasiment anéantie » quand elle apprit la chose. Trois ans plus tard, il se maria et vécut jusqu'à sa mort une union orageuse, à cause de l'alcoolisme.

La tante de Heather, Susan Jamison, qui occupe le même rang féminin que Heather dans la famille Jamison, était celle de ses tantes dont Heather se sentait la plus proche quand elle était enfant. Susan avait été le souffre-douleur de son père et avait connu deux mariages malheureux. Pendant des années, elle alla de traitement psychiatrique en traitement psychiatrique. Après son second divorce, elle vécut avec ses parents jusqu'à leur mort.

Ultimement, Heather devait suivre l'exemple de sa grand-mère O'Hern, demeurée fidèle à la foi catholique et dont le bonheur dépendait de ses enfants à qui elle était entièrement dévouée. Les choix qui s'offraient à elle par le rang qu'elle occupait dans la famille n'étaient pas très attirants, et sa révolte précoce fut vraisemblablement la manifestation de sa volonté de briser l'engrenage de l'asservissement familial.

Conséquences pour James Jeder

James Jeder a donc hérité d'une bonne partie des problèmes non résolus dans l'histoire de sa famille, notamment les problèmes liés à la colère rentrée de sa mère qui résultait des sévices sexuels dont elle avait été victime. L'identité de James étant tributaire en grande partie de sa mère, celle-ci projeta sur lui sa frustration sexuelle et son mépris des hommes. James intériorisa ce mépris et l'extériorisa par son obsession de photos pornos mettant en scène des femmes d'âge mûr. Il multiplia les liaisons, ce qui trahissait un besoin d'attachement infantile et désespéré, de même que l'absence, dans sa vie, d'un modèle masculin stable. James voulait désespérément être aimé d'une femme, tout en craignant d'être dévoré par un tel amour.

Au cours de la thérapie, quand je reçus Karen, son épouse, celle-ci me le décrivit comme un homme « qui l'appelait désespérément à l'aide de la fenêtre de son château, mais qui remontait le pont-levis dès qu'elle s'approchait ». Elle se sentait prise au piège.

James franchit une étape importante vers la voie de la guérison lorsqu'il accepta de baisser le pont-levis et de courir le risque d'être vulnérable. Karen l'a aidé dans cette tâche – mais j'anticipe un peu.

Si néfaste que fût l'influence de Heather sur son fils, il est important de se rappeler que, grâce à elle, James fut aussi un brillant professeur de littérature anglaise et un excellent poète. La soif d'apprendre de Heather et son amour de la littérature l'ont certainement encouragé à poursuivre dans cette voie. Heather a passé de nombreuses heures à lui faire la lecture quand il était enfant et s'est toujours montrée très fière de ses résultats scolaires.

À cette étape de notre réflexion, vous devriez être en mesure de tracer le génogramme de votre mère. Ne cherchez pas à y intégrer autant de détails que ceux que j'ai évoqués concernant la vie de Heather. En général, les génogrammes ne sont jamais aussi précis et détaillés. Ce qui importe surtout, c'est de pouvoir situer vos problèmes et vos ténébreux secrets dans le contexte élargi de votre propre famille. Nous voilà maintenant prêts à examiner en quoi tout ce que nous avons découvert s'applique aussi à *vous*.

TROISIÈME PARTIE

DE RETOUR AU KANSAS

« Où se trouve le Kansas ? » demanda l'homme d'un air surpris. « Je ne sais pas, répondit tristement Dorothée, mais c'est mon pays et je suis sûre que c'est quelque part. »
L. Frank Baum, *The Wonderful Wizard of Oz*

CHAPITRE 9

À LA DÉCOUVERTE
DE VOS TÉNÉBREUX SECRETS

Enlevez à l'homme de la rue son mensonge fondamental et vous le privez aussi du bonheur.

Henrik Ibsen

Il est certains sujets [...] qu'on ne peut aborder avec personne, même avec ses amis. L'homme ne peut parler de ces sujets qu'avec lui-même et en secret. Or il est aussi des sujets que l'homme craint d'aborder même avec lui-même.

Fiodor Dostoïevski

Quand j'ai lu l'histoire du magicien d'Oz, je ne comprenais pas *pourquoi* Dorothée voulait retourner au Kansas. À en croire L. Frank Baum, c'était un endroit épouvantable. Ce que Dorothée appelait son chez-soi n'était qu'une « immense prairie grise. Ni arbre ni maison ne venait rompre la monotonie de la plaine qui, de tous côtés, allait se perdre à l'infini. Craquelée par le soleil, la terre labourée étendait sa croûte grise jusqu'à l'horizon ». Tante Émilie « ne savait plus sourire » et oncle Henri « ne riait jamais non plus. Il travaillait dur du matin au soir [...] avait l'air sévère et grave, et parlait peu ». Qui donc voudrait retourner dans un tel pays ? Mais Dorothée meurt d'envie d'y retourner.

On peut voir le retour de Dorothée au Kansas, avec sa vision de terre stérile, d'herbe brûlée et de famille mortellement sérieuse, comme une image de la lutte que nous devons mener pour acquérir une lucidité sans faille. Pour être « chez moi » avec moi-même, pour être authentique, je dois renoncer aux enchantements et aux illusions de l'enfance, et faire face à la grise réalité de moi-même. Notre démarche spirituelle exige de remettre en question notre désir de pureté, ce que nul n'arrive à faire parfaitement. Même les meilleurs d'entre nous ont mis au point une version sensiblement enjolivée d'eux-mêmes – puis ont oublié qu'ils ont fait quelques entorses à la réalité. Il semble que notre nature humaine nous condamne à nous illusionner sur nous-mêmes. C'est que nous n'arrivons tout simplement pas à savoir tout ce qu'il faut savoir sur nous-mêmes – sans parler des autres membres de notre famille.

Quand nous avons cherché les traces de ténébreux secrets dans le génogramme de nos parents, nous avons dit de ces traces qu'elles constituaient *l'ombre* de nos parents. Pour compléter votre génogramme, il vous faut maintenant procéder à un libre examen de vous-même qui vous permettra de découvrir votre propre ombre.

Afin d'offrir un cadre à cet examen personnel, je me servirai d'une figure appelée la fenêtre de Johari. Je l'ai découverte lors d'un séminaire de perfectionnement destiné aux thérapeutes professionnels, et je vous montrerai comment je l'ai utilisée pour procéder à mon propre examen.

LA FENÊTRE DE JOHARI

La fenêtre de Johari part du principe qu'une partie de la conscience de chaque individu est laissée dans l'ombre et que nous ne pourrons jamais nous percevoir tels que les autres nous perçoivent ou tels que nous sommes en réalité. (Voir le tableau 9-1.) Cette fenêtre à quatre carreaux offre une vue d'ensemble de votre personnalité, même si votre conscience ne vous donne accès qu'aux aspects de vous-même présents dans les deux premiers carreaux de la fenêtre. Là se trouvent votre personnalité publique et votre personnalité privée, de même que les ténébreux secrets connus de vous.

TABLEAU 9-1

LA FENÊTRE DE JOHARI

	CONNUS D'AUTRUI	IGNORÉS D'AUTRUI

CONNUS DE VOUS-MÊME	**Carreau 1** VOTRE PERSONNALITÉ PUBLIQUE
	
	Les rôles imposés par la société
	
	L'image que vous donnez de vous-même (votre masque)
	
	Emplois et travail
	
	Passe-temps, habitudes et loisirs
	
	Valeurs
		Carreau 2 VOTRE PERSONNALITÉ PRIVÉE
		
		Tout domaine appartenant à la vie privée
		
		Obsessions (peurs secrètes)
		
		Ténébreux secrets volontairement cachés :
		
		  ■ ressentiment
		  ■ honte
		
		Certains comportements que vous vous permettez en privé

IGNORÉS DE VOUS-MÊME	**Carreau 3** VOS ZONES D'OMBRE
	
	Ce que les autres peuvent observer à votre sujet et que vous refusez d'admettre
	
	Indices :
	
	  ■ comportement illogique
	  ■ réactions excessives
		Carreau 4 VOTRE INCONSCIENT
		
		Les tréfonds de votre âme
		
		Certaines données refoulées
		
		Les ténébreux secrets qui hantent l'esprit familial collectif
		
		Votre potentiel insoupçonné
		
		Indices :
		
		  ■ comportements répétitifs
		  ■ négations
		  ■ projections
		  ■ défenses mises au point par l'ego

Dans les deux derniers carreaux de la fenêtre se trouvent les aspects de vous-même que vous ignorez. Ces carreaux abritent certaines vérités concernant votre identité qui sont soit connues des autres, soit restées chez vous à l'état inconscient. Le carreau 3 a trait aux illusions que vous entretenez sur vous-même et qui vous empêchent de vous connaître vraiment. Ce genre d'illusions explique, par exemple, comment un individu peut s'autodétruire progressivement, sans jamais mesurer l'ampleur d'une déchéance pourtant évidente pour tout le monde. Le carreau 4 concerne les secrets que vous ignorez, tout comme l'ignore votre entourage. Par exemple, certains souvenirs de sévices ou de traumatismes que vous avez refoulés, des aspects de vous-même jugés méprisables ou inacceptables par vos parents ou par quelque autre figure d'autorité, de même que les ténébreux secrets inconsciemment hérités de l'esprit familial collectif. De plus, dans le carreau 4 se trouvent les aspects de vous-même qui représentent votre potentiel insoupçonné.

Carreau 1 : *votre personnalité publique*

Lors de ce séminaire de perfectionnement destiné aux thérapeutes professionnels, chacun d'entre nous se présenta au groupe avec prudence. Dès le moment où je suis entré dans la pièce, mes voix intérieures me sermonnèrent vertement. À en juger par leur apparence et par leurs propos, mes collègues thérapeutes semblaient tous plus intelligents, plus compétents et plus avisés que moi. L'un d'eux était habillé avec tellement d'élégance qu'il était difficile de l'imaginer en train de se débattre avec une anxiété semblable à la mienne (pour ma part, je portais une veste sport de couleur verte, avec des appliques de cuir sur les manches, à la hauteur du coude et j'avais défait mon nœud de cravate – ce qui correspondait tout à fait à l'image du thérapeute brillant et décontracté que je voulais donner de moi-même). Deux hommes firent leur entrée; ils portaient un complet trois-pièces, et expliquèrent qu'ils étaient venus directement du bureau. Lorsque quelqu'un proposa de jouer à

« Comme c'est terrible ! », je craignis que l'équilibre émotionnel de certaines personnes ne se trouve malmené. Dans un coin, quelqu'un vantait sur un ton léger les mérites comparés des voitures de luxe. C'est alors que l'animateur fit son entrée. L'homme était un thérapeute réputé et respecté. Mince, jean étroit, chemise bleu foncé : il était impeccable. Il distribua à chacun une copie de la fenêtre de Johari et nous expliqua comment l'utiliser.

Le carreau 1 abrite votre personnalité publique. Ses trois premières composantes sont relativement évidentes. Vous êtes connu publiquement par le rôle que vous jouez dans la société. Le visage que vous offrez en public suppose une bonne part de duperie – dans certains cas indispensable. Chacun connaît les règles fondamentales de la vie en société et une bonne partie des tâches qui nous sont dévolues par ce biais relèvent d'une superficialité sans conséquence plutôt que de convictions profondes. Votre pudeur vous ordonne de rester sur vos gardes jusqu'à ce que vous ayez le sentiment de pouvoir vous laisser aller en toute quiétude. Votre travail – qui est la troisième composante – forme une large part de votre identité publique. Combien de fois nous est-il arrivé de présenter des amis (et même de nous présenter nous-mêmes) en déclinant nom et profession ?

Passe-temps, habitudes, loisirs

On sait que le temps passé en public se déroule selon certaines conventions. Eric Berne, auteur d'une thérapie appelée l'analyse transactionnelle (AT), a observé que l'homme découpe le temps en plusieurs segments. Ce découpage inclut la solitude (le temps que vous passez avec vous-même) et l'intimité (le temps et votre personnalité que vous partagez avec autrui). Entre ces deux pôles, Berne répartit un certain nombre d'activités que l'on accomplit généralement en groupe et qui concernent le travail, les passe-temps, les habitudes et les loisirs.

Les passe-temps regroupent les violons d'Ingres, les propos échangés sur le temps qu'il fait, le sport, les voitures, les enfants et le conjoint. Les habitudes regroupent un certain nombre de choses comme saluer et dire au revoir, les règles de l'étiquette et le garde-à-vous au moment d'entonner l'hymne national. Le travail quotidien entraîne un certain nombre d'activités rituelles au début et à la fin. La famille suppose l'instauration d'un certain nombre d'habitudes liées aux repas, à l'église, aux fêtes. Le travail de bureau comporte également certains rituels, comme les séances de planification, les rencontres hebdomadaires, les pauses-café et le commérage.

L'étude de Berne des « jeux auxquels se livrent les gens » est particulièrement indiquée en ce qui concerne le carreau 1. La plupart des jeux sociaux supposent la mise au point de stratégies secrètes qui nous placent en position de supériorité et nous donnent le sentiment d'exercer un pouvoir sur autrui. Cela se produit souvent au travail et en famille. Un patron peu sûr de lui et qui a besoin de se donner un plus grand sentiment de puissance ne précisera pas les échéanciers du travail qu'il demande, puis fera toute une scène parce que le travail n'est pas fini à cinq heures et assènera à son employé des « Vous auriez dû le savoir ».

Un autre jeu social souvent pratiqué est celui du « Je t'ai eu, puisque tu pleures ». Prenons le cas de Billy Jones, qui voudrait bien que Tom, son frère aîné, s'intéresse à lui. Un soir, toute la famille Jones est réunie devant la télévision. À un moment précis, une scène particulièrement comique déclenche un éclat de rire général, sauf chez Billy. À la fin de l'émission, Tom, qui aime bien montrer sa supériorité, demande à Billy (alors qu'il sait pertinemment qu'il n'a pas ri) s'il a trouvé la scène amusante.

Billy, qui n'a pas compris la blague dans la scène en question, répond que non. Au lieu de la lui expliquer, Tom répond à son frère qu'il n'a pas le sens de l'humour. Billy a l'impression que tout le problème vient de lui.

Tout jeu suppose un élan, un mouvement *secret* qui donne envie de jouer à l'autre personne. La question posée par Tom, qui avait l'air anodine et sincère, était en réalité une manœuvre pour démolir Billy.

Tout jeu suppose une combine. La combine vient de la vulnérabilité de telle personne, qui donne envie de jouer à d'autres personnes. Dans l'exemple emprunté à la famille Jones, Billy est flatté que Tom lui montre de l'intérêt – voilà pourquoi il répond à la question. Dans tout jeu, il y a quelqu'un qui est pris au dépourvu, garde baissée, et qui est anéanti. Billy répond à Tom parce qu'il croit que Tom s'intéresse à lui, et il ne récolte qu'humiliation.

Le degré de honte varie selon le jeu. Certains jeux sont de simples taquineries. D'autres sont sadiques et mortels. Les parents qui n'ont pas résolu les violences physiques ou émotionnelles dont ils furent victimes, n'ont pas conscience de leur pouvoir personnel et pratiquent souvent avec leurs enfants certains jeux de pouvoir. L'une de mes patientes me racontait que son père avait l'habitude d'entrer dans la salle de bains quand elle se coiffait devant le miroir. Il lui demandait alors si elle se trouvait jolie. Si sa réponse laissait entendre à demi-mot qu'elle se trouvait jolie, il la giflait aussitôt, en lui citant certains passages de la Bible sur la vanité qui était un péché et sur le diable qui était en elle.

Le temps et les valeurs

Berne suggère d'étudier attentivement le temps que nous consacrons à chacune des composantes de cette catégorie. Supposons par exemple que votre graphique temporel ressemble à quelque chose comme ceci :

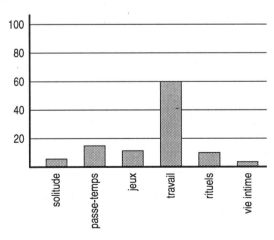

Si c'est le cas, votre graphique trahit un déséquilibre entre votre vie publique et votre vie privée. Quatre-vingt-dix pour cent de votre vie se passe dans l'arène publique. Moins de dix pour cent de votre vie est consacré au domaine privé. La vie sociale exige un certain oubli de soi, que vous devez compenser en consacrant du temps à renouer avec vous-même et à vous ressourcer, ce que vous ne faites pas suffisamment. Votre graphique temporel vous aidera à voir où se situent vos valeurs, puisque vous consacrez du temps à ce qui a pour vous de l'importance. Par exemple, si vous consacrez au travail soixante-dix pour cent du temps que vous passez éveillé, il vous faudra peut-être envisager le fait que vous vous illusionnez quand vous affirmez l'importance de la vie de famille.

L'état de votre vie publique peut également vous servir à mesurer vos valeurs dans d'autres domaines. Faites-vous toujours en sorte de faire coïncider vos actes avec ce que vous estimez important ? Êtes-vous prêt à afficher publiquement vos convictions ?

Exercice pratique sur les rôles et sur les valeurs

Dressez la liste de tous les rôles que vous jouez dans la vie (par exemple, celui de plombier, de receveur dans l'équipe de balle-molle, de membre d'une Église presbytérienne, de père, de bon voisin, de joyeux luron dans la famille, de mouton noir aux yeux de votre mère). Imaginez maintenant que vous renoncez à ces rôles les uns après les autres, par ordre décroissant d'importance. Cet exercice vous aidera à mesurer à quel point vous êtes attaché à chacun de ces rôles et l'importance qu'ils revêtent à vos yeux. Les rôles auxquels il vous sera le plus difficile de renoncer seront ceux auxquels vous tenez le plus.

Carreau 2 : votre personnalité privée

Le carreau 2 a trait à cette partie de vous-même à laquelle les autres n'ont pas accès et qui n'est connue que de vous. Ce domaine comprend tous les comportements privés décrits au chapitre 1. Ce sont là divers sujets, par exemple, vos fantasmes sexuels ou votre façon personnelle de prier, qu'il convient de protéger du regard d'autrui.

Le carreau 2 abrite également toutes vos obsessions (vos craintes secrètes), les ténébreux secrets que vous gardez volontairement cachés, vos sujets de ressentiment, ceux qui vous remplissent de honte, ainsi que les comportements que vous vous autorisez d'avoir en privé.

Lors du séminaire, le thérapeute qui travaillait avec notre groupe expliqua que nous *progressons* chaque fois que nous choisissons de partager avec autrui ce qui se cache derrière le carreau 2 dans la fenêtre de Johari.

Quand je m'aperçus que certains membres du groupe progressaient sur tel ou tel sujet, il m'est devenu plus facile d'en faire autant.

C'est ainsi qu'un membre du groupe progressa par rapport à son sentiment d'incompétence en tant que thérapeute. Il nous raconta qu'il lui arrivait souvent de se sentir confus et incapable de venir en aide à un patient. Un autre progressa sur la question des rapports sexuels qu'il s'était autorisés avec une patiente. Il nous avoua que l'idée d'une poursuite judiciaire était sur le point de le rendre fou et qu'il se sentait « vicieux et lâche d'avoir cédé à cette faiblesse ». Je progressai, quant à moi, sur le fait que j'enseignais la théologie à des adultes tout en entretenant des doutes profonds sur ma foi. Je confiai au groupe à quel point j'en voulais à mes parents de m'avoir donné une éducation religieuse sévère. Tel autre progressa dans sa crainte de parler en public.

Le fait de progresser de la sorte fut pour moi très important. J'étais en contact étroit avec mes émotions et je pouvais partager mes convictions et mes désirs profonds. Je dévoilais des secrets qui me semblaient terribles et voilà que tous ces gens *m'acceptaient entièrement tel que j'étais*.

Je ne peux que vous encourager à progresser ainsi dans la connaissance de *vous-même*. C'est une bonne façon de commencer. Vous en avez peut-être assez de mentir, de tricher et de vivre dans la honte. Si vous vivez dans une forme quelconque de dépendance, inscrivez-vous d'abord à un groupe de croissance dite en douze étapes, ou faites appel à un thérapeute ou à un groupe de thérapie qui vous aidera à vaincre votre dépendance. Vous avez besoin d'un ami qui ne cherchera pas à vous faire la leçon, mais qui vous écoutera sans vous juger ni vouloir interpréter vos paroles.

Vous avez besoin de confier vos secrets à quelqu'un. La seule façon de le faire ouvertement et sans avoir honte est d'affronter votre honte et de prendre appui sur elle pour progresser.

Le plus grand secret

Je peux vous assurer qu'un plus grand secret encore vous attend une fois que vous aurez surmonté votre crainte d'être rejeté pour avoir divulgué vos secrets les plus soigneusement gardés. J'ai évoqué cet ultime secret à la fin de *Healing the Shame That Binds You* : si la honte est révolutionnaire, la pudeur est *révélatrice*. La honte ne fait pas que dissimuler à autrui la nature véritable de notre personnalité, elle *nous empêche de voir notre propre personnalité*. Ce n'est qu'en affrontant notre honte au grand jour que nous pourrons voir le reflet de notre image dans le regard d'autrui. Et ce n'est qu'après avoir vu le reflet de notre image dans le regard d'un être cher que nous pourrons entamer le processus de découverte de soi. En constatant que ceux que nous aimons nous acceptent tels que nous nous laissons voir à travers le dévoilement de notre personnalité secrète, nous pouvons intérioriser l'image de nous-mêmes qui nous est alors renvoyée et nous accepter tel que nous sommes. La progression est au cœur du processus de *découverte de soi*. Le risque de la progression peut en effrayer plusieurs. Mais c'est un pas important sur la route qui mène à la Forêt hantée.

Lors de ce séminaire, tandis que notre groupe s'apprêtait à passer au carreau 3, je reconnus que, tout en confiant au groupe certains secrets, j'en avais conservé d'autres par pudeur. C'étaient là des secrets d'ordre sexuel : mon mariage, qui m'avait déçu ; mon insécurité par rapport à l'argent ; la peur qui empoisonnait mon existence. Certains de ces secrets ont refait surface tandis que nous regardions à travers le carreau 3.

Carreau 3 : l'aspect de votre personnalité que vous ignorez

Le carreau 3 contient vos zones d'ombre – les secrets que vous ignorez, mais qui vous concernent et dont les autres connaissent l'existence. Les gens se révèlent à travers leur comportement. Et en dépit de leurs efforts pour dissimuler la réalité, ils se trahissent à travers ce qu'ils *font*.

Le carreau 3 s'adresse à votre entourage, puisque vous êtes inconscient de l'image que vous offrez à travers les composantes qui y apparaissent. Voilà pourquoi, dans votre démarche, vous aurez besoin de pouvoir compter sur un ami sûr ou sur un groupe d'appui. Nous avons besoin que d'autres personnes nous décrivent tels que nous leur *apparaissons*.

Mis en confiance après avoir franchi l'étape de la progression, nous voilà prêts à courir le risque de la confrontation. Nous avons tous besoin des réactions d'autrui, et dans certains cas de leur opposition.

En ce qui me concerne, le groupe m'a confronté sur deux questions qui m'ont par la suite permis de découvrir la présence de secrets plus profondément enfouis. Le premier secret concernait ma *peur* omniprésente. Un soir, tandis que je progressais en faisant état devant le groupe de mes antécédents familiaux, le thérapeute me fit une observation de type sensoriel, à l'effet que je parlais très rapidement et sur un ton plus élevé que d'habitude. Il me dit que mes aveux avaient quelque chose de la « supplication » quasi désespérée. Les autres membres du groupe approuvèrent. Ma voix, dirent-ils, était celle d'un petit garçon terrorisé, qui les suppliait de reconnaître la douleur et la terreur dans lesquelles il avait grandi et avec lesquelles il était évident (du moins pour eux) qu'il se débattait encore. J'étais bien loin de penser avoir parlé sur un ton de supplication désespérée. La réaction des membres du groupe me fit renouer avec la froide terreur qui régnait dans ma famille et avait marqué mes premiers pas dans la vie. Je me revis soudain, sur le chemin de l'école, accroché au bras de ma sœur. Ma terreur me revint au moment de croiser des garçons plus âgés et plus costauds. Je compris par la suite que cette peur avait dominé le système émotionnel de ma famille d'origine.

J'ai dû également me confronter au groupe après avoir fait état de mon bonheur conjugal. En réalité, mon mariage allait à vau-l'eau depuis douze ans. J'étais seul et frustré sur le plan affectif. Mon épouse éprouvait des sentiments semblables de son côté, même si nous n'avions jamais ouvertement abordé ensemble la question. Par la suite, en traçant mon génogramme, j'ai compris que j'avais reproduit, au sein de mon couple, le type de relation établie avec ma mère. La situation venait du fait que je me sentais secrètement responsable du bonheur de ma mère.

Le fait d'avoir été confronté au groupe m'a permis de constater que les gens nous connaissent avant tout à travers notre *comportement*. Notre façon de regarder quelqu'un ou de fuir son regard ; le ton de notre voix qui correspond ou non à notre posture physique ; notre façon de respirer ; notre façon de rougir ou la couleur de notre peau ; notre façon de remuer les mains – voilà autant d'indices non verbaux qui révèlent aux autres si nous sommes *conséquents* ou *inconséquents* avec nous-mêmes. Nous sommes conséquents si ce que nous disons correspond à notre façon de le dire. Dans nos conversations avec autrui, il arrive parfois que le discours de notre interlocuteur ne corresponde pas à sa façon de parler, ce que nous détectons tout de suite. Celui qui affirme être heureux sur un ton monocorde et lent nous fait aussitôt nous demander s'il est sincère, mais il est difficile d'être aussi observateur pour *soi*.

Les gens apprennent souvent nos secrets en observant, de notre part, une réaction de défense excessive. Celui qui « proteste trop » se trahit souvent. Pour ma part, je considère avant tout l'énergie déployée dans la réplique. Si la personne est innocente, elle réplique en général sur-le-champ et par des faits indéniables.

Mon système de défense réagit avec le plus de virulence quand les critiques sont précisément les mêmes que je me fais en secret, ou alors quand je sais que j'ai tort et que je ne veux pas l'admettre. Mes protestations véhémentes sont souvent un aveu accablant. Elles révèlent aux autres ce que je me nie à moi-même ou refuse de voir.

La confrontation et la réaction d'autrui ayant accru ma connaissance de moi-même, j'ai pu découvrir différents aspects du carreau 4.

Carreau 4 : les secrets auxquels vous n'avez pas accès

Au cours du séminaire, le temps nous a manqué pour commencer à travailler sur le carreau 4 ; cependant, cette dernière fenêtre abrite certains aspects de vous-même dont, tout comme autrui, vous n'avez pas conscience, mais qui peuvent vous nuire considérablement. Cette fenêtre peut également abriter certains aspects de vous-même qui font secrètement votre force et incarnent votre potentiel. Avec les années, nous connaissons mieux notre inconscient. Son contenu peut apparaître à travers certains comportements récurrents, à travers nos négations, nos projections et les défenses de notre ego. Nous pouvons aussi découvrir son contenu en étudiant les modèles familiaux que le génogramme permet de dégager.

Avant de revenir à votre génogramme, laissez-moi vous donner quelques moyens concrets d'explorer le contenu du carreau 4 de la fenêtre de Johari, à partir d'exemples empruntés à la vie de James Jeder et à celle d'autres patients.

LES INDICES POUR DÉCOUVRIR
LES TÉNÉBREUX SECRETS INCONSCIENTS

Les modèles de comportement récurrent

La plus formidable intuition de Freud fut d'affirmer que le refoulement entraîne la répétition. Au cours de notre enfance, si nos besoins n'ont pas été satisfaits ou reconnus, nous cherchons sans cesse à les satisfaire. Inconsciemment, nous nous mettons à la recherche de la personne ou de la situation qui ressemble le plus à notre situation originelle, que nous voulons reproduire. *Mais comme nos mobiles demeurent inconscients, nous oublions qu'il s'agit d'une répétition, et quand se présente une situation nouvelle, et par ailleurs similaire, nous recommençons.* Parfois, ce n'est qu'après la troisième relation marquée par la violence, le troisième divorce ou le troisième congédiement que nous recevons le signal de quelque chose qui ne va pas. Nous devinons la présence d'un modèle récurrent et nous soupçonnons quelque intervention inconsciente.

Pour James Jeder, la découverte de rapports émotionnels incestueux avec sa mère l'a obligé à prendre conscience du modèle récurrent dans ses rapports avec les femmes, y compris avec ses deux épouses. Le tableau 9-2 vous donnera un aperçu de ce modèle.

James fit la connaissance de Sue, qui allait devenir sa première femme, durant sa dernière année de collège. Sue était assistante à la bibliothèque de l'université. James conçut pour elle un amour fou et passionné. Les maigres ressources financières de Sue lui interdisaient de poursuivre ses études au collège, elle était plutôt jeune (dix-sept ans), intelligente, et absolument fascinée par l'intelligence de James.

James adorait sa façon de le traiter aux petits soins et de lui montrer son admiration. James était « aux anges », grâce à la jeune femme qui savait satisfaire régulièrement ses besoins narcissiques. Tout était en place pour une énorme déception, car il était écrit que cet éblouissement réciproque devait prendre fin. Quand la chose se produisit, chacun prit conscience des besoins immenses de l'autre et de ses faiblesses par trop humaines. Mais alors Sue était déjà enceinte de James. Le couple échangea des vœux de mariage fort ambigus. James avait constamment un pied dans le couple et un pied dehors. Le même modèle se répéta dans chacune de ses liaisons, ainsi que dans son second mariage.

James obtint sa licence alors qu'il vivait une liaison avec Karen, une camarade d'université. Leur liaison fut d'emblée placée sous le signe de la passion et de l'intensité. Quand Karen fut enceinte de Hannah, James divorça de Sue et l'épousa. Très vite se dissipèrent les illusions que chacun entretenait envers l'autre et la déception s'installa. Karen se méfiait profondément de James, ce qui est normal chez une femme qui épouse un homme qui a quitté sa première femme pour l'épouser. Karen tomba dans la suspicion et voulut tout savoir des allées et venues de son mari. James reconnut bientôt chez lui les premières manifestations d'une *ambivalence* familière. Sa vision de Karen comme femme « parfaite » battit de l'aile. Il voulut mettre fin à leur union, mais il se sentait coupable, à cause des promesses – d'admiration et d'amour éternels –

TABLEAU 9–2

LES CYCLES DE SEXE ET DE DÉPENDANCE AFFECTIVE CHEZ JAMES JEDER

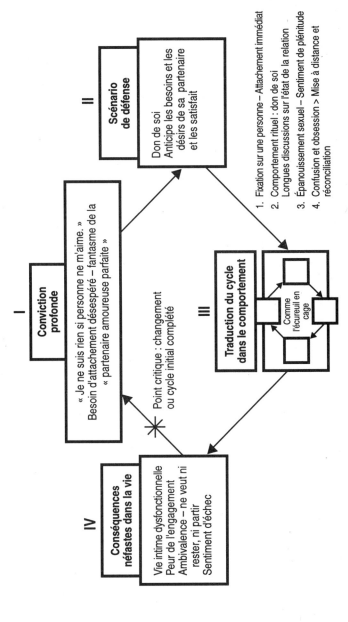

I

Conviction profonde

« Je ne suis rien si personne ne m'aime. »
Besoin d'attachement désespéré – fantasme de la « partenaire amoureuse parfaite »

II

Scénario de défense

Don de soi
Anticipe les besoins et les désirs de sa partenaire et les satisfait

1. Fixation sur une personne – Attachement immédiat
2. Comportement rituel : don de soi
   Longues discussions sur l'état de la relation
3. Épanouissement sexuel – Sentiment de plénitude
4. Confusion et obsession > Mise à distance et réconciliation

III

Traduction du cycle dans le comportement

Comme l'écureuil en cage

Point critique : changement ou cycle initial complété

IV

Conséquences néfastes dans la vie

Vie intime dysfonctionnelle
Peur de l'engagement
Ambivalence – ne veut ni rester, ni partir
Sentiment d'échec

échangées durant leurs fréquentations. Il se sentait également coupable à cause de Hannah, leur fille, qu'il aimait comme la prunelle de ses yeux et qui devint très vite sa « petite princesse ».

James fit alterner les périodes où il déployait de réels efforts en vue de sauver son couple avec des périodes d'alcoolisme, de libertinage et d'autoérotisme avec pornographie. La vie quotidienne avec Karen se bornait souvent à de longues et sempiternelles disputes se prolongeant très tard dans la nuit et se terminant souvent par de lourdes menaces.

Ce modèle de comportement récurrent est le signe de la présence d'un inceste émotionnel. La victime d'inceste émotionnel est souvent le « chouchou ». L'enfant est *utilisé* par l'un des parents (le plus souvent de façon inconsciente) afin de combler son besoin désespéré d'attachement. Mais en comblant le vide dans la vie de son père ou de sa mère, la victime est laissée à elle-même sur le plan émotionnel et son manque d'affection est immense. C'est ce qui s'est produit avec James. Les besoins de Heather, sa mère, combinés à son problème *à elle* d'inceste non résolu, l'ont incitée à vouloir séduire son fils aîné. Elle devint la mère « parfaite », que James cherchait dans chacune des femmes qu'il a séduites. Les victimes d'inceste émotionnel imaginent un parent idéal, qui leur sert en réalité à se protéger contre la douleur de se savoir un *instrument* dans les mains de ce même parent. Cette idéalisation se fait inconsciemment. Ce fantasme de perfection, joint au dénuement affectif de James, l'empêchait d'établir une relation sur des bases réelles. Quand l'illusion prenait fin, la lutte contre l'engagement contracté commençait.

Au début de la relation, James était soucieux (comme il l'avait été pour sa mère) de satisfaire tous les besoins affectifs de la femme aimée afin de satisfaire, du coup, ses immenses besoins à lui (que sa mère n'avait jamais satisfaits). James allait « se donner » et s'engager dans un pur fantasme. Mais le don de sa personne et l'intensité de ses promesses initiales d'engagement rendaient chaque fois la rupture plus difficile. La seule pensée de rompre le remplissait d'un immense remords. Le remords né du fantasme de don qui hantait James l'empêchait également de reconnaître quels étaient ses propres besoins et de les traduire d'une façon saine, qui ajoute à la qualité de la relation. Aussi James devait-il choisir l'alcool et l'autoérotisme comme dérivatifs à son ambivalence et à ses hésitations.

Le fait d'apprendre tout cela lors d'une thérapie fut pour James d'une importance capitale. Comme nous le verrons au chapitre 10, James fut alors capable de démythifier sa mère, d'assumer les séquelles des violences émotionnelles qu'il avait subies, de pardonner à sa mère et de maintenir ses liens avec elle, tout en améliorant sa relation avec Karen et les enfants.

Dénégation

La dénégation, et son corollaire, l'illusion, servent à nous dissimuler à nous-mêmes nos secrets. La *dénégation* consiste à « croire en dépit des faits ». Une femme, voyant que son mari, alcoolique depuis trente ans, a cessé de boire depuis quelques jours, croit qu'elle peut dire qu'il n'était pas *vraiment* un alcoolique ! L'*illusion* est une forme de dénégation sincère. Ma mère était *persuadée* que chaque famille avait ses problèmes et que les hommes seraient toujours les hommes – voilà pourquoi aussi mon père était saoul deux fois par semaine.

Le déni marque en général la fin d'un processus qui a commencé dans le mensonge. Les secrets naissent du mensonge. Ils sont gardés dans le silence, et ils entraînent la dénégation.

Dans *The Treatment of Alcoholism*, Edgar P. Nace établit les quatre caractéristiques de la dénégation :

- Elle est en grande partie inconsciente. Par conséquent, elle est différente du mensonge.
- Elle protège le choix qu'ont fait les individus de continuer à faire ce qu'ils dénient. Dans le cas d'une forme quelconque de dépendance, c'est souvent une question de vie ou de mort.
- Elle empêche la personnalité fragile d'être submergée par un sentiment d'impuissance et de désespoir.

- Elle empêche l'individu de connaître ses propres secrets. Le maintien de ces secrets alimente la dénégation.

Exercice pour repérer les zones d'ombre et les dénégations

Dressez honnêtement la liste des défauts de caractère ou des comportements négatifs que l'on vous a déjà reprochés. Il s'agit là de sujets épineux, que vous ne souhaitez pas vraiment aborder.

Par exemple, vous êtes peut-être colérique et dominateur, au point d'être craint par vos amis et par ceux qui vous aiment. Si c'est le cas, vous vivez dans l'ignorance de votre personnalité. Réfléchissez bien. Assurez-vous d'être prêt à affronter ce sujet sans faire preuve d'agressivité. Le moment venu, demandez à votre conjoint, à vos enfants ou à des amis sûrs de vous dire honnêtement comment ils vous perçoivent.

Projection

La projection est un autre indice de la présence de secrets auxquels nous n'avons pas accès. La projection est une façon de maîtriser des émotions, des impulsions ou des pensées interdites en marquant une distance entre nous-mêmes et ce qui nous semble irrecevable. Nous projetons à l'extérieur ce que nous éprouvons à l'intérieur. Les gens stricts, persuadés de leur bon droit, qui jugent et condamnent les autres, sont souvent les mêmes qui refusent d'admettre pour eux-mêmes ce qu'ils ne peuvent supporter chez autrui. Les gens paranoïaques voient des dangers et des menaces partout, mais le véritable danger vient de leur voix intérieure qui condamne et critique leurs émotions, leurs désirs, leurs aspirations.

Une fois projetée sur autrui, l'émotion, l'impulsion ou l'idée en question devient un secret profondément enfoui, dont nous n'avons plus conscience. Quand nous sommes confrontés à cette partie projetée de nous-mêmes, son étrangeté nous déroute et nous la combattons avec force. Carl Jung fait observer que lorsque nous refoulons une expérience intérieure, elle nous apparaît souvent, à l'extérieur de nous, comme quelque chose de fatidique. Nous voulons y voir l'effet du destin, alors qu'il s'agit en réalité des aspects niés de notre personnalité; ceux-ci rassemblent secrètement leurs forces et leur énergie, tel l'animal affamé et enfermé à la cave, qui cherche à s'évader.

Deux télévangélistes célèbres ont vu leur vie ruinée par inconscience de la puissance de leurs propres projections. Le premier s'élevait avec vigueur contre la sexualité et allait même jusqu'à condamner les femmes qui portaient des shorts; à deux reprises, il fut surpris en compagnie d'une prostituée. Le second prétendait n'avoir aucun désir de s'enrichir, même lorsqu'il dut répondre à des accusations de détournement de plusieurs millions de dollars, effectué à même l'argent recueilli auprès des fidèles.

Nous avons besoin de la réaction des autres et de la confrontation avec eux parce que nos mécanismes de défense fondamentaux sont en grande partie inconscients. Un observateur extérieur est souvent mieux placé pour voir ce que nous projetons et nous venir en aide en nous confrontant à cette projection. Cependant, les projections d'une personne sont plus difficiles à repérer que ses contradictions. En règle générale, il faut souvent bien connaître la personne et son entourage pour être en mesure d'identifier ses projections.

Si nous sommes si nombreux à ne pas nous connaître réellement, c'est que nous sommes attirés par les gens qui nous disent uniquement ce que nous avons envie d'entendre ou que nous venons de familles qui confondent mensonge et amabilité avec vérité.

Exercice pour repérer les projections

Dressez la liste des gens qu'il vous arrive souvent de critiquer ou que vous détestez profondément. Inscrivez à côté de chaque nom le défaut de caractère ou le trait de personnalité qui vous déplaît souverainement chez cette personne.

Ensuite, passez la liste en revue et demandez-vous honnêtement si vous n'avez pas ce même défaut, qui vous déplairait secrètement. Le fait de vous arrêter aux gens et aux choses que vous détestez ou que vous méprisez peut révéler certains secrets vous concernant et que vous ignorez peut-être.

Les défenses de l'ego

La principale tâche de votre cerveau consiste à vous préserver vous-même et à éviter la douleur. Dans votre enfance, quand la réalité devenait intolérable, vous pouviez réduire la souffrance en ayant recours à un certain nombre de mécanismes naturels appelés défenses de l'ego. Ces derniers vous dictaient le meilleur choix à faire dans les circonstances, et une fois ce choix fait, sa reconduction devenait automatique et inconsciente.

Les défenses de votre ego, indispensables à votre survie dans l'enfance, font aujourd'hui partie de vos secrets. Comme il s'agit de défenses inconscientes, vous avez besoin de prendre conscience de leur existence pour pouvoir y faire appel ou les ignorer selon les circonstances. Par exemple, le secret d'Elvin est lié aux sévices sexuels qu'il a subis dans l'enfance. Jusqu'au jour où il a assisté à une conférence sur l'inceste, Elvin n'était absolument pas conscient d'avoir été un enfant victime de violence sexuelle. Pendant la conférence, il fut agité et dut lutter contre une envie folle de crier au conférencier de se taire. Après la conférence, il rentra chez lui et sanglota pendant plusieurs heures. Il pensait à sa vie et à ce qu'il était devenu. Il avait quatre-vingts kilos en trop. Son corps, comme son visage, autrefois agréables, étaient enfouis sous des couches de graisse qui gommaient toute trace de virilité. Elvin n'avait connu que très peu de femmes et ne s'était jamais engagé sérieusement. Il n'avait eu que deux expériences sexuelles, chaque fois avec des prostituées, dont il était revenu profondément blessé et humilié. Il se jura d'obtenir de l'aide.

Au cours de la thérapie, Elvin se « rappela » qu'il avait eu plusieurs rapports sexuels oraux avec sa grand-mère. Lentement, des souvenirs douloureux refaisaient surface, alors qu'il éprouvait de nouveau la sensation de viol. Il lui fallut plusieurs années pour renouer vraiment avec toutes ses émotions, notamment avec la colère et la rage résultant du viol dont il avait été victime. Peu à peu, il comprit que la plupart de ses symptômes de dysfonctionnement – son obésité, son agoraphobie, sa peur et sa haine des femmes, son dégoût de la sexualité – *étaient autant de symptômes du viol et des violences dont il avait été victime.* C'était là un comportement parfaitement adapté aux moyens de défense et de préservation de l'ego auxquels il avait eu recours afin d'éviter toute souffrance à l'avenir. Il comprit peu à peu que les moyens de défense qui lui avaient sauvé la vie étaient les *mêmes qui l'empêchaient maintenant de vivre sa vie.*

LE TÉNÉBREUX SECRET D'UNE ENFANCE MARQUÉE PAR LA VIOLENCE

Le moyen de défense de l'ego le plus puissant est celui que j'appelle le « ténébreux secret d'une enfance marquée par la violence ». De ce secret découlent :

- L'oblitération de la vérité quant à ce qui s'est passé dans l'enfance.
- L'envie irrésistible de protéger les parents.

Si vous n'êtes pas conscient de son existence, le ténébreux secret d'une enfance marquée par la violence peut vous faire plus de tort que n'importe quel autre secret dont vous refusez d'admettre l'existence.

L'oblitération de la vérité sur ce qui s'est passé

Notre société met bien du temps pour atteindre son niveau de sensibilisation à toute forme de violence physique, émotionnelle et sexuelle, parce que les victimes, pour survivre aux sévices qu'elles ont subis, ont le choix entre s'identifier à leur bourreau, refouler leurs souvenirs ou adopter une attitude défensive basée sur la persuasion. Les victimes se conditionnent à ne plus avoir conscience de leur personnalité et, par conséquent, elles ne peuvent savoir ce qui leur est arrivé. Cependant, comme l'a démontré la psychiatre suisse Alice Miller, tout enfant qui a grandi dans un modèle d'éducation de type matriarcal/patriarcal porte en lui, à des degrés divers, un ténébreux secret. Ce secret tient *à ce que les enfants ne peuvent connaître la vérité sur leur propre enfance.* Je m'explique.

Dans le modèle d'éducation de type matriarcal/patriarcal, on exige de l'enfant qu'il renonce à l'expression de ses désirs, de ses pensées et de ses émotions pour se conformer aux ordres de ses parents. Cela équivaut à une entreprise de dépersonnalisation. Cette dépersonnalisation se manifeste à travers les châtiments corporels, l'humiliation et le mépris constant de la pudeur individuelle, pudeur salutaire qui protège l'intimité de la jeune personnalité de l'individu. Comme nous n'avons plus de personnalité à protéger, nous nous conformons uniquement aux comportements agréés par notre famille.

Certaines personnes sont, de toute évidence, plus dépersonnalisées que d'autres. Chez l'enfant, la violence physique exige impérativement une mobilisation des défenses du corps et de l'esprit. Les enfants intériorisent plus profondément encore le comportement des parents lorsque ce comportement est des plus répréhensible – c'est-à-dire lorsque la vie de l'enfant est menacée au plus haut point. Les sévices physiques font peser une grave menace sur la vie de l'enfant. Pour survivre, l'enfant victime de violence physique est obligé d'afficher une certaine insensibilité.

Pour survivre, ceux qui sont torturés, menacés et qui sont soumis à des sévices sexuels, émotionnels et physiques doivent eux aussi mobiliser de formidables moyens de défense. Dans les cas extrêmes, de tels sévices détruisent toute forme de spontanéité, d'émerveillement et de ce que j'appelle l'imagination réaliste. Pour pouvoir imaginer en toute liberté, il faut évoluer dans un milieu exempt de menace, qu'elle soit permanente ou périodique. Quand la menace et l'anxiété reviennent périodiquement, la vie se règle sur la peur et la défensive. L'esprit connaît une sorte de rétrécissement, puisque l'association libre et spontanée devient impossible dans des conditions de menace extrême.

L'imagination étant une faculté innée, elle ne disparaît pas. Mais en situation de stress physique permanent, l'imagination n'a plus d'emprise sur la réalité physique et devient bizarre – se complaisant dans l'exagération et le fantasme. L'enfant se dotera d'un père ou d'une mère imaginaire, qui sera un bon parent, de telle sorte que même si ce parent a un comportement cruel, l'enfant pourra croire que ses actes sont justifiés. Pour ne pas voir que votre père ou votre mère vous fait du mal ou vous met en colère, vous les imaginez en train de ne *pas* vous blesser et de ne *pas* faire ce qu'ils sont en train de vous faire. Au nom du besoin impérieux de l'enfant d'être important et aimé, le parent négligent et cruel (le véritable parent) est transformé en parent imaginaire qui aime l'enfant et veille à satisfaire tous ses besoins. Par conséquent, l'enfant *nie* la réalité, qui est que sa mère ou son père est réellement cruel.

Comme l'enfant acquiert son identité à travers ses parents et comme le parent, en l'occurrence (désormais idéalisé à travers la figure du bon parent nourricier), est celui qui le bat et lui inflige des sévices corporels, l'enfant en conclut que c'est lui qui est mauvais et méchant – car sa mère ou son père qui l'aime ne lui infligerait pas des choses aussi désagréables. La dénégation *oblitère la réalité* – c'est-à-dire que l'enfant met au point un système de défense qui repose sur la persuasion et la dénégation ; ce système de défense entraîne une distorsion positive qui *efface l'expérience en cours*. Ainsi privé de sa personnalité (de sa volonté, de ses émotions, de ses besoins) et doté d'une mère ou d'un père imaginaire, l'enfant ne peut savoir ce que fut réellement son enfance. Ce ténébreux secret lui est profondément préjudiciable. Il entraîne aussi chez l'enfant un *besoin compulsif de protéger ses parents*.

Le besoin compulsif de protéger ses parents

Quand, à la demande normale faite à l'enfant, en vertu du modèle d'éducation de type patriarcal, de renoncer à sa volonté, à ses pensées, à ses émotions, à ses besoins et à ses désirs, s'ajoutent de graves violences physiques, sexuelles et émotionnelles, il en résulte ce qu'on appelle un *assassinat spirituel*. Plus la personnalité profonde d'un enfant est humiliée et rejetée, plus l'enfant est dépersonnalisé et asservi au parent dominateur. Cette dépersonnalisation entraîne un besoin compulsif de protéger ce parent.

Dans l'ouvrage qu'il a consacré à la violence et intitulé *Soul Murder*, le Dr Leonard Shengold a emprunté l'expression *assassinat spirituel* au juge et juriste allemand Anselm von Feuerbach, dont le livre, publié en 1832, fut traduit en anglais sous le titre *Kaspar Hauser : An Instance of Crime Against the Life of the Soul of Man**. Ce livre raconte l'histoire d'un jeune garçon nommé Kaspar Hauser, qui vécut dans une cellule sombre et dans l'isolement total jusqu'à l'âge de dix-sept ans. Kaspar n'apercevait furtivement son geôlier que lorsqu'il était battu ; il l'appelait « l'homme qui était toujours là ». Quand on apprit l'existence de Kaspar, ce dernier avait l'apparence d'un homme, mais son comportement était celui d'un enfant de deux ou trois ans. Il était naturellement pourvu d'une grande intelligence et jouissait de facultés exceptionnelles (notamment celle de pouvoir distinguer les couleurs dans le noir). En relativement peu de temps, Kaspar apprit à parler, à lire et à écrire. Mais il semblait dépourvu d'émotions et incapable de se mettre en colère. Feuerbach fut surtout étonné d'apprendre que le plus cher désir de Kaspar était de retourner auprès de « l'homme qui était toujours là ».

Kaspar est un bon exemple de cette réalité déconcertante selon laquelle plus les sévices sont graves, plus la victime idéalise et protège son bourreau. La victime peut même l'idéaliser au point de s'identifier à lui et de devenir bourreau à son tour. Ou bien elle demeure éternellement une victime, à la recherche d'un bourreau idéalisé, qu'il soit en chair et en os ou qu'il prenne la forme d'un substitut. Ainsi, l'enfant élevé par un père autoritaire et prompt à sévir deviendra peut-être un adulte à la recherche d'un patron ou d'une instance religieuse tout aussi punitifs et autoritaires que son père.

---

* Une traduction française de ce livre a été publiée en 1985 sous le titre de *Gaspard Hauser* ou *Exemple d'un crime contre la vie de l'âme*.

Par l'autopersuasion, les victimes de traumatismes entrent dans un état de léthargie qui leur permet d'*effacer* la réalité et d'idéaliser leurs parents.

Il est *possible* que certaines personnes en viennent à blâmer et à accuser leurs parents pour les sévices qu'ils leur ont fait subir, mais ils ne sont pas représentatifs du modèle de ténébreux secrets engendré par l'éducation de type matriarcal/patriarcal. C'est un type de secret beaucoup plus subtil et plus difficile à comprendre. Celui qui en mesure toute la portée a l'impression de se réveiller d'un profond sommeil.

Au cours de mes rencontres avec Lorna, la jeune femme qui s'était ouvert les veines et dont nous avons fait connaissance au chapitre 2, je fus étonné de constater à quel point celle-ci protégeait son père. Je lui demandai quelle fut sa réaction devant l'ordre que lui donna son père de ne jamais parler du viol que lui avait fait subir son grand-père. Elle me dit que son père était obligé de préserver l'image de la famille et qu'elle comprenait sa situation. « Mais la première responsabilité de votre père était de vous protéger, vous, sa fille », dis-je. « On voit bien que vous ne mesurez pas l'importance de notre famille dans la communauté et à quel point il est essentiel pour nous de préserver notre image, rétorqua-t-elle. Nous avons été chassés de la Ligue junior et du Country Club. Mon père était obligé de défendre la réputation de notre famille. » Il fallut deux ans à Lorna pour éprouver un début de colère à l'idée que son père l'avait trahie. C'est là une attitude commune à beaucoup de victimes de sévices graves, qu'ils soient physiques, sexuels ou émotionnels. Cette attitude est aussi communément présente chez tout individu élevé selon le modèle d'éducation de type patriarcal. Les enfants ont un besoin impératif d'idéaliser leurs parents. Ils ont besoin de savoir que leurs parents vont bien, parce que leurs parents sont indispensables à leur survie.

En cas de viol, la réponse naturelle de l'enfant est la douleur, le chagrin et la colère. Or le parent violent n'a pas la moindre indulgence pour la colère de l'enfant, et il veille à ce qu'elle soit *sévèrement punie.*

L'enfant-victime subit entièrement le pouvoir du parent violent. Ce dernier peut frapper à tout moment et sans raison. Le parent est le seul protecteur de l'enfant et l'enfant n'a d'autre choix que de se tourner vers son bourreau pour obtenir quelque soulagement. Cette situation crée chez l'enfant le besoin impérieux de voir son bourreau d'un œil indulgent et bienveillant. Voilà pourquoi, aux yeux de l'enfant, le parent n'est pas à blâmer pour les sentiments de douleur, de chagrin et de colère qu'il éprouve. La chose est d'autant plus manifeste quand le parent prétend être juste (« Je le fais pour ton bien ») et charitable.

LES SOUVENIRS REFOULÉS
DE VIOLENCE SEXUELLE

Nos secrets les plus ténébreux concernent les souvenirs refoulés de violence sexuelle. Les souvenirs refoulés sont souvent le résultat de traumatismes chroniques survenus dans l'enfance.

Dans cette partie du livre, je mets à la disposition du lecteur certains renseignements dans le but de l'informer. Ces renseignements ne peuvent absolument pas se substituer au diagnostic posé par un psychologue professionnel spécialiste de ces questions. La remémoration de souvenirs de violence sexuelle est un travail qui *ne peut se faire que* sous la supervision d'un spécialiste de ce genre.

La remémoration de souvenirs de violence sexuelle est un processus extrêmement douloureux, qui peut entraîner des émotions qui vous effraieront par leur violence. Si vous réagissez déjà fortement en lisant les propos qui vont suivre, vous devriez peut-être envisager l'éventualité de demander l'aide d'un spécialiste.

Le Dr Renée Fredrickson est l'une des pionnières dans le domaine de la violence sexuelle. La plupart des idées que j'exposerai à partir de maintenant ont été empruntées à des conférences et à des interviews qu'elle a données, de même qu'à son ouvrage intitulé *Repressed Memories*; cependant, j'assume l'entière responsabilité de l'interprétation que je propose des travaux du Dr Fredrickson.

De tous les crimes, celui lié à la violence sexuelle est le plus secret. C'est un crime sans témoins, et la trahison, l'humiliation et la dégradation qu'il entraîne se traduisent par l'aliénation et l'assassinat spirituel. La honte entraînant en général chez le sujet un désir de dissimulation, la victime a tendance à rester muette. La violence subie est trop horrible pour être traduite en mots, et le vocabulaire de l'enfant est du reste limité. La victime de violence sexuelle voudrait être sauvée, mais le bourreau et la famille lui font savoir que ce n'est pas possible. Par conséquent, le besoin d'oublier se fait plus impérieux. Même lorsque plusieurs enfants d'une même famille sont victimes de violence sexuelle, c'est là un sujet qu'ils n'abordent que très rarement entre eux, et parfois pas du tout.

L'enfant victime de violence sexuelle ne peut compter sur aucun allié et est sans doute à la merci des menaces de son bourreau, de ses manœuvres de séduction et de ses caresses, ou encore de sa propre crainte de briser l'unité familiale.

Indices ou signaux d'alarme révélant la présence de souvenirs refoulés de violence sexuelle

Les signes qui révèlent le plus souvent la présence de souvenirs refoulés sont la combinaison de différents symptômes liés au syndrome du stress post-traumatique, le PTSD. *Cependant, toute personne victime de violence sexuelle ne présentant pas obligatoirement les symptômes du PTSD, vous aurez besoin d'une aide professionnelle pour déterminer hors de tout doute si vous êtes ou non une victime du PTSD.*

Dans le cas d'ex-victimes de violence sexuelle qui en ont refoulé le souvenir, les deux caractéristiques principales du PTSD sont *l'apparition différée des symptômes* et *l'amnésie.*

L'apparition différée des symptômes

La victime du PTSD peut souffrir d'une profonde dépression ou connaître des crises d'angoisse, sans que rien de ce genre ne se soit manifesté auparavant dans son histoire personnelle.

Dans l'un des cas rapportés par le Dr Fredrickson, la patiente raconta qu'elle n'avait jamais été aussi heureuse. Il peut sembler paradoxal que des souvenirs de ce genre apparaissent alors que le sujet traverse une période de sérénité et de paix jusque-là inconnue. Mais en réalité, le sentiment de quiétude et l'impression de détente permettent à l'individu de laisser tomber les lourdes barrières psychiques qu'il avait érigées pour empêcher l'irruption de souvenirs intolérables.

En règle générale, un événement déclencheur marque l'apparition différée du PTSD, libérant ainsi des émotions et des souvenirs jusque-là gardés en veilleuse. Ces événements déclencheurs marquent l'apparition différée des symptômes du PTSD chez les personnes qui se rappellent avoir été victimes de violence sexuelle comme chez celles qui l'ont oublié.

Les personnes qui s'en souviennent peuvent plus facilement comprendre et interpréter les cauchemars, les images, les peurs et les autres signes d'effroi qui les assaillent. Les personnes qui ont oublié sont désemparées devant le flot de souvenirs qui les submerge.

Le Dr Fredrickson dresse une liste d'événements déclencheurs les plus courants :

- Sensation confuse de déjà-vu par rapport à une situation similaire à celle qui a causé le traumatisme ;
- Mort de celui par qui les violences sexuelles étaient perpétrées ou mort du parent qui lui facilitait inconsciemment les choses ;
- Grossesse ou naissance d'un enfant, ou d'un petit-enfant ;
- Âge atteint par l'enfant auquel vous vous identifiez, âge auquel vous avez vous-même été victime de violence sexuelle ;
- Passage à une autre étape du développement (puberté, quarantaine) ;
- Confrontation à un maniaque sexuel notoire ;
- Victoire sur une forme quelconque de dépendance. Celle-ci jouait un rôle anesthésiant ; quand la dépendance prend fin, les souvenirs affluent ;
- Prise de conscience de la réalité du problème de la violence sexuelle (par exemple, après la lecture d'un témoignage ou après avoir vu une émission à la télévision) ;

- Sentiment de sécurité ;
- Sentiment de force. Une certaine maturité vous donne les forces suffisantes pour affronter ce que vous auriez été incapable d'affronter auparavant.

L'amnésie

La plupart des ex-victimes de violence sexuelle sont plutôt amnésiques par rapport à ce qui leur est arrivé. Les aspects les plus perturbateurs de l'acte sexuel sont précisément les plus susceptibles d'être oubliés. Souvent, les ex-victimes se souviennent comment tout a commencé, mais ont oublié la partie la plus traumatisante (la jouissance du violeur ou le traitement qu'il leur a fait subir l'instant d'après). Ce qui est oublié est ce qui est le plus douloureux.

Dans sa forme actuelle, le PTSD n'est pas l'instrument le plus approprié pour décrire les effets des souvenirs refoulés sur les enfants victimes de violence chronique. La recherche a permis de créer une nouvelle catégorie pour mieux cerner ce que nous appelons maintenant le *syndrome des souvenirs refoulés*.

Le syndrome des souvenirs refoulés

Le concept du syndrome des souvenirs refoulés fut mis au point afin de décrire à la fois l'état de ceux qui ont *tout* oublié des violences dont ils furent victimes et l'état de ceux qui s'en souviennent, tout en étant frappés d'amnésie quant à certains aspects. Le syndrome des souvenirs refoulés comprend quatre catégories. Le Dr Fredrickson les détaille ainsi :

1. Attirances, craintes ou fuites injustifiées dans les faits ;

2. Signes avant-coureurs du retour des souvenirs ;

3. Dissociation flagrante ;

4. Oubli du temps ou perte de la mémoire.

Il ne s'agit pas là de critères absolus. Le sujet n'est pas tenu de les montrer tous les quatre.

1. *Attirances, craintes ou fuites*

Le fait d'être attiré, de craindre, d'éviter ou d'être affolé en présence de certains objets ou de certaines situations de façon injustifiée du point de vue de votre histoire personnelle est un signal d'alarme indiquant la présence de souvenirs refoulés, en particulier s'ils sont souvent ou logiquement associés à diverses violences sexuelles perpétrées chez l'enfant. Telle personne se sentira attirée par un objet qui y fut associé ; telle autre aura la phobie de certains objets, qu'elle fuira comme la peste. Le refus de la sexualité ou de tout ce qui a trait à la sexualité s'explique souvent ainsi. Certaines personnes seront obsédées par la sexualité. D'autres éviteront certains endroits, comme la salle de bains, le sous-sol, les toilettes, tous endroits où se déroulent généralement les événements associés à la violence sexuelle. Différents objets domestiques sont parfois utilisés – bâtons, bouteilles, légumes qui rappellent la forme allongée du pénis – et insérés dans le vagin ou dans l'anus.

Je reçus un jour en consultation une femme qui souffrait d'un terrible mal de dents, mais qui refusait d'aller chez le dentiste. Après plusieurs mois de thérapie, il devint évident que cette femme avait été plusieurs fois violée oralement par son oncle quand elle était enfant.

Une phobie exceptionnelle des visites chez le dentiste est souvent le signe de violences sexuelles perpétrées oralement. La séance chez le dentiste rappelle à cette personne qu'elle fut un jour forcée d'ouvrir la bouche pendant qu'elle devait subir quelque chose de douloureux.

2. *Signes avant-coureurs du retour des souvenirs*

Le retour des souvenirs peut s'annoncer par des rêves, par l'apparition d'images troublantes, de brusques retours en arrière, des sensations physiques ou des émotions inexplicables.

Selon le Dr Fredrickson, les *cauchemars* violents peuvent être un signal d'alarme annonçant le retour des souvenirs ; de même les rêves où vous êtes suivi et où l'on veut vous assassiner.

Les *images* prennent souvent la forme de « flashs », de brèves visions d'un moment précis dans le déroulement du viol qui assaillent le cerveau, en général aux moments les plus inattendus. Par exemple, une image de couteau ou de pénis se présente à vous et n'a rien à voir avec ce que vous êtes en train de faire. Ces images n'ont pas besoin d'être violentes, et elles peuvent se référer uniquement au début ou à la fin du viol.

Certains brusques et douloureux *retours en arrière* peuvent s'imposer. La personne qui subit ces retours en arrière revit le viol comme s'il avait lieu au même moment.

Notre corps réagit à tout ce qui nous arrive. Plus ce qui nous arrive est important, plus la marque laissée sur notre corps sera profonde. C'est ce qu'on appelle les *souvenirs physiques*, même si le viol n'a causé qu'une faible douleur physique. « La nausée, écrit Renée Fredrickson, est la réaction physique la plus commune à la suite d'un viol. Les enfants vomiront spontanément sur leur violeur, même s'ils n'ont pas souffert physiquement. De plus, le retour de certains souvenirs physiques non violents peut se traduire par une excitation ou un certain réveil sexuel. »

Le retour des émotions associées au viol peut causer une certaine douleur aux organes génitaux de la victime. Ses jambes se mettront à flageoler au souvenir de l'inconfort physique résultant de certaines positions sexuelles.

La mémoire émotive est votre réponse émotionnelle à tel événement ou à telle situation. Si cet événement est un souvenir refoulé, vous vous souviendrez de ce que vous avez ressenti et non de l'événement lui-même. Selon le Dr Fredrickson, « le sentiment confus d'un viol est la forme de mémoire émotive la plus courante ».

3. Dissociation flagrante

Le traumatisme entraîne souvent une dissociation, qui se traduit par la sensation de flotter hors de son corps. L'état de dissociation est souvent décrit comme une sensation de rêve éveillé. Vous êtes là, à observer ce qui se passe, mais c'est comme si vous n'étiez pas vraiment en train de vivre l'expérience.

L'état de dissociation peut s'installer en permanence chez un individu. L'état de dissociation chronique se vit comme une sensation d'irréalité ou d'étrangeté. Il peut également se traduire par un état d'insensibilité.

Plusieurs victimes de viol ressentent cette dissociation au moment des rapports sexuels. Elles ne sont tout simplement « pas là » pendant l'acte sexuel.

4. Oubli du temps ou perte de la mémoire

Il est tout à fait normal de n'avoir gardé que très peu de souvenirs des six premières années de notre existence. Cependant, si vous n'avez aucun souvenir de votre enfance, ou d'une certaine période de votre jeunesse, disons entre neuf et onze ans, il vous faut peut-être envisager l'éventualité d'un traumatisme profond. (En règle générale, les gens n'effacent pas des pans entiers de leur vie à la suite d'un traumatisme mineur.)

Quand la mémoire d'une personne subit ainsi un blocage important, ce dernier peut s'expliquer par un traumatisme ou par un viol.

Les souvenirs refoulés sont les secrets les plus déroutants parmi ceux que nous ignorons. Mieux que tout ce que j'ai pu écrire à leur sujet, ils sont la preuve éloquente que ce que nous ignorons peut aussi nous faire du mal.

POUR TRACER
VOTRE GÉNOGRAMME PERSONNEL

Voici venu le moment de tracer votre génogramme personnel. Si vous avez fait les exercices proposés dans ce chapitre, vous avez sans doute acquis une plus grande conscience de vous-même et des secrets dont vous vous cachez l'existence.

TABLEAU 9-3

LA CARTE FAMILIALE DE JAMES JEDER SUR QUATRE GÉNÉRATIONS EN 1994

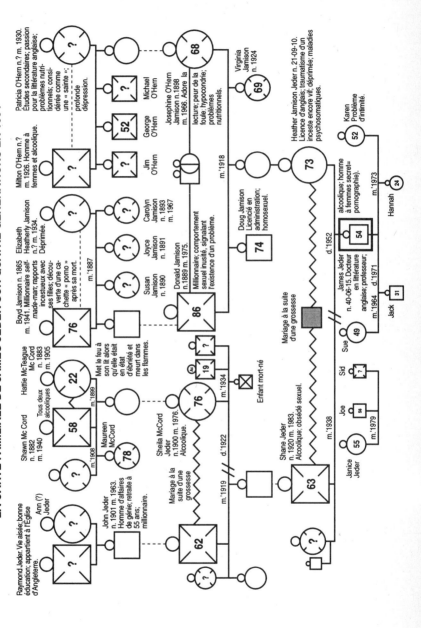

En tant que sujet principal du génogramme, résumez la problématique et les symptômes de votre comportement. Puis, situez-vous dans le contexte d'un génogramme sur trois (ou quatre) générations. À cette étape-ci, votre génogramme devrait pouvoir présenter tous les faits importants concernant votre famille telle qu'elle se présente sur plusieurs générations.

Les ténébreux secrets de James Jeder envisagés sur quatre générations

Le tableau 9-3 est un tableau complet de la famille de James Jeder envisagée sur quatre générations. Tous les problèmes de James y apparaissent, y compris son secret le plus inavouable (la masturbation accompagnée de pornographie).

À la lumière des faits présentés dans le génogramme, il est évident que l'aspect affiché de la sexualité de James (son donjuanisme et ses aventures extraconjugales) ainsi que son problème d'alcool lui viennent du côté de son père. L'aspect caché de sa sexualité lui vient du côté de sa mère.

Les deux branches de la famille ont des antécédents de dysfonctionnement intime et de refoulement des sentiments, en particulier d'émotions intenses, comme le signalent les nombreuses ruptures affectives que l'on peut constater au sein de cette famille. Les sentiments se manifestent soit par l'utilisation de dérivatifs, soit par le choix d'un comportement qui extériorise les problèmes réels.

On observe également un nombre important d'alliances parent-enfant. La mère et le père de James ont tous deux vécu une alliance parent-enfant qui se traduisit par un inceste émotionnel. (Voir le tableau 9-4.) Les frontières entre les générations sont régulièrement violées. En étudiant le génogramme de James Jeder au moment de sa naissance, il est possible de prédire le type de problèmes qu'il devra affronter.

Il est important de noter que les Jamison affichent deux générations de prospérité et de vie familiale en apparence normale. Demeurée cachée, l'obsession sexuelle qui s'y manifeste n'en est

TABLEAU 9-4

MODÈLES DE RELATIONS : ALLIANCES ENTRE LES GÉNÉRATIONS

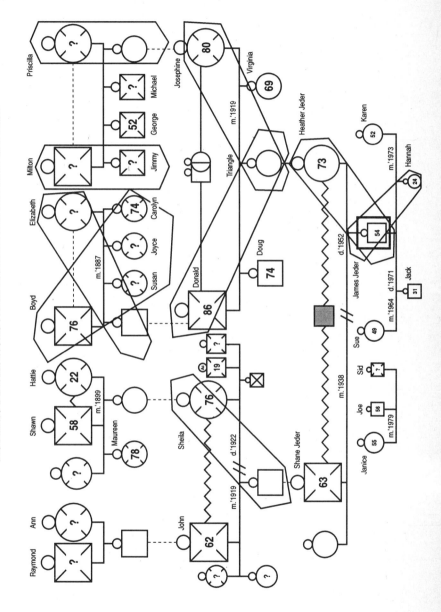

que plus déconcertante. Et même si la situation des Jamison vous semble exceptionnelle, je peux vous dire que cette famille n'est pas bien différente des nombreuses familles que j'ai été appelé à côtoyer en vingt-cinq années de pratique thérapeutique. La lubie de Donald Jamison, qui demande à sa femme de porter les sous-vêtements de sa mère et de sa fille, peut paraître extravagante ; mais le fait que Donald soit assujetti aux problèmes sexuels non résolus de sa mère et la projection de son désir sexuel sur sa fille n'ont *rien* d'extravagant.

Un instantané du climat émotionnel qui régnait dans la famille à votre naissance

Au moment de votre naissance, que se passait-il chez vos arrière-grands-parents, vos grands-parents, vos tantes, vos oncles et dans votre famille immédiate ? Attardez-vous en particulier aux circonstances historiques, sociales et économiques qui peuvent avoir été déterminantes dans votre famille. De plus, vérifiez bien si quelque décès ou événement traumatisant n'a pas coïncidé avec le moment de votre naissance. Y a-t-il eu convergence de certains événements ? Par exemple, votre date de naissance est-elle la même que celle du grand-oncle dont vous portez le nom ? Quelqu'un est-il tombé malade ou est-il mort le jour de votre naissance ?

Le génogramme du tableau 9-5 fait état du climat émotionnel qui régnait dans la famille Jeder, en 1940, à la naissance de James Jeder. Trois des arrière-grands-parents de James sont alors décédés. Son arrière-grand-père, Shawn McCord, est mort deux mois auparavant. Son arrière-grand-père, Boyd Jamison, se meurt d'un cancer. Sa grand-mère, Sheila Jeder, n'arrive pas à assumer sa douleur passée et se comporte de manière plutôt hystérique – elle boit beaucoup et se dispute avec son mari, lui-même alcoolique. Shawn l'a abandonnée et elle ressent à son endroit beaucoup d'amertume mêlée d'amour.

TABLEAU 9-5

CLIMAT ÉMOTIONNEL EN 1940, À LA NAISSANCE DE JAMES JEDER

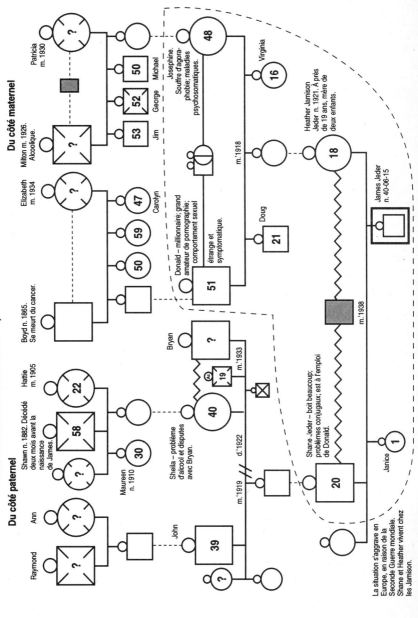

Shane, le père de James, vient d'obtenir un emploi grâce à Donald Jamison, et le jeune couple vit sous le même toit que la famille de Heather. Shane est entré sur le marché du travail au début de l'adolescence et cherche un emploi stable depuis qu'il a obtenu son diplôme d'études secondaires. Mais les emplois stables sont difficiles à obtenir. À une certaine époque, pour gagner sa vie, Shane se retrouva tout simplement vendeur de pommes dans la rue. L'armée aurait sans doute résolu ses problèmes, mais l'asthme chronique dont il souffre depuis longtemps a fait obstacle à sa candidature. Un jour, Donald se disputa avec Shane, et le traita de « bon à rien ». Les rapports entre les deux hommes sont par conséquent très tendus.

Entre Josephine et Donald Jamison, la vie sexuelle suit son cours avec ses misérables secrets. Heather va sur ses dix-neuf ans. L'alcoolisme grandissant de Shane et son irresponsabilité la mettent en rage. Janice, qui fut la cause de leur mariage, a maintenant un an. Heather projette sa rage sur Janice et se tourne vers James pour satisfaire ses besoins narcissiques. Si l'on envisage les choses dans une plus large perspective, on observera que la Seconde Guerre mondiale va en s'aggravant en Europe, même si les États-Unis ne sont pas encore entrés en guerre. Les Allemands sont entrés dans Paris le jour précédant la naissance de James. Heather se souvient d'avoir entendu cette réflexion : « C'est une bien mauvaise époque pour mettre un enfant au monde. » Somme toute, voilà un petit garçon qui naît dans une conjoncture des *plus* défavorables.

Le profil de James Jeder selon son rang familial

Tout comme son père et sa mère, James occupe le deuxième rang dans la famille. (Voir le tableau 9-6.) (Shane est considéré comme un deuxième enfant parce que l'enfant que sa mère, Sheila, mit au monde à la suite d'une fugue, alors qu'elle était encore adolescente, est mort en bas âge.) La mère et le père de James sont tous deux assujettis à leur parent de sexe opposé par des liens émotionnels à caractère incestueux.

TABLEAU 9-6

LE PROFIL DE JAMES JEDER SELON LE RANG FAMILIAL

Dans l'ensemble du système familial, Susan, la grand-tante de James, et George, son grand-oncle, qui occupent également tous deux le second rang dans leur famille respective, sont les sujets les plus perturbés. Violée par son père, Susan avait déjà connu, à trente et un ans, deux mariages malheureux. Elle retourna vivre avec son père pour le reste de ses jours. George était un alcoolique avancé ; il mourut d'une cirrhose à l'âge de cinquante-deux ans.

Peu importe la génération à laquelle il appartient, l'enfant qui occupe le second rang dans la famille aura une tendance marquée à être l'objet des projections de ses parents, à en assumer les ténébreux secrets et à les extérioriser par son comportement.

Les ruptures émotionnelles

Dans la famille Jeder, on constate la présence, à chaque génération, d'un certain nombre de ruptures émotionnelles. Cela suppose que plusieurs relations intenses d'amour/haine sont demeurées non résolues. On peut également observer, sur plusieurs générations, une suite d'abandons douloureusement ressentis. John Jeder abandonna Shane, qui abandonna James, qui abandonna Jack, son propre fils.

Je n'ai pas beaucoup parlé de Jack, le fils de James. Quand Jack vint au monde, James travaillait à mi-temps, tout en poursuivant des études devant le conduire au doctorat. Il n'avait que très peu de temps à consacrer à son fils. Jack avait six ans quand James divorça de Sue pour épouser Karen. Sue en conçut beaucoup d'amertume et elle fit tout son possible pour que Jack déteste son père. Avec les années, le fossé s'agrandit. Le génogramme de James montre également que Boyd Jamison coupa tout lien avec Donald, qui coupa tout lien avec Doug. Ce qui n'est pas réglé au sein d'une génération devient une question « épineuse » au sein de la suivante.

Au chapitre 11, j'expliquerai pourquoi il est important de régler le plus tôt possible les problèmes qui peuvent surgir au sein de notre famille élargie afin qu'ils ne soient pas transmis à la génération suivante ou qu'ils n'empoisonnent pas nos rapports avec autrui. À titre d'exemple, je raconterai comment James a pu dépasser les rapports émotionnels incestueux qu'il avait établis avec sa mère et en quoi cette victoire a eu des effets bénéfiques sur le couple qu'il forme avec Karen.

CHAPITRE 10

POUR VOUS LIBÉRER DU POIDS DES TÉNÉBREUX SECRETS DE FAMILLE

La vérité doit nous éblouir progressivement, faute de quoi nous serons tous aveugles.

Emily Dickinson

Sans la sensibilité, la franchise n'est que brutalité.

Marilyn Mason

Je suis ce que sont mes secrets. Et vous êtes ce que sont les vôtres. Nos secrets sont proprement humains, et la confiance mutuelle qui nous amène à les partager appartient à ce secret que demeure la nature humaine.

Frederick Buechner

Cela fait des années que, dans mes ateliers, j'utilise un exercice mis au point par Sisney Simon et ses collègues dans leur recherche sur le choix des valeurs. Lisez rapidement l'histoire suivante, sans essayer d'en dégager vraiment une signification logique.

LE DILEMME DE GWENEVIÈRE

Il était une fois un homme nommé Farquhar, qui épousa une femme nommée Gwenevière. Le couple alla s'établir dans un coin reculé de l'Amérique du Sud. Farquhar était bûcheron, et il gagnait sa vie en travaillant pour une société qui avait établi des chantiers dans les endroits les plus reculés de la jungle. Chaque jour, pour se rendre au travail, Farquhar devait traverser un fleuve dangereux, large de plus d'un kilomètre, grouillant d'alligators et de piranhas. Un pont branlant enjambait le fleuve. Un matin, alors que Farquhar venait de traverser le pont pour se rendre au travail, un fort vent s'éleva en tourbillonnant et endommagea sérieusement le pont. Farquhar n'avait plus aucun moyen de rentrer chez lui, et il faudrait des mois pour reconstruire le pont. De plus, aucun système de communication n'avait encore été établi entre le chantier et l'avant-poste habité.

Gwenevière n'avait aucun moyen de savoir où retrouver Farquhar ou s'il était en sûreté. Un an pourrait bien s'écouler avant qu'ils ne soient de nouveau réunis.

Un vieil original s'était établi dans l'avant-poste, pour y chasser l'alligator et en faire le commerce des peaux. Cet homme, qui s'appelait Simbad, possédait un bateau. Gwenevière lui demanda combien il lui en coûterait pour traverser le fleuve. Simbad répondit que c'était là une expédition dangereuse à cause des rapides, et qu'il faudrait compter 250 $. La fortune de Gwenevière s'élevait en tout et pour tout à 100 $, ce qui correspondait à la somme que lui avait laissée Farquhar en partant, pour subvenir à ses besoins. Elle répondit à Simbad qu'elle ne pouvait payer ce montant. Il répondit qu'il y avait une solution : elle n'avait qu'à passer la nuit avec lui, et ils seraient quittes. Gwenevière fut horrifiée. Anxieuse, inquiète, elle se rendit auprès d'un ami, Ivan, qui possédait un minuscule bateau de plaisance. Ivan ne s'aventurait jamais plus loin qu'à deux cents mètres des côtes.

Gwenevière demanda à Ivan de lui faire traverser le fleuve. L'homme aurait aimé lui rendre ce service, mais il lui dit qu'il avait trop peur de traverser le fleuve, qu'il avait en ce moment son lot de soucis et qu'il ne pouvait lui venir en aide. Gwenevière était complètement désemparée et, un jour, mue par le désespoir, elle se rendit auprès de Simbad et lui paya l'ignoble tribut demandé !

Fidèle à sa parole, Simbad navigua sur les eaux traîtresses et la conduisit sur l'autre rive. Gwenevière courut à travers bois et atteignit bientôt le chantier où travaillait son Farquhar bien-aimé. Leurs retrouvailles furent passionnées et remplies de promesses. Farquhar avait construit une cabane de rondins, simple mais jolie, et le couple vécut heureux pendant quelques mois.

Or Gwenevière était remplie de remords. Elle ne pouvait se donner entièrement à son amant, car elle se sentait honteuse et souillée. Un soir, elle confia à Farquhar son *ténébreux secret*. Elle avait agi ainsi pour qu'ils soient de nouveau réunis et elle pensait qu'il comprendrait. Quelle terrible erreur !

Pris de fureur et de rage, Farquhar se mit à lancer les objets autour de lui. Le lendemain, il la chassa de la cabane et lui annonça son intention de divorcer.

Défaite, Gwenevière erra sans but dans la forêt jusqu'au moment où elle rencontra un homme des bois nommé Ulric, bien connu des habitants de l'avant-poste, même si son comportement bizarre leur faisait plutôt peur. En réalité, Ulric s'était retiré après y avoir vu toute la cruauté et le mal dont était capable la soi-disant civilisation. Gwenevière lui raconta son histoire. Ulric compatit à ses malheurs et la ramena de l'autre côté de la rive. Puis, il retrouva Farquhar, à qui il fit durement la leçon.

Voilà la fin de mon histoire. Je demande ensuite aux participants de l'atelier de classer rapidement les cinq personnages de cette histoire selon leur degré d'empathie, étant entendu que le numéro un est leur personnage favori, le numéro deux, celui qui vient juste après dans leur préférence, et le cinquième, celui qu'ils détestent le plus. Vous pouvez prendre un instant pour en faire autant si vous le désirez.

Une fois ce classement fait, je demande aux participants de comparer leur classement à celui de leur voisin.

Chaque fois que j'ai fait cet exercice avec un groupe – et je l'ai fait avec des centaines de groupes différents –, il s'est toujours trouvé quelqu'un pour mettre en tête de liste *l'un ou l'autre* des personnages.

J'apprends ainsi à connaître les gens par le choix qu'ils font, et je leur demande de réfléchir en quoi ce choix aurait un lien avec quelque événement qu'ils auraient vécu, car leur choix est le plus souvent déterminé par leur propre expérience. Toutefois, aussi divergentes que soient les opinions, Gwenevière réunit le plus souvent les premiers suffrages.

En général, je me sers de cet exercice pour faire prendre conscience aux gens de leurs différences et à quel point ces différences ont peu à voir avec l'objectivité. Cependant, ce n'est que récemment que j'ai compris que cette histoire servait aussi à illustrer la façon dont Gwenevière accepte son ténébreux secret. Par souci d'honnêteté, elle estimait qu'elle devait se confier à Farquhar.

Pourtant, l'idée n'est venue à personne que Gwenevière pouvait avoir agi ainsi pour se débarrasser de son sentiment de culpabilité. Certains diront qu'elle a confié son ténébreux secret pour être bien dans sa peau. Était-il nécessaire qu'elle confie un ténébreux secret pour être soulagée de son remords tout en risquant de blesser profondément son conjoint ? Était-il absolument nécessaire qu'il sache ce qui s'était passé ?

FAUT-IL TOUJOURS RÉVÉLER UN SECRET ?

Certains croiront dur comme fer que Gwenevière a eu raison de raconter son infidélité. Le psychiatre et thérapeute familial Frank Pittman, dans son ouvrage intitulé *Private Lies : Infidelity and the Betrayal of Intimacy*, prétend que « l'honnêteté est à la base de l'intimité » et que « le mensonge le plus insignifiant peut se révéler extrêmement préjudiciable ». Pour Pittman, l'infidélité ne devrait jamais être un motif de mensonge, puisque « aucune vérité ne saurait être aussi préjudiciable que le mensonge le plus anodin ».

Pittman aurait probablement aidé Gwenevière à prendre conscience des enjeux de la situation, et l'aurait obligée à reconnaître la vérité voulant qu'aucune bonne intention ne saurait justifier l'adultère. Il aurait sans doute ajouté que, si elle choisissait de garder le silence, son remords finirait par empoisonner et compromettre ses rapports avec Farquhar. Et il aurait insisté sur la nécessité de toujours révéler le ténébreux secret de l'adultère.

Or tous les thérapeutes ne pensent pas comme Pittman. En Suisse, un chercheur et thérapeute conjugal, le Dr Rosemarie

Welter-Enderlin, voit dans cette attitude une sorte de « morale » thérapeutique, dont la rigidité n'est pas sans danger, dès lors qu'elle érige en *loi* la nécessité de révéler les secrets, ou en fait un décret, comme une porte ouverte à une perpétuelle mise à nu. Son expérience en matière de thérapie l'invite plutôt à reconnaître l'imperfection de « la condition humaine* », sans pour autant « céder à la léthargie ». J'ignore ce que le Dr Welter-Enderlin entend au juste par léthargie, mais je suppose qu'elle veut dire par là qu'il ne s'agit pas de fermer les yeux sur l'adultère sous prétexte qu'il est une réalité banale. À l'opposé de la thèse défendue par Pittman, certains professionnels croient que le danger du secret est *toujours* relatif, tributaire d'un contexte social, culturel, ethnique et religieux tout aussi bien que de la dynamique singulière qui règne au sein de la famille concernée. Certaines écoles de pensée sont allées jusqu'à relativiser l'inceste ! C'est-à-dire que leurs défenseurs croient qu'il faut davantage tenir compte de la dynamique familiale que de la nécessité de confronter le parent incestueux à son enfant.

LES DEGRÉS DE NOCIVITÉ

Pour ma part, je me situe entre ces deux extrêmes. J'ai choisi de classer les ténébreux secrets selon leur importance et leur nocivité et de m'inspirer de ce classement pour savoir s'il faut ou non les dévoiler. (Voir tableau 10-1.)

Certains ténébreux secrets (dans le tableau, ils apparaissent dans les colonnes regroupant les secrets dits de premier et de second degrés) sont *toujours* nocifs et il faut être capable d'y faire face, de les révéler au grand jour et de les assumer.

Les ténébreux secrets dits de troisième et quatrième degrés peuvent être dommageables, mais les décisions à prendre sur la façon d'y faire face sont davantage tributaires du contexte. Dans certains cas, la frontière est même ténue entre les secrets dits de quatrième degré et certaines questions appartenant à la vie privée – sauf si l'on considère le désarroi de celui qui détient le secret.

---

* En français dans le texte. (*NDT*)

TABLEAU 10 – 1

LES TÉNÉBREUX SECRETS SELON LEUR NOCIVITÉ*

Secrets dits de premier degré – mortels (fatals)
Confrontation et révélation indispensables

Il y a toujours une victime. Violent le droit de chacun à la vie, à la liberté, à la dignité et à la propriété individuelle. En général, contreviennent à la loi.

La révélation de ces secrets entraîne des sanctions pour le contrevenant. La personne qui révèle ces secrets s'expose à des représailles d'ordre physique ou émotionnel.

D'ordre criminel
Meurtre
Mutilation/torture
Incendie volontaire
Terrorisme
Kidnapping
Coups et blessures
Agression
Incitation à la prostitution
Cultes sataniques
Violence raciale
Violence dirigée contre les gays
Trafic de drogue
Filature
Cambriolage/vol
Vol à l'étalage
Escroqueries

Crimes sexuels
Viol (y compris le viol entre conjoints)
Inceste/sévices
Sévices sexuels/sadomasochisme
Prostitution infantile/pornographie
Abus sexuel
Rapports sexuels non protégés alors qu'on est atteint du sida

Victimisation
Violence d'ordre émotionnel
Violence d'ordre spirituel
Suicide

* Cette liste n'est pas exhaustive.

Secrets dits de second degré – dangereux (démoralisants)
Confrontation et révélation indispensables

Violent l'individualité de chacun. Causent un préjudice à la vie de l'individu et à son entourage. Peuvent contrevenir à la loi.

La révélation de ces secrets peut avoir des conséquences économiques, sociales et émotionnelles pour le détenteur du secret comme pour celui qui le révèle.

Abus de certains produits
Alcoolisme
Consommation de drogues

Troubles de l'alimentation
Anorexie
Boulimie
Goinfrerie
Alternance de maigreur et d'obésité

Diverses formes de dépendance
Obsession sexuelle
Donjuanisme
Échanges de partenaires
Masturbation chronique accompagnée
   de pornographie
Voyeurisme
Exhibitionnisme
Dépendance affective
Obsession du travail
Obsession du jeu

**Questions liées à la naissance
   et à l'identité**
Adoption
Mère porteuse
Fertilisation *in vitro*
Questions liées à la paternité
Frères et sœurs inconnus

Secrets dits de troisième degré – dommageables

L'obligation de révéler ces secrets et celle d'une confrontation dépendent de la dynamique familiale et du contexte social, culturel, ethnique et religieux.

Violent la liberté d'une ou de plusieurs personnes. Ne respectent pas les frontières de chacun. Supposent une malhonnêteté consciente ou inconsciente. Nuisent à la réputation d'autrui. Nuisent à l'unité familiale. Suscitent la méfiance. Empêchent la communication.

La révélation de ces secrets peut blesser quelqu'un ou trahir certaines confidences. Les risques émotionnels se situent principalement chez celui qui révèle le secret.

L'enchevêtrement familial
Triangles affectifs
Règles de dissimulation
Assujettissement entre les générations
Désir compulsif de protection des
  parents
Rigidité des rôles familiaux
Souffre-douleur/enfant
  « à problèmes »

Secrets conjugaux
Union gay ou lesbienne vécue
  en parallèle
Colère et ressentiment gardés secrets
Infidélité sexuelle (ponctuelle)
Mariage à la suite d'une grossesse
Chômage

Liés à la souffrance
Troubles émotionnels
Maladie mentale
Handicap physique
Refus de la mort et de la maladie
Agoraphobie/dépression clinique

D'ordre intellectuel/spirituel
Homophobie
Préjugés raciaux

Secrets dits de quatrième degré – sources de désarroi
L'obligation de dévoiler ces secrets et celle d'une confrontation dépendent de la dynamique familiale et du contexte social, culturel, ethnique et religieux.

Surtout préjudiciable à la personnalité des individus.
Le maintien de ces secrets entraîne une perte d'énergie et de spontanéité.

Nul n'est embarrassé par leur révélation.
Les risques émotionnels se situent principalement chez le détenteur du secret.

Honte pernicieuse
Phobies
Remords
Anxiété
Dépression

Honte de nature ponctuelle et culturelle
Apparence physique
Statut socio-économique
Niveau d'éducation
Non-intégration sociale
Honte de ses origines ethniques
Crise spirituelle/religieuse

Les infidélités conjugales ou secrets
dits de second et troisième degrés

Si l'on revient au cas de Gwenevière, on observera que les infidélités conjugales apparaissent à deux endroits dans le tableau des secrets classés selon leur degré de nocivité. J'estime pour ma part que nous sommes en présence d'une forme de dépendance sexuelle si les infidélités se multiplient. Quand elles prennent la forme d'une dépendance sexuelle, les infidélités nombreuses appartiennent aux secrets dits de second degré. Tout comme les secrets dits de premier degré, j'estime qu'il faut savoir affronter les secrets dits de second degré, parce qu'ils sont néfastes. Si vous êtes la personne qui multiplie les infidélités, vous souffrez vraisemblablement de dépendance sexuelle. Vous mettez votre vie en danger, ainsi que celle de votre conjoint et de votre famille.

Par ailleurs, l'infidélité de Gwenevière fut tout à fait circonstancielle, et il y a fort à parier qu'elle ne récidivera pas. Du point de vue de sa nocivité, je range donc son secret dans la catégorie des secrets dits de troisième degré. Gwenevière n'a pas vraiment besoin de le révéler. Certains diront que c'était un secret stratégique, né de la nécessité. En matière de moralité, les théologiens et les philosophes de l'éthique ont toujours tenu compte des intentions et des circonstances pour juger si un acte était bien ou mal. Dans le cas de Gwenevière, tout dépend de sa façon d'intégrer son comportement passé à sa vie présente. Si elle se sent coupable au point d'être incapable de goûter toute intimité avec son mari, elle devra agir – se confier éventuellement à un ami, demander l'aide spirituelle d'un prêtre ou d'un rabbin ou implorer le pardon de Dieu si elle estime avoir péché. Elle pourra consulter un thérapeute et lui demander s'il est préférable de tout avouer. Les secrets dits de troisième degré n'appartiennent pas à ces catégories bien définies, où tout est blanc ou noir. Tout dépend du contexte général dans lequel s'inscrit le secret. Une infidélité conjugale isolée peut être aussi le signe d'une volonté de se singulariser, voire de se rebeller contre la règle du « on se dit tout » et des aveux permanents qui peuvent empêcher toute intimité au sein du couple.

J'ai déjà évoqué le besoin de chacun de se doter d'un espace personnel, d'« une chambre à soi », comme disait Virginia Woolf, qui est un préalable au processus d'individualisation. L'absence de vie privée peut empêcher l'individualisation. La personne commettra alors une infidélité pour mieux marquer son individualisation. Ce peut être là une situation temporaire à laquelle succéderont un nouvel équilibre et une plus grande intimité au sein du couple. Rosemarie Welter-Enderlin écrit : « Mon expérience thérapeutique auprès des couples qui vivent cette situation me permet souvent de dégager cette règle : l'infidélité, gardée secrète, semble répondre avant tout au besoin non formulé d'un des partenaires d'avoir une chambre à soi. » L'auteur concède que *d'un point de vue objectif il existe de meilleurs moyens d'atteindre ce but*. Mais les gens ne sont pas toujours objectifs. La fidélité doit souvent reculer devant la passion, et la passion est de nature égocentrique. La passion fait partie de la nature humaine. Pas plus que moi, Welter-Enderlin ne veut encourager l'infidélité conjugale ; elle pense simplement que *toutes* les infidélités ne viennent pas de profonds secrets dont le couple refuserait de reconnaître l'existence.

Processus et contenu

Au moment d'évaluer les secrets dits de troisième degré, il vous faudra tenir compte du processus lié au secret – soit la dynamique familiale propre à chaque famille – et non uniquement de son contenu. Prenons l'exemple de Susie et de Peter.

Susie vint me voir en avril 1975. Elle me fit un triste portrait de son mariage qui allait à vau-l'eau. Susie était une femme superbe, imposante et débordante d'énergie, alors que son mari était quelqu'un d'effacé, qui se consacrait entièrement à son travail.

Susie me dit qu'elle avait accepté un tête-à-tête romantique, mais chaste, avec Peter, un homme marié, dynamique et travaillant dans le domaine humanitaire. Elle avait envie d'une aventure. Peter était marié depuis environ cinq ans et, tout comme Susie, il avait toujours été fidèle. Ignorant mon avis selon lequel une aventure ne ferait que compliquer les choses et l'éloigner davantage de son mari, Susie eut avec Peter une liaison qui devait durer cinq ans.

Au début, la passion physique semblait la seule raison d'être à leur désir de se retrouver. Avec le temps, cependant, il devint évident qu'ils passaient aussi des heures en tête-à-tête dans le but de partager diverses choses, depuis les problèmes d'éducation des enfants jusqu'à la beauté du paysage, en passant par la politique, leur vie intérieure et leur foi en Dieu. Tous deux faisaient l'apprentissage de l'intimité profonde.

Un jour, Susie me dit que son mari avait décidé de consulter un thérapeute et que, pour la première fois dans leur vie conjugale, ils avaient pu échanger des impressions. Même si son mariage semblait s'améliorer, Susie poursuivit sa liaison avec Peter.

Après trois ans de liaison, Susie me dit que son mari et elle désiraient un troisième enfant, mais qu'elle avait peur de la réaction de Peter, qui pourrait refuser d'avoir des rapports sexuels avec elle, sachant qu'elle attendait un enfant de son mari.

J'étais le thérapeute de Susie, et il y avait de quoi devenir fou. Je n'avais aucune idée sur la façon de diriger cette thérapie. Je consultai un collègue plus expérimenté, qui me fit comprendre qu'une certaine dynamique était en train de se mettre en place dans la vie de Susie. Sa liaison avait eu pour effet de solidifier son mariage. Le fait était incontestable. Susie ne parlait plus de quitter son mari. Et l'initiative de la thérapie venait entièrement de ce dernier. Le couple échangeait davantage et vivait dans une plus grande intimité. Il parlait d'avoir un troisième enfant.

Peter continua de voir Susie durant sa grossesse. Quand ils étaient ensemble, il était prévenant et cherchait à l'aider, sans insister pour qu'ils aient des rapports sexuels. Environ un an après la naissance du bébé, Peter eut une autre aventure qu'il justifia par l'impression que Susie allait bientôt décider de rompre. Celle-ci mit un an à se consoler du départ de Peter. Puis elle comprit peu à peu le processus qui s'était mis en place pendant ces cinq années. D'un mariage « figé », elle était passée à un couple et à une famille en pleine évolution. Peter ne s'en tira pas aussi bien. Quelques années plus tard, j'ai eu l'occasion de le revoir, en compagnie de sa femme, pour une consultation. Dès le début, sa liaison avec Susie lui avait fait prendre conscience de la nécessité de mettre fin à un mariage malheureux. Peter s'était marié parce que sa future épouse était enceinte, et le couple avait conclu une entente tacite sur l'éducation de leur enfant. La femme de Peter était consciente d'accepter les aventures de son mari comme autant d'échappatoires à leur absence d'intimité.

J'en vins à envisager les cinq années de liaison de Susie et de Peter de la façon suivante : la liaison permit au mari de Susie de prendre conscience de ses émotions et d'avoir une vie intime ; le triangle formé avec Peter comblait provisoirement le besoin d'intimité que Susie n'arrivait pas à satisfaire à l'intérieur de son mariage ; cette liaison permit à Peter et à son épouse de mener une vie de couple en parallèle, tout en respectant leur engagement d'élever l'enfant qu'ils avaient conçu ensemble.

Susie et son mari ont maintenant un autre enfant, et ils forment une famille épanouie.

Dans le cas qui nous occupe, le contenu (l'infidélité conjugale), en soi un ténébreux secret, fut de toute évidence dilué au cours du processus (la façon dont le secret agit pour renforcer le mariage de Susie). Chez un autre couple, le même genre de liaison aura des effets dévastateurs et entraînera un tout autre processus.

La révélation des secrets

Depuis que je suis né, l'attitude des gens a beaucoup changé par rapport à certains sujets autrefois considérés comme de ténébreux secrets. Prenons l'exemple de ces vedettes américaines qui, ces vingt dernières années, ont défendu le droit des femmes à la contraception, en avouant publiquement qu'elles s'étaient fait avorter. La chose aurait été impensable il y a trente ou quarante ans.

Dans certains quartiers où les gens sont conservateurs en matière de religion, les enfants nés hors mariage sont plutôt mal vus. Dans tel autre, ils sont une étape normale dans la vie d'une femme. Il ne faut jamais oublier de prendre en considération les variantes culturelles et sociales pour décider s'il faut ou non dévoiler certains secrets.

Le jour où Betty Ford, Magic Johnson, Jane Fonda, Susan Somers, Oprah Winfrey et plusieurs autres femmes célèbres ont dévoilé leur secret en public, une nouvelle norme fut établie en matière de dévoilement de secrets. Dans l'ensemble, cette évolution fut une bonne chose. Les placards furent ouverts et les squelettes sortirent au grand jour.

Mais chaque avancée s'accompagne de reculs. Chaque jour, je vois des gens être de nouveau victimisés dans ces soi-disant débats à la télévision, dont tout le succès commercial repose sur l'étalage de comportements et de secrets pas très reluisants. Il ne suffit pas d'avouer un ténébreux secret pour effacer les séquelles qu'il a laissées sur la famille. Les histoires d'horreur se multiplient, où d'ex-victimes d'inceste, cédant à la pression extérieure, montent aux barricades et font le procès de toute une famille en causant sa perte.

Dans les jours qui ont suivi la conclusion de ma thérapie, je fus victimisé de la sorte par un thérapeute qui me dit de rentrer chez moi et de raconter tous mes secrets à ma femme et à mon fils, alors âgé de douze ans. Il me donna ce conseil, après m'avoir rencontré avec le groupe et non en privé, sans tenir compte de l'âge de mon fils et alors qu'il ignorait complètement le type de rapports que j'entretenais avec ma famille. J'ai décidé de lui obéir, et les résultats furent désastreux. J'ai mis du temps à réparer les dégâts. Dans le même atelier, un autre thérapeute laissa échapper quelques indices qui firent croire à plusieurs personnes qu'elles avaient été victimes d'inceste. Une femme, que je connaissais bien, sortit de l'atelier convaincue que son père lui avait fait subir des sévices sexuels et, deux jours plus tard, elle cessa complètement ses relations avec lui. Ce n'est que plusieurs années après qu'elle comprit son erreur.

Sur la conduite à suivre en matière de ténébreux secrets, l'état de nos connaissances cliniques évolue sans cesse. Personne ne prétend *savoir hors de tout doute* quand, où, comment et à qui il faut révéler ces secrets. Au mieux, nous pouvons essayer de mieux comprendre les grands courants qui traversent l'histoire de notre famille et faire tout notre possible pour prendre la responsabilité de nos ténébreux secrets et assumer ceux des autres qui nous ont fait du mal ainsi qu'aux autres membres de la famille.

Je vous propose maintenant un certain nombre de points de repère sur la façon de révéler, à travers la confrontation, les secrets dits de premier, deuxième, troisième et quatrième degrés.

N'oubliez jamais que la confrontation et la révélation des ténébreux secrets ont pour objectif d'assurer à chacun des membres de la famille dignité, vie privée, qualité d'échanges et amour, et d'instaurer un climat de relations qui favorise le partage des émotions et ouvre des voies d'échange qui iront en s'approfondissant longtemps après le dévoilement du secret.

LES SECRETS DITS DE PREMIER DEGRÉ

Revenez au tableau 10-1, qui dresse la liste des secrets dits de premier degré. Ce sont là des secrets très graves qu'il faut savoir affronter. Ces secrets vont à l'encontre des droits des individus et peuvent détruire la vie de certaines personnes. Ceux qui les révèlent ont souvent besoin d'être protégés et de recevoir de l'aide extérieure. La plupart des secrets dits de premier degré contreviennent à la loi. Si vous avez repéré dans votre vie la présence de l'un ou l'autre de ces secrets, procédez lentement et n'hésitez pas à demander l'aide d'un avocat. (Voir tableau 10-2.)

Dans le domaine des lourds secrets, les enfants sont fréquemment les premiers pénalisés. Souvent, il arrive que l'enfant victime d'inceste veuille se confier au parent non incestueux. En règle générale, ce dernier est tombé lui aussi dans le piège de la victimisation. Il souffre parfois lui-même du syndrome du PTSD, ce qui le conduit à extérioriser, par son comportement, certains traumatismes qu'il a subis dans l'enfance et à être de nouveau victimisé dans sa vie conjugale. La dénonciation de l'enfant peut le plonger dans la confusion et entraîner chez lui une forme de dissociation. De plus, souvent, il refusera de venir en aide à l'enfant au nom de l'unité familiale à préserver.

Parfois, l'inceste vient des deux parents. La petite victime est doublement trahie et ne peut plus avoir confiance en qui que ce soit. Pour pouvoir un jour oser confier leur secret, les victimes auront besoin d'avoir établi au préalable une solide relation de confiance. Bon nombre de victimes d'inceste y parviendront avec leur thérapeute. Le thérapeute avisé ne poussera pas la victime à dévoiler trop rapidement son secret. La confiance est un élément capital afin d'établir le lieu sûr où se fera la divulgation du secret.

Dusty Miller, thérapeute et professeur de psychologie au collège Antioche, en Ohio, évoque le cas de cette femme de vingt-six ans, victime d'inceste, qui, dès la première séance de thérapie, révéla des détails intimes du viol sadique que lui avait fait subir son père. Entre deux séances, il advint que cette femme, par son comportement, « intériorisa » ce qui s'était passé et s'ouvrit les veines. Au cours des séances subséquentes, le même schéma se répéta. Miller en vint à comprendre que cette femme nourrissait des sentiments ambigus à l'endroit de son père. Elle le haïssait, tout en l'aimant. Le fait d'avoir avoué son secret lui donnait le sentiment de l'avoir trahi, mais elle n'avait pas encore eu le temps d'instaurer avec Miller une relation de confiance suffisamment forte pour faire contrepoids au secret révélé. En s'ouvrant les veines, cette femme témoignait de son sentiment de culpabilité. Miller rappelle aux thérapeutes la nécessité de prendre le temps d'instaurer un rapport de confiance et d'échange avant de permettre au client d'aller plus loin. La victime de violence sexuelle, qui a été violée dans son intimité la plus profonde, n'a vraisemblablement jamais connu ce que c'est que d'avoir un lieu où préserver sa vie privée. Il revient au thérapeute, au psychologue ou à l'ami de contribuer à la création de ce lieu intime et à l'établissement d'un lien de confiance avant de permettre au client ou à l'ami d'aller plus loin.

Si vous en êtes à l'étape de la révélation du secret de votre passé de victime, procédez lentement. Il vous faut assimiler et réintégrer chaque élément révélé. Ne laissez personne vous bousculer. Les psychologues et les thérapeutes savent qu'il ne suffit pas de pousser quelqu'un dans ses derniers retranchements pour le libérer du poids de son secret.

Je ne connais pas de règles absolues pour savoir à qui, quand, où et comment il convient de révéler un secret. Les secrets dits de premier degré en appellent à un sentiment d'urgence, en raison des dommages irrémédiables qu'ils peuvent causer, mais j'estime qu'un ténébreux secret devrait pouvoir être révélé à l'intérieur d'un rapport de confiance, lequel a besoin de *temps* et de sérénité pour s'établir.

TABLEAU 10 – 2

QUELQUES POINTS DE REPÈRE
POUR AFFRONTER LES SECRETS DITS DE PREMIER DEGRÉ

QUAND VOUS CONNAISSEZ LE SECRET
PARCE QUE VOUS EN ÊTES LE RESPONSABLE :

- Acceptez le fait que vous avez besoin d'aide.
- On ne peut surmonter la honte et la haine de soi qu'en vivant au grand jour.
- Trouvez quelqu'un à qui parler et évaluez les choix qui s'offrent à vous.
- Il vous faudra assumer la responsabilité légale et morale de votre conduite, mais c'est la seule façon de recommencer votre vie.
- Vous pouvez faire amende honorable.
- Vous pouvez tirer profit d'une thérapie.
- On peut vous pardonner.

QUAND VOUS CONNAISSEZ LE SECRET
PARCE QUE VOUS EN ÊTES LA VICTIME :

- Vous avez été gravement violé et vous avez besoin de trouver quelqu'un à qui parler. Choisissez un thérapeute qui a déjà aidé certaines personnes à rompre avec leur victimisation.
- Procédez lentement. La confiance met du temps à s'installer.
- Prenez le temps d'accepter votre douleur et votre colère.
- Joignez-vous à des associations d'ex-victimes, et demandez un avis légal quant aux choix qui s'offrent à vous.
- Si la personne en cause est l'un de vos parents, un membre de votre famille ou un frère, prenez le temps de *penser* à un scénario de confrontation.
- Mettez en garde toute autre personne susceptible d'être victime.
- Assurez votre protection personnelle au moment de la confrontation avec le coupable.
- Vous pouvez également choisir d'éviter le face-à-face. Cependant, il importe que vous fassiez quelque chose qui vous rétablira dans votre dignité.

QUAND QUELQU'UN D'AUTRE CONNAÎT LE SECRET :

- Qu'il soit l'un des parents, un membre de la famille ou un ami, le coupable a besoin d'aide. Si vous avouez tout et ne faites rien, vous ajoutez à sa détresse.
- Procédez lentement et, pour la confrontation, obtenez l'aide d'un maximum de gens dans la famille.
- Avant de passer à l'étape de la confrontation, mesurez-en bien toutes les conséquences judiciaires.
- Vous avez besoin de protection. Si vous êtes encore un enfant, trouvez quelqu'un à qui parler.
- Voyez la confrontation comme un geste d'amour et d'affection.
- Si la peur vous empêche d'agir, trouvez quelqu'un à qui parler.
- C'est respecter vos parents que de chercher quelqu'un à qui confier leurs secrets. Ceux-ci ont besoin d'aide, et garder le secret ne fait qu'ajouter à leur honte et à leur déchéance.

Comment surmonter le traumatisme des secrets dits de premier degré

Si vous êtes victime de violence dite de premier degré, vous aurez besoin d'une aide attentive et efficace. Je vous suggère de choisir un thérapeute qui connaît bien le type de victimisation liée aux secrets dits de premier degré.

À l'initiative d'une camarade de bureau, Blanche accepta un rendez-vous avec un inconnu, et la soirée se termina par un viol. Déjà, sur la piste de danse, Blanche n'aimait pas la façon qu'avait son partenaire de se presser contre elle avec insistance. Mais Blanche était le genre de fille à toujours vouloir faire plaisir et elle avait de la difficulté à dire non. Elle décida donc d'avaler deux rasades d'alcool pour se donner le courage de lui dire d'arrêter. L'alcool eut chez elle au contraire un effet libérateur. Elle accepta de subir certaines pressions et certains attouchements, lesquels venaient après des mois de solitude et de chasteté. Blanche sentait que la situation devenait dangereuse, et elle voulut prendre un taxi pour rentrer, mais son amie l'invita à se « détendre et à prendre un peu de bon temps ». Soudain, sur le chemin du retour, son compagnon coupa le contact et se mit à la caresser ; Blanche lutta et protesta avec véhémence. Il la força à s'agenouiller et à pratiquer une fellation. Quand tout fut fini, il la ramena à la maison. Dans les jours qui suivirent, Blanche, toujours sous le choc, vivait dans un état de dissociation. Elle voulut se confier à sa camarade de bureau, qui refusa de la prendre au sérieux.

Des mois s'écoulèrent avant que Blanche ne prenne rendez-vous avec une thérapeute pour lui raconter ce qui s'était passé. Cette dernière joua un rôle de « témoin bienveillant ». Le témoin bienveillant est une personne qui vous vient en aide, sans vous juger, qui est *à l'écoute* de votre douleur et réagit physiquement à ce que vous racontez pour vous faire comprendre qu'elle prend au sérieux ce que vous avez vécu.

Ce type de validation est essentiel, parce que les victimes se demandent souvent si elles ne sont pas responsables de la violence qui leur fut infligée ou si elles ne réagissent pas de manière excessive. Les victimes ont souvent le sentiment qu'elles n'ont pas le droit d'être en colère ou de se sentir outragées. Blanche était persuadée qu'elle avait provoqué cet homme en lui permettant de la serrer de près en dansant. Elle se sentait coupable d'y avoir pris du plaisir.

L'ambivalence des sentiments est caractéristique des victimes de violence. Blanche avait eu une enfance victimisée. Elle n'avait jamais le droit de dire ce qu'elle pensait ni d'exprimer ses émotions sur quelque sujet que ce soit. Sa mère était une femme aux principes stricts, autoritaire, narcissique et dominatrice. Blanche cherchait toujours à lui plaire. Elle ne savait jamais si ce qu'elle faisait était bien ou mal. Seule sa mère pouvait l'éclairer sur ce point. Blanche apprit à dépendre de l'opinion de sa mère. Elle n'eut jamais confiance en son propre jugement.

En quelques mois de rencontres, la thérapeute valida ce que Blanche avait vécu, la réconforta et lui renvoya d'elle-même une image valorisante. Peu à peu, le chagrin et la douleur de Blanche se transformèrent en colère. Blanche passa de la rage retournée contre elle-même à la colère à l'endroit de celui qui l'avait outragée.

Il devint évident qu'elle avait été victime de violence. Blanche examina la conduite à adopter. Son agresseur était allé s'établir ailleurs et nul ne connaissait ses déplacements. Blanche avait encore peur de lui. Elle exprima symboliquement sa colère à travers certains jeux de rôles où elle parlait à une chaise vide. Elle décida enfin de poursuivre son agresseur devant les tribunaux. Deux années s'étaient écoulées, et son avocat lui fit valoir, de façon très réaliste, la difficulté de la chose; néanmoins, Blanche décida de continuer.

Blanche ne retrouva jamais la trace de son agresseur, mais l'important, dans cette histoire, est qu'elle ait décidé de se tenir debout. Après avoir pris la décision de poursuivre le coupable devant les tribunaux, Blanche se sentit fière d'elle.

Pour Blanche, la douleur physique et psychologique du viol fut difficile à surmonter. Elle connaissait à peine son agresseur. Il est encore plus difficile de surmonter sa douleur quand l'agresseur est un être cher.

Surmonter sa douleur est précisément ce qui permet de s'en sortir. Vous aurez besoin d'y aller lentement. Plus l'agression est violente, plus il vous faudra procéder lentement au moment de raconter et d'assumer votre douleur. C'est là un processus dont les étapes sont bien connues et qui a besoin de temps. De plus, cela dépend beaucoup de vos liens avec l'agresseur et de l'importance que vous accordiez à cette relation. Plus vous lui accordiez de l'importance, plus vos sentiments seront ambivalents. L'inceste et les sévices physiques sont des crimes particulièrement odieux parce qu'ils impliquent la trahison des parents. L'enfant, qui aime ses parents, dévoilera le secret avec beaucoup de réticences. Et à cause de cette trahison, la victime aura par la suite de la difficulté à établir quelque lien de confiance que ce soit.

Si vous envisagez des poursuites judiciaires, vous aurez besoin de l'aide d'un avocat. Assurez-vous que cet avocat comprend bien la nature du traumatisme que vous avez subi. Obtenez le maximum de renseignements sur les choix qui s'offrent à vous, puis prenez vous-même la décision. C'est vous la victime, et vous avez le droit de décider vous-même de la conduite à suivre. La seule « obligation » qui tienne est celle de parler à quelqu'un qui *doit* pouvoir vous renvoyer une image valorisante de vous-même et vous prendre au sérieux. Pour panser vos blessures, il vous faudra faire un travail de deuil – encaisser le coup et éprouver douleur, colère, remords et solitude. C'est un processus qui demande du temps et qui est entrecoupé de phases de reniements, de désirs de minimiser ce qui s'est passé ou de revenir en arrière. Pendant une semaine, vous serez en colère, et la semaine suivante, vous replongerez dans la tristesse et vous vous sentirez de nouveau blessé. Vous vivrez en alternance des moments de refus et d'acceptation. Choisissez un thérapeute d'expérience. Faites-en votre allié.

LES SECRETS DITS DE SECOND DEGRÉ

Les ténébreux secrets dits de second degré doivent eux aussi être révélés et assumés. Selon ma classification, les secrets dits de second degré ont principalement à voir avec la dépendance; or la dénégation secrète est au cœur même de la dépendance. Puisque toute la famille est impliquée dans ce type de secrets, c'est toute la famille qui doit être présente lors de la confrontation. Une personne peut reconnaître sa dépendance, tout en *s'entêtant dans la dénégation*. Il fut un temps où je retrouvais régulièrement mon ami George (décédé tragiquement depuis des suites de l'alcoolisme) dans des tavernes minables, où nous discutions pendant des heures de notre ténébreux secret, soit l'alcoolisme. Une bière après l'autre, nous étions là, à décortiquer notre problème commun. J'ai dû atteindre le fond du fond avant de décider d'agir et d'arrêter de boire. Pour sa part, George est mort avant de pouvoir atteindre le fond.

Le secret de la dépendance n'est souvent connu que lorsque la personne qui vit dans cette dépendance a atteint le fond de la souffrance. Ce degré varie selon les individus. Perdre son emploi, divorcer, être atteint du sida, se faire arrêter pour conduite en état d'ébriété, recevoir des menaces de mort de l'amant de sa femme – voilà autant de faits qui peuvent conduire la personne à se rendre et à reconnaître sa dépendance.

De plus, dans la plupart des cas, il faut prévoir une confrontation en bonne et due forme.

La confrontation en bonne et due forme

Au fil des années, les thérapeutes ont mis au point une méthode de confrontation en bonne et due forme pour les victimes de dépendance.

Pour ce faire, il importe d'abord de réunir *les personnes qui comptent le plus* dans la vie de l'individu dépendant, de même que celles qui joueront auprès de lui le rôle de *personnes-ressources*. Le plus souvent, il s'agit des membres de la famille immédiate. Le groupe peut comprendre également des membres de la famille élargie, ainsi que des amis très proches. De plus, la présence à cette réunion de la personne qui *contrôle les ressources économiques de l'individu dépendant* (soit en général son patron) peut se révéler très utile. Le patron de l'individu dépendant a le pouvoir de le congédier. Ce peut être là un puissant incitatif. Il est bon de s'assurer de la présence d'un thérapeute ou du représentant d'un groupe de croissance dit « en douze étapes » ; ce dernier pourra conduire sur-le-champ l'indidivu dépendant à une réunion du groupe ou à une séance de thérapie.

Lors de la confrontation, chacun explique à l'individu dépendant à quel point il se soucie de lui (ou à quel point il l'aime) et lui explique les effets tangibles de sa dépendance sur sa vie. Chacun lui répète qu'il le croit atteint de dépendance et qu'il a désespérément besoin d'aide. Quand vient le tour du thérapeute de prendre la parole, celui-ci explique à l'individu qu'il le conduira soit à un groupe de croissance dit « en douze étapes », soit à une thérapie de groupe ou à une clinique quelconque. Son patron ajoute qu'il doit y aller s'il veut conserver son emploi.

La dépendance est une maladie qui affecte l'ensemble de la famille et qui a des effets pernicieux sur chacun de ses membres. Souvent, les membres de la famille n'ont tout simplement pas conscience de former un système d'encadrement surprotecteur, qui maintient l'individu dépendant dans un état de sous-fonctionnement et l'empêche de s'en sortir. La famille s'illusionne en toute bonne foi – elle croit vraiment qu'elle fait quelque chose pour lui venir en aide. C'est sa façon à elle de nier la réalité, tout comme la nie l'individu dépendant.

L'un ou l'autre membre du groupe convoqué peut signifier le début de la confrontation. Mais chacun devra avoir été bien préparé et mis au fait des étapes de la confrontation et de la procédure à suivre. Les enfants peuvent souvent être très efficaces quand il s'agit d'anéantir le système de défense mis au point par la personne dépendante pour nier la réalité. Hannah Jeder joua ainsi un rôle déterminant dans la décision de son père de commencer une nouvelle vie.

James Jeder face à ses secrets

James avait mis au point un redoutable système de défense intellectuel, dont je n'avais pu venir à bout. J'insistai auprès de Hannah, sa fille – alors dans la vingtaine –, pour qu'elle prenne l'initiative de la confrontation. Je savais qu'elle était la seule personne que James aimait avec tout le désintéressement dont il était capable. Karen, son épouse, l'un de ses meilleurs amis, membre des AA, le directeur de son département à l'université, et Janice, sa sœur, m'assurèrent de leur collaboration. J'étais particulièrement heureux de pouvoir compter sur Janice. James avait beaucoup d'estime pour sa sœur. Janice avait épousé un alcoolique et faisait partie du mouvement Al-Anon. James m'avait déjà dit qu'à plusieurs reprises elle lui avait proposé de l'aider.

La confrontation eut lieu à l'université, dans le bureau de James. La veille, il s'était saoulé, était allé voir une femme avec qui il entretenait une liaison épisodique, puis était rentré au bureau pour dormir et cuver son vin. Ces deux dernières années, il avait ainsi pris l'habitude de rentrer au bureau après avoir passé la nuit à faire la bringue. Une fois réglés tous les détails de l'intervention, je demandai à Hannah, dont, à la demande de James, j'avais fait la connaissance lors d'une précédente séance de thérapie, de me prévenir dès que son père ne rentrerait pas dormir à la maison.

Dans les faits, la confrontation obligea James à passer à de larmoyants aveux sur ses graves problèmes et sur l'aide dont il avait besoin. James assista à une réunion des AA avec son ami. Ce dernier faisait partie d'un groupe formé en grande partie d'universitaires, connus de James pour la plupart. Très vite, James s'y sentit parfaitement à l'aise.

Après une année de calme sous la ceinture, année qui vit s'effondrer le principal système qui lui avait servi à nier la réalité, James prit conscience que l'alcool et la sexualité avaient joué le rôle de dérivatifs lui permettant de nier la douleur émotionnelle liée à l'abandon de ses parents. Par un travail de deuil, James accepta peu à peu les abandons successifs de son enfance et fut en mesure de marquer une séparation émotionnelle avec sa mère. Pour James, le plus difficile fut d'admettre qu'il avait identifié sa mère à la « femme parfaite » pour ne pas devoir affronter cette réalité douloureuse : elle s'était servie de son fils. James devait dépouiller sa mère de son masque de déesse – et cela non pas comme le poète et le brillant professeur de littérature anglaise l'eussent fait, mais comme devait le faire le petit garçon blessé qu'il portait en lui et qui avait désespérément besoin de s'attacher à une déesse prête à satisfaire tous ses besoins.

J'appris l'existence d'une thérapie de groupe destinée aux hommes qui voulaient guérir de leur dépendance sexuelle et je réussis à convaincre James de se joindre au groupe. La première étape du processus de guérison consistait, pour les participants, à consigner par écrit les détails du comportement sexuel qui avait servi à extérioriser leurs problèmes, et à en faire la lecture devant le groupe. James me dit que cela avait probablement été la chose la plus difficile de sa vie, entre autres lorsqu'il avait dû raconter dans le détail ses séances de masturbation avec pornographie. Mais il l'a fait. Le simple fait de pouvoir confesser des ténébreux secrets gardés depuis longtemps à un groupe de personnes qui vivent les mêmes problèmes ou des problèmes similaires, et qui n'émettront aucun jugement, est l'un des plus formidables processus de guérison qu'il m'ait été donné de voir et dont j'ai plusieurs fois été témoin.

Moins d'une semaine après avoir lu devant le groupe le texte qu'il avait rédigé pour franchir cette première étape, James détruisit tout son matériel pornographique, et deux ans plus tard, il n'avait toujours pas renoué avec cette habitude.

Le tableau 10-3 donne un aperçu des points de repère proposés lors de l'affrontement des ténébreux secrets dits de second degré et liés à la dépendance.

TABLEAU 10 – 3

QUELQUES POINTS DE REPÈRE PROPOSÉS
POUR L'AFFRONTEMENT DES SECRETS
DITS DE SECOND DEGRÉ (LIÉS À LA DÉPENDANCE)

SI VOUS ÊTES CELUI QUI DÉTIENT LE SECRET :

- Vous êtes atteint d'un mal pernicieux et envahissant qui repose sur la dénégation de votre dépendance.
- Vous vous faites du tort à vous-même, ainsi qu'à votre conjoint, à vos enfants et à vos amis.
- La seule façon de venir à bout de la honte et de la haine de soi est d'y faire face. Vous devez sortir de l'ombre.
- Vous êtes atteint d'une dépendance qui mine votre vie et que vous ne pouvez empêcher.
- Certaines personnes peuvent vous venir en aide, et vous n'êtes pas le seul à avoir le même problème.
- Adressez-vous à quelqu'un qui fait partie d'un groupe de croissance dite « en douze étapes ». Demandez de l'aide, tendez la main.

SI VOUS VIVEZ AVEC UNE PERSONNE ATTEINTE DE DÉPENDANCE
OU QUE VOUS LA CÔTOYEZ AU TRAVAIL :

- Fuir l'affrontement ne peut qu'empirer les choses.
- Si vous faites partie de la même famille, le fait de vous soumettre à la règle du « on ne parle pas de ça » fait de vous une victime du même problème.
- Si seul l'un des parents est atteint de dépendance, et que vous êtes l'enfant en cause, le parent qui n'est pas dépendant est également impliqué dans la dépendance. Parlez-en à quelqu'un – au psychologue de l'école, à un ami, à un ministre du culte, à un prêtre, à un rabbin.
- Si vous êtes un membre de la famille désireux de venir en aide à l'être aimé :
  1. Déterminez ceux qui devraient participer à la confrontation et obtenez leur appui ;
  2. Demandez à chacun de réfléchir à un événement précis, au cours duquel l'individu dépendant a trahi la confiance qu'on avait mise en lui et fait du mal à la personne trahie, à certains membres de sa famille ou encore à lui-même ;

3. Planifiez le moment et l'heure de l'affrontement. Le moment le plus favorable est celui où l'individu dépendant a honte de ce qu'il a fait ou prend conscience des funestes conséquences de sa conduite (récente perte d'emploi, problèmes matrimoniaux à la suite d'une aventure extra-conjugale, etc.) ;
4. Lors de la rencontre, chacun fera part à l'individu dépendant :
   - de son affection,
   - de l'événement qui lui fut préjudiciable (exprimez-vous en des termes concrets, qui évoquent une réalité sensorielle),
   - de sa certitude que l'individu est atteint de dépendance et qu'il a besoin d'aide ;
5. Assurez-vous de la présence d'une personne pour conduire l'individu dépendant auprès d'un groupe de croissance dite « en douze étapes » ou à un quelconque centre de traitement.

Les secrets entourant la naissance

Les secrets entourant l'adoption, la paternité, la fertilisation *in vitro* font également partie des secrets dits de second degré. Chaque être humain a le droit de connaître ses origines.

Une femme vint un jour à mon émission, *Family Secrets*, diffu-sée sur les ondes de PBS, où elle raconta comment elle avait re-trouvé son frère des années après avoir commencé des recherches sur sa famille naturelle. Au cours de son témoignage, je sentais chez elle, de manière palpable, la force qu'elle retirait de l'affirma-tion de ses droits et de la joie d'avoir retrouvé les siens.

Elle s'appelait Madelaine. Pendant toute son enfance, on lui avait rappelé ses origines douteuses. À l'école, elle avait subi humi-liation sur humiliation. Elle savait aussi qu'elle avait un frère. Vers seize ans, elle se mit à la recherche de ce frère et aussi de sa mère. L'agence d'adoption ayant refusé de lui fournir le moindre rensei-gnement, elle prit l'annuaire du téléphone et écrivit à chaque per-sonne portant le même nom que celui qu'elle supposait être le sien. Les résultats furent nuls. Elle retrouva alors la trace du prêtre qui l'avait baptisée et lui demanda de l'aider. Ce dernier lui dit qu'elle n'avait pas le droit de savoir qui étaient sa mère et son frère véri-tables. Madelaine raconta : « Je lui répondis avec colère que j'en avais parfaitement le droit – puisqu'on m'avait donné le droit de naître. »

Madelaine poursuivit ses recherches. Quand elle eut dix-huit ans, une employée de l'agence d'adoption avec qui elle s'était entre-temps liée d'amitié lui dit qu'elle avait retrouvé la trace de son frère ; il s'appelait Robert. Madelaine lui rendit visite et raconta le déroulement de la rencontre.

> Nous nous sommes reconnus aussitôt [...] Je me sentais en confiance et heureuse à l'idée d'être enfin liée à quelqu'un [...] Quelle joie de pouvoir plonger mon regard dans celui d'un autre et de penser qu'il y avait là une partie de moi-même.

Nul n'a le droit de nous dérober le secret de notre identité.

LES SECRETS DITS DE TROISIÈME DEGRÉ

Les ténébreux secrets dits de troisième degré sont les plus difficiles à définir et, par conséquent, il est plus difficile de donner des points de repère à leur sujet. Leur caractère néfaste varie selon différents facteurs, comme les croyances culturelles, l'appartenance ethnique, la dynamique familiale et la morale individuelle. La meilleure façon de comprendre l'ambivalence des secrets dits de troisième degré est de donner des exemples où un secret n'aura pas vraiment de conséquences dans telle famille, tandis que le même secret en bouleversera profondément une autre.

Un peu plus tôt dans ce chapitre, j'ai parlé de Susie et de Peter, dont la liaison qui a duré plusieurs années a permis, dans les faits, le resserrement des liens familiaux et la création d'un espace où le couple formé par Susie et son mari a pu évoluer. Susie décida de tout raconter à son mari. Elle passa aux aveux à un moment où leur amour avait grandi et s'était raffermi. Je ne pense pas qu'elle était obligée de tout raconter, mais c'était une décision qui lui appartenait.

L'aventure extraconjugale vécue par Joe Ed prit une tout autre tournure. Elle survint six mois après son mariage avec Reba. Joe Ed se défendit en disant que l'aventure avait eu lieu pendant qu'il traversait une période difficile et que la femme en question était une collègue qui lui faisait des avances depuis un bon bout de temps. L'acte sexuel lui-même s'avéra décevant, et Joe Ed se retrouva obligé de soigner un herpès douloureux. Cette unique infidélité causa beaucoup de remords à Joe Ed. L'idée d'avoir attrapé un herpès l'horrifiait, et sa vie sexuelle conjugale fut par la suite marquée de longues et périodiques interruptions. Ces étranges périodes d'abstinence n'avaient pas échappé à l'attention de Reba, qui s'en montra intriguée. Joe Ed devint de plus en plus obsédé par l'idée qu'il pouvait transmettre l'herpès à son épouse. Pendant l'année qui suivit, Joe Ed et Reba ne connurent aucun moment d'intimité et leurs relations perdirent toute spontanéité. Les disputes servaient maintenant de prétextes à Joe Ed pour ne pas avoir de relations sexuelles avec sa femme. Son infidélité et les suites qu'elle avait eues étaient en train de miner progressivement le couple.

Je conseillai à Joe Ed d'avouer son secret. Reba fut furieuse. Elle se montra distante pendant un temps, puis se mit à être obsédée par l'infidélité de son mari, dont elle voulait avoir tous les détails. Je les aidai à recueillir le maximum de documentation possible sur l'herpès.

Un an après, la situation revint à la normale, et le couple parlait d'avoir un premier enfant.

Le tableau 10-4 énumère les critères évoqués pour décider du bien-fondé d'une confrontation et du dévoilement des secrets dits de troisième degré. Tout en reprenant certains éléments évoqués en rapport avec les secrets dits de premier et de second degrés, le tableau 10-5 est conçu spécialement dans le but de proposer quelques points de repère pour savoir s'il faut révéler ou non les secrets dits de troisième degré.

TABLEAU 10 – 4

FAUT-IL RÉVÉLER OU NON LES SECRETS DITS DE TROISIÈME DEGRÉ?

ÉVALUATION DE LA DYNAMIQUE FAMILIALE

- Le secret entrave-t-il le processus d'autonomisation des membres de la famille et l'émergence de leur personnalité?
- Le secret instaure-t-il des modèles rigides de relations familiales, qui nuisent à une libre communication, en particulier dans l'expression des sentiments et des opinions?
- Le secret entraîne-t-il méfiance, tromperie et isolement au sein d'une même famille? Repose-t-il sur l'illusion, la tromperie ou la fuite, et cela sur une base quotidienne?
- Le secret va-t-il à l'encontre des besoins fondamentaux d'un ou de plusieurs membres de la famille?
- Le membre de la famille qui est tenu dans l'ignorance du secret serait-il particulièrement affecté s'il venait à l'apprendre par hasard ou par quelqu'un d'autre?
- Le secret instaure-t-il entre les personnes concernées des relations fermées de type triangulaire, dont le prix à payer serait la perte d'autonomie d'un des membres de la famille?
- Le secret instaure-t-il des relations de type binaire si rigides qu'elles laissent à l'écart les autres membres de la famille?
- Le secret oblige-t-il les membres de la famille qui en sont exclus (notamment les enfants) à s'évader dans d'étranges (voire bizarres) fantasmes concernant leur existence?
- Le secret existe-t-il depuis longtemps? Entrave-t-il le fonctionnement de la famille? Faut-il vraiment le dévoiler au grand jour?
- Le tort causé par la révélation du secret peut-il être plus grand pour certaines personnes que son maintien?

TABLEAU 10 – 5

QUELQUES POINTS DE REPÈRE POUR L'AFFRONTEMENT ET LA RÉVÉLATION DES SECRETS DE FAMILLE DITS DE TROISIÈME DEGRÉ

LORS DE L'AFFRONTEMENT :

- Choisissez la personne qui dirigera l'affrontement. Si l'un des deux parents connaît le secret en cause, il vaut mieux que l'autre parent joue ce rôle plutôt que l'un des enfants.
- Choisissez le moment et le lieu les plus favorables.
- Déterminez les gens qui seront présents à la confrontation. Règle générale : réunissez tous ceux qui subissent dans leur vie les conséquences du secret en cause.
- Les enfants seront admis s'ils ont l'âge raisonnable.
- Procédez lentement – et non par révélations éclair.
- Celui qui affronte le détenteur du secret a-t-il besoin de protection ? Le détenteur du secret a-t-il besoin de protection ?

LORS DE LA RÉVÉLATION :

- Si vous êtes celui qui révèle à la famille le ténébreux secret, de quelle protection avez-vous besoin ?
- Adressez-vous d'abord à la personne avec qui vous vous sentez particulièrement en confiance.
- Choisissez un moment qui laissera par la suite à la famille suffisamment de temps pour faire le point. Faire le point veut dire : pouvoir discuter, poser des questions et exprimer ses sentiments.
- Choisissez un lieu à l'abri des indiscrétions de ceux qui n'ont pas besoin de savoir (par exemple, les enfants).
- Si certains membres de la famille n'ont pu être présents, résumez par écrit la rencontre à leur intention. Soyez ouvert à toute discussion.

Deux secrets liés à l'avortement

Voici des exemples de secrets dits de troisième degré portant sur deux épisodes anciens d'avortement.

Alors qu'elle était en première année de collège, la petite amie de Bud tomba enceinte. Les deux jeunes gens décidèrent d'avoir recours à l'avortement. Par la suite, ils devaient mettre fin à leur relation.

Six ans plus tard, Bud épousa Sarah. Sarah est une militante farouche contre l'avortement, qui a manifesté à plusieurs reprises devant les cliniques d'avortement. Bud imagine l'horreur de sa femme si elle apprenait son implication passée dans un avortement. De plus, Bud croit que la décision d'avorter ne fut pas la bonne. Devrait-il avouer à sa femme un geste qu'il regrettait avoir commis ?

Si je me fie aux critères du tableau 10-4, je dirais que le secret de Bud n'engage que sa conscience et qu'il n'a pas besoin de le révéler. Bud croit qu'il a commis une erreur, sans être pour autant hanté par le passé. Il appuie maintenant son épouse dans son militantisme contre l'avortement. L'existence de ce secret ne nuit pas à l'amour et à la communication entre Bud et son épouse.

Dans la vie de tous les jours, Bud n'a pas besoin d'avoir recours à la simulation, à la tromperie ou au mensonge.

Ned, quant à lui, a eu recours à l'avortement au cours de sa dernière année d'études secondaires. Ned et son père conduisirent la jeune fille chez un médecin, dans une autre ville, et payèrent les frais d'avortement. Quand la mère de Ned apprit plus tard la chose, elle devint hystérique et blâma Ned et son père d'avoir agi ainsi. Ce genre de procès se répéta pendant les premières années de la vie d'adulte de Ned.

Ned épousa une femme aux convictions religieuses modérées, qui condamnait l'avortement. Ned vit dans la crainte que sa mère révèle un jour à sa femme l'épisode de l'avortement subi par son ex-petite amie.

Parallèlement, Ned défend de plus en plus ouvertement le droit des femmes à l'avortement. Ses prises de position sont à l'origine de bon nombre de disputes avec son épouse.

À cause de son secret, Ned évite de rendre visite à sa mère ou de l'inviter à la maison. L'épouse de Ned estime que les enfants devraient pouvoir rendre visite à leur grand-mère et le couple se dispute fréquemment à ce sujet.

De toute évidence, le secret de Ned met en péril l'intimité conjugale, et ce dysfonctionnement ne peut aller qu'en s'aggravant. Selon les critères énumérés dans le tableau 10-4, Ned doit avouer son secret.

Je recommandai à Ned de choisir un moment qui leur laisserait à tous deux le temps de discuter après l'aveu. Ned accepta de ne pas être sur la défensive et de laisser son épouse exprimer ses émotions.

Ned a révélé son secret simplement en consignant par écrit ce qui s'était passé, et en en faisant la lecture à sa femme. Il s'efforça de décrire son état d'esprit et ses sentiments à l'époque où sa petite amie et lui décidèrent d'avoir recours à l'avortement. Pendant la lecture du récit, Ned se mit à pleurer. Ses larmes le surprirent, car il n'avait jamais cherché à savoir quels étaient ses sentiments véritables par rapport à ce qui s'était passé.

Ned dit à son épouse qu'en toute franchise, et contrairement à ce qu'il avait déclaré publiquement, il ne pouvait approuver l'avortement. Il avoua qu'il aurait souhaité que cet épisode de sa vie n'eût jamais eu lieu.

La femme de Ned demeura silencieuse pendant quelques minutes. Puis, d'une voix douce et brisée par les larmes, elle lui avoua qu'elle avait avorté à l'âge de quinze ans. Ned était estomaqué. Il embrassa tendrement sa femme et ils restèrent blottis l'un contre l'autre pendant un long, très long moment.

Ces exemples illustrent bien le caractère relatif des secrets dits de troisième degré et montrent comment le même *contenu* peut établir un *processus* tout à fait différent dans les rapports interpersonnels. Voilà pourquoi il faut toujours tenir compte du processus établi au moment de décider si oui ou non il faut révéler un secret.

Les secrets impliquant des enfants

L'âge des enfants ainsi que l'impact des secrets sur leur existence sont des facteurs déterminants. Et c'est précisément ce qu'avait oublié de considérer le thérapeute qui m'avait conseillé de rentrer chez moi et d'avouer tous mes secrets.

Il n'est pas toujours facile de trancher. Les enfants qui adoptent *des comportements bizarres, qui les incitent à se blâmer ou à s'autodétruire*, nous fournissent une excellente raison de les faire participer à la révélation d'un secret. Pour compléter les pièces manquantes du puzzle, les enfants s'inventent souvent des histoires où ils sont les premiers responsables. Prenons le cas de Jay, qui fut invité un jour à ma série télévisée intitulée *Family Secrets* et diffusée sur les ondes de PBS.

Le père de Jay était un homme violent, qui souffrait de paranoïa. Il passait ses journées à la cave, derrière une lourde porte d'acier. Sous l'effet de la drogue, il se lançait dans de longues diatribes au cours desquelles il sortait ses pistolets et lançait des bordées d'injures à des ennemis imaginaires. Un jour, alors qu'il avait huit ans, Jay se cacha sous la table pour observer son père et, comme bien des enfants quand ils ne comprennent pas bien ce qui se passe, le petit garçon inventa une histoire bizarre. Jay crut que son père voulait le tuer.

Sa mère et sa grand-mère refusaient toujours de lui donner des explications sur la maladie mentale de son père. Après l'incident de la table, Jay passa plusieurs nuits sans dormir, à la suite de quoi on l'emmena chez un psychiatre, qui lui prescrivit un puissant somnifère. Jay débuta ainsi une longue période de dépendance à l'endroit de la drogue, qui devait se solder par une tentative de suicide.

Il est évident qu'on aurait dû expliquer à Jay que son père souffrait de troubles mentaux et qu'il consommait de la drogue, et il est évident aussi que cet enfant avait besoin d'une certaine protection pour pouvoir donner un sens à sa vie familiale chaotique.

Un autre exemple de secret impliquant un enfant pourrait supposer une coalition parent-enfant. (La mère et la fille refusent de dire au père et au reste de la famille que la jeune fille est enceinte et qu'elle s'apprête à subir un avortement.) Il faut révéler ce genre de secrets. Mais dans de telles situations, la plus grande prudence est de mise. Procédez lentement. Ce n'est peut-être pas le bon moment pour maman de parler à papa, alors que le reste de la famille vient en visite. *Réfléchissez* à la question et planifiez ce moment.

Une autre raison de révéler un secret est qu'il serait terrible pour la personne concernée de l'apprendre par hasard ou par quelqu'un d'autre.

Les secrets sur l'identité sont souvent révélés par les gens de l'extérieur de façon brusque ou désobligeante. Quand j'étais à l'école primaire, je me souviens d'une petite fille qui était l'objet d'humiliations parce qu'elle avait été adoptée par le frère aîné de sa meilleure amie. Cette dernière avait surpris une conversation entre son père et sa mère. La petite fille ne savait rien de tout cela.

Un autre point à considérer est le suivant : plus on a mis de soin à garder le secret et plus il a été gardé longtemps, plus il faut procéder lentement au moment de le révéler aux personnes concernées.

Si vous avez interrompu vos relations avec vos parents ou avec l'un de vos enfants, efforcez-vous d'abord de rétablir le contact avant de leur dire votre secret. Prenons le cas d'un enfant ou d'un parent gay ou lesbienne, qui a décidé d'avouer son secret à la famille, mais qui a toujours eu avec celle-ci des rapports très tendus. Avant de passer à l'aveu, il faudra sans doute prévoir quelques étapes préliminaires qui rétabliront le contact. Harriet Lerner croit qu'une famille homophobe mettra plus d'une génération à intégrer certains secrets concernant la présence en son sein de gays ou de lesbiennes. Secret ou non, un bon principe pour aborder toute relation familiale conflictuelle est de procéder par étapes et d'avancer lentement. Plus la rupture est profonde, plus les liens sont intenses. Quand nous n'avons pas résolu certains problèmes relationnels avec nos parents, nos frères et sœurs et nous-mêmes, il nous arrive parfois de vouloir résoudre le problème par la distance géographique.

LES SECRETS DITS DE QUATRIÈME DEGRÉ

Les secrets dits de quatrième degré sont des secrets personnels dont souffre au premier chef celui qui les détient. Ma crainte secrète d'être incapable de danser sur une musique autre que le bon vieux slow à deux temps a bloqué chez moi toute spontanéité et entravé ma liberté. J'envie les gens qui s'éclatent sur les pistes de danse. Je voudrais bien les y retrouver et danser comme eux. L'aveu de ce secret m'incitera peut-être à *faire* quelque chose pour remédier à la situation. Les secrets dits de quatrième degré ne viennent pas au quatrième rang uniquement parce qu'ils ont la caractéristique d'être personnels. Certains secrets personnels peuvent entrer dans la catégorie des secrets dits de premier degré (le meurtre), de deuxième degré (la dépendance) ou de troisième degré (les infidélités conjugales ou les maladies vénériennes). Les secrets dits de quatrième degré occupent le quatrième rang parce que leur détenteur est celui qui en souffre au premier chef.

Les ténébreux secrets dits de quatrième degré entravent la liberté individuelle. Ce n'est pas uniquement affaire de goût. La crainte du ridicule peut vous avoir empêché de pratiquer un sport. Si vous êtes obèse, la crainte des moqueries peut vous avoir tenu éloigné des plages et des piscines. Plusieurs de mes clients ont vu leur liberté et leur vie sociale considérablement réduites en raison de phobies secrètes ou d'accès de panique appréhendée. Certains ont vu leur vie se refermer sur elle-même à cause de leur agoraphobie.

Si vous portez en vous un secret dit de quatrième degré, il vaut la peine de penser à quelqu'un à qui vous pourriez le confier. Imaginez la réaction de cette personne ainsi que la vôtre, à l'idée de vous libérer de ce poids dans la poitrine. Les exercices de groupe qui suivent peuvent vous aider à passer aux aveux.

Les tentatives d'aveu

Demandez à chaque membre du groupe de consigner par écrit un secret dit de quatrième degré. Rappelez-leur qu'il s'agit d'un secret qui ne cause du tort qu'à celui qui le détient. J'ai connu un jour un homme qui mâchait sans arrêt du chewing-gum pour empêcher ses lèvres de trembler quand il parlait. C'était là une supercherie de peu de conséquence, mais qu'il devait payer par une perte de spontanéité et d'attention en raison de la quantité d'énergie déployée.

Demandez maintenant à chacun de plier le papier où il a écrit son secret et de le mettre dans un chapeau. Puis, mélangez les secrets, à la suite de quoi chacun tire un papier du chapeau.

Chacun procède à la lecture des secrets à tour de rôle. Après chaque lecture, les membres du groupe – y compris le détenteur du secret en question – font part de leur réaction. Le détenteur du secret a ainsi un avant-goût de la réaction des gens s'il leur dévoilait son secret. En règle générale, les réactions sont beaucoup moins négatives qu'il ne l'aurait cru.

Il va de soi que certains secrets dits de quatrième degré sont trop dangereux pour faire l'objet d'un jeu. L'aide d'un thérapeute sera peut-être nécessaire. Dans le tableau 10-6, je propose quelques points de repère pour révéler les secrets dits de quatrième degré.

Tableau 10 – 6

POUR RÉVÉLER LES SECRETS DITS DE QUATRIÈME DEGRÉ

LE PRIX À PAYER :

- Votre secret vous est préjudiciable, car il entrave votre liberté et vous interdit toute spontanéité.
- Votre secret mobilise votre énergie dans des entreprises de camouflage.
- Votre secret empêche votre entourage de vous connaître vraiment.
- Votre secret vous empêche d'être accepté tel que vous êtes.
- Votre secret vous empêche d'obtenir l'aide dont vous avez besoin.

INTERVENTIONS SUGGÉRÉES :

- Tournez-vous d'abord vers quelqu'un qui n'est pas de la famille et en qui vous avez confiance (thérapeute, psychologue, pasteur ou ami sûr). Obtenez de cette personne l'assurance de sa plus entière discrétion. Elle doit garder le secret.
- Quelle est votre réaction à l'idée qu'une personne connaît votre secret ?
- Si vous vous sentez suffisamment en confiance, prenez le risque d'en

parler à votre conjoint ou à un membre de la famille avec qui vous avez des affinités particulières.

- Une fois révélé, le secret vous paraîtra beaucoup moins effrayant.
- Si votre secret est lié à des accès de panique, à des craintes injustifiées ou à des phobies secrètes, assurez-vous de pouvoir obtenir le soutien d'une thérapie.

L'affrontement d'un secret dit de quatrième degré

Vous avez des raisons de penser qu'un être cher garde pour lui un secret dit de quatrième degré. Prenez le risque d'interroger cette personne sur l'attitude qui vous semble servir à camoufler son secret. Donnez-lui l'occasion d'en parler.

Par exemple, Ian, le petit ami de Judy, est un vétéran de la guerre du Viêt-nam. Chaque fois qu'elle lui demande de l'accompagner à une fête ou à une rencontre sociale, il refuse.

Un jour, Judy lui dit : « Ian, je me doute qu'au Viêt-nam tu as vécu des moments terribles. Je sais deux ou trois choses au sujet du PTSD, et à quel point la moindre excitation peut accroître l'anxiété et la peur. Nous nous fréquentons maintenant depuis dix-huit mois et tu as refusé de participer à toutes les rencontres sociales où je t'avais demandé de m'accompagner. Cela finit par affecter nos rapports. Je connais un groupe PTSD qui pourrait t'aider, si ta hantise des rencontres sociales a un lien quelconque avec le PTSD. Si tu décides d'y aller, je serai toujours à tes côtés. »

Deux semaines plus tard, Ian faisait partie du groupe.

CHAPITRE 11

POUR MAINTENIR LES LIENS AVEC VOTRE FAMILLE

Il faut parfois des années pour savoir comment rétablir les rapports avec une personne de la famille, mais il y va de notre intérêt, comme de celui des générations à venir, de pouvoir avancer lentement dans cette voie plutôt que dans celle d'une rupture plus marquée.
Harriet Goldhor Lerner, *The Dance of Intimacy*

J'appris que j'avais besoin d'aimer ma mère et mon père avec leurs défauts et leurs faiblesses humaines, et que dans une famille il n'est pas de crime qui ne puisse être pardonné.
Pat Conroy, *The Prince of Tides*

Plusieurs personnes croient que le prix à payer pour maintenir ses liens avec sa famille est de continuer à en subir les violences. Dans ce chapitre, je vous montrerai qu'il est possible de maintenir des liens avec sa famille *tout* en refusant d'en subir les violences. Toute violence est à proscrire.

Pour être honnête avec soi-même, il faut également renoncer à toute prétention à l'innocence. C'est pourquoi, au chapitre 9, nous nous sommes penchés sur nos propres zones d'ombre. Même si ma famille fut ce qu'on appelle une famille à problèmes, je dois être capable d'admettre ma propre mesquinerie, mes mensonges et mon égoïsme. Une fois que j'ai admis l'existence de mes propres ténébreux secrets et le mystère de mes propres zones d'ombre, il m'est beaucoup plus facile d'accepter l'ultime défection de ma famille et des individus qui la composent.

Je vous recommande d'appliquer tous vos efforts au rétablissement de frontières personnelles, de telle sorte que vous pourrez continuer de voir le reste de la famille, tout en n'étant pas en contact avec celui qui fut votre agresseur. N'oublions jamais que toute personne est d'abord un être humain, même quand elle se comporte de façon inhumaine et qu'elle nous semble déshumanisée. *Mais par la grâce de Dieu, il faut y aller.* Chacun a sa zone d'ombre, et sans être pour autant le détenteur d'un ténébreux secret dit de premier degré, je parierais qu'en y réfléchissant bien vous arriverez à trouver un membre de la famille que votre attitude aura profondément blessé! Pour paraphraser W.H. Auden, je dirais que nous devons « aimer notre famille tordue de tout notre cœur tordu ».

Nous devons autant que possible mettre de l'ordre dans nos ténébreux secrets de famille. Surmonter ces secrets nous aidera à nous séparer de notre famille. Mais paradoxalement, nous ne pouvons être vraiment séparés de notre famille qu'en maintenant nos liens avec elle.

Notre besoin impérieux d'appartenance explique en partie pourquoi il est si difficile de nous séparer de notre famille. Par ailleurs, les familles ayant rompu avec le modèle patriarcal/ matriarcal sont très peu nombreuses. Ce modèle encourage les individus à se conformer à l'esprit du groupe et rejette ceux qui font preuve d'une plus grande indépendance d'esprit, cherchent à penser par eux-mêmes et défendent passionnément des valeurs qui diffèrent de l'orientation familiale.

Les ténébreux secrets ont également pour effet, au nom de la loyauté, d'enfermer les individus d'une même famille dans les limites du système familial. Dans *The Prince of Tides*, Tom Wingo raconte comment sa mère obtint le silence des enfants sur les violences physiques que leur faisait subir leur père.

Ma mère nous interdit de dire à quiconque n'était pas de la famille que mon père nous frappait [...] Nous n'avions pas le

droit de critiquer mon père ou de nous plaindre de la façon dont
il nous traitait [...] Avant que mon frère Luke ait atteint l'âge
de dix ans, mon père le frappa trois fois jusqu'à lui faire perdre
connaissance.

Le genre de loyauté exigée des enfants Wingo est la règle dans les familles à problèmes. Nul ne peut s'en sortir tant qu'il demeure assujetti au système émotionnel familial.

Heureusement, la lecture d'un ouvrage de ce genre peut vous tendre une sorte de perche symbolique dans vos démarches pour gagner votre liberté.

LA SÉPARATION N'EST PAS UNE RUPTURE

L'éloignement physique ne veut pas dire pour autant qu'on est séparé du champ émotionnel de la famille. À ce propos règne la plus grande confusion. Plusieurs personnes croient qu'elles ont quitté leur famille si elles sont allées s'établir dans l'État voisin ou dans un autre pays. Ou encore elles croient qu'elles se sont affranchies du champ émotionnel de leur famille dès lors qu'elles n'ont plus de contact verbal ou d'échange avec quiconque.

Bien au contraire, la distance, l'absence de contact ou le refus d'échanger sont autant de façons de marquer une rupture émotionnelle, et la rupture émotionnelle signifie souvent une intensification exceptionnelle des sentiments. Dans une famille, les individus qui ont rompu entre eux tout lien émotionnel demeurent empêtrés dans le système émotionnel du noyau familial ! Harriet Goldhor Lerner écrit à ce sujet :

Marquer ses distances ou rompre tout lien émotionnel avec sa
famille entraîne toujours un compromis. Nous y gagnons
d'éviter l'inconfort inévitablement attaché à la fréquentation de
certains membres de notre famille. Le prix à payer est moins
tangible, mais il n'en est pas moins élevé.

Quel en est le coût ? Nous en payons le prix dans nos rapports avec autrui, en général dans nos rapports avec notre famille immédiate – conjoint et enfants. L'intensité que nous fuyons avec l'un des membres de la famille est reportée sur l'un des membres de notre famille immédiate – le plus souvent sur nos enfants. J'ai expliqué déjà que la rupture émotionnelle entre Donald Jamison et Doug, son fils, prenait sa source dans la douleur non assumée de Donald après que son père l'eut abandonné. Tout ce qui relève d'un excès d'anxiété ou d'émotivité par rapport à notre famille d'origine est reporté dans nos relations intimes ultérieures.

Les « sujets brûlants » de Lisa

Invitée dans le cadre de la série télévisée *Family Secrets*, sur les ondes de PBS, une femme appelée Lisa fit un récit très expressif qui montrait comment certaines questions demeurées latentes dans sa famille furent ravivées par la naissance de sa fille et reportées sur son mari.

Durant son enfance, Lisa fut agressée par un voisin et violée par ses deux grands-pères. Sa famille avait adopté la règle sévère du « on ne parle pas de ça », et de telles questions n'étaient jamais abordées. Celle du divorce de ses parents ne le fut pas davantage ; Lisa apprit la nouvelle le jour où son père quitta la maison.

Lisa apprit à ne pas montrer ses sentiments et se forgea ainsi une fausse personnalité dont la devise est « tout va bien ». Elle épousa un homme qui était le cadet de sa famille et avait besoin de se sentir dépendant. Leur couple semblait aller pour le mieux, et Lisa aimait être stimulée par son rôle de pivot.

Puis sa fille vint au monde. Lisa raconte : « La naissance de ma fille raviva des choses que je m'étais efforcée de dissimuler aux autres et à moi-même. »

L'innocence du nourrisson et sa totale dépendance physique libérèrent en Lisa un flot de sentiments demeurés latents. Lisa devint furieuse en pensant aux violences qu'elle avait subies. Elle constatait avec colère que ses propres besoins n'avaient pas été satisfaits et qu'elle était maintenant « coincée » dans une malsaine relation de dépendance avec son mari.

Lisa était particulièrement furieuse contre son mari. « Tout ce qu'il disait, tout ce qu'il faisait n'était jamais bien. Le pauvre homme n'avait aucune chance de paraître à son avantage. »

Lisa avait reporté sur son mari tous les épineux problèmes qui n'avaient pas été abordés dans son enfance. C'est là que réside le danger de traîner avec soi des problèmes non résolus du passé.

Irma et sa peur de se tromper

Irma vint me consulter en raison de son anxiété grandissante lors des « conversations à bâtons rompus » qui ont inévitablement lieu dans les cocktails. Son mari était dans l'immobilier et ses affaires obligeaient le couple à sortir et à voir beaucoup de gens. Irma dit que, lorsqu'elle commençait une conversation, elle était tellement paniquée à l'idée de *commettre une bévue* susceptible de compromettre les affaires de son mari qu'elle coupait court à toute conversation et invoquait n'importe quel prétexte pour se réfugier aux toilettes ou se replier vers le buffet. Ses craintes étaient parfaitement injustifiées, puisque son mari n'attendait d'elle aucune discussion professionnelle dans ce genre de rencontres.

De plus, Irma souffrait de frigidité, et les premières manifestations de son mal avaient coïncidé avec le jour où son mari lui avait fait part de son désir d'avoir un enfant. Irma avait vu un sexologue ; ce dernier l'avait amenée à fonctionner à peu près normalement et à mettre au monde un premier enfant, un garçon. Après la naissance de son fils, Irma redevint frigide pendant cinq mois, à la suite de quoi, sans raison apparente, sa sexualité fut de nouveau normale.

Un an et demi plus tard, elle eut un second enfant, une fille. Le problème de son attitude en public s'était manifesté peu de temps après la naissance de sa fille.

Le fait d'avoir vécu deux grossesses en deux ans et demi avait éloigné d'elle son mari, et Irma craignait qu'il ne soit infidèle. Il buvait beaucoup et était rarement à la maison. Elle avait peur de lui parler.

Nous traçâmes ensemble son génogramme, et je découvris un secret qui, à première vue, ne semblait pas avoir eu sur elle de graves conséquences. À l'âge de huit ans, Irma reçut de sa mère une confidence : un petit frère était mort en bas âge deux ans avant qu'elle naquît. Sa mère lui dit avoir commis une « terrible erreur », et sa famille l'avait emmenée à l'écart, le temps de mettre son enfant au monde. Après la naissance de l'enfant, la mère et l'enfant étaient retournés vivre à la campagne, chez un oncle et une tante. Trois mois plus tard, l'enfant mourait du « syndrome du nourrisson ».

Mais ce n'est que plus tard que j'appris les circonstances dans lesquelles Irma avait entendu parler de ce fait pour la première fois. Le jour précédent, Irma s'était mal comportée en classe, et le professeur avait envoyé à la mère un avertissement concernant sa fille. Voilà pourquoi sa mère avait cru bon de lui révéler son secret ! À la mort du bébé, elle avait eu le sentiment que Dieu l'avait punie de sa faute. Par la suite, elle avait fait la connaissance du père d'Irma, ils s'étaient mariés, et Dieu lui avait donné Irma pour être une *source de joie* ! Elle dit à Irma que sa mauvaise conduite en classe lui causait autant de peine que la mort de son frère. Elle dit aussi à Irma qu'elle ne devait raconter ce secret à personne, et surtout pas à son père, car son cœur n'était plus très bon et une « nouvelle pareille pouvait le tuer ».

Irma me raconta tout cela après que je lui eus fait prendre conscience de l'ambiguïté de son comportement : elle souriait tout le temps, même quand elle parlait de sujets douloureux. Connaissant son secret, je comprenais mieux maintenant ce sourire. La mère d'Irma avait fait peser une responsabilité énorme sur sa fille, dont la raison de vivre était de lui éviter désormais tout nouveau chagrin. Dès lors, Irma fut une petite fille « parfaite », qui ne dit à sa mère rien qui pût la bouleverser.

Réagissant comme tout enfant de son âge, Irma était dans la plus grande confusion quant aux confidences de sa mère. Son secret avait soulevé en elle un tas de questions. Qui était le père du petit frère ? Où le petit frère était-il enterré ? Quel était son nom ? Son père à elle connaissait-il cet homme ? Quand Irma voulut interroger sa mère, celle-ci lui répondit qu'il ne fallait plus jamais en parler.

Dans de telles situations, l'enfant s'invente des *fantasmes inconscients* et des mythes qui ne lui laisseront pas le repos tant qu'il n'aura pas obtenu de réponses à ses questions.

Quand son mari dit à Irma qu'il voulait un enfant, il raviva chez sa femme la peur que cet enfant connaisse le même sort que son petit frère. Irma devint donc frigide – ce qui était le moyen d'éviter de commettre « la grave erreur » commise par sa mère. Après la naissance de son fils, Irma demeura frigide le temps de s'assurer que l'enfant survivrait.

La naissance de sa fille raviva chez Irma un autre aspect de son secret. Sa crainte d'une bévue dans les cocktails était une façon d'extérioriser la peur inconsciente qu'elle avait, si elle se laissait aller, de commettre une erreur et de dire ce qu'il ne fallait pas dire, trahissant ainsi sa mère.

Cette histoire ne finit pas bien. Irma n'a jamais affronté sa mère à ce sujet et ses questions sont demeurées sans réponses. Le secret était comme une malédiction qui l'assujettissait à sa mère et l'obligeait à s'éloigner de son père et de son mari. Pour tout dire, ce secret l'a rendue tout à fait misérable.

La colère de James Jeder

Une dynamique semblable est à l'œuvre dans les problèmes qu'a connus James Jeder. Ce dernier fut élevé dans l'obligation de combler le vide dans la vie de sa mère et d'atténuer les séquelles laissées par les violences sexuelles qu'elle avait subies. Cette obligation a suscité en lui une rage accumulée. James a reporté cette colère dans ses relations avec les femmes. Sa première épouse se plaignait de ce qu'il était toujours en colère. Sa seconde épouse déclara : « Tout ce que je fais semble le mettre en colère. »

Chez James, le recours à la masturbation chronique avec

pornographie était aussi un geste de colère. James collectionnait les photos de femmes dans des positions indécentes et humiliantes. Tandis qu'il se masturbait devant ces images dépourvues de vie, il pouvait exercer sur ces femmes un contrôle absolu. Cette « objectivation » de la femme, qui semble sans conséquence, est en réalité un geste de colère rentrée. La colère était au cœur de la sexualité compulsive de James et la principale raison pour laquelle toute intimité sexuelle lui était refusée. James était marqué « au fer rouge » par le problème non résolu hérité de sa mère, et il brûla de la même manière bon nombre de jeunes femmes innocentes, y compris les « femmes en papier » de sa collection pornographique.

Les mises en garde traditionnelles des thérapeutes – « Ou vous surmontez un problème, ou vous le reportez sur quelqu'un », « Ou vous travaillez à résoudre vos problèmes, ou ils vous travaillent » – reposent sur la nécessité, pour l'individu qui veut marquer une saine distance avec sa famille, de maintenir avec elle des liens qui permettent de « travailler » à la résolution des problèmes en suspens. Il se peut qu'avec certains membres de la famille ces questions ne soient jamais ou ne puissent être entièrement résolues. Mais il est toujours possible de faire un pas dans cette direction.

Les efforts de James Jeder pour surmonter sa douleur initiale lui ont permis de prendre conscience de ses problèmes et de faire un travail de deuil sur son passé. James fut en mesure de divorcer symboliquement d'avec Heather, sa mère. Par la suite, il put avoir avec elle une saine relation. Son épouse, Karen, affirme que sa colère a disparu.

Même s'il est difficile à maintenir, le lien avec la famille est indispensable pour pouvoir participer profondément au présent, sans être contaminé par le passé.

COMMENT PRENDRE SES DISTANCES TOUT EN MAINTENANT LES LIENS

Nous devons prendre nos distances avec notre famille d'origine, tout en maintenant des liens avec celle-ci. Qu'est-ce que cela suppose en réalité ? Comment est-ce possible ?

C'est possible si nous nous sommes dotés d'une personnalité solide, à laquelle nous avons assigné des limites fermes mais souples, et que, sauf si nous nous exposons ainsi à retomber dans le piège de la violence, nous ne ménageons aucun effort, aussi angoissante et difficile que soit cette tâche, pour surmonter notre ressentiment et résoudre nos problèmes avec certaines personnes de la famille. Pour maintenir ces liens, il nous faut garder le moins possible de zones d'ombre dans nos rapports avec les autres membres de la famille, et faire un effort réel pour estimer ceux-ci à leur juste valeur, sans attentes démesurées sur ce que nous obtiendrons en retour.

Le questionnaire qui suit vous donnera une bonne idée de votre capacité à marquer vos distances tout en maintenant des liens avec votre famille.

Pour mesurer la force de votre personnalité

Réfléchissez à chacune des affirmations suivantes. Donnez-vous la note 4 si l'affirmation est *presque toujours vraie* en ce qui vous concerne ou en ce qui concerne votre comportement. Donnez-vous la note 3, si l'affirmation est *souvent vraie* en ce qui vous concerne ou en ce qui concerne votre comportement. Donnez-vous la note 2 si l'affirmation est *rarement vraie*, et la note 1 si l'affirmation est *toujours fausse*.

1. J'aime la solitude. J'aime passer de longs moments avec moi-même. _____

2. Même si j'ai choisi de vivre en couple, je n'ai pas l'impression de *devoir* vivre en couple pour être heureux. _____

3. Je suis à l'écoute de mes sentiments et je les exprime devant les membres de ma famille lorsque c'est nécessaire. _____

4. Je sais quels sont mes besoins et mes priorités, et je veille à les satisfaire. _____

5. Avant de faire un choix, je pense aux possibilités qui s'offrent à moi et aux conséquences de mon choix. _____

6. Il m'arrive d'être spontané, mais je ne cède pas à un mouvement impulsif. Je préfère répondre plutôt que réagir. _____

7. Dans mes rapports avec ma famille d'origine, j'ai fixé une limite à ne pas dépasser. _____

8. Mes actes correspondent à des convictions longuement mûries. _____

9. J'exprime mon opinion quand elle diffère de celle d'autrui. Je peux agir de même avec mon père et ma mère. _____

10. En cas de conflits avec certains membres de ma famille, je ne fuis pas ou ne cherche pas à rompre toute relation. _____

Ce test repose sur la définition que je donne d'une personnalité solide. Un fort sentiment de sa personnalité se manifeste par ailleurs sous plusieurs autres aspects. J'ai voulu souligner les plus importants.

Additionnez vos points. Si votre résultat se situe entre 35 et 40, cela signifie que votre évolution psychique a atteint un niveau encore jamais atteint! Les gens qui ont beaucoup travaillé sur eux-mêmes recueillent en général entre 25 et 35 points. Si vous avez entre 15 et 25 points, vous avez encore beaucoup de travail à faire. Si votre résultat est inférieur à 15, ou vous êtes très vulnérable, ou vous vous diminuez volontairement – à moins que ce ne soit les deux.

Examinons maintenant quelques cas de personnes qui ont

réussi à prendre leurs distances avec leur famille tout en maintenant leurs liens avec celle-ci.

Bob et son père

Bob reçoit un appel téléphonique de son père, catholique ultra-
pratiquant. Ce dernier demande à Bob s'il compte faire baptiser son
fils, maintenant âgé de quatre mois. Bob a été élevé dans la religion
catholique, ce qui ne l'empêche pas de remettre en question plusieurs aspects de la foi de son enfance, notamment le baptême des
nourrissons. Bob estime qu'un enfant doit avoir atteint l'âge de
raison pour pouvoir décider s'il veut faire partie ou non de la
religion catholique. Bob et son épouse ont donc décidé d'attendre
pour faire baptiser leur fils. Bob croyait pouvoir cacher la chose à
son père, mais, puisque ce dernier lui pose directement la question,
il décide de dire la vérité. Le père de Bob commence à lui faire un
sermon, qui dégénère vite en véritable scène. Bob dit à son père de
ne pas se mettre en colère, et celui-ci crie qu'il ne l'est pas. Bob
écoute son père parler pendant encore quelques minutes, puis le
prévient qu'il va raccrocher s'il ne change pas de ton. Son père re-
double de fureur et se lance dans un nouveau sermon sur l'obligation pour un fils d'honorer et de respecter ses parents. Bob
raccroche!

Deux jours plus tard, Bob téléphone à son père, qui refuse de
lui parler. Bob lui écrit alors une courte lettre, dans laquelle il expose calmement plusieurs points. Bob déclare que c'est sa responsabilité à lui, Bob, d'élever son enfant. Il ajoute qu'il admire son
père de ne lui avoir enseigné que ce en quoi il croyait profondément, et il voudrait en faire autant avec son fils. Bob répète que son
épouse et lui, après en avoir longuement discuté, ont décidé
d'attendre que leur fils soit assez vieux pour comprendre vraiment
la signification de son appartenance à l'Église catholique. Bob termine sa lettre en rappelant à son père à quel point est importante
sa présence dans sa vie et dans la vie de son fils, et en lui disant
qu'il l'aime.

Dans cet échange de points de vue, Bob a manifesté une personnalité solide. Il a fixé à son père une limite à ne pas dépasser dans ses rapports avec lui. Bob refuse de se laisser impressionner par ses cris. De plus, il a ses propres idées sur le sujet, et il est prêt à les défendre. Il fait part de ses convictions à son père sans détour. Quand son père devient enragé et violent, Bob met fin à la conversation, mais c'est lui qui le rappelle quelques jours plus tard. Quand son père refuse de lui parler (quand il veut rompre les ponts), Bob garde le contact en écrivant une lettre à son père. Il l'admire d'avoir eu certaines convictions profondes et de l'avoir élevé selon ces convictions. Bob affiche son désir de transmettre ses propres convictions à *son* fils et avec la même passion. Bob termine sa lettre en réitérant à son père l'importance de le savoir présent dans sa vie et dans celle de son fils, et lui dit son amour.

Tout en appréhendant l'affrontement, Bob reste sur ses positions, en espérant qu'il saura préserver son caractère privé à la question du baptême de son fils. Il ne dévie pas de sa route, exprime ses convictions et ses priorités, et respecte la limite qu'il s'est fixée dans ses rapports avec son père. Au cours de l'échange avec son père, Bob montre une personnalité solide, tout en montrant un respect sincère de la foi de son père, et son amour pour lui.

Bernice et sa mère

On peut également se démarquer du système émotionnel familial et montrer une personnalité solide en refusant de prendre part à des conversations qui ont pour effet d'instaurer des rapports triangulaires entre les personnes d'une même famille. En général, dans ce genre de conversations triangulaires, nous évitons d'aborder avec nos interlocuteurs diverses questions tacites et laissées sans réponses. En parlant des problèmes des autres, nous évitons d'aborder nos propres problèmes.

Voyons un peu ce que vit Bernice quand elle rend visite à sa mère. Bernice aime beaucoup sa vieille mère, qui se remet d'une récente maladie. Dès les premiers mots, la conversation suit un cours familier. La mère de Bernice commence à dire du mal de sa sœur, tante Mary. Comme d'habitude, il s'agit d'une critique en règle des faits et gestes de tante Mary au cours de ces dix derniers jours. Bernice laisse parler sa mère jusqu'à ce qu'elle marque une pause, en général pour reprendre son souffle, car la vieille dame parle très rapidement. Calmement, Bernice dit : « Je refuse de parler de tante Mary. C'est à toi que je veux parler, maman. Je veux te dire que j'apprécie ce que tu as fait et les bontés que tu as eues pour moi. Je te remercie particulièrement pour ton aide auprès des enfants. »

C'est alors que la mère de Bernice se met à parler du frère de Bernice, de ses enfants, de sa femme, et de la façon abominable dont *ils* élèvent leurs enfants ! Patiemment, Bernice attend que sa mère s'arrête pour reprendre son souffle ; elle lui dit qu'il vaudrait beaucoup mieux pour elle de dire franchement à sa bru ce qu'elle pense de ces choses. Suit un long silence. Bernice le rompt en disant : « Maman, quand je parle avec toi, je veux parler *de* toi, je veux savoir comment tu vas et je veux partager avec toi ce que je ressens. J'ignore encore beaucoup de choses à ton sujet et il y a certaines choses que je voudrais te dire. Je veux me sentir plus près de toi. » Embarrassée, sa mère fuit le regard de sa fille et répond : « C'est très bien, mais il faut maintenant que j'aille m'habiller. Cet après-midi, je vais avec Ruth dans les magasins. »

Ce que Bernice a fait, c'est que, pour la première fois dans sa vie, elle a refusé de se laisser enfermer par les propos de sa mère dans des rapports triangulaires avec les autres membres de sa famille. C'était là un rituel secret qui avait cours dans cette famille depuis longtemps. Bernice a défendu avec fermeté les limites de sa personnalité en refusant de suivre sa mère dans ses commérages et ses médisances sur sa tante ou sa belle-sœur. *Elle n'a pas fait de sermon à sa mère*, et elle a *respecté ses frontières*. Elle s'est maintenue fermement à l'intérieur de ses propres frontières. Sa mère a fui son désir de rapprochement. Bernice ne peut rien faire d'autre que d'afficher ses intentions aussi clairement que possible.

Une semaine plus tard, Bernice envoie un mot à sa mère pour la remercier d'avoir bien voulu l'écouter et dans lequel elle lui réitère son désir d'un rapprochement. Bernice termine sa lettre avec quelques bons mots à son égard.

Bernice a pris ses distances avec sa mère. Elle a clairement établi ses limites. En faisant suivre la manifestation de sa fermeté d'un mot gentil, Bernice envoie à sa mère le signal qu'elle veut garder le contact, parce qu'elle en a besoin.

L'affrontement de Bryan

À vingt-sept ans, Bryan travaillait dans le bureau d'avocats dirigé par son père. Un jour, en fouillant dans le bureau où son père lui avait demandé d'aller chercher certains documents, Bryan tomba sur une lettre qui portait cette signature : « Ton fils, Ralph ». Bryan fut atterré. Estomaqué, il avait le sentiment d'avoir été trahi. Il n'arrivait pas à croire que son père avait eu un autre fils et que *lui-même* avait un demi-frère. Une semaine plus tard, il téléphona à sa mère, qui avait divorcé de son père quand Bryan avait quinze ans. Sa mère s'était remariée et vivait dans une autre ville. Elle lui expliqua que son père avait eu un fils durant son service militaire. Une femme s'était retrouvée enceinte de lui et il s'apprêtait à l'épouser quand, sans préavis, il avait été chargé d'une mission outre-mer. À son retour, la femme avait disparu. Il ne savait pas alors si elle avait mené sa grossesse à terme. Douze ans plus tard, elle lui téléphona pour lui dire qu'elle avait besoin d'argent pour élever Ralph, son fils. Le père de Bryan leur rendit visite et reconnut l'enfant comme son fils.

Quand il vint me voir, Bryan venait d'apprendre la nouvelle et était encore sous le choc. Il voulait sans tarder confronter son père à ce qu'il venait d'apprendre, mais je lui suggérai de réfléchir d'abord à ce qu'il voulait faire. Bryan convia alors son père à une rencontre dans mon bureau, en lui disant qu'il avait des choses sérieuses à discuter avec lui. Son père accepta.

Bryan commença par rappeler tout ce qu'il aimait chez son père. Il insista sur certaines choses pour lesquelles il lui était particulièrement reconnaissant. Puis il dit : « Papa, tu ne m'as jamais dit que j'avais un demi-frère. J'ai appris par hasard l'existence de Ralph. J'ai été choqué et je me suis senti trahi. J'ai le droit de savoir ce qui concerne mon frère. Je suis porté à penser que tu me caches peut-être aussi autre chose, puisque tu ne m'as jamais parlé d'un sujet aussi important. La découverte de l'existence de mon frère m'a fait perdre toute confiance en toi. »

Pendant un moment, le père de Bryan demeura silencieux. Puis il expliqua qu'il avait cru sincèrement, quand Bryan était encore enfant, qu'il valait mieux pour lui qu'il ignore l'existence de Ralph. Avec les années, ce secret était devenu de plus en plus lourd à porter. Ralph, quant à lui, était devenu un alcoolique et une demi-épave.

Bryan regarda son père droit dans les yeux. « Papa, dit-il, Ralph est ton fils et il est mon frère. Je vois que tu fuis mon regard en me parlant et, sur ton visage, je peux lire de la honte et du remords. Je veux connaître mon frère, et je vais faire tout ce que je peux pour lui venir en aide. » De nouveau, le père de Bryan demeura silencieux. Bryan se leva et sortit de mon bureau. Son père me demanda mon avis. Je lui dis que je pensais que Bryan avait le droit de savoir ce qui concernait son frère.

Bryan prit contact avec Ralph. Il tenait son père au courant de l'évolution de la situation. Au cours de notre dernière rencontre à trois, Bryan dit à son père qu'il l'aimait beaucoup et qu'il avait besoin de lui pour venir en aide à Ralph. Son père accepta. Trois semaines plus tard, je reçus une carte où j'apprenais que Ralph séjournait dans une clinique de désintoxication du Minnesota. Par la suite, je n'entendis plus parler d'eux.

Bryan était pourvu d'une personnalité solide, qui lui permit d'exprimer son amour à son père sans escamoter la question de son frère. Tout en comprenant que son père avait cherché délibérément à le protéger, il avait compris qu'il cachait en lui un sentiment de honte et de culpabilité. Bryan ne blâma ni ne jugea son père, mais il ne lui cacha pas son sentiment d'avoir été trahi et son profond désir de rester en rapport avec son frère pour lui venir en aide.

À vrai dire, la force de sa personnalité a permis à Bryan d'aider son père à résoudre une question qui le hantait depuis des années. Je ne doute pas une seconde que le fait d'unir leurs efforts pour venir en aide à Ralph a rétabli le lien de confiance entre Bryan et son père.

Renoncer à vouloir tout contrôler

Pour finir, je donnerai un exemple tiré de ma propre vie. Mon ténébreux secret était lié à la non-satisfaction de mes besoins narcissiques. Très vite, je compris que je gagnerais l'amour et l'admiration de ma famille en soulageant la douleur d'autrui. Au départ, mon désir de tout contrôler me causait le plus grand bien. Il me permettait de me sentir maître du jeu dans la plupart des situations, et j'aimais régler les problèmes des gens. Je donnai plusieurs fois mon avis sans qu'on me le demande, et dans ma famille élargie on disait souvent que je voulais « tout régenter ». J'étais si aveuglé sur moi-même que je mis ces commentaires sur le compte de la jalousie. Je pris aussi l'habitude de cesser tout rapport avec les gens que j'avais voulu aider et qui n'avaient pas suivi mes conseils.

Peu à peu, je compris que mon désir de tout contrôler pouvait donner l'impression que je dominais la situation, mais qu'en réalité j'avais vraiment besoin d'aide. J'appris aussi – à mon grand désespoir – que, plus je contrôlais tout, moins la personne à qui je voulais venir en aide était en mesure de se prendre en main. Je pouvais certes faire de mon désir de tout contrôler un dérivatif à ma douleur et au sentiment de vide dans ma vie, mais en réalité je n'aidais personne.

Petit à petit, j'appris à ne plus offrir mon aide quand personne ne la réclamait et à ne plus vouloir régler les problèmes de la famille. Au lieu d'essayer d'avoir « réponse à tout », je montrai aux membres de ma famille à quel point j'étais profondément vulnérable. Si on me demandait de l'aide, je faisais ce que je pouvais, mais je n'essayais pas d'en faire plus que ce qui m'était demandé. Quand *vraiment* je ne savais pas quoi faire, je le disais. Je ne concevais pas des solutions qui avaient l'air bonnes mais qui ne reposaient pas sur ma propre expérience. Honnêtement, je m'efforçais de reconnaître que j'avais mes propres problèmes, dont certains que j'étais incapable de résoudre.

Le résultat est que j'avais davantage conscience de ma personnalité, et que mes rapports avec autrui furent facilités d'autant. Je n'ai plus l'impression tenace de n'être jamais payé de retour pour tout ce que je donne aux autres. Et je sais que, si les problèmes d'autrui m'obsèdent tant, c'est que j'ai d'abord besoin d'affronter les miens.

J'espère que ces quelques exemples, joints aux propositions du questionnaire, vous auront donné une idée assez juste de ce que signifie avoir une personnalité solide. Résumons-nous en disant que vous avez une personnalité solide quand vous pouvez :

- Exprimer votre désaccord avec votre père tout en demeurant calme.
- Refuser d'accompagner votre mère à l'église juste pour lui faire plaisir.
- Vous fixer, dans vos rapports avec autrui, une limite à ne pas dépasser et qui vous interdira, par exemple, d'entreprendre une conversation avec votre mère alcoolique quand elle est ivre.
- Dire à votre frère ou à votre sœur que vous ne trouvez rien de drôle à leurs blagues racistes ou à leurs plaisanteries sur les gays et les lesbiennes.
- Vous disputer avec votre épouse, et continuer néanmoins à communiquer avec elle. Rester en communication veut dire accepter de négocier pour trouver ensemble un compromis. Rester en communication suppose aussi le *refus de fuir*, que ce soit en quittant physiquement les lieux, en évitant tout dialogue, en se réfugiant dans la drogue qui change la perception de la réalité, en s'étourdissant par des émissions de télé, ou en discutant de toutes sortes d'autres sujets que celui qu'il faudrait aborder.
- Adopter un ensemble de valeurs et de convictions sur lesquelles régler votre vie.

Vous maintenez les liens avec votre famille quand :

- Vous abonnez votre père à une revue qu'il apprécie, même s'il vous a reproché d'avoir tourné le dos à la religion familiale.
- Pour Pâques, vous offrez à votre mère un nouveau missel.
- Vous téléphonez à votre mère, les jours où vous savez qu'elle n'a pas bu, pour lui dire que vous l'aimez.
- Vous envoyez à votre frère ou à votre sœur une carte humoristique où vous écrivez que vous les aimez et que *vous aussi* vous pouvez avoir le sens de l'humour.
- Vous faites parvenir à votre épouse, vingt-quatre heures après une dispute, une gerbe de ses fleurs préférées avec un mot où vous lui dites que vous l'aimez.
- Vous vivez le plus possible selon vos convictions et vos valeurs, sans essayer de convertir le reste de la famille. Dites-leur que vous respectez sincèrement leurs valeurs, même si vous ne les partagez pas.

La meilleure leçon sur la façon de marquer ses distances avec la famille tout en maintenant des liens avec celle-ci, je l'ai probablement reçue d'une femme avec qui je fus invité à participer à une émission de télévision au New Jersey. L'émission portait sur l'inceste, et j'étais censé être l'expert invité. Cette femme avait eu des relations incestueuses avec son père et sa mère pendant les treize premières années de sa vie, avec le résultat qu'elle avait dû suivre thérapie sur thérapie pendant plus de seize ans. À un moment donné de l'émission, cette femme parla des rapports qu'elle entretenait actuellement avec ses parents. Visiblement choqué, l'animateur de l'émission l'interrompit et lui demanda *pourquoi*, juste ciel! elle entretenait encore des rapports avec ses parents. La femme répondit clairement et avec une certaine douceur dans la voix : « Je n'ai pas d'autre père ni d'autre mère. Il est donc important que je m'efforce d'améliorer nos relations. » Ses parents, qui avaient suivi une thérapie de leur côté, s'efforçaient eux aussi de s'améliorer et d'entretenir avec leur fille une relation décente.

TOUTE FORME DE VIOLENCE EST À PROSCRIRE

Que l'on ne se méprenne pas sur mes propos. Maintenir les liens avec votre famille ne veut absolument pas dire qu'il vous faut continuer de subir ses violences. Dans les exemples que j'ai donnés, les gens, parce qu'ils étaient pourvus d'une personnalité solide, ont fixé certaines limites à ne pas dépasser. Si l'un des membres de votre famille consomme avec excès de la drogue ou de l'alcool, le fait de maintenir vos liens avec cette personne ne veut pas dire que vous devrez subir les conséquences néfastes de son ténébreux secret. Dans ce cas-ci, une façon de fixer la limite à ne pas dépasser et de montrer que l'on refuse d'être complice d'un ténébreux secret est de dire sans détour à cette personne que vous refusez d'être avec elle ou de lui parler quand elle a consommé de ces substances. Une façon de maintenir vos liens avec cette personne est de lui téléphoner ou de lui écrire un mot d'affection quand vous pouvez être raisonnablement sûr qu'elle est sobre.

QUELQUES RÉCOMPENSES INATTENDUES

Après avoir ainsi exploré à fond les secrets de votre famille, j'espère que vous avez compris ce qui est à l'origine de certains comportements qui vous ont troublé dans le passé. J'espère que vous avez découvert l'existence de certains secrets qui peuvent être révélés, et je souhaite que leur dévoilement vous libère de la honte et vous offre la possibilité de choix réels.

Pour ma part, la quête de mon être profond m'aura donné quelques belles récompenses, que je voudrais partager avec vous.

Quand j'étais enfant, mon grand-père était mon modèle masculin. C'était un homme gentil et chaleureux, que j'aimais et admirais. Ma famille le voyait comme un saint et l'avait placé sur un piédestal. Il avait une conception du travail très stricte. Il croyait que tout travail honnête et consciencieux était obligatoirement couronné de succès. Entré à l'emploi de la Société des chemins de fer du Pacifique Sud comme garçon de courses, il était devenu, cinquante ans plus tard, l'un de ses dirigeants. Sa famille voyait en lui un modèle de réussite financière.

À vrai dire, il n'était jamais venu à l'idée de mon grand-père de chercher un travail qui offrirait un plus grand potentiel. Sa devise était la suivante : « Il faut se contenter de ce que Dieu nous a donné. »

Ce fils d'une famille nombreuse ayant survécu à la Grande Dépression avait de bonnes raisons de penser ainsi. Mais il envoyait un message, « quand on a un emploi, on ne le lâche pas », où entrait une part de non-dit et de secret. Ce message contenait la crainte quasi paranoïaque qui avait dominé ma famille depuis plusieurs générations. Cette crainte à l'état brut se révélait un redoutable secret de famille. Mon grand-père était trop timoré pour prendre des risques, et il était à mes yeux un modèle de succès. Sa position de « saint » le rendait inattaquable.

Ce qu'il m'a enseigné me fut fort utile, mais freina aussi mes élans. Il m'apprit à épargner de l'argent, à ne pas avoir de dettes et à travailler fort. Aussi longtemps que je demeurai assujetti au système émotionnel de ma famille, je me contentai de peu. Je restais là où j'étais, ne réclamant pas de promotion, heureux d'avoir simplement du travail. Il me fallut subir deux congédiements pour me sortir de cette obsession familiale.

Ayant rompu avec ma famille sur le plan émotionnel, j'ai remis en question la crainte secrète et néfaste qui alimentait sa conception du travail. Je me mis en quête de nouvelles perspectives et d'une plus grande réussite financière. Je changeai plusieurs fois d'emploi. Je suis allé bien au-delà de ce que mon grand-père aurait appelé la réussite financière.

Il m'a fallu prendre conscience du message caché que m'envoyait mon grand-père. J'ai dû y *réfléchir* et envisager ses propos à la lumière de sa propre histoire. Par la suite, j'ai pu faire mes propres choix. Ma vie aurait été bien différente si je n'avais pas su prendre mes distances avec son message secret.

Loin de moi l'idée de penser que je suis plus heureux parce que je gagne plus d'argent que mon grand-père. Mon bonheur vient avant tout d'une nouvelle définition de l'individu, selon laquelle la valeur personnelle tient à ce qu'honnêtement on souhaite et peut faire. La joie qui est la mienne dans ma vie actuelle tient aux risques féconds que j'ai pris dès que j'ai cru en moi. Mon grand-père m'aimait et croyait en moi. Le fait a certainement compté pour beaucoup.

Je ne le méprise pas d'avoir eu ses craintes. Mon grand-père était soumis à l'endoctrinement hérité des craintes et de l'insécurité de *sa* famille à lui. Il a su dépasser les limites assignées par les craintes de cette dernière, et j'ai su dépasser les limites assignées par ses craintes à lui. Je crois que c'est là ce que nous devons faire. Et je crois que mon grand-père serait très fier de moi.

J'espère que vous avez découvert l'existence de quelque richesse inespérée au sein de votre famille. Que cela nous plaise ou non, certains de nos ténébreux secrets ne sont pas la seule origine de nos complexes, de notre façon de répéter l'histoire vécue par nos parents et de nos particularités. Ils sont aussi à l'origine de nos dons et de notre force. Malgré tous ses ténébreux secrets, notre famille demeure le fondement de notre vie et, comme le disait Thomas Moore, « la principale demeure de notre âme ».

Ayant déchiffré ses ténébreux secrets, nous voilà libres de nous sentir solidaires de notre famille avec un sentiment renouvelé de liberté et d'amour.

Exercice de récompense

Dressez la liste de cinq comportements positifs hérités de votre famille. Par exemple, la force de caractère, de bonnes habitudes, certains moyens d'adaptation appris à son contact ou l'influence positive exercée par quelqu'un dans votre vie. Soyez aussi précis que possible sur la façon dont ces comportements vous ont été utiles.

LE PARDON

J'estime le pardon essentiel au bonheur complet de l'homme. Le pardon s'adresse aussi bien à vous-même qu'aux membres de votre famille élargie.

Le pardon est un excellent moyen d'acquérir une personnalité solide. Il nous libère de l'interminable spirale du ressentiment à l'égard de nos parents et de l'esclavage qu'ils nous ont fait subir.

Fritz Perls, le père du gestaltisme, a écrit que nous demeurerons toujours des enfants si nous n'arrivons pas à vaincre notre ressentiment ! Nous demeurerons des enfants coincés, démunis et dépendants, incapables de se séparer de leurs parents. L'énergie obsessivement déployée dans les manifestations de notre ressentiment fait de nous des esclaves du passé et nous empêche de participer pleinement au présent.

Le pardon soulage celui qui pardonne. Quand vous avez pardonné, l'énergie jusqu'alors employée au ressentiment peut être utilisée de manière créatrice. Littéralement, *pardonner* veut dire « remettre à quelqu'un ».

Si vous avez été victime d'un ténébreux secret dit de premier degré, je ne suis pas en train de vous dire de fermer les yeux sur ce qu'on vous a fait. Je ne suis pas non plus en train de vous dire de consacrer du temps au membre de votre famille qui a exercé ses violences contre vous. Et surtout, il n'est pas question de prendre le risque d'être à nouveau agressé. Une carte de souhaits, une lettre, un coup de fil vous permettront de rester en contact avec cette personne si vous ne voulez pas la revoir. Le pardon n'excuse pas son comportement. Il vous libère simplement de l'emprise que cette personne exerçait sur vous.

Si vous avez du mal à pardonner, vous voudrez peut-être considérer ce qui suit.

Certaines formes de violence sont plus dommageables que d'autres – il s'agit des violences sexuelles et physiques qui laissent de profondes cicatrices émotionnelles. Quand les violences sont répétées, les effets en sont généralement plus dévastateurs que lorsqu'elles se sont produites à une seule occasion. Le genre de violences et leur durée sont deux facteurs importants pour évaluer le temps que vous mettrez à surmonter votre blessure et votre chagrin. Dans de tels cas, il faut souvent plus de temps pour pouvoir pardonner.

Pour ma part, cela m'a beaucoup aidé à me rendre compte qu'il est impossible d'arriver à comprendre tout à fait quelqu'un d'autre. En adoptant une approche globale et spirituelle de la violence familiale, je suis obligé de considérer aussi mon ombre. Combien de personnes ai-je moi-même blessées ? Si je peux reconnaître en toute conscience ma part de responsabilité dans la douleur d'autrui (notamment, dans celle de mes propres enfants), je peux rompre avec ma propre envie d'être victimisé et ma tendance à condamner mes parents.

Je me souviens d'un moment déterminant de ma thérapie. J'étais encore une fois en train de raconter que mon père m'avait abandonné, que nous avions dû habiter chez des parents, et que nous avions déménagé dix fois en quatorze ans. Mon thérapeute m'interrompit au milieu de l'histoire. Il me regarda droit dans les yeux et me dit : « À partir de maintenant et jusqu'à votre prochaine visite, je veux que vous vous répétiez : "Mes souffrances sont très banales." » Cette requête me parut bien étrange, mais je lui dis que je le ferais.

Ma colère commença à se manifester quand je sortis de son bureau. Que voulait-il dire par là – mes souffrances sont très banales ? J'étais quasi orphelin de père – et mon père n'a jamais payé un sou pour subvenir à mes besoins ! Je ruminai ces pensées, réprimant des cris de rage à l'endroit de mon thérapeute, que je me jurai de ne plus revoir. Ma colère dura plusieurs jours. Peu à peu, j'en vins à comprendre que j'étais profondément attaché à mon statut de victime. Celui-ci était devenu partie intégrante de mon identité.

Puis, je me souvins de ce que j'avais vécu lorsque nous en étions à l'étape du troisième carreau dans la fenêtre de Johari. Le thérapeute présent dans le groupe m'avait fait remarquer le ton « suppliant » de ma voix, presque « désespéré », quand j'avais raconté aux gens l'abandon et les violences dont j'avais été victime dans mon enfance. Comme si je les suppliais de reconnaître à quel point j'avais souffert! Était-ce là une façon de me protéger contre ce que les gens attendaient de moi? Car à celui qui a enduré tout ce que j'ai enduré, on pouvait bien, n'est-ce pas, pardonner ses fautes et ses erreurs. Je compris peu à peu que mon statut de victime était aussi une façon de me faire accepter. Il était devenu une sorte de grandeur que je me conférais rétrospectivement. De tout le groupe, j'étais celui qui avait le plus souffert. J'étais quelqu'un de *spécial*.

Plus tard, mon thérapeute me fit comprendre qu'en donnant à ma souffrance un caractère « spécial » et en y tenant mordicus, je croyais m'éviter le nécessaire travail de deuil qui conduit au pardon. Ce théologien, qui avait appartenu à l'ordre des Dominicains, me rappela que la plupart des théologiens et des philosophes considéraient la souffrance comme un *fait* et l'un des mystères de la vie humaine. Chez l'homme, la souffrance est une chose aussi naturelle que le plaisir et la joie. Et ainsi que Job l'avait appris dans la Bible, nulle consolation ne peut être objectivement apportée à la souffrance. « Tout ce que vous pouvez faire, me dit-il, c'est accepter votre souffrance, faire le travail de deuil, pardonner à celui qui vous a fait du mal et aller de l'avant. » Cela peut prendre du temps, mais l'important est d'y arriver. Vous servir de votre statut de victime pour vous donner une « identité spéciale » ne peut que vous empêcher d'éprouver *réellement* la douleur et le vide que vous portez en vous. Chercher un dérivatif à votre souffrance ne peut que vous empêcher de la surmonter. Or vous devez avoir fait ce travail de deuil pour pouvoir pardonner.

Mes ténébreux secrets font partie de mon destin spirituel. Ils m'ont obligé à creuser plus profondément mon histoire. Je souhaite que les vôtres aient eu sur vous le même effet. La vie est profondément ambiguë. Le fait d'accepter que mon destin dépende des ténébreux secrets de ma famille vient atténuer la rigidité morale d'une conception du tout ou rien. J'apprends à accepter l'imperfection de la nature humaine. Je suis davantage en mesure d'apprécier la complexité et l'ambiguïté de ma famille.

J'ai dit un peu plus tôt que nous ne portons pas uniquement en nous les ténébreux secrets de nos parents, mais aussi leurs désirs inconscients et leurs rêves les plus nobles. James Jeder doit en partie son amour de la littérature anglaise à sa grand-mère, qui lui faisait la lecture avant d'aller dormir. Ses recueils de poésie contiennent à la fois les rêves de sa mère, de sa grand-mère et de son arrière-grand-mère!

James a également appris beaucoup de choses de Donald Jamison, son grand-père. Il fut un homme d'affaires astucieux et put acquérir de nombreux biens, ce qui est peu commun chez un intellectuel.

James se réconcilia avec Shane, son père, dix ans avant la mort de ce dernier. James passa plusieurs séances à discuter avec moi de l'existence plutôt tragique qu'avait menée son père. Je me souviens d'une fois, où il pleura abondamment au souvenir de son père qui s'était plusieurs fois inscrit à des cours par correspondance afin de parfaire son éducation. James sentait que son père avait caressé plusieurs rêves qu'il n'avait jamais pu réaliser. Son plus récent recueil de poèmes lui est dédicacé, avec amour.

ÉPILOGUE

L'une des définitions que donne le dictionnaire du mot *secret* est la suivante : « chose qui reste à découvrir ». De ce point de vue, le silence est au cœur de l'éloquence.

Nous ne connaîtrons jamais tout le potentiel de notre âme. En ce qui la concerne, nous aurons toujours quelque chose à apprendre ou à définir. Votre âme est tout à fait unique et inimitable. Nul n'a existé auparavant qui était comme vous, et nul n'existera par la suite. J'ai surmonté certaines choses que j'ignorais pouvoir surmonter. J'ai pu découvrir en moi une force insoupçonnée. J'ai dévoilé certains ténébreux secrets de famille et je les ai transformés de manière positive. Et je suis sûr que vous en avez fait autant.

Nous avons tous accès à une force et à une réalité plus profondes que j'appelle l'âme. L'âme est la source mystérieuse à l'origine de bon nombre de nos réalisations, ainsi que le terreau de notre imagination. Notre âme étouffe lorsque nous perdons le contact avec notre imagination. Voilà pourquoi le proverbe « Ce que vous ne savez pas ne peut vous faire de mal » est particulièrement contre-indiqué. En tuant la curiosité, qui nourrit l'imagination, il détruit notre liberté et notre créativité.

Mais l'âme demeure. Je ne connais pas de plus grand miracle que celui qui consiste à travailler avec quelqu'un, à l'aider à assumer sa douleur, puis à observer l'émergence de ses ressources et de ses talents enfouis. Une fois que cette personne se sent suffisamment en confiance et laisse tomber ses défenses, le pouvoir de son âme peut se révéler.

Au début de cet ouvrage, je vous ai invité à savoir tout remettre en question pour vous mettre dans l'esprit du débutant. Maintenant que nous approchons de la fin, je vous rappelle que le temps est venu de savoir quand ne pas tout remettre en question. Tout comme la vie elle-même, nous ne pourrons jamais connaître entièrement notre famille. Il faut l'accepter comme un des mystères de la vie.

APPENDICE

LES PARADOXES
DE LA MÉMOIRE

La mémoire est nécessaire à notre vie personnelle et à notre vie en société [...] et afin de pouvoir l'utiliser et de préserver son importance, nous devons admettre ses limites et nous en protéger.

Walter Reich

C'était en novembre 1989. Une femme téléphona à la police et raconta que son père avait tué sa meilleure amie. La femme s'appelait Eileen Franklin Lipsker ; sa meilleure amie s'appelait Susan Nason.

Eileen raconta qu'elle était debout, dans la forêt, au milieu d'une clairière, non loin de l'endroit où Susan était assise, quand elle la vit tourner la tête – Susan était rousse – et la chercher des yeux. Elle dit que les yeux bleu clair de Susan étaient comme une supplication. Puis elle vit une forme bouger près de Susan et elle reconnut la silhouette de son père, George Franklin, qui se découpait dans le soleil. Il avait levé les deux mains au-dessus de la tête. Il tenait une grosse pierre. Il se campa sur ses pieds, puis assomma Susan à coups de pierre. Eileen vit Susan essayer d'arrêter le coup en levant la main droite. Eileen entendit un bruit mouillé, comme un bâton de baseball qui écrase un œuf. Un autre bruit, puis elle vit la tête de Susan couverte de sang, une partie du cuir chevelu détachée du crâne, son visage couvert de sang, sa main écrasée.

Eileen dit à la police qu'elle se sentait profondément responsable de la mort de Susan. Elle raconta que son père et elle avaient croisé Susan peu de temps cet après-midi-là ; Susan était seule et c'est elle – Eileen – qui l'avait convaincue de venir avec eux en promenade. Son père les conduisit à l'extérieur de la ville, et viola Susan, avant de la tuer. Puis il menaça de tuer Eileen à son tour si elle racontait à qui que ce soit ce qu'elle avait vu.

Eileen raconta aussi qu'elle avait dû subir les violences sexuelles de son père lorsqu'elle était enfant, et qu'une fois il l'avait même immobilisée au sol pendant que l'un de ses amis la violait. Elle avait appris à ne pas parler de ce que son père lui avait fait subir. Elle ajouta qu'elle l'aimait beaucoup.

Dans ce dossier, il y a un autre élément essentiel : Eileen Franklin Lipsker avait huit ans quand son amie Susan fut assassinée. C'était en 1969. *Vingt ans s'écoulèrent avant qu'Eileen ne rapportât le crime !* Elle prétendit qu'elle avait tout oublié jusqu'à un certain jour déterminant de janvier 1989. Comment était-ce possible ? Si Eileen avait tout oublié dans les moindres détails, comment pouvait-elle tout se rappeler, dans les moindres détails ?

Ces questions sont au cœur du débat sur la nature de la mémoire qui fait rage en ce moment. Tous les souvenirs sont-ils crédibles ? Les souvenirs peuvent-ils être refoulés pendant des années et, si oui, comment savoir avec quelle précision ils refont surface ? Les faux souvenirs existent-ils, et peut-on conditionner une personne à se les approprier ? Que savons-nous au juste de la mémoire ? Existe-t-il, cliniquement parlant, une chose telle que le « syndrome du faux souvenir » ?

En ce qui concerne Eileen Franklin Lipsker, le jury a cru à l'existence de souvenirs refoulés. En 1990, le père d'Eileen, George Franklin, fut condamné à la prison à perpétuité pour meurtre au premier degré. En 1993, la Cour d'appel de Californie maintint ce verdict, et la Cour suprême de Californie refusa à George Franklin le droit d'aller en appel.

La question de savoir si les souvenirs refoulés sont vrais ou faux ne pose pas uniquement un épineux problème d'ordre juridique, mais aussi d'ordre clinique. Récemment, dans une autre cause, le jury ordonna de verser 500 000 $ à titre de dédommagement à un père de famille, que sa fille, sous l'influence indue d'un psychothérapeute, avait accusé rétrospectivement d'outrage sexuel. Dans cette cause, le jury estima que le thérapeute était responsable des « affabulations » de sa cliente.

LE SYNDROME DU FAUX SOUVENIR

L'« affabulation » consiste à remplacer les faits par des fantasmes. La plupart des gens qui sont accusés d'affabulation sont des femmes, et leurs souvenirs concernent l'inceste. En mars 1992 fut mis sur pied un groupe de défense appelé la Fondation contre le syndrome du faux souvenir (la FSFS). Selon les dernières compilations, cette fondation réunit environ quatre mille familles qui déclarent avoir été accusées à tort de violence sexuelle sur leurs enfants. En raison de ces accusations, plusieurs parents ont cessé toute relation avec leurs enfants ou leurs petits-enfants qui les poursuivent en justice. De plus, quand les poursuites deviennent publiques, les parents subissent l'ostracisme de leur milieu. Certains ont dû se lancer dans des batailles juridiques contre leurs enfants qui les avaient poursuivis devant les tribunaux. Des femmes, qui avaient cru qu'elles étaient victimes d'inceste, ont joint les rangs de la Fondation – où elles déclarent maintenant que leur thérapeute les a directement mises sur la piste de souvenirs de violence sexuelle. La découverte de ces souvenirs précipitait la confrontation avec l'assaillant présumé (le plus souvent le père), à la suite de quoi les liens étaient rompus avec la famille, non sans une très grande souffrance psychologique.

Dans le débat qui fait rage en ce moment, l'ensemble de la profession soutient que les cas de thérapeutes qui dirigent leurs clients dans la voie de l'inceste sont des cas isolés et que la majorité d'entre eux se sentent investis d'une énorme responsabilité sur ces questions délicates que sont les souvenirs d'inceste refoulés. Les thérapeutes s'inquiètent du fait que la FSFS a lancé une campagne de réaction dans le grand public qui ne repose que sur des rapports anecdotiques, non vérifiés et qui n'ont jamais fait l'objet d'enquêtes en toute bonne foi. La Fondation se donne entre autres tâches, de vulgariser les connaissances scientifiques sur les faux souvenirs, mais jusqu'à présent personne n'a fourni de preuves irréfutables de l'existence clinique du *syndrome* du faux souvenir. La réaction du public est toutefois si virulente qu'elle place les thérapeutes dans une sorte de dilemme.

Les thérapeutes se sentent pris au piège. Parfois, leurs patients manifestent un comportement symptomatique qui les oblige à évoquer avec eux la possibilité d'anciennes violences sexuelles ; ne pas poser la question dans ce genre de situations va à l'encontre des intérêts du client.

Dans son édition de septembre/octobre 1993, le magazine *The Family Therapy Networker*, sous la plume de Mary Sykes Wylie, son éditrice en chef, a brillamment résumé la question.

Au cœur de la controverse se trouvent les trois éléments suivants qui concernent le sujet du livre que vous lisez en ce moment, ainsi que celui des ténébreux secrets : le pouvoir de la suggestibilité, la nature de la mémoire et la différence entre les souvenirs traumatisants et les souvenirs ordinaires.

LE POUVOIR DE LA SUGGESTIBILITÉ

Michael Yapko, psychologue clinique travaillant à San Diego, a mené une enquête auprès d'un millier de thérapeutes. Yapko en conclut qu'un certain nombre d'entre eux – « un trop grand nombre » (dit-il, sans préciser lequel) – sont mal informés quant aux aspects fondamentaux du rôle joué dans le traitement par la suggestibilité et la mémoire.

Plusieurs adultes, qui n'ont pas réussi à s'affranchir de leur besoin de dépendance en raison des violences subies dans l'enfance, en particulier durant les toutes premières années de la vie, ont tendance à *recevoir comme des ordres les suggestions d'autrui*. Quiconque a grandi dans une famille sévère et stricte, où l'obéissance est assurée par les châtiments physiques et le chantage émotionnel, perd la faculté de penser par soi-même. Enfant, il a appris à obéir et à se soumettre à la volonté et à l'esprit qui imprègnent l'autorité familiale. Le conformisme devient un modèle adopté pour toute la vie, et ce modèle est aisément activé par quelque autre figure d'autorité, notamment celle du thérapeute. Si vous n'avez pu vous affranchir de votre besoin de dépendance en raison de violences physiques, sexuelles ou émotionnelles subies dans votre enfance, votre suggestibilité est aiguë et vous devenez une cible de choix pour ceux qui posent en figures d'autorité.

Supposons que vous ayez grandi dans une famille sévère et autoritaire, qui faisait appel aux punitions physiques et émotionnelles pour s'assurer de votre obéissance. Supposons maintenant que, plus tard dans la vie, vous constatez chez vous l'apparition de symptômes de dérèglements physiques sans fondement biologique – ce qu'on appelle communément des maladies psychosomatiques – et que votre médecin vous suggère de voir un thérapeute.

C'est ce que vous faites, et, très rapidement, ce thérapeute vous laisse entendre que plusieurs ex-victimes d'inceste souffrent de maladies psychosomatiques qui sont les symptômes des violences subies. Le thérapeute vous explique ensuite que les ex-victimes d'inceste n'éprouvent aucune émotion au moment de l'acte. Plus tard, elles n'éprouvent ni rage, ni douleur, ni sentiment de trahison, à l'idée d'avoir été victimes d'inceste. Elles transforment donc cette insensibilité en maladies psychosomatiques, qui leur permettent d'éprouver toute la souffrance qu'elles éprouvent *en réalité*.

Supposons ensuite que le thérapeute vous demande : « Avez-vous le souvenir d'avoir été victime d'inceste durant votre enfance ? » Supposons que vous répondiez : « Pas que je sache. » Le thérapeute dit alors : « L'inceste peut avoir eu lieu sans que vous soyez conscient de ses symptômes. En réalité, plusieurs personnes qui ont été victimes d'inceste ne savent pas qu'elles l'ont été. » Ce genre de dialogue peut facilement mettre en place toutes les conditions nécessaires à une situation dans laquelle l'enfant entravé dans son développement que vous avez été, et qui veut plaire à la nouvelle figure parentale qu'il a choisie, est disposé à suivre toutes les suggestions que lui fera son thérapeute.

Supposons le pire des scénarios et que le thérapeute vous

dresse la liste des symptômes communément associés à l'inceste. Vous voilà en train d'écumer vos souvenirs d'enfance, dans l'espoir inquiet d'en faire coïncider quelques-uns avec les propos de votre thérapeute. Cet exemple fictif est un exemple manifeste de thérapeute zélé qui cherche à influencer son client par ses suggestions.

Dans ce genre de situation, la règle devrait être que le client est toujours celui qui fournit les données de base qui permettent au thérapeute de poser les questions. N'importe quel traumatisme peut être la cause de maladies psychosomatiques. Le thérapeute qui pose d'emblée l'hypothèse de l'inceste reflète manifestement ses propres préoccupations et non celles de son patient.

LA NATURE DE LA MÉMOIRE

Que savons-nous au juste de la mémoire? Le cerveau humain est extrêmement complexe, et nul ne peut prétendre encore tout savoir à son sujet. Nous avons tendance à envisager le fonctionnement des opérations de l'esprit selon le dernier modèle technologique mis au point par le cerveau humain. Quand nous avons inventé la machine, nous avons pensé que le cerveau fonctionnait comme une machine. Quand le cinéma a été inventé, nous avons comparé le cerveau à une caméra. De nos jours, le cerveau est souvent comparé à un ordinateur.

De toute évidence, notre cerveau présente quelques traits de ces inventions, mais il est en soi plus complexe et déborde largement tout ce à quoi nous pouvons le comparer. Et quand il s'agit d'étudier le fonctionnement de la mémoire, la simplification à outrance se révèle particulièrement contre-indiquée.

Si nous voyons notre cerveau comme une caméra, un magnétophone ou un ordinateur, nous considérons alors la mémoire comme une immense banque de données d'impressions neurologiques précises. Dans cette optique, chaque expérience que nous faisons est enregistrée et archivée. La mémoire est un réservoir fixe de toutes les expériences passées.

S'il est vrai que le fonctionnement de la mémoire peut s'apparenter à cette vision des choses, la recherche psychologique de pointe voit plutôt la mémoire comme un processus dynamique et créateur. Le cerveau possède la faculté d'inventer et de créer la réalité à partir des informations qu'il traite, et nos souvenirs sont tributaires de nos intentions. Dans cette optique, le processus de la mémoire est un flux permanent, qui revoit les expériences passées à la lumière des convictions actuelles. Nos convictions actuelles quant à la *signification* des événements passés, notamment ceux qui sont liés au présent, déterminent, dans les faits, le souvenir que nous en avons.

Au chapitre 3, j'ai expliqué comment notre perception des choses est sélective et tend à sacrifier une totale perception consciente de la réalité pour obtenir un sentiment de confiance et de sécurité. La mémoire procède de même. Dans des conditions normales, la mémoire a tendance à renforcer la conscience actuelle que nous avons de notre propre identité. Le passé est ainsi continuellement reformulé et revu de fond en comble à la lumière des intérêts du présent.

Notre façon de nous souvenir

Le Dr Lenore Terr est l'un des chercheurs les plus réputés dans le domaine des traumatismes et de la mémoire et elle fut l'un des experts appelés à témoigner dans la cause d'Eileen Lipsker. Dans son ouvrage intitulé *Unchained Memories*, le Dr Terr établit deux catégories principales quant à la façon de nous souvenir et six sortes de souvenirs.

Les deux catégories principales quant à la façon de nous souvenir sont les suivantes : la façon explicite, parfois appelée mémoire déclarative, et la façon implicite, parfois appelée mémoire non déclarative. La mémoire explicite est le résultat de la conscience. Vous lisez quelque chose, vous trouvez cela intéressant, vous y *pensez* et vous le transmettez à la mémoire sous forme de « message codé ». À l'aide de certains exercices mentaux et d'un peu d'efforts, la mémoire peut être prolongée à l'infini. Quand la réflexion et les exercices pratiques ne sont pas possibles, la plupart des souvenirs disparaissent en moins de trente secondes.

La seule exception à cette règle concerne les souvenirs traumatisants. « Un enfant traumatisé, qui est sur le qui-vive, n'a pas besoin de faire l'effort de se souvenir », écrit le Dr Terr. Les souvenirs traumatisants se comportent comme des souvenirs qui fonctionnent de façon tout à fait implicite.

Les souvenirs implicites ne requièrent aucun effort de pensée. Ils sont le fruit de l'habitude. C'est ainsi que nous autres, humains, avons appris à marcher ou à parler. Une fois que nous avons maîtrisé certaines compétences, par exemple, réciter l'alphabet, se balancer sur une balançoire ou aller à bicyclette, nous n'avons plus besoin d'y penser. Nous nous souvenons toujours comment faire ces actions – sauf en cas de traumatisme cérébral.

De plus, Terr pose l'existence de six sortes de souvenirs. Le premier type de souvenirs est dit souvenir *immédiat*. Quand vous rencontrez un collègue, vous souvenez-vous de la nature de vos rapports ? Quand vous commencez une phrase, pouvez-vous la finir ? La mémoire immédiate suppose une rapide association avec ce dont on se souvient.

Le second type de souvenirs est dit souvenir *à court terme*. Qu'avez-vous mangé hier midi ? À qui avez-vous téléphoné hier ? Où êtes-vous allé le week-end passé ? La perte de la mémoire à court terme est le premier signe d'un dérèglement organique. Elle est aussi un symptôme courant chez ceux qui consomment de la drogue, qui sont déprimés ou qui sont en état de stress permanent.

Les quatre autres types de souvenirs sont appelés *souvenirs à long terme*. Le troisième type de souvenirs relève du « savoir et de la connaissance ». La plus grande partie du savoir est profondément ancrée dans l'être humain et est de nature entièrement sémantique. L'habileté de la mémoire fait appel à très peu de consignes verbales ; elle est implicite et relève de l'habitude. Une fois que vous avez appris à taper à la machine, à conduire une bicyclette, à jouer au golf ou à dire l'heure, vous ne l'oubliez plus.

Le quatrième type de souvenirs est dit souvenir *incitatif*. Je suis allé à l'étranger pour la première fois, alors que j'étais au début de la trentaine. Après être allé en vacances en Jamaïque, j'ai eu envie de faire d'autres voyages. Mes fantasmes de danger devant l'inconnu étaient désormais remplacés par des *souvenirs* de plaisir et d'excitation. C'est le résultat du travail incitatif de la mémoire. Celui qui fait du ski nautique aura davantage envie de faire du ski alpin que celui qui n'a jamais fait de ski nautique.

Le quatrième type de souvenirs relève de la *mémoire associative*. Ce type de souvenirs ne requiert aucun effort de pensée. Ma mère et ma grand-mère, qui avaient reçu une éducation sudiste, m'ont dressé à dire « oui, monsieur », « non, monsieur », « oui, madame », « non, madame », quand je parle aux vieux messieurs et aux vieilles dames. À soixante ans, je m'exprime encore ainsi. Les bonnes manières, demeurer au garde-à-vous pendant l'hymne national, poser la main sur son cœur au moment de prêter serment, sont autant de souvenirs relevant de la mémoire associative.

Le sixième type de souvenirs est dit épisodique. C'est le souvenir des choses qui vous sont arrivées dans la vie : les épisodes heureux, les moments tristes, les moments difficiles, les moments terribles, les moments épouvantables, les moments merveilleux, les moments magnifiques. Les souvenirs épisodiques écrivent l'histoire de notre vie. Les souvenirs épisodiques peuvent comprendre des souvenirs traumatisants. Les souvenirs traumatisants sont au cœur du débat qui fait rage sur les faux souvenirs.

EN QUOI LES SOUVENIRS TRAUMATISANTS SONT DIFFÉRENTS

Certains souvenirs traumatisants restent très présents dans la mémoire de la victime. Certaines victimes connaissent des retours en arrière ou souffrent d'hypermnésie, maladie qui les amène à ne se souvenir que de certains détails des violences qu'elles ont subies. Il est également prouvé que plusieurs victimes de viol refoulent leurs souvenirs et vivent dans un état d'amnésie. Selon le Dr Terr, « la mémoire ne sera pas défaillante ou vague du simple fait que certains souvenirs sont refoulés, et les souvenirs traumatisants, notamment, ne se détériorent pas vraiment ». Le Dr Terr poursuit en disant que les souvenirs épisodiques – c'est-à-dire les meilleurs moments vécus dans l'enfance –, lesquels sont à l'opposé du traumatisme, continuent d'être présents dans l'esprit du sujet avec tous leurs détails. « Ce sont là deux types de souvenirs qui restent plus vivants que les autres. »

Les traumatismes de type I et II

Le Dr Terr a longuement étudié les souvenirs qu'avaient gardés du drame vingt-six enfants de Chowchilla, en Californie, qui furent kidnappés à bord de leur car de ramassage scolaire le 15 juillet 1976 et ramenés, indemnes, vingt-sept heures plus tard. Leurs ravisseurs les avaient promenés sans but précis dans des camionnettes plongées dans l'obscurité, puis les avaient enterrés vivants dans un camion remorque abandonné dans une carrière de pierres, sous le niveau du sol. Le Dr Terr interviewa certains de ces enfants sept à treize mois après les événements, puis, de nouveau, quatre à cinq ans plus tard. Elle interviewa également certains enfants qui avaient vu la navette spatiale Challenger exploser en direct à la télévision, et cela cinq semaines, puis quatorze mois après la tragédie. Selon ses observations, « tous les enfants des deux groupes (ceux de Chowchilla et ceux de Challenger) se souviennent de ce qui s'est passé. »

Par ailleurs, le Dr Terr étudia, dans sa pratique médicale, les cas particuliers de quatre cents enfants qui avaient subi divers traumatismes, et elle constata que certains enfants oublient les expériences traumatisantes qu'ils ont connues.

En 1988, le Dr Terr publia les résultats d'une étude clinique menée auprès de vingt victimes de traumatisme, toutes très jeunes et dont les sévices avaient été confirmés par la police ou par des témoins. Elle découvrit que les enfants qui avaient subi régulièrement un traumatisme souffraient davantage d'amnésie que les enfants qui n'avaient vécu qu'une fois une expérience traumatisante.

Ses observations, combinées au travail mené auprès des enfants du groupe de Chowchilla, conduisirent le Dr Terr à établir deux catégories de victimes : la victime du traumatisme I, celle qui n'a souffert que d'un événement traumatisant, et la victime du traumatisme II, celle qui a fait l'expérience d'un traumatisme de façon régulière. Les victimes du traumatisme II sont davantage exposées à refouler leurs souvenirs.

Le père d'Eileen Lipsker était un homme alcoolique et violent, qui battait sa femme et ses enfants. Eileen avait trois ans lorsque son père l'a violée pour la première fois. Parce qu'elle fut violée à plusieurs reprises, Eileen a très vite appris à supprimer le souvenir qu'elle avait de ce viol. Quand elle eut huit ans, cette suppression n'était déjà plus une manœuvre temporaire. Sans même y penser ou le vouloir délibérément, Eileen faisait en sorte de ne plus avoir conscience de ses souvenirs.

Les souvenirs trompeurs

Le Dr Elizabeth Loftus, spécialiste de la mémoire à l'université de Washington, a témoigné pour la défense dans le procès Lipsker. Les travaux du Dr Loftus portent sur les « fausses réalités » que les gens peuvent être amenés à percevoir, pour ensuite les intégrer à leurs souvenirs. Au cours d'une expérience, le Dr Loftus suggéra de faux souvenirs à certains sujets, qui crurent qu'ils étaient vrais.

Elle arriva ainsi à convaincre une adolescente qu'elle avait été légèrement traumatisée le jour où, à l'âge de cinq ans, elle s'était égarée dans un centre commercial. L'adolescente ajouta certaines affabulations de son cru à l'anecdote originale. Cela prouve que certains souvenirs chargés d'émotion peuvent être inventés. Cela ne prouve pas pour autant que les souvenirs traumatisants, comme ceux liés à l'inceste, soient pure invention.

Malgré les éléments intéressants que soulève la recherche du Dr Loftus, on n'a jamais pu implanter, de manière expérimentale et sur une base volontaire, dans l'esprit d'un adolescent ou d'un jeune étudiant, *le souvenir vague et lointain d'un traumatisme qui serait lié à des sévices sexuels survenus au cours de l'enfance.* Sur le plan éthique, il serait absolument inconcevable d'essayer d'insérer un scénario traumatisant dans l'esprit d'un quelconque sujet humain afin de prouver que les souvenirs peuvent être le résultat d'affabulations.

Les spécialistes de la psychologie cognitive insistent sur le fait que le traumatisme provoque chez la victime une terreur profonde, entraînant douleur et isolement, notamment quand le traumatisme est lié à la trahison d'un des parents ou d'une figure fondamentale dans la vie de l'enfant, et qu'il peut avoir, à long terme, de graves conséquences sur le fonctionnement émotionnel, cognitif, voire psychologique de l'individu.

« Le traumatisme assigne à la mémoire de nouvelles règles », écrit le Dr Terr. Par exemple, Eileen Lipsker a commis plusieurs erreurs de perception dans son récit du meurtre de Susan Nason par son père – entre autres, elle s'est trompée sur le moment de la journée où le meurtre a eu lieu. Cependant, malgré les erreurs de perception commises par Eileen, le jury a cru au thème central des souvenirs qu'elle avait retrouvés : elle avait bel et bien vu son père en train de tuer Susan Nason. Le jury a cru qu'elle avait retrouvé avec précision le *sujet principal* du souvenir.

Il faut rendre justice au Dr Loftus d'avoir consacré vingt années d'efforts à anéantir le mythe de l'infaillibilité de la mémoire humaine, exempte de distorsion. Le Dr Loftus a prouvé hors de tout doute que lorsque les souvenirs refoulés liés à des sévices sexuels subis dans l'enfance sont les seuls motifs d'accusation évoqués contre les parents, devant les tribunaux, au civil comme au criminel, il faut savoir que ce genre de souvenirs peut être le résultat des suggestions du thérapeute ou de l'imagination du patient. Dans l'état actuel de nos connaissances dans ce domaine, nous sommes obligés de rassembler autant de preuves extérieures que possible à l'appui des souvenirs refoulés. L'argument du Dr Loftus est que les thérapeutes, en tenant *pour acquis* que les souvenirs refoulés sont entièrement vrais, augmentent les probabilités que l'ensemble de la société rejette comme faux d'*authentiques* cas de sévices sexuels subis dans l'enfance.

Les souvenirs traumatisants
peuvent être « vrais » et « faux »

Quelques erreurs se glissant dans une masse de détails précis ne sont pas contradictoires et ne suffisent pas à prouver que tel souvenir est vrai ou faux. L'amnésie – qu'elle soit partielle, temporaire ou qu'elle se traduise par l'oubli complet de l'événement en question – tout comme l'hypermnésie – soit la faculté de revivre encore et encore l'événement dans ses moindres détails à travers des retours en arrière – sont toutes deux considérées comme des symptômes du stress post-traumatique.

Nous savons que les victimes de traumatisme retiennent en même temps et dans le détail des perceptions qui sont à la fois justes et fausses. Le souvenir peut être simultanément « vrai » et « faux ». Certains aspects sont vrais ; d'autres sont faux.

Les enfants de Chowchilla pouvaient se rappeler, en faisant appel à des détails précis et clairs, plusieurs aspects de l'expérience qu'ils avaient vécue. Cependant, huit d'entre eux se sont trompés dans la description de leurs ravisseurs. Les victimes de Chowchilla étaient des victimes du traumatisme de type I.

Selon le Dr Terr, les victimes du traumatisme de type II, à partir du moment où elles retrouvent le souvenir, ont tendance à se rappeler les événements avec plus de précision que les victimes du traumatisme de type I. Le Dr Terr écrit : « Les enfants qui furent traumatisés à plusieurs reprises sont moins susceptibles de commettre des erreurs de perception dans le récit des violences dont ils furent victimes que les enfants qui n'ont subi qu'un seul traumatisme. »

Qu'il soit de type I ou de type II, le souvenir du traumatisme peut être précis et détaillé tout en étant faux, à cause du stress terrible et de l'effet de stupeur que suppose tout événement traumatisant. Dans les premiers instants d'un événement inattendu et choquant, un enfant peut facilement percevoir incorrectement les choses.

LE REFOULEMENT EST PLUS
QUE LE SIMPLE OUBLI

Le *refoulement* est le geste qui consiste à mettre un souvenir de côté. Il commence vraisemblablement avec la suppression. La *suppression* est un geste délibéré et conscient. Nous le faisons tous. Nous ne disons pas à notre patron ce que nous pensons de ses propos ou de ses gestes. Nous pouvons cesser de penser pendant un temps à tel sujet qui nous fait mal, même si nous pouvons y revenir le cas échéant. La suppression est le moyen de défense le plus courant dans les situations conflictuelles.

Chez le sujet traumatisé à plusieurs reprises, la suppression conduit au refoulement. Dans les cas de victimisation répétée, le geste de mettre le souvenir de côté entraîne son retrait permanent de la conscience. Freud voit dans le refoulement une forme de défense de l'ego. Les défenses de l'ego sont les stratégies de diversion que nous utilisons pour éviter une douleur si grande qu'elle menace l'essence même de notre personnalité. Selon Daniel Goleman, le refoulement en est venu à désigner « le moyen de défense par quoi nous oublions, puis oublions ce que nous avons oublié ». Le psychiatre britannique R.D. Laing a raconté comment il était tombé dans le piège de vouloir oublier une situation embarrassante. « Je l'avais à moitié oubliée, écrit-il. Pour être plus précis, j'en étais arrivé à l'étape qui consiste à mettre un point final à toute l'opération en oubliant ce que j'avais oublié. » Quand nous refoulons un souvenir, il ne reste pas de traces du refoulement. Le fait que l'information est refoulée est lui-même oublié, ce qui fait que nous n'avons aucune envie d'essayer de nous en souvenir.

Entre dix-huit et vingt ans après les événements traumatisants dont il est question, le professeur Linda Moyer Williams, de l'université du New Hampshire, a mené une étude auprès d'un échantillon d'une centaine de femmes issues de milieu urbain qui, enfants, avaient toutes été transportées d'urgence à l'hôpital à la suite de violences sexuelles. Le Dr Williams interviewa ces femmes sans leur préciser qu'elle connaissait leurs antécédents médicaux, et elle leur demanda si elles croyaient avoir été un jour victimes de violence sexuelle. Trente-huit pour cent de ces femmes affirmèrent qu'elles n'avaient jamais subi de violences sexuelles et cela, en dépit de leurs dossiers médicaux.

On objectera que trente-huit pour cent de ces femmes voulaient tout simplement protéger leur vie privée. Le problème avec ce genre d'arguments est que les mêmes femmes ont répondu volontiers à d'autres questions qui touchaient de très près à leur vie privée.

Ce qui déclenche le retour des souvenirs refoulés

Quand nous avons perdu toute envie de savoir ce que nous avons refoulé, comment les souvenirs refoulés peuvent-ils refaire surface et s'imposer à l'attention de la victime du traumatisme de type II ?

Le Dr Bessel Van Der Kolk, psychiatre et chercheur à la Harvard Medical School, a mené de longues recherches sur les traumatismes de toutes sortes, et en particulier sur les traumatismes associés au viol. Il soutient que l'enfant violé à plusieurs reprises est si bouleversé par ce stress négatif que son cerveau n'est pas en mesure de recevoir et d'intégrer toutes les données qu'il reçoit. Le système cérébral de l'homme, celui qui filtre et intègre les émotions, les expériences et les souvenirs, est déréglé. Les souvenirs et les émotions sont donc, de ce fait, déréglés. C'est sans doute ce qui explique le phénomène des retours en arrière. C'est sans doute ce qui explique aussi cet autre phénomène qu'est le « souvenir physique » dont les victimes de viol font souvent l'expérience. Pour Van Der Kolk, « l'individu se souvient des sensations émotionnelles liées au traumatisme en faisant appel à un autre type de mémoire, que ce soit par des sensations physiques ou par des images visuelles ».

Il n'existe pas vraiment de termes justes pour décrire les expériences traumatisantes. Plus le traumatisme est grand, moins les mots pour le décrire sont nombreux. De même, plus le traumatisme est survenu tôt dans l'enfance, plus il est difficile à la victime de raconter ce qui s'est passé. En présence d'une nouvelle expérience qui rappelle la scène originelle, l'individu subit une stimulation qui prend la forme d'un flash, d'un retour en arrière, d'une image quelconque ou d'un cauchemar. C'est là une expérience non verbale. Il n'existe pas de mots pour la décrire, car l'individu n'a jamais pu l'intégrer dans l'ensemble de ses expériences.

C'est en regardant sa propre fille, sous un certain angle, qu'Eileen Lipsker retrouva le souvenir du meurtre de Susan Nason par son père. Un jour de janvier 1989, sa petite fille de cinq ans, Jessica, ou Sica, comme l'appelait sa mère, rentra de la maternelle en compagnie de deux camarades. Les trois petites filles s'assirent par terre pour jouer et Eileen prit place sur le divan. C'est alors qu'à un moment précis Eileen surprit le regard de Sica, qui tourna la tête vers elle pour lui poser une question, ses yeux bleu clair brillant dans la lumière de l'après-midi. À ce moment précis, Eileen se souvint de son amie, Susan Nason, qui tournait la tête vers elle et la cherchait des yeux. Eileen vit alors son père qui brandissait une pierre au-dessus de sa tête, et elle vit Susan qui levait le bras pour prévenir le coup. Puis elle entendit un bruit mou comme celui d'un bâton de baseball qui frappe un œuf.

Par la suite, Eileen raconta qu'elle avait voulu interrompre le rappel de ce souvenir pour ne plus connaître le frisson qui lui parcourut alors l'échine. Elle avait terriblement peur pour sa vie et pour celle de ses enfants si elle parlait de ces événements à quiconque. Eileen avait toujours su que Susan avait été assassinée. Mais elle ne savait pas consciemment qu'elle avait été présente au moment du drame. Pendant les dix mois suivants, d'autres souvenirs refirent surface, jusqu'au moment où Eileen estima qu'elle devait tout raconter aux policiers.

Dans ce cas précis, le souvenir épisodique refoulé put refaire surface à l'aide d'un indice visuel et parce qu'Eileen se sentait plutôt en sécurité. Parce qu'elle se sentait détendue, que son esprit était au repos, le souvenir put venir à bout des puissantes inhibitions qui l'avaient empêché jusque-là de se manifester. Mais le sentiment de sécurité n'est pas suffisant. Pour refaire surface, le souvenir traumatisant a besoin d'un stimulus sensoriel – bruit, odeur, vision, toucher ou goût – ou que le sujet fasse l'expérience d'un état, d'un sentiment ou d'une sensation qui rappelle le souvenir traumatisant. Parfois, le souvenir refait surface sous forme de rêve. Il semble que la vue soit le stimulus le plus immédiatement puissant du souvenir oublié. Quand le jury Franklin regarda côte à côte les photos de Susan Nason et de la petite Jessica, alors âgée de cinq ans, leur ressemblance lui coupa le souffle. Chaque sens ou l'ensemble de ceux-ci peuvent déclencher des souvenirs refoulés.

Les sentiments contradictoires

Les sentiments contradictoires sont au cœur du refoulement. Eileen était déchirée entre la vision d'un père monstrueux et celle d'un père aimé. Quand ses souvenirs affluèrent, elle voulut les arrêter car ils provoquaient en elle des sentiments contradictoires d'amour et de haine, qui expliquaient en partie pourquoi elle les avait d'abord refoulés. Eileen refusait d'affronter ses souvenirs, parce que, ce faisant, elle aurait été obligée de voir son père (qu'elle aimait) comme un monstre.

La plupart des victimes de traumatismes liés à la violence familiale ont refoulé leurs souvenirs, notamment à cause des sentiments contradictoires d'amour et de haine qu'ils suscitent à l'endroit du parent violent. La plupart des victimes *refusent* d'affronter leurs souvenirs une fois qu'ils ont été rappelés.

Les symptômes de la présence d'un traumatisme refoulé

Le traumatisme entraîne des blessures et laisse des cicatrices. Il existe un ensemble de sensations subjectives et de symptômes qui peuvent confirmer la présence d'horribles souvenirs de nature épisodique, qui furent refoulés.

L'existence d'Eileen Franklin Lipsker offrait certains indices éloquents. Eileen adorait son père. Elle *prolongea la relation père-fille* en épousant un homme beaucoup plus âgé qu'elle, qui la domina complètement.

D'autres symptômes apparurent dès l'instant où le souvenir fut refoulé pour la première fois. Peu de temps après le meurtre de Susan, Eileen s'isola de ses camarades à l'école. Elle adopta une nouvelle coiffure, les cheveux rassemblés en une masse sur un côté de la tête, dégageant une immense plaque luisante de l'autre côté. Inconsciemment, Eileen reproduisait ainsi la blessure horrible aperçue sur le crâne de Susan Nason.

Eileen quitta l'école secondaire et mena une vie très libre. Elle tâta de la prostitution pendant six semaines. On peut voir dans ce comportement une façon d'extérioriser les violences sexuelles qu'elle avait dû subir. Son père l'avait obligée à avoir avec lui des relations sexuelles quand elle était enfant. Eileen voyait peut-être la prostitution comme une façon tardive de contrôler et de choisir sa sexualité.

Eileen avait adopté une autre habitude, qui semblait avoir quelque lien avec le traumatisme qu'elle avait subi dans son enfance. Susan Nason jouait toute seule quand George et Eileen l'aperçurent le jour du meurtre. Eileen lui avait alors proposé d'aller se promener en voiture avec son père et elle. Devenue adulte, Eileen ramenait aussitôt tout enfant chez lui, dès qu'elle le découvrait sans surveillance, en train de jouer au parc Canoga, dans son quartier (le même jardin public où Susan était en train de jouer juste avant le drame).

Quand Eileen eut quatorze ans, son père et sa mère divorcèrent. Les violences sexuelles prirent fin et Eileen cessa de repousser ses cheveux en arrière.

Il est évidemment plus facile de constater rétrospectivement la présence de ce genre de symptômes et de signes – en plus de tous ceux dont j'ai parlé au chapitre 9 –, c'est-à-dire une fois que les souvenirs refoulés ont refait surface. Mais ils témoignent souvent éloquemment de ce que fut la petite enfance de la victime d'un traumatisme de type II.

UNE DERNIÈRE RECOMMANDATION

Il est prouvé que les violences et les traumatismes imposés aux enfants par les adultes qui en sont responsables sont choses relativement fréquentes et que leurs conséquences sont tout à fait dévastatrices pour l'enfant qui en est la victime. Il est également prouvé que de tels souvenirs peuvent être oubliés à la suite d'un processus psychologique dont nous ne comprenons pas encore tout à fait la nature véritable. Il est de plus prouvé que lés souvenirs inconscients peuvent resurgir par la suite, parfois des dizaines d'années plus tard, avec force et précision.

Mais tous les souvenirs qui resurgissent de la sorte ne sont pas forcément vrais, même si bon nombre le sont, et tous ceux qui sont accusés de viol ne sont pas forcément coupables, même si bon nombre le sont.

Je garde le mot de la fin de cet ouvrage pour vous inviter à la plus grande prudence au moment d'attester de la présence de secrets de famille. Le retour de souvenirs traumatisants est une situation on ne peut plus délicate. Si vous avez l'impression d'être en train de renouer avec ce genre de souvenirs, vous devriez demander l'aide d'une personne fiable, qui a quelque compétence dans le domaine. Ne négligez aucune piste pour obtenir le témoignage d'un autre membre de la famille susceptible de corroborer la présence de violence et faites appel à tous les moyens objectivement disponibles pour vérifier le bien-fondé de vos souvenirs.

BIBLIOGRAPHIE

Je remercie les auteurs suivants de m'avoir aidé à comprendre l'importance des secrets de famille. Je vous suggère de lire leurs ouvrages afin d'approfondir votre connaissance du sujet.

ADAMS, Kenneth. *Silently Seduced : Understanding Covert Incest*, Deerfield Beach, FL, Health Communications, 1991. Excellente introduction pour comprendre comment le secret de l'inceste trouve son origine dans la dépendance affective.

BAUM, L. Frank. *The Wonderful Wizard of Oz*, Berkeley and Los Angeles, University of California Press, 1986. Réédition d'un récit d'abord paru sous le titre *Dorothy and the Wizard of Oz*. *Le Magicien d'Oz*, Paris, Flammarion, Éditions du Chat perché, 1979.

BIRDWHISTELL, Ray L. *Kinesics and Context*, Philadelphia, University of Pennsylvania Press, 1970. Ouvrage fascinant sur la communication non verbale et les règles de dissimulation mises au point par les membres d'une famille à travers leur comportement. Une bonne façon de comprendre comment nous apprenons l'existence des secrets de famille.

BOK, Sissela. *Secrets*, New York, Pantheon Books, 1982. Ouvrage difficile, réservé aux spécialistes. Mais son analyse est pénétrante, notamment sur la question de la nécessité du secret pour assurer la liberté individuelle.

BOWEN, Murray, m.d. *Family Therapy in Clinical Practice*, New York, Jason Aronson, 1985 (1978). *La différenciation de soi : Les triangles et les systèmes émotifs familiaux*, Éditions sociales, 1984. Recueil d'articles publiés par Murray Bowen. Voir en particulier le chapitre 16, « Theory in the Practice of Psychotherapy », et le chapitre 22, portant sur la façon de prendre ses distances avec sa famille d'origine.

BRADSHAW, John. *Bradshaw on : The Family*, Deerfield Beach, FL, Health Communications, 1988. *La Famille*, Laval, Les Éditions Modus Vivendi, 1992. Ouvrage qui analyse en profondeur la théorie des systèmes familiaux et décrit plusieurs types de familles dysfonctionnelles.

_____, *Bradshaw on : Healing the Shame That Binds You*, Deerfield Beach, FL, Health Communications, 1988. *S'affranchir de la honte*, Montréal, Le Jour, éditeur, 1993. Dans cet ouvrage, je propose un traitement pour se débarrasser complètement de la honte.

_____, *Homecoming Reclaiming and Championning Your Inner Child*, New York, Bantam Books, 1990. *Retrouver l'enfant en soi*, Montréal, Le Jour, éditeur, 1992. Dans cet ouvrage, je donne une liste de contrôle pour suivre chaque étape du développement de l'enfant et suggère plusieurs moyens d'assumer la non-satisfaction de besoins fondamentaux. Dans *Homecoming*, je vous donne une façon de connaître le secret lié aux violences dont vous avez été victime enfant.

_____, *Creating Love : The Next Great Stage in Growth. Le Défi de l'amour*, Montréal, Le Jour, éditeur, 1995. Le fruit de mes recherches sur le secret ou sur les mensonges affectifs qui nous servent à camoufler la réalité et que nous avons hérités de notre famille d'origine. Il faut prendre conscience de ces mensonges affectifs et savoir les envisager d'un point de vue critique.

BUECHNER, Frederick. *Telling Secrets*, San Francisco, Harper, 1991. Étonnant récit autobiographique, dans lequel Buechner dévoile au lecteur avec franchise son secret, qui est l'existence d'un père alcoolique s'étant suicidé ; Buechner fait état des conséquences de ce secret sur sa vie de père, de mari et d'auteur.

CONROY, Pat. *The Prince of Tides*, Boston, Houghton Mifflin, 1986. *Le Prince des marées* (2 volumes) Paris, Éditions J'ai lu, 1994. Roman magnifique sur les ténébreux secrets de famille. Sa lecture m'a fait mesurer de façon concrète l'emprise exercée sur notre vie par les ténébreux secrets.

COVITZ, Joel. *Emotional Child Abuse*, Boston, Sigo Press, 1986. Je dois à Covitz certains passages tirés de Jung. J'estime que ce livre est la meilleure introduction qu'il m'ait été donné de lire sur la question de la violence émotionnelle.

FLANNERY, Raymond J. *Post-Traumatic Stress Disorder*, New York, Crossroad Publishing Co., 1992. Flannery est psychologue praticien et assistant professeur de psychologie à la Harvard Medical School. L'ouvrage propose une analyse intéressante du PTSD et propose une synthèse particulièrement juste du phénomène dit de la « pécadille ».

FOSTER, Carolyn. *The Family Patterns Workbook*, New York, Jeremy P. Tarcher/Perigee, 1993. Une bonne façon de découvrir vos modèles familiaux.

FREDRICKSON, Renée. *Repressed Memories*, New York, Simon & Schuster, 1992. L'auteur de ce livre est un psychologue d'expérience qui propose ici une excellente introduction aux différents types de souvenirs traumatisants et à leur refoulement. Je considère le Dr Fredrickson comme une autorité dans le domaine des traumatismes d'ordre sexuel.

GOLEMAN, Daniel. *Vital Lies, Simple Truths*, New York, Simon & Schuster, 1985. Avec comme sous-titre : *The Psychology of Self-Deception*. Ouvrage très utile, notamment dans les passages consacrés aux groupes de croissance et au pouvoir de suggestion collectif qui peut causer, chez les membres du groupe, une distorsion de la réalité et les empêcher de faire preuve d'esprit critique.

GUERIN, Philip J. (éd.). *Family Therapy*, New York, Gardner Press, 1976. Ouvrage réunissant les contributions originales de quelques sommités dans le domaine de la recherche sur les systèmes familiaux appliqués à la thérapie familiale. Plusieurs contributions intéressantes de Murray Bowen.

HARPER, James M., en collaboration avec Margaret H. HOOPES. *Birth Order and Sibling Patterns in Individual and Family Therapy*, Gaithersburg, MD, Aspen Publications, 1987. Le meilleur ouvrage que je connaisse sur l'importance du rang familial chez les individus. Les deux auteurs travaillent avec Jerry Bach et Alan Anderson, qui les ont appuyés dans la rédaction de cet ouvrage.

IMBER-BLACK, Evan. *Secrets in Families and Family Therapy*, New York, W.W. Norton & Co., 1993. Ouvrage qui a paru un an après que j'ai commencé à travailler au mien. Il fut pour moi une mine de renseignements. Il réunit un certain nombre d'articles savants, rédigés par des praticiens spécialistes et portant sur différents types de secrets de famille. L'ouvrage fut ma principale référence, bien que j'assume l'entière responsabilité de mes propos.

LERNER, Harriet G. *The Dance of Intimacy*, New York, Harper & Row, 1989. *La Valse des émotions*, Paris, First, 1990. Seule Harriet Lerner sait présenter avec autant de clarté les travaux de Bowen. Je vous invite à lire cet ouvrage si vous avez envie d'avoir une connaissance *pratique* et non pas uniquement livresque de la théorie de Bowen. Du même auteur, on lira aussi le magnifique ouvrage intitulé *The Dance of Deception* (New York, Harper Collins, 1993).

McGOLDRICK, Monica et Randy GERSON. *Genograms in Family Assessment*, New York, W.W. Norton & Co., 1985. Le meilleur ouvrage disponible pour comprendre l'importance d'un génogramme et vous aider à tracer celui de votre famille.

MILLER, Alice. *The Drama of the Gifted Child*, traduit en anglais par Ruth Ward, New York, Basic Books, 1981. *L'Avenir de l'enfant doué*, Paris, PUF, 1983. Miller décrit ici les blessures qu'entraîne la non-satisfaction des besoins narcissiques. Du même auteur, voir *The Untouched Key*, traduit en anglais par Hildegarde et Hunter Hannun (New York, Anchor, 1990). À l'aide du conte « Les habits neufs de l'empereur », Miller nous aide à comprendre ces secrets que nous ne pouvons connaître – c'est-à-dire la vérité sur notre enfance – quand nous avons été victimes de l'éducation patriarcale traditionnelle ! Dans le conte d'Andersen, le petit garçon n'a pas encore subi les méfaits de la pédagogie paternelle.

PITTMAN, Frank. *Private Lies : Infidelity and the Betrayal of Intimacy*, New York, W.W. Norton Co., 1989. Pittman met l'accent sur l'aspect secret et trompeur de l'infidélité et propose un vigoureux plaidoyer en faveur d'une plus grande franchise entre époux.

SCHNEIDER, Carl D. *Shame, Exposure and Privacy*, Boston, Beacon Press, 1977. J'ai largement profité des recherches de Schneider sur la notion de saine pudeur telle que présentée dans ce livre. J'en recommande la lecture à tous, notamment à ceux qui ont lu mon livre sur la honte. Cet ouvrage étoffera et raffinera leur connaissance des mécanismes de la honte.

SHELDRAKE, Rupert. *The Presence of the Past*, New York, Random House, 1988. *La Mémoire de l'Univers*, Paris, Édition du Rocher, 1988. Pour le lecteur paresseux, le meilleur ouvrage sur la causalité formelle (c'est-à-dire sur la façon dont les formes se transmettent entre les générations). Pour une connaissance approfondie du sujet, je vous suggère de lire d'abord le premier ouvrage de Sheldrake, *A New Science of Life* (Los Angeles, J.P. Tarcher, 1981).

SHENGOLD, Leonard, m.d. *Soul Murder*, New York, Fawcett Columbine, 1989. Le Dr Shengold décrit ici deux secrets inconscients qu'entraînent des sévices graves et des privations infligés dans l'enfance – soit l'oblitération des violences subies en réalité, de telle sorte que la victime demeure dans l'ignorance de la vérité sur son enfance et adopte une « pensée double » – soit le phénomène par lequel la victime garde simultanément à l'esprit deux visions contradictoires de la réalité, sans comprendre qu'elles s'excluent mutuellement.

TAUB-BYNUM, E. Bruce. *The Family Unconscious*, Wheaton, IL, Theosophical Publishing House, 1984. Les travaux de Taub-Bynum portent sur le pouvoir de la famille en tant que champ d'énergie fermé. L'auteur propose d'autres façons de comprendre le mystère selon lequel chacun connaît inconsciemment les ténébreux secrets de sa famille.

TERR, Lenore, m.d. *Unchained Memories*, New York, Basic Books, 1994. Livre très utile pour comprendre la nature des souvenirs traumatisants. Je dois au Dr Terr une bonne partie de l'analyse proposée en appendice.

TOMAN, Walter. *Family Constellation*, 3e édition, New York, Springer Publishing Co., 1976. *Constellations fraternelles et structures familiales*, Paris, ESF, éditeur, 1987. Ouvrage qui fait état des travaux de Toman sur le rang familial et les autres types de relations établies au sein de la famille. Lecture fort utile par certains aspects.

WEBSTER, Harriet. *Family Secrets*, Reading, MA, Addison Wesley, 1991. *Pour en finir avec les secrets de famille*, Montréal, Le Jour, 1993. Ouvrage qui propose le récit détaillé de différents types de secrets de famille et de leurs conséquences sur la vie des membres de la famille.

REMERCIEMENTS

Je tiens à remercier tous les gens qui ont eu le courage de me raconter leurs secrets de famille.

Je suis très reconnaissant à mon éditeur, Toni Burbank, de sa patience, de son sens de l'organisation et de son intelligence créatrice.

Ce livre n'aurait pu exister sans le travail de pionnier accompli par Murray Bowen. J'assume l'entière responsabilité de l'interprétation que je propose des idées avancées par Bowen.

En 1980, M. Karpel a publié un article sur le « secret familial » qui fut pour moi une source précieuse de renseignements ; il m'a permis de distinguer les secrets constructifs et les secrets destructeurs et de donner des points de repère dans l'affrontement des secrets destructeurs.

Je remercie le Dr Evan Imber-Black et tous les praticiens qui ont collaboré à son ouvrage intitulé *Secrets in Families and Family Therapy*.

La synthèse des travaux de Carl D. Schneider présentée dans *Shame, Exposure and Privacy* m'a permis de mieux comprendre les mécanismes de la pudeur naturelle en tant que modestie – soit l'émotion qui permet de protéger la vie privée. Les travaux de Schneider m'ont permis de formuler la thèse principale de ce livre, selon laquelle les ténébreux secrets sont un moyen de défense contre la violation de la pudeur.

De nombreux autres théoriciens des systèmes familiaux ont pavé la voie à la rédaction de ce livre. Ils sont trop nombreux pour que je les mentionne ici par leur nom, mais qu'ils soient tous remerciés.

Je suis particulièrement reconnaissant à Barbara, ma sœur, qui a assuré trois difficiles révisions de cet ouvrage. Au cours de son travail, Barbara a souvent ajouté des commentaires de son cru, qui ont enrichi le texte à plusieurs points de vue.

Je remercie Maggie Rees d'avoir amoureusement gardé mes secrets.

Je remercie la force qui est au-dessus de moi pour toutes les bénédictions qu'elle a secrètement données à mon existence.

Si vous voulez obtenir des renseignements sur les cassettes audio ou vidéo de John Bradshaw, écrivez à l'adresse suivante :

Bradshaw Cassettes
8383, Commerce Park Drive, Suite 600
Houston, TX 77036
USA

ou composez le numéro suivant : 1-800-627-2374.

Si vous voulez obtenir des renseignements sur les séminaires ou les conférences donnés par John Bradshaw, écrivez à l'adresse suivante :

John Bradshaw
2412, South Boulevard
Houston, TX 77098
USA

Veuillez joindre une enveloppe pré-adressée et affranchie.

J'ai pris d'abord
l'aspect d'intérêt particulier
à chercher individuellement l'homme
à travers les réactions, les comportements
sur lui dans y propres.

André Boudreault

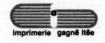

imprimerie gagné ltée

IMPRIMÉ AU CANADA